实用大学语文

主　　编　张　磊
副主编　邹小华　熊小莉

中国人民大学出版社
·北京·

图书在版编目（CIP）数据

实用大学语文 / 张磊主编．—北京：中国人民大学出版社，2015.7
ISBN 978-7-300-21714-7

Ⅰ.①实… Ⅱ.①张… Ⅲ.①大学语文课–高等职业教育–教材 Ⅳ.① H19

中国版本图书馆 CIP 数据核字（2015）第 167254 号

实用大学语文
主　编　张　磊
副主编　邹小华　熊小莉
Shiyong Daxue Yuwen

出版发行	中国人民大学出版社		
社　　址	北京中关村大街 31 号	**邮政编码**	100080
电　　话	010-62511242（总编室）		010-62511770（质管部）
	010-82501766（邮购部）		010-62514148（门市部）
	010-62515195（发行公司）		010-62515275（盗版举报）
网　　址	http://www.crup.com.cn		
经　　销	新华书店		
印　　刷	北京昌联印刷有限公司		
开　　本	787 mm × 1092 mm　1/16	**版　　次**	2015 年 7 月第 1 版
印　　张	26.75	**印　　次**	2025 年 9 月第 11 次印刷
字　　数	453 000	**定　　价**	55.00 元

版权所有　　侵权必究　　印装差错　　负责调换

前言

语文教育在当今社会变得十分微妙，一些人的母语水平正在逐渐降低，人文素质也不尽人意，面对如此尴尬的处境，“大学语文”改革势在必行。古语云，“穷则变，变则通，通则久。”2007 年 5 月，教育部建议高校面向全体大学生开设中国语文课，并且要求列入必修课。这是新世纪高等教育重视“大学语文”教育的重要信号，需要引起各高等院校的注意。“大学语文”何去何从？如何走出困境？如何让这门课发挥其应有作用、起到应有效果？需要我们积极探讨。

习近平总书记在党的二十大报告中指出，“坚持和发展马克思主义，必须同中华优秀传统文化相结合。只有植根本国、本民族历史文化沃土，马克思主义真理之树才能根深叶茂。中华优秀传统文化源远流长、博大精深，是中华文明的智慧结晶，其中蕴含的天下为公、民为邦本、为政以德、革故鼎新、任人唯贤、天人合一、自强不息、厚德载物、讲信修睦、亲仁善邻等，是中国人民在长期生产生活中积累的宇宙观、天下观、社会观、道德观的重要体现，同科学社会主义价值观主张具有高度契合性。我们必须坚定历史自信、文化自信，坚持古为今用、推陈出新，把马克思主义思想精髓同中华优秀传统文化精华贯通起来、同人民群众日用而不觉的共同价值观念融通起来，不断赋予科学理论鲜明的中国特色，不断夯实马克思主义中国化时代化的历史基础和群众基础，让马克思主义在中国牢牢扎根。”当前，我国正处于中华民族伟大复兴的战略全局和世界百年未有之大变局之际，加强“大学语文”教育，弘扬中华优秀传统文化，坚定大学生“历史自信、文化自信”刻不容缓。

根据教高〔2006〕16 号文件的精神，编者本着“发展为本、提升素养、重视应用”的课程理念，在“大学语文”工具性基础上凸显人文性，突出实用性，侧重培养学生的“听、说、读、写”等基本能力，融入对学生人文素养与职业道德的培养与提升，编者计划编选这样一本独具特色的大学语文教材。

本教材最早出版于 2015 年，在同行、专家、学者和广大读者以及相关领导的关心和爱护下，经过多方修改、论证和编写，在学院和出版社领导的大力支持下，在相关老师的共同辛勤努力下，得以修订再版。作为一门课程改革创新的实用教材，本教材具有以下几个特点：

一、在突出“大学语文”工具性的基础上，注重弘扬中华优秀传统文化，提升学生人文素养和职业道德。本课程带有鉴赏的性质，考虑到学生在中小学语文学习中，对古今中外的优秀作品均有所涉猎，因此，在保持知识连贯性的同时，又注重加强对语文知识的巩固和深化，以期引导学生更加深入地理解和认识文学史上具有代表性的作家、作品和文学现象，并初步掌握文学鉴赏和文学作品评析的方法。在此基础上，要求在大学阶段继续进行语文教育，提高学生职业道德素质和中华优秀传统文化素养，这对于学生学好其他学科，掌握职业技能，形成综合职业能力、创业能力，启发思维、开拓视野，对于日后的继续学习和发展，适应今后岗位需要，成为合格的应用型人才，都具有极其重要的意义。

二、突出“警”字特色。习近平总书记在向中国人民警察队伍授旗并致训词时强调，“新的历史条件下，我国人民警察要对‘党忠诚、服务人民、执法公正、纪律严明’，全心全意为增强人民群众获得感、幸福感、安全感而努力工作，坚决完成党和人民赋予的使命任务。”因此，作为一本警察院校的“大学语文”教材，为了突出“警”字特色，编者专门设立了一章——“军魂警魂”，选了几篇有关军人和警察生活的范文，一方面，让学生了解军人和警察的生活，以便毕业以后能很快适应自己的角色；另一方面，培养学生的警察职业精神，提升良好的职业道德素质。

三、本教材打破了传统“大学语文”课教材编写模式，不把文体作为划分标准，而是按照人生的几个重要阶段、人的基本道德品质设置了九章，分别是“大学精神”“求索探寻”“呼唤真情”“诚信责任”“军魂警魂”“心系家国”“智慧人生”“青春无悔”“相信未来”。每章围绕着一个关键词组，编选了古今中外经典名篇作为范文，各有侧重、各具特色。为了让内容更加丰富，编者还采用“相关链接”的形式，编选了一些与课文或主题相关的文章，以扩大学生的知识面。可谓集思想性、艺术性于一体，对学生进行多方面引导，启迪心灵。

四、本教材尽量照顾学生文化层次和兴趣特点，具有知识性、趣味性、时效性，调动学生的学习兴趣和主观能动性，给教师讲授带来很大的灵活性，也给学生更多阅读、思考和写作的空间。

本教材由张磊担任主编，邹小华与熊小莉担任副主编。张磊负责整体策划、统稿，并设计了全书的方案和编写体例。具体分工如下：张磊负责第一、二章的编写；吴卫负责第三章的编写；赵金城负责第四章的编写；曾翔负责第五章的编写；熊小莉负责第六章的编写；邹小华负责第七章的编写；孙博负责第八章的编写；刘夕媛负责第九章的编写。

在编写过程中，编者选用了一些作者的作品，借鉴了一些作家、学者的观点，在此表示真诚感谢。另外，由于编写时间仓促，再加上我们还处在课程探索阶段，书中难免会有疏漏之处，恳请使用本教材的同行、专家、学者和广大读者随时提出宝贵意见，以便我们能够更好地对教材进行修订和完善。

编　者

2023 年 7 月

目 录

第一章 大学精神

导 读…… 3

一 大学（节选）…… 5

二 雾里的剑桥…… 金耀基 9

三 金岳霖先生…… 汪曾祺 17

四 我的大学（节选）…… [苏] 高尔基 24

五 想象力：大学存在的理由…… [英] 怀特海 34

第二章 求索探寻

导 读…… 43

六 中国神话二则…… 45

七 过客…… 鲁迅 50

八 命若琴弦…… 史铁生 59

九 热爱生命（节选）…… [美] 杰克·伦敦 78

十 西西弗的神话…… [法] 阿尔贝·加缪 89

第三章 呼唤真情

导 读…… 99

十一 春江花月夜……（唐）张若虚 101

十二 长恨歌……（唐）白居易 105

十三 我的母亲…… 老舍 112

十四 百合花…… 茹志鹃 121

十五 泰坦尼克号（节选）…… [加] 詹姆斯·卡梅隆 132

第四章 诚信责任

导 读…………………………………………………………………………… 149

十六 《论语》七则 ………………………………………………………… 151

十七 杜十娘怒沉百宝箱……………………………………（明）冯梦龙 155

十八 围城（节选）……………………………………………………… 钱钟书 167

十九 绳子…………………………………………………………… [法]莫泊桑 179

二十 夜行孔雀睛…………………………………………… [德]赫尔曼·黑塞 187

第五章 军魂警魂

导 读…………………………………………………………………………… 197

二十一 国风·邶风·击鼓………………………………………………《诗经》 199

二十二 清洁的精神……………………………………………………… 张承志 204

二十三 把栏杆拍遍……………………………………………………… 梁衡 216

二十四 监狱警察（节选）……………………………………………… 刘晓玲 223

二十五 亮剑（节选）…………………………………………………… 都梁 233

第六章 心系家国

导 读…………………………………………………………………………… 245

二十六 国殇……………………………………………………（战国）屈原 247

二十七 大同与小康……………………………………………《礼记·礼运》 252

二十八 青春之歌（节选）……………………………………………… 杨沫 257

二十九 听听那冷雨……………………………………………………… 余光中 275

三十 都江堰……………………………………………………………… 余秋雨 282

第七章 智慧人生

导 读…………………………………………………………………………… 293

三十一 逍遥游（节选）………………………………………（战国）庄子 295

三十二　人间词话（节选）…………………………………………… 王国维　303
三十三　棋王（节选）………………………………………………… 阿城　308
三十四　人生（节选）………………………………………………… 路遥　322
三十五　阿甘正传（节选）………………………… [美] 温斯顿 · 葛鲁姆　332

第八章　青春无悔

导　读 ……………………………………………………………………　345
三十六　牡丹亭 · 游园 ……………………………………（明）汤显祖　347
三十七　红楼梦 · 二次摔玉 ………………………………（清）曹雪芹　356
三十八　曾国藩家书 · 勉励自立课程 ……………………（清）曾国藩　365
三十九　六月，我们看海去……………………………………… 潘洗尘　372
四十　“我是即将来到的日子”…………………………… [法] 罗曼 · 罗兰　375

第九章　相信未来

导　读……………………………………………………………………　387
四十一　报任安书（节选）……………………………（西汉）司马迁　389
四十二　在哪里我都开花………………………………………… 梁南　399
四十三　相信未来………………………………………………… 食指　403
四十四　西风颂………………………………………………… [英] 雪莱　406
四十五　最后一片叶子……………………………………[美] 欧 · 亨利　411

第一章

大学精神

导 读

主题词：大学精神

青春话题：

（1）读大学，我们学什么？

（2）大学，又爱又恨，我们应该如何度过大学生活？

（3）有人说社会也是一座大学，有人说社会是酱缸，大学毕业，我们如何能保持大学时代的理想追求？

知识目标：

（1）了解大学精神的实质。

（2）弄清楚古代教育的目标。

（3）把握现代大学的教育目的。

能力目标：

（1）熟悉"四书五经"，并能背诵《大学》（节选）。

（2）熟读《金岳霖先生》，掌握记人散文的写法。

（3）能将大学精神融入到工作、学习和生活中。

大学，一个梦升起来的地方。我们每个人怀揣着梦想，带着对大学的向往，编织着对未来的憧憬，从五湖四海、四面八方来到这个神圣的地方，开始了大学生活。

"三点一线"的生活让我们彷徨让我们迷惑！梦想与现实的落差，将美好的憧憬摔个粉碎。大学不是想象的这个样子！

大学是什么？

"大学之大，在于精神之大"。人不可一日无魂，大学亦不可一时无精神。

大学精神，在于其批判精神和创新精神。它以毫不妥协的、决绝的姿态，对人类文明进行删选，对社会现实进行理性反思，对人的惰性及恶习进行批判，破除迷信，摒弃愚昧，超越保守；更新教育观念，更新人们的价值理念和价值取向，改变人们的思维方式，建立新的科学的知识体系，把理论用于指导实践，推动社会前进，实现文明的再生，构建理想主义的精神家园。

大学精神，在于其独尊科学、崇尚民主，提倡兼容并包、思想自由的学术精神。大学精神，在于其人文关怀。它以五千多年“厚德载物”的文化底蕴，以人为中心的价值立场，关注着人们的生存处境和精神状况，为处于焦虑和无望中人们提供切实心灵鸡汤。

大学精神，在于其实事求是的、求真务实的学风，有一批明辨是非、追求真善美、扬弃假恶丑的老师。“吾爱吾师，但吾更爱真理”，这作为一面旗子，成为莘莘学子的指南针。

大学精神之核心在于育人。大学要以通识教育为使命，培养“面向现代化，面向世界，面向未来”“有理想、有道德、有文化、有纪律”的“四有”新人。大学生应以天下为己任，继承前人“国家兴亡，匹夫有责”的报国情怀，学习前人“先天下之忧而忧，后天下之乐而乐”鞠躬为民的品德，做“一个高尚的人，一个纯粹的人，一个有道德的人，一个脱离了低级趣味的人，一个有益于人民的人。”

…………

一所大学是不是名校，不在于它规模有多大、有没有漂亮的教学大楼和塑胶跑道，而是在于它有没有知识渊博、认真负责的老师，有没有良好的育人环境……驰名中外的黄埔军校虽然只有几间破旧的教室，却走出了中国一流的将军；举世闻名的西南联大规模虽小，却培养出无数的精英……人生处处都是大学，社会就是一所大学，只要把握住机会，像高尔基一样，凭借着顽强不屈的意志和永不言败的精神，实现自己的梦想。

其实，理想与现实只有一步之遥，勇敢地跨过去，这里，是梦想开始的地方，也是梦想升起的地方……

一 大学（节选）

《大学》原是《礼记》中的一篇文章，宋代人把它从《礼记》中抽出来，与《论语》《孟子》《中庸》相配合，到朱熹撰《四书章句集注》时，便成了“四书”之一。朱熹认为《大学》是孔子及其门徒留下来的遗书，分为“经”和“传”两个部分，“经”是“孔子之言而曾子述之”，“传”是“曾子之言而门人记之”。

《大学》记述的是孔子及其弟子特别是曾子论“礼”的教育思想，其主旨即在说明“大学之道”，即大学教育的目的、内容、步骤、方法及指导方针，可以说是儒家教育的纲领性论著，是一篇中国古代论述修身治国的佳作，不仅充满了中国古代的政治观和伦理观，而且洋溢着古代儒家学者治学修身的颇有价值的教育思想。

现行的《大学》共有三种不同的本子：(1) 郑玄所注《小戴礼记》第四十二篇全文，王守仁尊之为“《大学》古本”。(2) 由程颢、程颐兄弟及朱熹所改定的“大学章句”本。(3) 魏正始四年刻的“三体石经”本，亦称“石经大学古本”。

大学之道[1]，在明明德[2]，在亲民[3]，在止于至善[4]。知止而后有定[5]，定而后能静，静而后能安，安而后能虑，虑而后能得[6]。物有本末，事有终始。知所先后，则近道矣。

古之欲明明德于天下者，先治其国。欲治其国者，先齐其家[7]，欲齐其家者，先修其身[8]。欲修其身者，先正其心。欲正其心者，先诚其意。欲诚其意者，先致其知[9]。致知在格物[10]。物格而后知至，知至而后意诚，意诚而后心正，心正而后身修，身修而后家齐，家齐而后国治，国治而后天下平。

⊙ 注 释

[1] 大学之道：大学的宗旨。“大学”一词在古代有两种含义：一是“博学”的意思；二是相对于小学而言的“大人之学”，治国平天下的学问。古人八岁入小学，学习“洒扫应对进退、礼乐射御书数”等文化基础知识和礼节；十五岁入大学，学习伦理、政治、哲学等“穷理正心，修己治人”的学问。所以，后一种含义其实也和前一种含义有相通的地方，同样有“博学”的意思。“道”的本义是道路，引申为规律、原则等，在中国

古代哲学、政治学里，也指宇宙万物的本原、个体，一定的政治观或思想体系等，在不同的上下文环境里有不同的意思。

[2] 明明德：前一个“明”作动词，有使动的意味，即“使彰明”，也就是发扬、弘扬的意思。后一个“明”作形容词，明明德也就是指彰明人与生俱来的光明之德。

[3] 亲民：亲近于民。宋代儒学大师程朱二人指出，“亲”应读作“新”，有图新、向新、革新的意思。

[4] 止于至善：达到至善的境地。

[5] 知止：知道止于至善的道理。

[6] 得：收获。

[7] 齐其家：管理好自己的家庭或家族，使家庭或家族和和美美，蒸蒸日上，兴旺发达。

[8] 修其身：修养自身的品性。

[9] 致其知：使自己获得知识。

[10] 格物：认识、研究万事万物。

⊙ 阅读提示

古代的“大学”教育指的是最高层次、最完善的教育。“大学”与“小学”相对而言，是说它不是讲“详训诂，明句读”的“小学”，而是讲治国安邦的大人之学。

《大学》文辞简约，内涵深刻，影响深远。本文从实用主义角度，对现代人如何做人、做事、立业等均有深刻启迪意义。国父孙中山作三民主义之民族主义中第六讲题提到，“我们现在要能够齐家、治国，不受外国的压迫，根本上便要从修身起，把中国固有知识一贯的道理先恢复起来，然后我们民族的精神和民族的地位才都可以恢复。”

考察《大学》全书的文字结构，我们可以归纳为两大部分：

（1）“三纲领”：明明德、亲民、止于至善理想目标。

（2）“八条目”：格物、致知、诚意、正心、修身、齐家、治国、平天下。

《大学》提出了“三纲领”和“八条目”，强调修己是治人的前提，修己的目的是为了治国平天下，说明治国平天下和个人道德修养的一致性。《大学》开头就说：“大学之道，在明明德，在亲民，在止于至善。”这就是后人所说的《大学》“三纲领”。所谓“明明德”，就是发扬光大人所固有的天赋的光明道德。所谓“在亲民”，是指发扬了善性之后，即从事治民，亲民即要亲爱人民。所谓“止于至善”，就是要求达到儒家封建伦理道德的至善境界。“为人君止于仁，为人臣止于敬，为人子止于孝，为人父止于慈，与国人交止于信。”这是《大学》提出的教育纲领和培养目标。

格物、致知是指穷究事物的原理来获得知识。诚意就是“勿自欺”，不要“掩其不善而著其善”。正心就是端正自己的心思。修身就是加强自身修养，提高自身素质。齐家就是管理好自己的家庭、家族。治国、平天下是谈治理国家的事。怎样治理国家呢？首先要作表率，自己讨厌的，不加给别人，要得众、慎得、生财、举贤。

⊙ 相关链接

“四书五经”及对后世的社会影响

“四书五经”是“四书”和“五经”的合称，是体现儒家思想的主要经典著作。“四书”是指《论语》《孟子》《大学》《中庸》；而“五经”是指《诗经》《尚书》《礼记》《周易》和《春秋》，简称“诗、书、礼、易、春秋”，在之前，还有一本《乐经》，合称“诗、书、礼、乐、易、春秋”，这六本书也被称作“六经”。“六经”又称“六艺”，不过，“六艺”古时又指周代教育贵族子弟的六种科目，即“礼、乐、射、御、书、数”。《周礼·保氏》曰：“养国子以道，乃教之六艺：一曰五礼，二曰六乐，三曰五射，四曰五驭，五曰六书，六曰九数。”后来《乐经》亡佚了，就只剩下“五经”。“五经”的内涵在后世不断扩大，南宋后形成了“十三经”，分别是《易经》《尚书》《诗经》《周礼》《仪礼》《礼记》《春秋左传》《春秋公羊传》《春秋穀梁传》《论语》《孝经》《尔雅》《孟子》。

“四书五经”是南宋以后儒学的基本书目，儒生学子的必修之书，是古代科举考试的指定用书，是中国传统文化的宝典，也是儒家思想的核心载体。“四书五经”翔实地记载了中华民族思想文化发展史上最活跃时期的政治、军事、外交、文化等各方面的史实资料以及影响中国文化几千年的孔孟儒家哲学思想。时至今日，“四书五经”所载内容及儒家哲学思想仍对我们现代人具有积极的意义和极强的参考价值。儒家思想对社会规范、人际交流，社会文化等产生不可估量的影响，其影响播于海内外，福荫子孙万代。

“四书五经”是延续中华文化的千古名篇，是人类文明的共同遗产。

⊙ 思考练习

一、结合本文学习，简要谈一谈你对大学培养目标的认识。

二、认真阅读课文，结合自己实际，谈一谈如何做人、做事、立业。

三、解释下列加点字的意思。

1. 大学之道，在明明德

2. 在亲民，在止于至善

3. 致知在格物

二　雾里的剑桥[1]

金耀基

金耀基（1935—），浙江省天台县人。当代学者、社会活动家，美国匹兹堡大学哲学博士。

金耀基1970年8月开始在香港中文大学任教，曾任香港中文大学新亚书院院长，先后在英国剑桥大学、美国麻省理工学院和德国海德堡大学从事研究访问。主要研究中国现代化及传统在社会、文化转变中的角色。著作有《大学的理念》《从传统到现代》《中国社会与文化》《中国政治与文化》《中国现代化与知识分子》《海德堡语丝》《金耀基自选集》等。

十月下旬，剑桥的秋叶就飞舞在家的门口了。

剑桥的秋特别多风、多雨。在萧萧风雨的窗前，少不得多添几分旅次的惆怅。但在天晴的日子里，这个中古大学城的秋光艳色不只使你目不暇给，并且几乎完完全全地占据了你的心灵。站在举世著名Backs（剑大许多古老学院的后园）上，看一树树、一树树的金黄，在阳光下闪烁，在微风中跃动，把原来已经碧绿的草地衬得更绿，把原有王者气象的王家学院礼拜堂烘托得更加庄严堂皇，而三一学院的古雅淳朴的“雷恩图书馆”，圣约翰学院“太息桥”头的紫红牵藤，也越发显得凝定与活泼了。至于徐志摩所说“最有灵性”的剑河[2]，不论是夏绿或秋黄，总是那样徐徐自得，清逸出尘，总有那份特有的女性的柔情与秀致。噢！这是一幅多么醉人的图画！我相信，任何贪婪的眼睛都该已满足，任何不餍的心灵都会喊出：“好个剑桥的秋！”

剑桥的秋太美，美得太玲珑，太脆弱，美得不能久驻，不到十二月，叶已落，枝已枯，金黄色的，紫红色的全被厚厚的灰色取代了。剑桥的残秋或冬天大概是比较不受人喜欢的，它阴暗、刺骨得叫人不敢去亲近。不过，这个小城的残秋初冬有一个特色，就是多雾。雾，是我从小就喜欢的。雾给你更多的空白去涂抹，更多的空间去想象。

雾里，在剑河桥头倚凭；在三一巷中踯躅；或是在克莱亚学院的庭前小站，所见到的垂柳残枝，楼台榭阁，若隐若现，都在虚无飘渺之间，尤其是雾里摇曳的灯光、雾中飘来的钟声，真会使人有天上人间之感。

雾里的剑桥，也许不真，却是美的神秘。

剑桥的科学精神是求真，剑桥的艺术精神是求美。剑大的史学家编写过几部巨大史书，处处显出“打破沙锅问到底”的精神，但剑桥人写的不少剑桥往事却尽多历史与神话间的传奇。传奇是七分真三分假，或是三分事实七分渲染，传奇是雾里的历史。剑桥人所骄傲的是自己的传统，而其最动人的传统中常带有一些代以继代、百口传诵的传奇。这些传奇，言者津津，听者眉舞，也造成了剑桥最富吸引力及最富神秘之美的原因之一。

剑桥“最伟大”的传奇应该是关于剑桥诞生的传奇了。这是剑大的“创世纪”式的故事。剑桥人说，剑大是纪元前三五三八年前一个叫 Cantaber 的西班牙王子创建的。有名有姓，有时间，言之凿凿，似乎不能太假，但是剑桥人这一招法雾放的太多，反而弄巧成拙，把传记变成了神话，浪漫则浪漫矣，却无半丝征信可言。剑桥这一神话在世界大学史上只有牛津的“盘古开天”式的神话可以竞美。牛律人说，牛律是 Mempricius（或说 Alfred the Great）在古得不能确定的那年创立的。牛、剑二校的吹牛比赛向来是各擅胜场，而这个神话比赛则如史家 Maitland 所说是“最古老的校际运动”。说真话，剑桥牛津之可以骄人处，不全在于他们的古老（在英语世界则以它们为最老，在非英语世界则不然），而毋宁在于它们的悠久，在于它们基本上几百年未变的格局，尤在于他们特殊的教育制度与学术性格。

剑桥有许多独特的、古老的制度与习惯，如 Collegiate system（学院制：剑桥是大学与学院并立的双元体，教师在大学与学院各拿一份薪水。学生在大学上课考试，在学院则接受导师指导等），Tripos Examination（三脚凳试：这是指修读学士荣誉学位的考试，多数三脚凳试分为二个部门，三年读完，相当有弹性），High Table（高脚台：指院士的餐台，与学生的分开，菜肴不一样，服侍亦不同，但都要着学袍，饭前学生全体肃立，恭候院士入位，待念完一段拉丁文，然后就座开动），Don（导师：指所有院士，甚或包括学校行政人员），Supervision（导修：学院对学生之学业有专人指点、切磋），以及 Bedder（指替学生整理床单的女士）等等，这些都不是哪个人刻意设计的，而都是从来就有的传统。但传统何来？此则虽是往迹“斑斑可考”，大半却不脱“想当然”的猜度。剑大带雾的历史最有趣的不在制度、习惯，而在人物，最有趣的人物传奇不在大学，而在各个学院。

在残秋的寒雾里，从一个学院的回廊，转到另一个学院的庭园，再进入另一个学院的礼拜堂，就好像在似真若幻的古典世界里打转。来剑桥已几个月，闲中看了不少有关剑桥的书，也曾被邀去过好几个学院的高脚台、Combination Room（院士休息室）吃过饭，喝过酒，饮过咖啡，聊过天，对好些学院的历史人物都有了某种程度的“背景知识”。也因此每进一个学院，都觉似曾相识。当你想起这些回廊，这些庭园，都曾经培根、牛顿、米尔顿[3]、达尔文等前人走过，它们就变得亲切、人格化起来，在这种历史与现在接合的地方，现代人的“疏离感”或“一度空间感”是不会存在的。而这些剑桥的古人，透过了传奇化的形像，仍然活泼地活在剑桥的各个学院里。剑桥的传奇太丰富，我亦孤陋寡闻，但就所读所闻，聊记数则，以供读者清赏。

皇后学院不是剑桥最响亮的学院。她最有名的建筑是跨过剑河的一座木桥。这座木桥又称“数学桥”，这是因为它利用实用数学的原理造成，由于它的精巧神奇，便相传是牛顿的杰作。可恨哪位仁兄指出牛顿死于一七二七年，而此桥最早建于一七四九年，戳破了这个传说，不过，也有人说这可能是牛顿的幽灵暗中助力造成的。皇后学院最可傲人的是它在一五一〇——一五一三曾经有文艺复兴最伟大的人文学大师伊鲁斯玛士（Erasmus）在此讲学。伊鲁斯玛士把希腊文带进剑桥，并在此播下了宗教改革的种子：他受知于当时剑大校长费雪（Fisher，后因反对英王的婚事被处死），改革剑大教育，开设希腊文，使剑大首次成为学术中心，凌驾于当时牛津之上。但这位人文大师在剑桥时，镇日抱怨。他嫌薪水太少，生活费太高；又嫌学生不交学费、不上课。而他最不能容忍的是剑桥啤酒太差，甜酒太糟。他曾求函友人寄一桶上佳希腊酒给他。酒寄来了，但他嫌桶太小，喝不过瘾，他说他只靠酒桶余香来解渴。他要友人寄桶大的来。这次桶是大了，但不巧运酒工人也是杜康之徒，偷喝了半桶，补上了半桶清水。伊鲁斯玛士是品酒名家，喝了这种“水酒”，焉能不知个中情由。他气是气极了，但看来他还是喝完了那桶水酒的。要不，他不会责怪他的尿沙症是由那桶“水酒”引致的！当然，喝“水酒”会导致尿沙症恐只是这位人文大师的独见了。伊鲁斯玛士为剑桥开了新学风，而他之好饮佳酿，也怕是剑桥数百年喝酒传统的渊源吧！

圣彼得学院是剑大最古老的学院，成立于一二八四年。这个学院的精彩故事是关于大诗人葛莱（Thomas Gray）[4]的（A. Lang 把他列为剑桥十一位大诗人之一）。Dr. Johns 说他是木然无趣的人，而他自称是被困的红雀（a captive linnet）。葛莱性情懒散，胆小如鼠，有点“神经质”。传说他“从不开口”。据考他是开过口的，他说过房子太闹、太脏，学生哥在他楼梯口堆满了酒罐。他担心这些学生哥有一天会不小心把学院烧掉。因为担心过度（或胆小过度），他在自己的窗口装了一根铁棒（另加绳梯），作为“逃火梯”。也许这位诗人的逃火棒触引了学生哥的灵机。他们在夜半时分，假闹火警，这位平时懒散的诗人，早有戒备，一骨碌翻身下床，迅速从逃火棒滑下。正在暗庆自己先见之明，不想扑通一声滑进了一个大水槽里。原来大水槽是学生哥为这位诗人准备的。这位诗人一气一惊之下，跑到对街潘波罗克学院去避难了。学生哥这种恶作剧自然是谑而又虐，不足为训，不过这位诗人自设“逃火棒”，也未免对火的幻想力大强，以致逃得了假火，逃不了真水。信不信由你，那根“逃火棒”至今犹在呢！

诗人避难的潘波罗克学院也一样有多彩多姿的故事。它是另一位诗人史宾塞（Spenser）[5]及大政治家璧德（Pitt）的母校。刚谈过诗人，不妨谈谈政治家吧！璧德是贵族之后，上剑桥时必然仍是乳臭未干的小孩，因为他是带着保姆上学的。他立志要成政治家，苦读希腊罗马的经典著作，以备演讲、辩论之用。他在校时年纪虽小，却是一副“小大人”味道，一本正经，不苟言笑。游戏只限于骑马、剑术和射击。他在剑桥留下的光荣一页是他参加林肯客栈的晚餐中与牛津吉朋[6]（Gibbon，《罗马衰亡史》作者）的一番唇枪舌战。他是小孩子，而吉朋已是声望如日中天的中年大史家。看来这次口舌之战是璧德挑起的，吉朋初则轻视，继则不敢掉以轻心，终则全力应付，颇思把璧德的论点一举粉碎。但璧德却步步为营，无懈可击。吉朋最后愤怒离席而去。吉朋的友人求他返席。吉朋说：“绝不，我毫不怀疑，那位年轻小绅士是极端有天份的，并且也是很可亲的。不过，我必须说他的辩论方式不是我所习惯的。所以你应该原谅我！”当然，这个故事究竟有多少真实，还得听听牛津人怎样说法的。

三一学院毫无疑问是剑桥（也包括牛津）最大也最著名的学院。这是远者出过牛顿、培根，近者出过怀海德、罗素、维特根斯坦[7]的学院。因它人才辈出，所以带雾的历史也最浓。在三一的大门左边草坪上，有一棵矮小的苹果树，它就是牛顿悟“道”的“菩提”。你不信？那是你自己的损失！在雾气袅袅中，这棵树看来是有些不同凡响的灵气！走进三一门，便是走进传奇之乡了。我们不能不听说这儿出过二位“战斗格”的院长。一位是大数学家巴罗[8]（Barrow，牛顿的老师），他从小就勇猛善斗，在一次航行中且曾力挫海盗。在他院长任内，一次遭到一头大猛犬的袭击，巴罗镇定如山，一侧身，让过，再一个箭步逼上，以赤手握住大猛犬的脖子，又一使劲，便把那个巨物掀倒在地下，继而饱以如雨老拳，巴罗的威武状使人想起景阳岗武松打虎的神威。另一位是经典学者班得来（Bentley），他院长一做做了四十余年，打破三一的纪录〔剑桥其他学院则有更长纪录：圣彼得学院的 Francis Barner 做了五十年（一七八八——一八三八）。克莱亚学院的 Dr. E. Atkinson 做了五十九年零二个月，九十岁还在做〕。这位院长的好斗性格不输巴罗。不过巴罗斗的是海盗，他斗的是院士；巴罗善于用拳，他则精通法律，在他四十年院长任内，讼事连连，战云密布。此君之好辩喜争，可说与生俱来。他曾力辩“尼布加尼撒”（纪元前五百年前的巴比伦王）的金像记载是错的，该记载说金像高六十腕尺、宽六腕尺。他则说金像的宽度至少是十腕尺。为这件事他与未婚妻搞得瞪眼吹须，几乎使婚事告吹。往事已矣！这位“武士”虽然在学院礼拜堂北首的墓碑上连院长的头衔都未被刻上，但这位好战院长的“妙”事流传至今，引为谈资。

三一是科学家的王国，也是诗人的天地。丁尼生[9]进校做学生时，院长汤姆生一眼望见这位器宇特出的少年就说：“那个人一定是诗人！”不错，“那个人”可以“看”到夜莺眼中的月光；“那个人”的一首十四行诗就被认为值得“康可达”（印度古都）的全城财富。在剑桥，“那个人”在诗的竞赛中就已崭露头角了。丁尼生在上课的时候，想必常常神游物外，飞入白云绿水之间。据说有一次导师魏怀尔把他从梦乡中唤醒，问他，“从耶稣时代起到今日为止，一个便士的复息是多少？”

拜伦[10]也是三一之子，但他不是最受宠爱的一个。他在校时，风流倜傥，热衷于拳斗、骑射、豪饮、赌博、游泳（他常游泳的地方在格兰赛斯德原野的剑河上端，现称“拜伦池”）。他讨厌学校不准养狗的规定，既然不准养狗，他便去养了一头小熊。他在给一位女士的信中说：“我有了一位新朋友，是世界上最好的，它是一只小熊。当我带它来这里时，他们问我准备怎样处理它，我的答复是：‘它应该参加院士的选举。’这个答复使他们不顶高兴。”这位诗人大半生浪迹欧陆，死于希腊。雕刻家 Thorwaldsen 为他刻了一尊巨大的大理石全身像，送给伦敦的西敏寺教堂展放（英人死后进此寺是最大荣誉），但西敏寺却基于不道德的理由，拒绝接受。这石雕惨惨地在地窖的尘灰中躺了几年，后来还是三一学院念“子”情深，把他运回，摆在雷恩图书馆最醒目的位置。当你凝视拜伦丰神俊貌之余，联想到他生前养熊的故事，就不会觉得他冷冰冰地不发一语了。

讲剑桥的传奇不能不讲基督学院。这是《物种始原》[11]的作者达尔文的学院，也是《失乐园》的作者米尔顿的母校。达尔文[12]在基督学院时就狂热于收集昆虫了。他抓甲虫是又贯注，又在行。有一次他一眼看见好几只精彩的，双手一扑，就抓到了一只，说时迟，那时快，他把抓到的放在口里，再去抓一只，不想口里的一只发了威，刺了他舌头，他一痛只好张口让它眼巴巴飞去，而手边的一只又因分神而被溜掉。我们可以想见这位小博物学者的懊丧。达尔文在剑桥并不出名，不过，由于他常跟植物学教授汉斯劳一起散步，为此人家都称他为“那个跟汉斯劳一起散步的人”。而今，说起汉斯劳时，恐怕要说是“那个跟达尔文一起散步的教授了。”

科学家的传奇在剑桥总是没有诗人的多，也没有诗人的有浪漫情调。我觉得最富传奇性的该是米尔顿的故事了。最引起好奇与争论的不是基督学院庭园中那棵亭亭桑树是不是米尔顿所手植？而是究竟米尔顿在校时有否遭过导师查沛尔的体罚。牛津文豪约翰笙（Samuel Johnson）在他的《The Lives of English Poets》书中，则一口咬定确有其事。剑桥人则说约翰笙无中生有，并指出米尔顿终其身都对母校保有深挚的感情。这些争论对研究米尔顿的人或许是重要的，但在我们看，真正有意思的是下面的传奇：话说一位风姿绰约的外国少女，在一个晚春初夏的日子，访游剑桥，她被一位睡在树下的少男的美色所震惊，在频频凝视之余，情不自禁地用意大利文写下了几行爱慕的诗句，轻柔地放在睡者的手中。当米尔顿醒来时，读了留下的诗句，问了附近目睹的同学，认为是“天赐良缘”，从此在脑海中浮现了一位才貌双绝的仙子，对这位未谋一面的佳人朝思暮想，产生了狂热的爱情。后来，他买棹远去意大利寻芳，真是“升天入地求之遍，上穷碧落下黄泉”，无奈音容茫茫，仙子无踪。米尔顿想她、思她，直到临终一刻，长恨以殁，这真正成为了他的“失乐园”！

雾里的剑桥，也许不真，却是美的神秘！

⊙ 注　释

[1] 本文选自《剑桥与海德堡——欧游语丝》，辽宁教育出版社 1995 年版。

[2] River Cam，也译作“康河”。

[3] 米尔顿：今译为弥尔顿（1608—1674），英国著名的诗人、政治家。

[4] 葛莱：今译为汤姆斯·格雷（1716—1771），英国著名诗人。

[5] 史宾塞：今译为埃德蒙·斯宾塞（1552—1599），英国文艺复兴时期著名诗人。

[6] 吉朋：今译为吉本（1737—1794），英国 18 世纪最伟大的历史学家。

[7] 怀海德：即怀特海（1861—1947），全名阿弗烈·诺夫·怀特海，英国著名的数

学家、哲学家和教育理论家。维根斯坦（1889—1951）：奥地利哲学家、语言学家代表人物，今译为维特根斯坦。

[8] 巴罗（1630—1677）：英国著名的数学家。

[9] 丁尼生（1809—1892）：英国著名诗人。

[10] 拜伦（1788—1824）：英国浪漫主义诗人的杰出代表。

[11]《物种始原》：今译为《物种起源》。

[12] 达尔文（1809—1882）：英国著名的生物学家，进化论的奠基人。

⊙ 阅读提示

本文作者无意叙述大师们发奋苦读的事迹，只讲述了剑桥大学教授们和莘莘学子们的传奇、轶事等一些自然行为，读起来倍感亲切，轻松幽默，给人一种发自心底的愉悦。

这些传奇、趣闻里洋溢着的是一种关爱生命、追求自由的精神，尽管或许它并不真实，但是却传递了一种难以用言辞、概念来表达的生命、精神、情感之美，正因为难以言表，所以显得有些神秘。

我们每个人都追求与渴望精神自由、求真求美，但由于现实制约，我们的追求与渴望往往不能实现，所以，我们的精神自由程度与剑桥名人的相比是有一定距离的。这种距离就构成了我们对剑桥的神往，使我们在阅读时会心一笑。

⊙ 相关链接

剑桥大学

剑桥大学（University of Cambridge）成立于1209年，最早是由一批为躲避殴斗而从牛津大学逃离出来的老师建立的。剑桥大学和牛津大学（University of Oxford）齐名，为英国的两所最优秀的大学，被合称为“Oxbridge”，是世界十大名校之一。

剑桥大学位于拥有10万居民的英格兰小镇剑桥镇，距英国首都伦敦不到100千米，有一条河流从小镇穿过，被命名为“剑河”（River Cam，也译作“康河”）。剑桥大学有31个学院，有3个女子学院，2个专门的研究生院，各学院历史背景不同，实行独特的学院制，风格各异的35所学院经济上自负盈亏；剑桥大学负责生源规划和教学工作，各学院内部录取步骤各异，每个学院在某种程度上就像一个微型大学，有自己的校规校纪。剑桥大学的第一所学院彼得学院于1284年建立，其他的学院在14和15世纪陆续建立。

剑桥大学也是诞生最多诺贝尔奖得主的高等学府，大约有80多名诺贝尔奖获得者曾经在此执教或学习，70多人是剑桥大学的学生。与牛津大学相比，剑桥尤其注重自然科学的研究。剑桥有一半学生是学理工科的。除了牛顿、达尔文、罗素、培根、李约瑟、霍金等科学巨匠以及哈佛大学创始人哈佛外，剑桥还培育出了70多位诺贝尔奖获得者，差不多是哈佛、耶鲁两校之和，5位英国首相，20世纪的几位外国总理如印度前总理尼赫鲁、拉吉夫·甘地，马来西亚前总理赫曼，新加坡前总理李光耀等都是剑桥校友。著名学者和名人中，有凯恩斯经济学派的创始人凯恩斯，有数学家和分析哲学的创始人罗素，传记家和评论家史特拉赛，短篇小说家福斯特，生物化学家和科学史家李约瑟、中国学者蔡翘、赵忠尧、王竹溪、华罗庚、戴文赛、王应睐、伍连德、丁文江、曹天钦等，中国作家萧乾、叶君健、徐志摩等。

⊙ 思考练习

一、谈谈你对“雾里的剑桥，也许不真，却是美的神秘”这句话的理解。

二、说一说作者在谈到这些传奇时，为什么总是要先寥寥数语介绍一下这些传奇人物在文明史上的显赫身份，然后再浓墨重彩地叙写他们的传奇。

三、仔细阅读课文，谈一谈剑桥的大学精神是什么？我们的大学需要什么样的大学精神？

三　金岳霖先生

汪曾祺

汪曾祺（1920—1997），江苏高邮人，中国现当代著名作家，京派作家的代表人物。1939年考入西南联大中国文学系，1940年开始写小说，曾得到沈从文的悉心指导。1943年大学毕业后在昆明、上海执教于中学，出版了小说集《邂逅集》。1946年先后在《文学杂志》《文艺复兴》《文艺春秋》上发表了《戴车匠》《复仇》《绿猫》《鸡鸭名家》等短篇小说，引起文坛注目。后又发表了短篇小说《受戒》《异秉》等，其中《大淖记事》获1981年全国优秀短篇小说奖。出版了小说集《羊舍的夜晚》《晚饭花集》《汪曾祺短篇小说选》《寂寞与温暖》等，散文集《蒲桥集》《塔上随笔》等，论文集《晚翠文谈》等。

汪曾祺年轻时受西方现代派的影响较深，晚年作品渐趋平实，提倡“回到民族传统、回到现实主义”，主张现实主义要容纳各种流派，民族传统要能吸收一切外来影响。汪曾祺所作小说多写童年、故乡，写记忆里的人和事，浑朴自然中又不失幽默，清淡委婉中表现和谐的意趣。他力求淡泊，脱离外界的喧哗和干扰，精心营构自己的艺术世界。汪曾祺小说乍看似乎不讲究章法结构，然而那是“苦心经营的随便”，因而他的小说被称为“散文化”小说。在语言上，他的语言干净、自然、简洁，他要求自己“能不说的话就不说”。

西南联大有许多很有趣的教授，金岳霖先生是其中的一位。金先生是我的老师沈从文先生的好朋友。沈先生当面和背后都称他为“老金”。大概时常来往的熟朋友都这样称呼他。关于金先生的事，有一些是沈先生告诉我的。我在《沈从文先生在西南联大》一文中提到过金先生。有些事情在那篇文章里没有写进，觉得还应该写一写。

金先生的样子有点怪。他常年戴着一顶呢帽，进教室也不脱下。每一学年开始，给新的一班学生上课，他的第一句话总是：“我的眼睛有毛病，不能摘帽子，并不是对你们不尊重，请原谅。”他的眼睛有什么病，我不知道，只知道怕阳光。因此他的呢帽的前檐压得比较低，脑袋总是微微地仰着。他后来配了一副眼镜，这副眼镜一只的镜片是白的，一只是黑的。这就更怪了。后来在美国讲学期间把眼睛治好了，——好一些，眼镜也换了，但那微微仰着脑袋的姿态一直还没有改变。他身材相当高大，经常穿一件烟草黄色的麂皮夹克，天冷了就在里面围一条很长的驼色的羊绒围巾。联大的教授穿衣服是各色各样的。闻一多先生有一阵穿一件式样过时的灰色旧夹袍，是一个亲戚送给他的，领子很高，袖口极窄。联大有一次在龙云的长子，蒋介石的干儿子龙绳武家里开校友会，——龙云的长媳是清华校友，闻先生在会上大骂“蒋介石，王八蛋！混蛋！”那天穿的就是这件高领窄袖的旧夹袍。朱自清先生有一阵披着一件云南赶马人穿的蓝色毡子的一口钟。除了体育教员，教授里穿夹克的，好像只有金先生一个人。他的眼神即使是到美国治了后也还是不大好，走起路来有点深一脚浅一脚。他就这样穿着黄夹克，微仰着脑袋，深一脚浅一脚地在联大新校舍的一条土路上走着。

金先生教逻辑。逻辑是西南联大规定文学院一年级学生的必修课，班上学生很多，上课在大教室，坐得满满的。在中学里没有听说有逻辑这门学问，大一的学生对这课很有兴趣。金先生上课有时要提问，那么多的学生，他不能都叫得上名字来，——联大是没有点名册的，他有时一上课就宣布：“今天，穿红毛衣的女同学回答问题。”于是所有穿红衣的女同学就都有点紧张，又有点兴奋。那时联大女生在蓝阴丹士林旗袍外面套一件红毛衣成了一种风气。——穿蓝毛衣、黄毛衣的极少。问题回答得流利清楚，也是件出风头的事。金先生很注意地听着，完了，说：“Yes！请坐！”

学生也可以提出问题，请金先生解答。学生提的问题深浅不一，金先生有问必答，很耐心。有一个华侨同学叫林国达，操广东普通话，最爱提问题，问题大都奇奇怪怪。他大概觉得逻辑这门学问是挺“玄”的，应该提点怪问题。有一次他又站起来提了一个怪问题，金先生想了一想，说：“林国达同学，我问你一个问题：‘Mr. 林国达 is perpenticular to the blackboard’（林国达君垂直于黑板），这什么意思？”林国达傻了。林国达当然无法垂直于黑板，但这句话在逻辑上没有错误。

林国达游泳淹死了。金先生上课，说：“林国达死了，很不幸。”这一堂课，金先生一直没有笑容。

有一个同学，大概是陈蕴珍，即萧珊，曾问过金先生：“您为什么要搞逻辑？”逻辑课的前一半讲三段论，大前提、小前提、结论、周延、不周延、归纳、演绎……还比较有意思。后半部全是符号，简直像高等数学。她的意思是：这种学问多么枯燥！金先生的回答是："我觉得它很好玩。"

除了文学院大一学生必修逻辑，金先生还开了一门"符号逻辑"，是选修课。这门学问对我来说简直是天书。选这门课的人很少，教室里只有几个人。学生里最突出的是王浩。金先生讲着讲着，有时会停下来，问："王浩，你以为如何？"这堂课就成了他们师生二人的对话。王浩现在在美国。前些年写了一篇关于金先生的较长的文章，大概是论金先生之学的，我没有见到。

王浩和我是相当熟的。他有个要好的朋友王景鹤，和我同在昆明黄土坡一个中学教学，王浩常来玩。来了，常打篮球。大都是吃了午饭就打。王浩管吃了饭就打球叫"练盲肠"。王浩的相貌颇"土"，脑袋很大，剪了一个光头，——联大同学剪光头的很少，说话带山东口音。他现在成了洋人——美籍华人，国际知名的学者，我实在想象不出他现在是什么样子。前年他回国讲学，托一个同学要我给他画一张画。我给他画了几个青头菌、牛肝菌，一根大葱，两头蒜，还有一块很大的宣威火腿。——火腿是很少入画的。我在画上题了几句话，有一句是"以慰王浩异国乡情"。王浩的学问，原来是师承金先生的。一个人一生哪怕只教出一个好学生，也值得了。当然，金先生的好学生不止一个人。

金先生是研究哲学的，但是他看了很多小说。从普鲁斯特到福尔摩斯，都看。听说他很爱看平江不肖生的《江湖奇侠传》。有几个联大同学住在金鸡巷，陈蕴珍、王树藏、刘北汜、施载宣（萧荻）。楼上有一间小客厅。沈先生有时拉一个熟人去给少数爱好文学、写写东西的同学讲一点什么。金先生有一次也被拉了去。他讲的题目是《小说和哲学》。题目是沈先生给他出的。大家以为金先生一定会讲出一番道理。不料金先生讲了半天，结论却是：小说和哲学没有关系。有人问：那么《红楼梦》呢？金先生说："红楼梦里的哲学不是哲学。"他讲着讲着，忽然停下来："对不起，我这里有个小动物。"他把右手伸进后脖颈，捉出了一个跳蚤，捏在手指里看看，甚为得意。

金先生是个单身汉（联大教授里不少光棍，杨振声先生曾写过一篇游戏文章《释鳏》，在教授间传阅），无儿无女，但是过得自得其乐。他养了一只很大的斗鸡（云南出斗鸡）。这只斗鸡能把脖子伸上来，和金先生一个桌子吃饭。他到处搜罗大梨、大石榴，拿去和别的教授的孩子比赛。比输了，就把梨或石榴送给他的小朋友，他再去买。

金先生朋友很多，除了哲学系的教授外，时常来往的，据我所知，有梁思成、林徽因夫妇，沈从文，张奚若……君子之交淡如水，坐定之后，清茶一杯，闲话片刻而已。金先生对林徽因的谈吐才华，十分欣赏。现在的年轻人多不知道林徽因。她是学建筑的，但是对文学的趣味极高，精于鉴赏，所写的诗和小说如《窗子以外》《九十九度中》风格清新，一时无二。林徽因死后，有一年，金先生在北京饭店请了一次客，老朋友收到通知，都纳闷：老金为什么请客？到了之后，金先生才宣布："今天是徽因的生日。"

金先生晚年深居简出。毛主席曾经对他说："你要接触接触社会。"金先生已经八十岁了，怎么接触社会呢？他就和一个蹬平板三轮车的约好，每天蹬着他到王府井一带转一大圈。我想象金先生坐在平板三轮上东张西望，那情景一定非常有趣。王府井人挤人，熙熙攘攘，谁也不会知道这位东张西望的老人是一位一肚子学问、为人天真、热爱生活的大哲学家。

金先生治学精深，而著作不多。除了一本大学丛书里的《逻辑》，我所知道的，还有一本《论道》。其余还有什么，我不清楚，须问王浩。

我对金先生所知甚少。希望熟知金先生的人把金先生好好写一写。

联大的许多教授都应该有人好好地写一写。

一九八七年二月二十三日

——本文选自汪曾祺的《无事此静坐》，沈阳，辽宁人民出版社，2007

⊙ 阅读提示

本文是一篇人物传记，纪念的是作者的老师金岳霖先生。金岳霖先生是我国著名的国学大师，文中流露出作者对老师充满敬爱的感情，作者以一种轻松活泼、幽默滑稽的笔法，让世人看到一个极富个性的、活生生的金岳霖。

作者笔下的金岳霖是一个什么样的人？作者采用白描的手法，从金岳霖具有特殊的性格、特殊的外貌、特殊的言行等几个方面，来刻画金岳霖的人物形象。金岳霖性格较为复杂，在学术上聪明过人，但在现实生活中，不谙世故，头脑单纯；他待人真诚、坦荡，但学生觉得他很可笑。他一心只想学问之事，以致对社会人事的感受理解与众不同，于是从内心到外表都特立独行，没有想到要从众从俗，也正是这种孤独精神和单纯心理，才使他静心做学问，成就了他的学问品格。用文章行将结束时的一句话概括："谁也不会知道这位东张西望的老人是一位一肚子学问、为人天真、热爱生活的大哲学家。"

另外，本文语言也很有特色，古朴典雅，富有生活情趣。本文的语句都很短，描叙性和议论性的语言都很精粹，辞达而已，不事夸张，但都很好地表现了人物的本来面目，表达了作者的本意。这样的语言粗看不见精彩，须细品味才见功力，如描写金岳霖对学生讲《红楼梦》里的哲学时有一插曲：“他把右手伸进后脖领，捉出了一个跳蚤，捏在手指里看看，甚为得意。”事件、情境本身就很有趣味性，作者只是照直说来，并没有过多的精雕细琢，但留有阅读品味的余地。又如描写金岳霖与朋友的交往：“君子之交淡如水，坐定之后，清茶一杯，闲话片刻而已。”这些语句中间没有可有可无的文字，也许老作家行文至此，自己都没有意识到，具有感染力的简洁而畅达的文风已经凝聚在字里行间了。

⊙ 相关链接

1. 关于金岳霖

金岳霖（1895—1984），字龙荪，湖南长沙人，中国现代哲学家、逻辑学家。1911 年入北京清华学堂，1914—1921 年在美国宾夕法尼亚大学、哥伦比亚大学学习政治学，获哥伦比亚大学政治学博士。之后在英、德、法等国留学和从事研究工作。1925 年回国后，在北京清华大学任教授，创办清华大学哲学系。以后任西南联大哲学系教授、清华大学哲学系主任和文学院院长、北京大学哲学系教授和系主任、中国科学院和中国社会科学院哲学研究所研究员和副所长。1953 年加入中国民主同盟，曾任中央委员、中央常委。1954 年被选为中国科学院哲学社会科学部学部委员。1954 年后历任全国政协第二、四、五、六届委员，还曾被选为第三届全国人民代表大会代表。1956 年加入中国共产党。1979 年被选为中国逻辑学会会长。

金岳霖在中华人民共和国建立前，主要精力集中在教学和学术研究上，发表了几十篇哲学和逻辑论文，出版了《逻辑》《论道》《知识论》三部专著。1949 年后开始学习辩证唯物主义，写过一些哲学和逻辑论文，但主要精力用在学术研究的组织和领导工作方面。他的三部论著反映了他的逻辑思想和前期哲学思想。在哲学本体论方面，他提出了“道”“式”“能”三个基本哲学范畴，认为个别事物都具有许多殊相，而殊相表现共相。个别事物还具有一种不是殊相和共相的因素，这就是能。那些可以有能但不必有能的“样式”就是可能。由所有可能构成的析取就是式。他认为，能出入于式中的可能是事物的变动生灭乃至整个现实世界的过程和规律，也就是道。

在认识论方面，金岳霖肯定有独立于认识主体的本然世界。在其中，一方面有个别事物的变动生灭，另一方面有普遍共相的关联。认识主体通过他的认识活动就可获得许多关于本然世界的意念、概念、意思和命题。认识主体同时又应用他已获得的意念、概念、意思与命题去规范和指导他对本然世界的认识。金岳霖认为，认识有一发展过程，但本然世界是可以认识的。

金岳霖是把西方现代逻辑介绍到中国的主要人物。他推动了中国对现代逻辑的研究，并培养了许多逻辑学者。

——选自《中国大百科全书·哲学》，北京，中国大百科全书出版社，1987

2. 西南联合大学

西南联合大学是中国抗日战争期间设于昆明的一所综合性大学。抗战爆发后，很多内地高校前往昆明，其中最著名的便是国立西南联合大学。西南联大是由国立北京大学、国立清华大学和私立南开大学联合而成。

1937年抗日战争发生，北京大学、清华大学、南开大学先迁至湖南长沙，组成长沙临时大学。1938年4月又西迁昆明，改称国立西南联合大学。下设立文、理、法商、工、师范5个院26个系，两个专修科一个选修班。北大、清华、南开原为著名的高等学府，它们有各自独特的经历，有各自的教学作风，组成联大以后，汇集了一批著名专家、学者、教授，师资充实，人才济济。他们在极其艰苦的条件下，坚持严谨的治学态度，树立优良学风，是当时中国规模最大的著名高等学府。西南联大在办学的8年中毕业学生约2 000人，均学有成就，有的成为举世闻名的专家学者。他们对中国的建设事业、高等教育的发展和世界学术研究，作出了贡献。抗战胜利后，1946年西南联大解散，三校分别迁回北京、天津复校。

⊙ 思考练习

一、作者在塑造人物形象时，采用了什么手法，试结合课文分析。

二、文章在剪裁布局方面有什么特点？

三、结合本文，体会一下作者的语言特色。

四、作者在写金岳霖先生穿着时，又写到闻一多和朱自清等人的衣着，这样写有什么用?

五、仔细阅读课文，从中可以看到当时西南联大有什么样的校风和学风?结合实际，谈一谈当前大学的校风和学风。

四　我的大学（节选）

[苏] 高尔基

高尔基（1868—1936），全名马克西姆·高尔基，原名阿列克赛·马克西莫维奇·彼什科夫，苏联伟大的无产阶级作家，列宁说他是“无产阶级文学最杰出代表”，社会主义现实主义文学奠基人，无产阶级革命文学导师，前苏联文学的创始人。

高尔基出身贫苦，幼年丧父，11 岁即为生计奔波，当过学徒、装卸工、面包房工人，贫民窟和码头成了他的“社会大学”。他与劳动人民同呼吸共命运，亲身体验了资本主义残酷的剥削与压迫。代表作有：散文诗《鹰之歌》《海燕》，长篇小说《母亲》，自传体三部曲《童年》《在人间》《我的大学》等。辑有《高尔基文集》。

于是，我就去喀山大学学习了[1]，起码也是这样。

引起我上大学这个念头的，是中学生尼古拉·叶夫列伊诺夫。这个青年很讨人喜欢，也长得很漂亮，有一对象女人般温柔可爱的眼睛。当时他住在我们那一幢房子的阁楼上，因为常见我手里拿着书，他对我注意起来，于是我们彼此认识了。过不多久，叶夫列伊诺夫竟然硬说我有“研究科学的特殊才能”。

“您天生是为科学服务的！”他潇洒地甩动着他那马鬣一样的长头发，对我说。

当时我还不懂得，就是一个家兔也可以为科学服务。可是叶夫列伊诺夫很热心地向我说明：各大学里正需要我这样的青年人。自然，也提起米哈伊尔·罗蒙诺索夫[2]的故事来了。叶夫列伊诺夫还说，我去喀山以后，可以寄住在他的家里，过一个秋季和冬季，读完中学的课程，“随便”去应几场考试（他说的是“随便”！）我就可以领到助学金上大学，再过这么五年功夫，我就变成一位“学者”啦。照他说来一切全很简单，因为叶夫列伊诺夫当时才不过十九岁，又有着一副好心肠。

他在中学期考完毕，就离开这儿回家去。过两星期，我跟着也动身了。

我的老外祖母给我送行时，劝我说：

“你，别再跟人发脾气了！你老是发脾气，学得又厉害，又高傲！这全是跟你外祖父学坏的！你没见你外祖父落了个啥下场？苦命的老头子，活呀活的，活成个老傻瓜啦！你要记住：上帝不议论人的是非，魔鬼才爱干这种事呢！再见吧！唉……”

她擦掉她那松弛的老脸皮上几滴可怜的泪珠，又对我说：

“咱们再也不能见面啦！你这跑野了心的孩子呀，远走高飞了，我可是个活不久的人了！……”

近几年来，我经常离开我这个好心的老外祖母，甚至很少跟她见面。我一想到这个骨肉相连、热情照顾我的亲人，当真要和我永别了，心里十分难过。

我站在轮船的船尾一直向她望着，她站在码头边缘，一手画十字，一手拿披肩巾角儿擦她的脸，擦她那一双总是对人闪烁着无限慈爱光芒的黑眼睛。

于是我就来到这个半鞑靼式的城市，住在一座平房内的一间小屋里。这座小平房孤零零地坐落在一条僻陋小街尽头的土岗上。平房的山墙临近一片火烧场，火烧场上长起了密密层层的野草；在苦艾、牛蒡、马蓼的杂草丛和接骨木的灌木林里，隆起一堆倒塌了的砖瓦建筑物的废墟，废墟下面是个大地窖。无家可归的野狗就住在这里，死在这里。这个大地窖我终生难忘，这是我所上的几所大学中的第一所大学。

叶夫列伊诺夫的家里，一个妈妈带着两个儿子，靠一点可怜的抚恤金维持生活。我到他们家里来的头几天，常看见这个脸色苍白、个子矮小的寡妇从市场回来，把买来的东西放在厨桌上，怀着何等悲痛的忧伤，思量着怎样解决眼前的难题：即使不把她自个儿算在内，又怎能用这么小小一块瘦肉来给三个健壮的大孩子做出一顿丰盛的美餐呢？

她是一个很沉静的女人，两只灰色眼睛里含着无可奈何的温良顽强劲头儿，好像是一匹累得筋疲力尽的母马在拉车上坡，自个儿明知拉不动了，可是依然得拼命地往上拉！

我来到她家的第四天早晨，当她的孩子们还没有睡醒的时候，我就到厨房里帮着她洗菜。她小心翼翼地轻声问我说：

“您上这儿来打算干什么？”

“念书，来上大学。”

她把两道眉毛往上一扬，跟着脑门上的黄肉皮也往上一皱，菜刀切破了她的手指头，她忙用嘴吮着伤口的血，全身跌落到椅子里，马上又跳了起来，叫道：

“噢唷！见鬼……”

她用手绢裹好切伤的手指以后，夸奖我说：

“您倒挺会削土豆的！”

哼！这还能不会！我顺便跟她说了我先前曾经在轮船上做过帮厨的事。她又问：

“您想，您凭这点儿就能上大学了吗？”

当时我还不懂什么叫作挖苦人。我把她的问话当真了，就一五一十地对她讲出我计划好了的行动步骤，还说，经过这么一努力，科学殿堂的大门就会向我敞开。

她叹息了一声，叫道：

“嗳！尼古拉！尼古拉……”

正当这时候，尼古拉走进厨房来洗脸了。他睡眼惺忪，乱发蓬松，照例是高高兴兴的。

“妈妈！包一顿肉馅饺子吃多好啊！”

“嗯，好吧。”妈妈顺从地回答。

为了想趁机会炫耀一下我的烹饪知识，我说，要是包饺子的话，那点儿肉可太瘦，也太少啦。

这下可惹得瓦尔瓦拉·伊凡诺夫娜生气了。她狠狠地抢白了我几句，羞得我满脸通红，耳朵发胀。她把手里的几根胡萝卜丢到厨桌上，一扭身就走出去了。尼古拉向我递眼色，解释妈妈的行动说：

“不高兴啦！……”

他在板凳上坐下来，继续对我说：女人都比男人爱生气，这是她们的天性。关于这一点，好像有位瑞士的大学者作出过铁一般的论证，英国人约翰·斯图尔特·穆勒[3]也谈过这个问题。

尼古拉很喜欢教我，每逢适当机会，他就来给我灌输一些生活必需的知识。我对他的话，总是洗耳恭听。后来，我竟把佛克、拉罗士佛克和拉罗士查克林[4]这三位古人混成了一个人。我也弄不清是谁砍了谁的头：是拉瓦锡[5]砍了杜模力[6]的头呢，还是反过来杜模力砍了拉瓦锡的头？这位青年好汉，真诚无私地想“把我教导成人”，他也蛮有把握地答应要这样做。可惜他没有时间，更没有条件来认真地好好教我。他那种青年人的轻佻浮躁和只顾自个儿的作风，也使他看不见可怜的妈妈是怎样终日操劳、煞费苦心地支撑家务。他的弟弟是一个又迟钝又沉闷的中学生，就更觉察不出这一点了。我倒是早已乖觉地看出了这个主妇的那一套复杂的厨房经济和化学戏法。我清楚地看见她的手法多么巧妙：天天总得想法儿喂饱自家的两个孩子，另外还要养活我这个其貌不扬、举止粗野的流浪儿。自然，分给我的每一片面包，就跟一块石头一样沉重地压在我的心上。我开始想去找点什么工作干。为了免得在她家里吃闲饭，我每天一清早就跑出去，遇上刮风下雨，就暂时躲到那片火烧场的荒芜的大地窖里，闷坐在里面听着大雨滂沱和狂风吼叫，闻饱了死猫死狗的臭味，我这才觉悟到：上大学——不过是一个梦想罢了，要是当初我去波斯，也许比到这儿来还好些吧。于是我就把自己幻想成一个白胡子的老法师，能叫每粒谷子长成苹果那样大，能叫每个土豆长到一普特[7]重，总之，我为了这大地，为了这不光我一个人穷苦得走投无路的大地，幻想出了不少为民造福的好事情。

我已经学会了幻想许多奇异的冒险和伟大的英雄事业。在生活困难的日子里，这些幻想对我很有帮助。可是苦难的日子真不少啊！所以我就变得更会幻想了。我并不期待别人的救助和偶然的幸运，我的意志逐渐磨炼得顽强起来；生活条件越是困难，我就觉得自己越发坚强，甚至越发聪明了。我很小的时候就已经懂得，人是在对周围环境的不断反抗中成长起来的。

为了不致挨饿，我常跑到伏尔加河的码头上去。在那儿还容易挣得十五到二十戈比的工钱；在那儿，我混入那些装卸工、流浪人和无赖汉们中间，觉得自个儿好像是一块生铁投进了烧红的炉火里一样，每天都给我留下许多又强烈又深刻的印象。我看见那些狂热露骨、生性粗野的人，在我面前旋风般地转来转去。我喜欢他们对现实生活敢于憎恨、对世界的一切敢于敌视嘲笑、对自己又满不在乎的乐观态度。由于我过去的生活经历，使我很容易跟他们接近起来，愿意加入到他们那个厉害泼辣的圈子里去。想到我曾经读过的勃来特·哈特[8]的作品和许多“低级趣味的”小说，就更加激起我对这些人的同情。

有一个职业小偷巴什金，原先是师范学校的学生，现在是一个受尽折磨并且患了肺病的人，他很乖巧地劝我说：

“你为什么老像个姑娘那样畏畏缩缩的呢？难道是害怕人家骂你不老实吗？对姑娘说来，老实永远是她的美德。然而，对你——不过是一条锁链罢了。公牛倒挺老实，那是因为它吃饱干草！”

巴什金的头发是棕黄色的，像戏子似的脸刮得光光的，矮小的身体像猫似地轻快机灵。他以教师和保护人的态度对待我，我看出了他确实诚心诚意盼望我将来能够有点成就并且获得幸福。他很聪明，读过不少好书，尤其爱读《基督山伯爵》[9]。

“这本书中有目的，有激情。”他这样说。

他很欢喜女人，一谈起女人真是津津有味，兴趣横生，从他那极度衰弱的身体内部发出一种痉挛，这种病态的痉挛使我直感到恶心。不过我仍然聚精会神地听他谈，因为我觉得他的话很优美动听。

“女人，女人！”他声调抑扬地说，黄色面皮上泛起了红晕，两只黑黑的眼睛闪着赞赏的光芒，“为了女人，我什么事都肯去干。女人跟妖魔一样，从来不晓得什么叫罪孽！再没有比跟女人恋爱更甜美的事物啦！”

他很会讲故事，毫不费力地就为妓女们编出一些歌唱不幸的爱情的哀婉动人的小调。他所编的小调唱遍了伏尔加河两岸的各个城市。下面这一段极流行的小调也是出自他的手笔：

奴家生活寒苦，脸儿不漂亮，

浑身上下没有一件好衣裳。

为了这个呀，姑娘！

谁也不来跟你拜花堂……

有一个形迹诡秘的人，叫特鲁索夫，他待我也很好，这人仪表端庄，穿着阔绰，有音乐演奏家一样纤巧的手指。他在城郊造船厂区开一间小店铺，门面上挂着“钟表匠”的招牌，暗地里却买卖盗窃来的黑货。

“彼什科夫，你可不要学偷东西这玩意儿！”他对我说，一面很庄重地抚摸他那斑白的胡须，眯起那双狡猾的、藐视一切的眼睛，“依我看，你不会走这条路，你是个重精神生活的人。”

“什么叫重精神生活？”

“啊，重精神生活的人没有羡慕心，只有好奇心……”

这样说我是不确切的，因为我对好多人和好多事都羡慕过，像巴什金那种用奇特的诗歌般的声调、出人意外的比喻和表达方法讲话的本领，就使我羡慕。我记得他讲一件恋爱故事的时候是这样开头的：

“漆黑的夜晚，我像缩在树洞里的猫头鹰一样，枯坐在斯维亚日斯克这个僻陋城镇的客店里。正当十月天，细雨绵绵，秋风瑟瑟，就像一个受了委屈的鞑靼人拖长着嗓门哼唱哀歌似的，老也没个完：噢——噢——噢——呜——呜——呜……

“……恰在这时候，她来啦，她是那么轻盈，鲜艳，宛如旭日东升时的彩云，而天真纯洁的眼神却是假装的。她用恳切的声调说：‘亲爱的，我没有对不起你吧！’我明知她在说谎，却相信这是真话！我凭理智看得清清楚楚，可是情感上总不相信她是说谎！”

他讲话的时候，全身有节奏地摇摆，眼睛眯缝着，有时候还轻轻地用手摸一摸自己的心坎。

他的声音虽然低哑，但每一句话都很清晰动听，有点像夜莺歌唱。

我也羡慕过特鲁索夫，他有声有色地讲述西伯利亚、希瓦、布哈拉等地的故事，尖刻地嘲笑大主教们的生活。有一次他悄悄地讲到沙皇亚历山大三世：

“这位沙皇当皇帝真是个能手！”

在小说里常有一种“坏人”，这种“坏人”每到小说末尾，竟出乎读者意料之外，突然变成胸襟宽大的英雄人物了。我觉得特鲁索夫很像这类“坏人”。

一遇到闷热的夜晚，人们就渡过喀山河去，坐在对岸草地上的矮树林里，一面吃着，喝着，一面交谈着各人的心事。多半是讲生活的复杂啦，奇怪的人事纠葛啦，特别爱谈的是女人问题。他们一谈起女人来，就那么怨恨、悲伤，有时又很动人，而且总是带有向黑暗窥视的心情，在那黑暗中充满了令人毛骨悚然的意想不到的事情。在星光惨淡的黑夜，我曾经跟他们一块儿躺在长满河柳树的闷热洼地里度过了两三个夜晚。因为这儿临近伏尔加河，夜气更显得潮湿，船上的桅灯好像一个个金蜘蛛在黑夜里向四方爬动，在那黑魆魆的岩石河岸上闪现着一簇簇火球和火网，这是富庶的乌斯隆村里的酒店和村民住宅的窗户发着光亮。轮船的蹼轮隆隆地击着河水。水手们在一排驳船中间像狼嚎似地拼命喊叫，什么地方有人用锤子敲着铁板，拖长凄凉的音调在唱歌，排遣着不绝如缕的忧思，给人们的心头添上一点淡淡的哀愁。

更令人哀愁的是听着这些人的轻声慢语，他们思考着生活，谈着各人的心事，可几乎谁也顾不得听谁的。他们在矮树林里或是坐着，或是躺着，吸着卷烟，偶尔喝上一杯伏特加或啤酒，接着就回忆许多往事。

“啊，我遇见过这样一件事，”在黑暗中紧趴在地面上的一个人说。

听完了他的故事，人们都一致表示：

“常见这类的事啊，都是常见的……”

“见过”，“这是常见的”，“见过不少遍啦”——听着这些话，我觉得今天夜里人们已经活到了生活的尽头，好像一切都已经见过，以后再不会有什么新鲜事了！

这种感觉使我跟巴什金和特鲁索夫疏远起来，不过，我仍然很喜欢他们。根据我的经历来讲，如果我走上他们的路子，那也是十分自然的。当我想向上爬和进大学念书的幻想碰壁以后，我就更想去跟他们接近了。遇到饿肚子、受气和苦闷的时候，我觉得自己有本领去侵犯“神圣的私有制”或者去干其他种种罪行；可是青年人的浪漫主义不许我脱离我应走的道路。我在那个时候除了人道主义的勃来特·哈特的书和一些“低级趣味”的小说以外，还读过不少很正派的好书，这些书鼓励我去追求那种虽然还不十分明确、但却比我已经见过的一切具有更重大意义的事物。

——本文选自高尔基:《我的大学》，陆风译，北京，人民文学出版社，1988

⊙ 注 释

[1] 时间大概是1884年夏末或秋天。

[2] 罗蒙诺索夫（1711—1765）：俄罗斯第一个大学者，著名诗人。

[3] 约翰·斯图尔特·穆勒（1806—1873）：英国经济学家和哲学家。

[4] 佛克（1819—1868）：法国物理学家。拉罗士佛克（1613—1680）：法国作家。拉罗士查克林（1772—1794）：法国大革命时期保皇派的首领。

[5] 拉瓦锡（1743—1794）：法国化学家。大革命中被反革命派杀害。

[6] 杜模力（1793—1823）：法国大革命时期的将军，保皇派。

[7] 一普特合16.38公斤。

[8] 勃来特·哈特（1839—1902）：美国小说家。

[9]《基督山伯爵》：法国作家大仲马（1802—1870）的作品。

⊙ 阅读提示

《我的大学》是高尔基自传体小说三部曲中的最后一部。小说以其现实主义写实风格和热情勇敢的生活态度征服了全世界无数读者的心。作品记述了高尔基在喀山时期的生活。十六岁那年，他离乡背井，到喀山去上大学。这个幻想破灭后，他不得不为生存而劳碌奔波。住“大杂院”，卖苦力，同流浪汉接触，和形形色色的小市民、知识界与思想界人士交往，进了一所天地广阔的“社会大学”。在这所大学里，他经历了精神发展的复杂道路，经受住多方面的生活考验，对人生的意义、对世界的复杂性进行了最初的探索，终于成长为一个革命知识分子。

《我的大学》问世之后产生了广泛的影响，鼓舞着无数渴望光明和知识的年轻人勇敢前进，至今仍受到读者的热烈欢迎，激励了几代人从高尔基的作品中汲取追求光明的勇气和信念。

⊙ 相关链接

高尔基和苏联文学

20 世纪 20 年代是苏联文学的特殊时期。这一时期是文学迅猛发展的时期，是文学和理论上进行紧张而热烈争论的时期。在那时的文学活动中，高尔基是引人瞩目的中心人物之一。

在苏维埃政权时代，高尔基的文学社会活动，以其丰富多彩的活动、充沛的精力和宏伟的规模令人惊讶。没有人像他那样了解文学对于年轻的苏维埃国家的意义和价值，为新社会汲取和保留人类过去创造的一切优秀的文化成果，使之成为群众的财富，这就是高尔基遵循的原则。

1918 年 9 月，高尔基在彼得堡（即今圣彼得堡）创办了世界文学出版社。高尔基希望吸收新的苏联读者，使他们掌握丰富的世界文学，使他们能够根据优秀的译本研究世界文学。

世界文学出版社出版了英国、美国、德国、斯堪的那维亚半岛诸国、法国和西班牙的杰出作家的几十种书籍。

但是，出版《世界文学》并不是高尔基的唯一创举，他还组织出版了《名人传》丛书。他为初学的文学工作者创办并编辑了《文艺学习》杂志，建立了改善学者生活委员会（关怀人们的实际生活条件也成为高尔基的自愿义务）。还有《红色处女地》杂志（1921—1942），也是由高尔基发起创办的，其任务是把现代最优秀的文学力量团结在自己的周围。

高尔基把许多作家、学者和旧知识分子的代表吸引到新生的俄罗斯方面来。他为团结全国的一切优秀文学家做了大量工作。他认为，应该由这些人建立苏联文学。

根据同时代人的回忆，使人们能看到真正的高尔基，他对每一个他所碰到的人的命运关怀备至，他是社会活动家、政论家、文学创作的参与者和组织者，他是敏锐的评论家，善于发现青年作家的创作风格中的优点。

苏联著名作家和文学理论家科·伊·楚科夫斯基回忆道：“他对我们作家几乎怀着非同寻常的同情，甘愿同我们每一个人合作，为我们做平凡琐碎的工作，为我们花费大量的工作时间，如果我们的写作进行得不顺利，我们就知道，有一个人会乐意而愉快地帮助我们，不仅出主意，而且亲自帮忙。”

著名的和初学写作的作家从苏联各地给高尔基寄来手稿。他总是找时间充分而详尽地对他们每一个人作答复。他耐心而善意地，同时严格地要求年轻的作家，吸收他们参加艰难的语言艺术活动，向他们传授自己的经验。从二十年代末到三十年代初，他为青年作家撰写了许多著名论文：《论文理的好处》《再论文理的好处》《论初学写作的作家》《给初学写作的作家的信》。

高尔基经常在苏联报刊上撰稿。在三十年代，当新的世界大战的危险威胁世界的时候，他充分地显示了政论家的才能。在《文化大师们，你们同谁在一边？》一文中，政论家高尔基向全世界先进的知识分子发出了保卫和平的呼吁。

高尔基的最重要的政论著作之一是在 1924 年列宁逝世后创作的特写《列宁》。

深厚而真挚的友谊把高尔基同列宁联结在一起。列宁始终不渝地关心高尔基的创作，并提出严格要求，在艰难的时刻帮助和支持他，关怀他。高尔基后来回忆道：“他对我的态度是严师和关怀备至的益友的态度。”

这一特写的重要特点在于，它主要是以作家的亲身经历为基础的。这使作品显得格外温馨，并富于抒情色彩，给作品增添了高度的真实性。它将列宁作为思想家，政治活动家，具有同情心的善意、质朴的人的形象呈现在读者面前。同时，高尔基也谈到了自己，谈到了列宁在他的生活中所起的重大作用。

作品汇集《苏联游记》和其他特写，可归入政论文章。特写《苏联游记》是高尔基在 1928—1929 年到苏联各地旅行的成果。这次旅行沿着革命前一个时期他去过的老地方：俄罗斯中部、伏尔加河流域、乌克兰和高加索。而且这组特写是建立在新旧对比和今昔对比之上的。作家回过头来写旧的事物是为了比较深刻、正确地突出作为他的这组特写的主题的新事物。高尔基描绘了苏联人民创造性生活的绚丽图景。“……在苏联各地，到处都进行着大胆的、具有伟大意义的试验，建设着新的生活”，这就是《苏联游记》这组特写的主题思想。

高尔基高度评价作为文学体裁的特写。他说："特写是具有真正艺术性的，同时又是目前引人注目的文学体裁，是一项极其艰难的工作。"他认为，特写不能归结为对事件的冷漠摹写。他认为，评论家应该是热情洋溢的政论家，旧事物的敌人和为新事物而斗争的战士，应该"富于哲理地描写"、概括实际情况。

1934 年苏联作家协会成立了。在第一次全苏作家代表大会上，高尔基作了关于苏联文学发展道路的报告。在这次代表大会上，高尔基被选为苏联作家协会主席，并领导协会的活动。

在晚年，高尔基做了大量的组织工作，团结和联合全国各民族的作家，培养年轻的作家，组织和扩大出版事业。高尔基于 1936 年 6 月 18 日逝世。

高尔基经历了巨大而异常丰富的生活和创作道路。高尔基的文学活动同俄国的革命工人运动，同新社会制度的建设密切地联为一体。

高尔基是苏联文学的奠基人。作为俄罗斯古典文学的进步传统的继承人和社会主义现实主义的创始者，他对苏联文学，对全体苏联作家的活动产生了并继续产生着极大的影响。高尔基受到全世界各族人民的爱戴和尊敬。他的著作被译成许多种语言。杰出的德国作家亨利希·曼说："高尔基为世界文学扩大了文学创作的领域，开辟了新的道路和远景。他开拓了新的题材，提供了新的读者。高尔基破天荒第一次把以前在文学中不曾出现过的那个阶级的代表作为主人公纳入了文学。高尔基使广大无产阶级群众成为文学和书籍的朋友。"

——选自 [苏] 奥·克林格:《高尔基和苏联文学》，赵福振译，载《世界文化》，1986（6）

⊙ 思考练习

一、本文中的"我的大学"指的是什么样的大学，你如何理解？

二、面对当前的社会现实，结合课文学习，我们怎样才能成为"一个高尚的人，一个纯粹的人，一个有道德的人，一个脱离了低级趣味的人，一个有益于人民的人"（毛泽东语）？

三、试以"我的大学"为题，写一篇作文。

五　想象力：大学存在的理由

[英] 怀特海

怀特海（1861—1947），全名阿弗烈·诺夫·怀特海，英国著名的数学家、哲学家和教育理论家。他与伯特兰·罗素合著的《数学原理》标志着人类逻辑思维的巨大进步，是永久性的伟大学术著作之一。同时也创立了20世纪最庞大的形而上学体系，是"过程哲学"（也称"有机哲学"）的创始人。

怀特海一生在数学、哲学、教育等领域留下了大量著作，主要的著作有：《泛代数论》《数学原理》（与罗素合著）、《相对论原理》《自然知识原理》《宗教的形成》《过程与实在》《观念的历险》《思维的方式》《教育的目的》等。另外，他还有一些有关教育的讲演和论文收入了他的《科学与哲学论文集》。

大学是教育机构，也是研究机构，但大学存在的主要原因既不能从它向学生传授纯粹知识方面，也不能从它为院系成员提供纯粹研究机会方面去寻找。因为这两种职能也可以在花费巨额开支的学校之外的地方，以较低的费用得以实行。书本的费用不高，学徒制也为人熟知。就传授纯粹的知识而言，由于15世纪印刷术的普及，大学已不再有存在的理由了。然而，建立大学的主要推动力却正是自那以后产生的，而近来这种推动力还更为增强了。

大学存在的理由在于，它联合青年人和老年人共同对学问进行富有想象的研究，以保持知识和火热的生活之间的联系。大学传授知识，但它是富有想象力地传授知识。至少，这就是大学对社会应履行的职责。一所大学若做不到这一点，它就没有理由存在下去。充满活力的气氛产生于富有想象的思考和知识的改造。在此，一件事实将不再是纯粹的事实，因为它被赋予了全部的可能性。记忆不再是一种负担，因为它如同我们梦境中的诗人和我们的目标设计师一样富有生机。

想象与事实不能分离。想象是探明事实的一种方式，它的作用在于，引出适应于事实的一般原则（正如事实的存在一样），并对符合这些原则的各种可能性进行理智考察。它能使人建构一种新世界的理智的远见，并以提出令人满意的目标来永葆生活的热情。

青年人是富于想象的，如果通过训练使想象力得到增强，这种想象的活力大都能保持终生。世界的悲剧在于，那些富于想象力的人经验不足，而那些富有经验的人又贫于想象。蠢人们凭想象行事而缺乏知识，学究们又凭知识行事而缺乏想象。大学的任务就是要将想象力和经验融为一体。

在想象充满青春活力的时期，对想象力的最初训练无须考虑当前行为的后果。不偏不倚的思维习惯是不可能在细致而微、因循守旧的日常工作中获得的，而正是靠这种习惯，我们得以从一般原则的派生物中看到各种范例性观念的变化。不管是对，还是错，你尽可能自由思考，自由地去欣赏大自然的千姿百态，而不必害怕冒险。

大学造就我们文明的知识先驱：牧师、律师、政治家、医生、科学家和文人学者。大学一直是引导人们面对他们时代的混乱的思想之家。清教徒的先辈离开英格兰，按其宗教信念建立了一个社会：他们较早的行动之一就是在以其母国观念命名的坎布里奇建立了哈佛大学，很多清教徒都在这所大学得到了培养。今天的商业活动正如以往其他职业的活动所有过的那样，需要同样的富有理智的想象力。大学就是这种曾为欧洲民族的进步提供这种智慧的机构。

在中世纪早期，大学的起源是不清楚的，几乎不引人注目。它们是逐渐而自然地发展起来的。但大学的存在是欧洲人在许多活动领域的生活持续、飞速发展的原因。由于大学的作用，行动的探险与思想的探险得以统一。我们不可能预测这种机构必然会取得成功。即使现在，有时对它们是如何在令人困惑的人类一切事务中成功地发挥作用的，仍感到难以理解。当然，大学的工作也有许多失败，但是如果以一种深远的历史观点来看，大学的成就是明显的，而且几乎是一贯的。意大利、法国、德国、荷兰、苏格兰、英格兰和美国的文化史都证明了大学的这种影响。“文化史”一词，我主要不是用来指学者们的生活，我是以此来显示那些给法国、德国和其他国家带来了各种类型的人类成就的那些人的生命活力，这种成就加上他们对生活的激情，构成了我们爱国主义的基础。我们是乐意成为这种社会的一个成员的。

人类更深入一步的各种努力遇到了极大的困难。这一困境在现时代，恶化的可能性已大为增加。在一个大机构中，作为新手的年轻人，必须服从命令，照章行事……这样的工作就是一种强化训练，它传授知识，造就忍耐的性格，并且这是处于新手阶段的年轻人仅有的工作……

其结果是职业后期所需的重要素质很容易在早期被践踏。这仅是更多的一般事实的一个事例，即所需的良好技术只能通过那些易于摧残心智活力的训练去获得，而这种心智活动本应是要指导技术性技能的。这是教育中重要的事实，也是大多数困难的症结所在。

大学为诸如现代商业或传统一类的智力化职业做准备的方式在于，增进对作为职业基础的各种一般原则的富于想象的思考。这样，学生才能带着他们在将具体事务与一般原则相联系的过程中已经践行过的想象，进入其技术学徒制阶段。具体事务也就获得了意义，并例证了被赋予的那种意义的原则。因此，一个人要受到适当的训练，应期望通过具体的事例和必需的习惯去获得想象的训练，而不是单凭经验去做苦工。

为此，一所大学的特有功能就是运用想象力去获得知识。若不是为了这种重要的想象力，也就没有理由说为什么商业人员和其他职业的人不应该随心所欲地一点一滴地收集事实。大学是富有想象力的，否则就不是大学（至少毫无用处）。

想象力是一种“传染病”。它不可能用尺量，用秤称，然后再由大学教师分发给学生。它只有通过其成员自身也具有丰富想象力的大学进行交流传递。讲到这一点，我无非在重复一个最古老的观点。两千多年前，古人就用一把代代相传的火炬来象征学问。这个燃烧的火炬就是我所讲的想象力。组织大学的全部艺术在于提供教育的是由其学问闪耀着想象力的大学教师，这是大学教育的问题之一；除非我们小心谨慎，否则我们如此引以为豪的大学近来在学生数量和活动的多样化方面的巨大发展，都将由于我们对这一问题的错误处置而未能产生正确的结果。

想象力和学问的结合需要悠闲自在、无拘无束、无忧无虑的气氛，需要多种多样的经验，需要同那些在观点上和智力训练上不相同的心智相互激发。还需要在促进知识的发展时，为周围社会的成就而自豪的兴奋和自信。想象力不可能一劳永逸地获得，然后永远保存在冰柜里让其以固定的数量定期增长。学习和富有想象的生活是一种生存方式，而不是一件商品。

你要教师有想象力吗？那么让他们对正处在一生中最有朝气、最富有想象力时期的青年人产生思想上的共鸣，此时理智正进入这些青年人成熟的训练中。让研究人员在可塑、开放、富有活力的心智面前展示自己，让青年学生在与充满智力探险的心智的接触中，圆满地通过他们的理智获取阶段。教育是对生活的探险的训练，研究就是智力的探险，而大学应该成为年轻人和年长者共同进行探险的故乡。成功的教育在其所传授的知识中必须具有一定的新颖性。要么知识本身是新的，要么具有某些适用于新时代新世界的新颖性。知识并不比活鱼更好保存。你可以讲古老的真理、传授古老的知识，但你必须设法使知识（如它本来的那样），像刚从海里抓上来的鲜鱼，带着它即时的新鲜，呈现给学生。

学者的职责是唤醒智慧和美的生活，这种生活若不是学者们的苦心孤诣，在过去就丧失了。一个进步的社会有赖于三个群体：学者、发现者和发明者。社会的进步也基于以下的事实：受过教育的人是由每一个略有学问、略有发现和略有发明的人构成。我这里所用的“发现”一词，是指有关高度概括之真理这一类知识的增长；“发明”一词指有关一般真理按即时需要以特定方式加以运用而形成的这一类知识的增长。很明显，这三个群体是融为一体的，那些从事实际事务的人，就他们为社会的进步做出贡献而言也可以称为发明者。不过，任何人都有其自身职能和自身特定需要的局限性。对一个国家来说，重要的是各种进步因素要紧密联合在一起。这种联合可以使学习影响市场，而市场又可调整学习。大学是将各种进步因素融合起来以形成有效发展之工具的主要机构，当然，它并不是唯一的机构。不过，今天进步快的国家都是那些大学兴旺发达的国家，这是事实。

——选自怀特海：《现代西方资产阶级教育思想流派论选注》，

王承绪译，北京，人民教育出版社，1980

⊙ 阅读提示

作为一个教育理论家，怀特海对一些教育理论问题提出了一些有参考价值的见解。他猛烈的抨击传统教育存在的弊端，他认为“由于对人类心理的可悲的无知，有些教育制度就用它自己所造成的无活力的概念重新把人类束缚住了。”为了让大学充满活力，怀特海提出，大学的存在理由在于想象力。为此，他非常明确地阐述道，“大学存在的理由在于，它联合青年人和老年人共同对学问进行富有想象的研究，以保持知识和火热的生活之间的联系。大学传授知识，但它是富有想象力地传授知识。”“一所大学的特有功能就是运用想象力去获得知识”。怀特海所说的“想象力”是知识的活力、学问的生命力、社会和人类思维的神圣之力，是大学存在的理由！

本文中心突出，论证有力，线索清晰，既浅显易懂又具有极强的说服力。

⊙ 相关链接

世界著名大学校长谈：大学生应该怎样学习

耶鲁、牛津、早稻田……在这些蜚声世界的著名学府里，学校是如何培养学生的学习精神的？学生在这些著名学府里将会学到什么？在中外大学校长论坛上，记者就这些问题采访了一些著名高校的校长。

耶鲁大学校长莱温教授：参加课外活动培养领导能力

你想在今后的工作中成为领导者吗？美国耶鲁大学校长理查德 · C · 莱温教授给在校大学生提出了最好的建议："参加课外活动，在课外活动中培养领导能力。"

耶鲁大学是美国最早成立的 3 所大学之一，有别于其他研究型大学的一个显著特点是注重培养领袖。截至目前，耶鲁大学已经培养了 5 位美国总统。其中最近的 3 位，布什父子和克林顿均毕业于耶鲁大学。耶鲁大学不仅培养了站在政治舞台上的人物，还培养了美国金融帝国的基础，所培养的美国大公司的领袖人物比其他任何大学都多。

耶鲁大学为何能培养如此多的领袖人物呢？莱温教授微笑着道出了其中的秘诀："耶鲁大学特别鼓励学生参加课外活动，在课外活动中培养学生的领导能力。耶鲁大学有 200 多个课外文化小组活跃在校园中，包括辩论赛小组、撰写新闻小组、音乐小组、社区服务小组以及政治团体等。""课外活动小组是培养未来领导人素质的实验室，小布什当时就曾经积极参与社团的活动，这对他担任总统起到了很大作用。"莱温教授称。

耶鲁大学笃信教育重于教学，注重校园文化熏陶对于学生培养的不可替代作用。

耶鲁大学有一流的研究院，有美轮美奂的图书馆，但莱温教授认为，教育重在思想的形成和品格的养成，教育不仅发生在课堂。如果大学生疲于奔波在教室之间，校园文化环境将无法发挥教育作用。

鉴于此，耶鲁大学从 20 世纪 30 年代开始模仿英国牛津大学和剑桥大学模式实行"住宿学院制"。每个"住宿学院"由来自不同院系和不同专业的 400~450 名学生组成，配有院长和若干住院教授。学生在其中居住、进餐、社交，从事多种多样的学术和课外活动，

12 个学院有自己的报纸、歌咏队、运动队、兴趣俱乐部。

莱温教授坚信，耶鲁大学的“住宿学院”是教育的重要场所，大学的环境创造出的特有文化氛围对于培养领袖具有不可替代的作用。

牛津大学第一副校长麦克米伦教授：质疑精神与分析能力很重要

“英国学生与中国学生最大的不同点在于英国学生具有质疑精神，勇于挑战他人观点。”留着浓密络腮胡子的英国牛津大学第一副校长威廉姆 · D · 麦克米伦教授，面对记者提问直言不讳。

在他眼中，中国留学生聪明，并且学习非常努力。但在思考问题的方法上，麦克米伦教授认为，由于中英两种教育文化的差异，中国学生普遍易于接受知识，而英国学生则善于分析问题，并提出质疑。

英国人喜好自由辩论，喜好用自己的分析质疑他人观点，捍卫自己的说法。英国学生善于挑战他人的想法和他们在学术上的质疑精神传承了英国的传统文化。

麦克米伦教授介绍，在牛津大学里，教师不是简单地把知识传授给学生，而是通过每周组织的学生讨论来进行学习。

任课教师将问题布置给学生，并开列书单。学生则要根据问题的方向，广泛阅读相关书籍，进行有深度和广度的思考。学生通过自学理解知识，并从不同的侧面分析总结，得出自己的结论，同时撰写成 5 000 字左右的文章。老师下次上课时，便让学生分别陈述自己的观点。

“学生的观点可大不相同，他们会找出自己的所有理由来挑战别人的说法，捍卫自己的观点”，麦克米伦教授边说边打着手势，“而学校也会安排几位教师，从各自不同的侧重点讲述同一门课程，其目的就是让学生全方位了解这一学科”。

在检验学生的学习效果上，牛津大学也与中国的考试大不相同。麦克米伦教授说，牛津大学会出一个很大的题目让学生作答。如果学生想回答好这个题目，需要阅读大量书刊，做大量调查，收集各种资料，通过考试检验学生掌握这门学科的知识量。

“比如考‘地图’这个题目，大多数学生会引经据典地解释，好学生则会找出题目的历史沿革进行深刻剖析，而最优秀的学生就会告诉我，‘我知道你这个题目要考查我什么，但我并不认为这个题目是个好问题’。你看，这就是英国学生的最大不同”，麦克米伦教授笑着说。

早稻田大学校长白井克彦教授：学习不能闭门造车

“大学生在校期间就要为本地区繁荣提供思路。”日本早稻田大学校长白井克彦教授认为，大学生学习不能闭门造车，要努力使自己成为对社会有贡献的个体，学生要深入本地企业、行政机构和其他的社会单位，创造有利于该地的知识和智力财富。

早稻田大学以“保全学术之独立，有效利用学术，造就模范国民”为建校宗旨，非常注重学生在大学阶段明确学习目标的培养。老师和学校会不断提醒学生要把为社会做贡献、为人类做贡献作为良好的学习动机，并把这个动机体现于实践之中。

白井克彦教授建议，青年学生要走进社区，为地区繁荣提供思路，进行知识实践。

他举例说，在离早稻田大学 50 公里的土奇玉县本庄市，学校与当地政府共同建立了早稻田大学实验基地。在研究生课程阶段，学校派学生到此，与当地政府共同为地区环境、城市建设、信息领域进行设计和研究。

“这不仅推动了当地经济的发展，也让学生在实践中体会知识操作，掌握基本生存技巧，掌握处理人与人之间关系的技能，适应当地的文化、习俗和语言，从而达到学习的根本目的”。白井克彦教授说。

……

（摘自文静的《世界著名大学校长谈：大学生应该怎样学习》，
载《中国青年报》2004 年 8 月 10 日）

⊙ 思考练习

一、仔细阅读课文，你认为怀特海所强调的“想象力”指的是什么？你是怎样看待的？

二、怀特海在强调“想象力”的同时，也指出生活、事实和经验的重要性，请找出相关段落，谈一谈你的理解。

三、通过学习课文，谈一谈你在大学期间希望得到什么？你准备通过什么样的途径获得？

第二章

求索探寻

导 读

主题词：求索探寻

青春话题：

（1）我们为什么活着？人生的意义何在？

（2）你对未来有何规划？怎样实现你的人生目标？

知识目标：

（1）了解诗剧的相关知识。

（2）熟悉西方文学和荒诞哲学。

能力目标：

（1）弄清楚鲁迅“过客”的象征意义，并能熟练运用象征手法写作。

（2）培养学生虚拟性写作的能力。

“路漫漫其修远兮，吾将上下而求索。”

不同的境遇，不同的机缘，人们开始了生命的旅程。思绪似火，点燃良知和理智，灵魂深处有一个熟悉而又陌生的声音，无时无刻地不在召唤着我们，催我们上路，让我们不得停息。类似的经历，类似的生活，类似的情境，让我们思索人生，体会百态。

我是谁？我从哪里来？我又到哪里去？我为什么活着？人生的意义何在……一连串的问题纠结着我们，让我们迷茫，让我们困惑，让我们无所适从。人的一生相对于自然界来说，是短暂的。生的艰辛，死的恐惧，像一条鞭子抽打在我们光光秃秃的背上，疼在心里，督促我们踏上去远方的路，求索探寻人生的真谛。

斗转星移，时空变化，命运无常。逝去的是外在的修饰，逝去的是铅华的表象，沉淀下来的是硕果累累的真实、生命的常态和存在的本质，彰显出天地大道的规律。

“好好活”，“做有意义的事”。“不抛弃”！“不放弃”！在坎坷中磨砺自己，在痛苦中战胜自己，在颓废中超越自己，在求索探寻的途中，体会酸甜苦辣。

不经历风雨怎能见彩虹？在多年的漂泊后，我们找到了根的归属；在上下求索中，我们深刻体会到人生的意义；在睿智取舍后，我们更加珍视淡泊、宁静的可贵……一次次地面对自我，一次次地叩问天地，一次次地静心思考，一次次地忏悔人生，生命的品质因此而得到提升。

这也许就是人生！

六 中国神话二则

《山海经》是先秦一部富于神话传说的最古老的地理书籍。它主要记述古代地理、物产、神话、巫术、祭祀等，也包括古史、医药、民俗、民族等方面的内容。《山海经》一书的作者和成书时间都还未确定，过去认为为禹、伯益所作，现代一般认为《山海经》成书非一时亦非一人，时间大约是从战国初年到汉代初年所作，到西汉方成书，其中许多可能来自口头传说。《山海经》现在最早的版本是经西汉刘向、刘歆父子校刊而成，晋朝郭璞曾为之作注。

《山海经》全书分《山经》和《海经》两大部分共18篇。其内容广博，可称为我国上古社会的百科全书。《山海经》最重要的价值在于它保存了大量神话传说，这些神话传说除了我们熟知的如夸父逐日、鲧禹治水等之外，还有许多是人们不大熟悉的，是今天我们研究原始宗教的难得材料。

精卫填海[1]

又北二百里，发鸠之山[2]，其上多柘木[3]，有鸟焉，其状如乌，文首[4]，白喙，赤足[5]，名曰："精卫"，其鸣自詨[6]。是炎帝之少女[7]，名曰女娃。女娃游于东海，溺而不返，故为精卫。常衔西山之木石，以堙于东海[8]。

⊙ 注　释

[1] 精卫：古代神话中的鸟名。精卫衔来木石，决心填平大海。旧时比喻仇恨极深，立志报复。后比喻意志坚决，不畏艰难。

[2] 发鸠之山：古代传说中的山名。发鸠山也叫发苞山、鹿谷山，传说在山西省境内。

[3] 柘（zhè）木：柘树，叶可以养蚕。

[4] 文首：头上有花纹。文，同“纹”，花纹。

[5] 赤足：文中指红色的脚，现代汉语中指光脚。

[6] 其鸣自詨（jiào）：它的叫声是在呼唤自己的名字。詨：即“叫”，音亦同叫。郭璞

注：“今吴人谓呼为詨；音呼交反。”

[7] 炎帝：中华民族的始祖之一，传说是尝遍百草的“神农氏”。少女：炎帝的小女儿。

[8] 堙（yīn）：填，堵塞之意。

夸父逐日

夸父与日逐走[1]，入日[2]，渴，欲得饮[3]，饮于河、渭[4]；河、渭不足[5]，北饮大泽[6]，未至[7]，道渴而死[8]。弃其杖[9]，化为邓林[10]。

⊙ 注 释

[1] 夸父：传说中的人名。逐：角逐。走：竞跑，赛跑。

[2] 入日：追赶到太阳落下的地方。

[3] 得：得到。

[4] 于：到。河、渭：黄河和渭水。

[5] 不足：不够。

[6] 北：向北，名词作状语。大泽：大湖。传说其大横纵千里，在雁门山北。

[7] 至：到。

[8] 道：名词作状语，在半路上。

[9] 弃：遗弃。其：代指他（代夸父）。

[10] 邓林：即桃林。

⊙ 阅读提示

《精卫填海》选自《山海经·北山经》。这是一则十分神奇、美丽动人的关于自然的神话故事，讲述了炎帝的小女儿被海水淹死后，化为精卫鸟，常衔木石，投到海里，一心要把东海填平的故事。这则故事表现了古代劳动人民探索自然、征服自然、改造自然的强烈愿望和持之以恒、艰苦奋斗的精神。

《夸父逐日》选自《山海经·海外北经》。这是我国最早的著名神话之一，讲的是夸父奋力追赶太阳、口渴而死的故事。夸父是古代神话传说中的巨人，力大无穷，奔跑神速，有惊人的饮量。传说中，他双耳挂两条黄蛇、手拿两条黄蛇，去追赶太阳，结果渴死在求水的路上。夸父临死，抛掉手里的杖，这杖顿时变成了一片鲜果累累的桃林，为后来追求光明的人解除口渴。这个奇妙的神话表现了夸父无比的英雄气概以及理想的巨神形象，赞扬了他同太阳赛跑并敢于自我牺牲的精神，体现出远古时代先民征服大自然的强烈愿望和顽强意志。夸父这一神话人物形象，具有超现实的想像、夸张的浪漫主义魅力。晋代陶潜在《读山海经》诗中称赞说，“夸父诞宏志，乃与日竞走”。

⊙ 相关链接

中国神话对后世文学的影响

神话，这一词在中国古代是没有的。此词还是在近世纪从外国输入进来的。看到这两个字眼一般人会认为所谓神话就是和现实生活无关，而是从人类头脑中空想出来的东西，其实这是一种误区。高尔基曾经说：“神话乃是自然现象，对自然的斗争，以及社会生活在广大的艺术概括中的反应。”这就说明神话是基于现实生活而产生的，而并不是出于人类头脑的空想。它是和现实生活有着紧密联系的。

中国的神话在经过漫长的历史岁月的洗涤保留到今天的只剩下一些零星的片段，分散在古人的著作当中，蕴含着丰富的浪漫主义精神，对后世文学的创作都有着广阔而深远的影响。

谈到神话对于我国文学作品的影响，最早的一部是《诗经》。《诗经》是我国最早的一部诗歌总集。像禹、契、后稷这些神性英雄的故事，在《诗经》当中都是其歌颂的对象。《诗经·大东》里还首次出现了牛郎和织女的记载，虽然诗人是把他们作为两个星座在咏叹，但是牛郎织女的神话已经从中隐约可见了。

中国文学史上继《诗经》之后的另外一部重要的诗歌结集是《楚辞》。《楚辞》的作者是战国时期的楚国大夫屈原。楚辞包括有《离骚》、《天问》、《招魂》、《九章》、《九歌》等作品。《楚辞》中保留的神话材料较多，尤其是《天问》这一篇，屈原用了大量的神话作为素材。

在《诗经》之后，《楚辞》之前，还有一部受神话影响而写成的笔记体小说《穆天子传》。它写的是周穆王西游见到西王母的故事，神话色彩最为浓厚，开了以神话素材为文学作品的先例。另外，成书于战国初年到汉代初年之间的一部《山海经》是我国古代保存神话资料最多的著作。《山海经》当中有大量的对山神形貌的描绘，它们往往都是其形怪状的动物，或兼有人和动物的形体特征，反映了人类早期的思维特征：自然崇拜和图腾崇拜的意识。

到了汉代，受神话影响比较显著的，取材于神话较多的要算是“赋”了。特别要提到的是三国时代的陈思王曹植为了纪念他心爱的女子甄后，模仿宋玉的《神女赋》写了一篇《洛神赋》。汉魏六朝时期的诗歌，也受到神话的影响。典型的是大约成汉末建安时代的《古诗十九首》里有一首《迢迢牵牛星》，全部取材于牛郎织女的神话故事。

神话对于唐代诗歌的影响尤为显著，不少诗人的诗篇中都有神话方面的取材。尤其是素有“诗仙”之称的李白，在他的诗作中经常有神话典故被运用其中：在诸多的诗作中，给人印象深刻的《梦游天姥吟留别》、《蜀道难》、《梁甫吟》等篇，几乎全用神话传说材料组合而成。

宋代以后，神话在小说、戏曲方面仍继续着显著的影响。小说方面，宋人作的《大唐三藏取经诗话》说西王母池有蟠桃树，显然是出自于神话中西王母瑶池及仙桃等记叙而来。

明代小说取材于神话的，最著名的有《西游记》和《封神演义》两部书。《西游记》里孙悟空的形象，除了受印度史诗《罗摩衍那》中神猴哈努曼的影响以外，差不多可以说是李公佐小说《李汤》中无支祁形象的移植。而孙悟空大闹天宫的精神，又是和《山海经》中“刑天与帝争神”的叛逆精神息息相通。

清代小说中把神话材料运用得较好的作品有李汝珍的《镜花缘》。到了近代，取材于神话的戏曲作品，也是屡见不鲜。如京剧《嫦娥奔月》，取材于羿与嫦娥的神话，只不过是将羿混作了后羿；川剧《沉香救母》、京剧《宝莲灯》，取材于华岳三娘神话；还有《天仙配》、《白蛇传》等等。

从“五四”文学革命开始到现在，神话也影响到作家的作品中，最显著的有郭沫若的《女神》和鲁迅的《故事新编》。写法大多是借古喻今，针砭时弊。小说情节本身固然具有着浓厚的浪漫主义色彩，而表现手法却又是现实主义，二者巧妙地结合在一起，成为一种特殊的艺术风格，从这当中显示出作者鲜明的爱憎，使人印象深刻。

（节选自年晴《大众文艺》理论，2009年第22期，略有改动。）

⊙ 思考练习

一、仔细阅读《精卫填海》，评价精卫填海行为的意义。

二、你对夸父追日的行为有什么看法？请写一段夸父临死前的内心独白。

三、解释下列加点的字词。

1. 有鸟焉，其状如乌，文首

2. 以堙于东海

3. 夸父与日逐走

4. 道渴而死

七 过 客

鲁 迅

鲁迅（1881—1936），中国现代伟大的文学家和思想家，新文学运动的奠基人之一。原名周树人，字豫才，浙江绍兴人。1902年去日本留学，最初在仙台医学院学医，后从事文艺工作，企图用以改变国民精神。1905—1907年，参加革命党人的活动，发表了《摩罗诗力说》《文化偏至论》等论文。1909年回国，先后在杭州、绍兴任教。1918年5月，首次用“鲁迅”为笔名，发表中国现代文学史上第一篇白话小说《狂人日记》，对人吃人的制度进行猛烈地揭露和抨击，奠定了新文学运动的基石。五四运动前后，站在反帝反封的新文化运动的最前列，成为五四新文化运动的伟大旗手。

1927年10月移居上海，先后参加中国自由运动大同盟、中国左翼作家联盟和中国民权保障同盟，介绍马克思主义文艺理论，反抗国民党政府的独裁统治和政治迫害，与国民党御用文人以及其他反动文人、反动文学进行了不懈的斗争，成为“中国文化革命的伟人”。1936年10月19日因肺结核病逝于上海，葬于虹桥万国公墓。鲁迅的作品主要有短篇小说集《呐喊》《彷徨》，历史小说集《故事新编》，论文集《坟》，散文诗集《野草》，散文集《朝花夕拾》，杂文集《热风》《华盖集》《华盖集续编》等，文学论著《中国小说史略》《汉文学史纲要》等。辑有《鲁迅全集》。

时：

或一日的黄昏

地：

或一处

人：

老翁——约七十岁，白须发，黑长袍。

女孩——约十岁，紫发，乌眼珠，白地黑方格长衫。

过客——约三四十岁，状态困顿倔强，眼光阴沉，黑须，乱发，黑色短衣裤皆破碎，赤足著破鞋，胁下挂一个口袋，支着等身[1]的竹杖。

东，是几株杂树和瓦砾；西，是荒凉破败的丛葬；其间有一条似路非路的痕迹。一间小土屋向这痕迹开着一扇门；门侧有一段枯树根。

（女孩正要将坐在树根上的老翁搀起。）

翁——孩子。喂，孩子！怎么不动了呢？

孩——（向东望着，）有谁走来了，看一看罢。

翁——不用看他。扶我进去罢。太阳要下去了。

孩——我，——看一看。

翁——唉，你这孩子！天天看见天，看见土，看见风，还不够好看么？什么也不比这些好看。你偏是要看谁。太阳下去时候出现的东西，不会给你什么好处的。……还是进去罢。

孩——可是，已经近来了。阿阿，是一个乞丐。

翁——乞丐？不见得罢。

（过客从东面的杂树间跄踉走出，暂时踌躇之后，慢慢地走近老翁去。）

客——老丈，你晚上好？

翁——阿，好！托福。你好？

客——老丈，我实在冒昧，我想在你那里讨一杯水喝。我走得渴极了。这地方又没有一个池塘，一个水洼。

翁——唔，可以可以。你请坐罢。（向女孩，）孩子，你拿水来，杯子要洗干净。

（女孩默默地走进土屋去。）

翁——客官，你请坐。你是怎么称呼的。

客——称呼？——我不知道。从我还能记得的时候起，我就只一个人，我不知道我本来叫什么。我一路走，有时人们也随便称呼我，各式各样，我也记不清楚了，况且相同的称呼也没有听到过第二回。

翁——阿阿。那么，你是从哪里来的呢？

客——（略略迟疑，）我不知道。从我还能记得的时候起，我就在这么走。

翁——对了。那么，我可以问你到哪里去么？

客——自然可以。——但是，我不知道。从我还能记得的时候起，我就在这么走，要走到一个地方去，这地方就在前面。我单记得走了许多路，现在来到这里了。我接着就要走向那边去，（西指）前面！

（女孩小心地捧出一个木杯来，递去。）

客——（接杯，）多谢，姑娘。（将水两口喝尽，还杯，）多谢，姑娘。这真是少有的好意。我真不知道应该怎样感谢！

翁——不要这么感激。这于你是没有好处的。

客——是的，这于我没有好处。可是我现在很恢复了些力气了。我就要前去。老丈，你大约是久住在这里的，你可知道前面是怎么一个所在么？

翁——前面？前面，是坟[2]。

客——（诧异地，）坟？

孩——不，不，不的。那里有许多许多野百合、野蔷薇，我常常去玩，去看他们的。

客——（西顾，仿佛微笑，）不错。那些地方有许多许多野百合、野蔷薇，我也常常去玩过，去看过的。但是，那是坟。（向老翁，）老丈，走完了那坟地之后呢？

翁——走完之后？那我可不知道。我没有走过。

客——不知道？！

孩——我也不知道。

翁——我单知道南边；北边；东边，你的来路。那是我最熟悉的地方，也许倒是于你们最好的地方。你莫怪我多嘴，据我看来，你已经这么劳顿了，还不如回转去，因为你前去也料不定可能走完。

客——料不定可能走完？……（沉思，忽然惊起，）那不行！我只得走。回到那里去，就没一处没有名目，没一处没有地主，没一处没有驱逐和牢笼，没一处没有皮面的笑容，没一处没有眶外的眼泪。我憎恶他们，我不回转去。

翁——那也不然。你也会遇见心底的眼泪，为你的悲哀。

客——不。我不愿看见他们心底的眼泪，不要他们为我的悲哀！

翁——那么，你，（摇头，）你只得走了。

客——是的，我只得走了。况且还有声音常在前面催促我，叫唤我，使我息不下。可恨的是我的脚早经走破了，有许多伤，流了许多血。（举起一足给老人看，）因此，我的血不够了；我要喝些血。但血在哪里呢？可是我也不愿意喝无论谁的血。我只得喝些水，来补充我的血。一路上总有水，我倒也并不感到什么不足。只是我的力气太稀薄了，血里面太多了水的缘故罢。今天连一个小水洼也遇不到，也就是少走了路的缘故罢。

翁——那也未必。太阳下去了，我想，还不如休息一会的好罢，象我似的。

客——但是，那前面的声音叫我走。

翁——我知道。

客——你知道？你知道那声音么？

翁——是的。他似乎曾经也叫过我。

客——那也就是现在叫我的声音么？

翁——那我可不知道。他也就是叫过几声，我不理他，他也就不叫了，我也就记不清楚了。

客——唉唉，不理他……（沉思，忽然吃惊，倾听着，）不行！我还是走的好。我息不下。可恨我的脚早经走破了。（准备走路。）

孩——给你！（递给一片布，）裹上你的伤去。

客——多谢，（接取，）姑娘。这真是……这真是极少有的好意。这能使我可以走更多的路。（就断砖坐下，要将布缠在踝上，）但是，不行！（竭力站起，）姑娘，还了你罢，还是裹不下。况且这太多的好意，我没法感激。

翁——你不要这么感激，这于你没有好处。

客——是的，这于我没有什么好处。但在我，这布施是最上的东西了。你看，我全身上可有这样的。

翁——你不要当真就是。

客——是的。但是我不能。我怕我会这样：倘使我得到了谁的布施，我就要象兀鹰看见死尸一样，在四近徘徊，祝愿她的灭亡，给我亲自看见；或者咒诅她以外的一切全都灭亡，连我自己，因为我就应该得到咒诅[3]。但是我还没有这样的力量；即使有这力量，我也不愿意她有这样的境遇，因为她们大概总不愿意有这样的境遇。我想，这最稳当。（向女孩，）姑娘，你这布片太好，可是太小一点了，还了你罢。

孩——（惊惧，退后，）我不要了！你带走！

客——（似笑，）哦哦……因为我拿过了？

孩——（点头，指口袋，）你装在那里，去玩玩。

客——（颓唐地退后，）但这背在身上，怎么走呢？……

翁——你息不下，也就背不动。——休息一会，就没有什么了。

客——对咧，休息……（但忽然惊醒，倾听。）不，我不能！我还是走好。

翁——你总不愿意休息么？

客——我愿意休息。

翁——那么，你就休息一会罢。

客——但是，我不能……。

翁——你总还是觉得走好么？

客——是的。还是走好。

翁——那么，你还是走好罢。

客——（将腰一伸，）好，我告别了。我很感激你们。（向着女孩，）姑娘，这还你，请你收回去。

（女孩惊惧，敛手，要躲进土屋里去。）

翁——你带去罢。要是太重了，可以随时抛在坟地里面的。

孩——（走向前，）阿阿，那不行！

客——阿阿，那不行的。

翁——那么，你挂在野百合、野蔷薇上就是了。

孩——（拍手，）哈哈！好！

翁——哦哦……

（极暂时中，沉默。）

翁——那么，再见了。祝你平安。（站起，向女孩，）孩子，扶我进去罢。你看，太阳早已下去了。（转身向门。）

客——多谢你们。祝你们平安。（徘徊，沉思，忽然吃惊，）然而我不能！我只得走。我还是走好罢……（即刻昂了头，奋然向西走去。）

（女孩扶老人走进土屋，随即关了门。过客向野地里跄踉地闯进去，夜色跟在他后面。）

一九二五年三月二日

——本篇最初发表于 1925 年 3 月 9 日《语丝》周刊第 17 期

⊙ 注　释

[1] 等身：和身材一样高。

[2] 坟：作者在《写在〈坟〉后面》中说："我只很确切地知道一个终点，就是：坟。然而这是大家都知道的，无须谁指引。问题是在从此到那的道路。那当然不只一条，我可正不知那一条好，虽然至今有时也还在寻求。"可参看。

[3] 作者在写本篇后不久给许广平的信中说："同我有关的活着，我倒不放心，死了，我就安心，这意思也在《过客》中说过。"（可参看《两地书·二四》。）

⊙ 阅读提示

《过客》是一篇以诗剧形式创作而成的散文诗。作品借助过客不断探索、不愿放弃自己的追求这一形象，体现了鲁迅对黑暗社会的态度和绝望的心态，表现了一种反抗黑暗、反抗绝望、追求理想的斗士精神。过客，就是鲁迅本人的形象，鲁迅借过客的言与行，诠释的是鲁迅式的生命哲学。

关于《过客》，鲁迅在写了这篇文章不久后给许广平的信中说："同我有关的活着，我倒不放心，死了，我就安心，这意思在《过客》中说过。"(《两地书·二四》)。1925 年 4 月 11 日，鲁迅曾在回复赵其文的信中说得更明白："《过客》的意思不过如来信所说那样，即是虽然明知前路是坟而偏要走，就是反抗绝望，因为我以为绝望而反抗者难，比因希望而战斗者更勇猛，更悲壮。"

本文具有浓郁的象征色彩。"过客"象征着充满战斗精神、不断追求的孤独而绝望地反抗着的战士形象，更是鲁迅本人精神人格在作品中的具体体现，是他作为荷戟独战、上下求索的"精神界之战士"的化身。"过客"宁可走向"坟"地，也要作"绝望的抗战"，包含着与旧世界同归于尽的希望和理想。"老翁"象征着半途而废的一类人，尽管前面还有声音呼唤着他前行，但他却麻木了，畏缩了，放弃了反抗和追求，这个艺术典型有半封建半殖民地的旧中国的知识分子的影子。"女孩"象征着仍蒙蔽于社会的华美外表的人。她阅世不深，情真、意善、质美。当她听说"过客"脚受伤了，流了许多血，便慷慨地递给他一片布裹脚。布片虽小，但情意深长，是对"过客"的衷心慰藉，也是拓荒者希望的寄托。在她稚嫩的心灵中既无老翁的颓唐意识，亦无过客饱经生活磨砺所铸就的战胜征途中艰难险阻的思想准备。她视野所及之处是鲜花，因此对将踏进花丛中的过客自然是祝福多于同情了。

《过客》阴郁、简洁的文字和灰暗的基调，简单的故事情节，却处处显露着一种残破和黑暗。“东，是几株杂树和瓦砾；西，是荒凉破败的丛葬”，“过客”“状态困顿倔强，眼光阴沉，黑须，乱发”，从东向西。遇老翁和女孩，讨水中向我们展示了三颗不同的灵魂。同时，鲁迅顽强的抗争意识，又往往与悲观绝望的心态交织在一起，使作品呈现出一种悲壮美。

⊙ 相关链接

记忆中的父亲

周海婴

在我记忆中，父亲的写作习惯是晚睡迟起。以小孩的眼光判断，父亲这样的生活是正常的。早晨不常用早点，也没有在床上喝牛奶、饮茶的习惯，仅仅抽几支烟而已。

我早晨起床下楼，脚步轻轻地踏进父亲的门口，床前总是摆着一张小几，上面有烟嘴、烟缸和香烟。我取出一支香烟插入短烟嘴里，大功告成般地离开，似乎尽到了极大的孝心。许妈急忙地催促我离开，怕我吵醒“大先生”。偶尔，遇到父亲已经醒了，他眯着眼睛看看我，也不表示什么。就这样，我怀着完成一件了不起的大事的满足心情上幼稚园去。

……

曾有许多人问过我，父亲是否像三味书屋里的寿老师那样对我教育的？比如在家吃“偏饭”，搞各种形式的单独授课，还亲自每天检查督促作业，询问考试成绩；还另请家庭教师，辅导我练书法、学乐器；或在写作、待客之余，给我讲唐诗宋词、童话典故之类，以启迪我的智慧。总之，凡是当今父母们想得到的种种教子之方，都想在我这里得到印证。我的答复却每每使对方失望。因为父亲对我的教育，就是母亲在《鲁迅先生与海婴》里讲到的那样，“顺其自然，极力不多给他打击，甚或不愿拂逆他的喜爱，除非在极不能容忍，极不合理的某一程度之内。”

我幼时的玩具可谓不少，却是个玩具破坏者，凡是能拆卸的都拆卸过。目的有两个：其一是看看内部结构，满足好奇心；其二是认为自己有把握装配复原。那年代会动的铁壳玩具，都是边角相钩固定的，薄薄的马口铁片经不住反复弯折，纷纷断开，再也复原不了。极薄的齿轮，齿牙破蚀，即使以今天的技能，也不易整修。所以，在我一楼的玩具柜里，除了实心木制拆卸不了的，没有几件能够完整活动。但父母从不阻止我这样做。对我“拆卸技术”帮助最大的就是前述瞿秋白夫妇送的那套“积铁成象”玩具。它不但使我学会由简单到复杂的几百种积象玩法，还可以脱离图形，自我发挥想象力，拼搭种种东西。有了这个基础，我竟斗胆地把那架父亲特意为我买的留声机也大卸开了。我弄得满手油污，把齿轮当舵轮旋转着玩，趣味无穷。母亲见了，吃了一惊，但她没有斥责，只让我复原。我办到了。从此我越发胆大自信。一楼里有一架缝纫机，是父亲买给母亲的，日本JANOME厂牌。我凭着拆卸留声机的技术积累，拿它拆开装拢，装拢又拆开。

在我上学以后，有一次父亲因我赖着不肯去学校，用报纸卷假意要打屁股。但是，待他了解了原因，便让母亲向教师请假，并向同学解释：确不是赖学，是因气喘病发需在家休息，你们在街上也看到，他还去过医院呢。这才解了小同学堵在我家门口，大唱“周海婴，赖学精，看见先生难为情……”的尴尬局面，友好如初。我虽也偶然挨打骂，其实那只是虚张声势，吓唬一下而已。父亲自己给祖母的信中也说：“打起来，声音虽然响，却不痛的。”又说：“有时是肯听话的，也讲道理的，所以近一年来，不但不挨打，也不大挨骂了。”这是一九三六年一月，父亲去世前半年，我已将七岁。

叔叔在他供职的商务印书馆参加编辑了《儿童文库》和《少年文库》生物方面的丛书，每套几十册。他一齐购来赠给我。母亲收藏了内容较深的少年文库，让我看浅的。我耐心反复翻阅了多遍，不久翻腻了，向母亲索取少年文库，她让我长大些再看，而我坚持要看这套书。争论的声音被父亲听到了，他便让母亲收回成命，从柜子里取出来，放在一楼外间我的专用柜里任凭选阅。这两套丛书，包含文史、童话、常识、卫生、科普等等，相当于现在的《十万个为什么》，却着重于文科。父亲也不过问我选阅了哪些，或指定看哪几篇，背诵哪几段，完全“放任自流”。

父亲给祖母的信里常常提到我生病、痊愈、顽皮、纠缠、读书和考试成绩等情况，有时还让我写上几句。从存留的书信墨迹里，在信尾尚有我歪歪扭扭的个把句子。我当时是想长长地写一大段的，表达很多心里话，可惜一握笔便呆住了。在一九三五年一月十六日的信里，父亲写道：“海婴有几句话，写在另一张纸上，今附呈。”

父亲写信经常是用中式信笺，印有浅淡的花卉、人物和风景，按不同亲疏的朋友亲属选用。如遇到父亲写信，我往往快速地从桌子倒数第二个抽屉里挑选信笺，以童子的眼光为标准，挑选有趣味的一页。父亲有时默许使用，也有感到不妥的，希望我另选一枚，遇到我僵持不肯，彼此得不到一致时，他总是叹息一声勉强让步的。偶然父亲坚决以为不妥的，那当然只有我妥协了。据悉有一位日本仙台的研究者阿部兼也先生，他最近专门分析父亲信笺选用与收件者的内在关系。遗憾的是他不知道内中有我的“干扰”，使研究里渗进了“杂质”。在此，我谨向阿部先生表示歉意。

我小时候十分顽皮贪玩。但是我们小朋友之间并不常在弄堂玩耍，因为在那里玩耍受日本孩子欺负。母亲就让我们在家里玩，这样她做家务时就不用牵挂着时不时探头察看。有一回，开头我们还安静地看书、玩耍，不久便打闹开了，在客厅和饭厅之间追逐打闹，转着转着眼看小朋友被我追到，他顺手关闭了内外间的玻璃门，我叫不开、推不开，便发力猛推，推了几下，手一滑，从竖格上一下子脱滑，敲击到玻璃上，“砰”的一声玻璃碎裂，右手腕和掌心割了两个裂口，血汩汩而下。小朋友吓得悄悄溜走了，而我也只顾从伤口处挖出碎玻璃，至少有三四小片。许是刚刚割破，倒未有痛感。父亲听到我手腕受了伤，便从二楼走下来，我迎了上去，觉得是自己闯的祸，也没有哭的理由。父亲很镇定，也不责骂，只从楼梯边的柜里取出外伤药水，用纱布替我包扎，裹好之后，仍什么话也没说，就上楼了。

后来他在给祖母的信中提到这件事：“前天玻璃割破了手，鲜血淋漓……”这是一九三六年九月二十二日写的，距父亲去世仅二十七天。有一张母亲和我在万国殡仪馆站在一起的照片，可以看到我右手腕包扎着纱布，可见当时伤得不轻。

……

（摘选自周海婴《鲁迅与我七十年》南海出版公司，2001 年版）

⊙ 思考练习

一、短剧中几次写道“过客”不愿意停下来，他为什么不愿意停下来休息?

二、短剧运用了浓郁的象征主义，试找出文中象征的地方，分别说出其象征意蕴。

三、在《野草》中，体现鲁迅“反抗绝望”与“韧性战斗”的生命哲学的文章还有很多。请你从中再挑选几篇阅读，进一步体会作者深刻的思想与精神。

八　命若琴弦

史铁生

史铁生（1951—2010），河北涿县人，中国当代著名作家。1969 年去陕西延安插队，三年后因双腿瘫痪回到北京。1979 年开始发表作品。主要作品有中短篇小说集《我的遥远的清平湾》《礼拜日》《舞台效果》《命若琴弦》等，长篇小说《务虚笔记》，散文集《我与地坛》等。

史铁生作品一类是对知青生活的回忆和反思，另一类是对残疾人命运的关注，呈现出平淡质朴而意蕴深沉的“散文化”倾向。自 1985 年以降，其作品开始思考人的命运，略带哲理玄思。

莽莽苍苍的群山之中走着两个瞎子，一老一少，一前一后，两顶发了黑的草帽起伏攒动，匆匆忙忙，像是随着一条不安静的河水在漂流。无所谓从哪儿来，也无所谓到哪儿去，每人带一把三弦琴，说书为生。

方圆几百上千里的这片大山中，层峦叠嶂，沟壑纵横，人烟稀疏，走一天才能见一片开阔地，有几个村落。荒草丛中随时会飞起一对山鸡，跳出一只野兔、狐狸或者其他小野兽。山谷中常有鹞鹰盘旋。

寂静的群山没有一点阴影，太阳正热得凶。

“把三弦子抓在手里。”老瞎子喊，在山间震起回声。

“抓在手里呢。”小瞎子回答。

“操心身上的汗把三弦子弄湿了。弄湿了晚上弹你的肋条？”

“抓在手里呢。”

老少二人都赤着上身，各自拎了一条木棍探路，缠在腰间的粗布小褂已经被汗水洇湿了一大片。蹚起来的黄土干得呛人。这正是说书的旺季。天长，村子里的人吃罢晚饭都不呆在家里：有的人晚饭也不在家里吃，捧上碗到路边去，或者到场院里。老瞎子想赶着多说书，整个热季领着小瞎子一个村子一个村子紧走，一晚上一晚上紧说。老瞎子一天比一天紧张、激动，心里算定：弹断一千根琴弦的日子就在这个夏天了，说不定就在前面的野羊坳。

暴躁了一整天的太阳这会儿正平静下来，光线开始变得深沉。远远近近的蝉鸣也舒缓了许多。

“小子！你不能走快点吗？”老瞎子在前面喊，不回头也不放慢脚步。

小瞎子紧跑几步，吊在屁股上的一只大挎包叮啷哐啷地响，离老瞎子仍有几丈远。

“野鸽子都往窝里飞啦。”

“什么？”小瞎子又紧走几步。

“我说野鸽子都回窝了，你还不快走！”

“噢。”

“你又鼓捣我那电匣子呢。”

“噫——！鬼动来。”

“那耳机子快让你鼓捣坏了。”

“鬼动来！”

老瞎子暗笑：你小子才活了几天？“蚂蚁打架我也听得着。”老瞎子说。

小瞎子不争辩了，悄悄把耳机子塞到挎包里去，跟在师父身后闷闷地走路。无尽无休的无聊的路。

走了一阵子，小瞎子听见有只獾在地里啃庄稼，就使劲学狗叫，那只獾连滚带爬地逃走了，他觉得有点开心，轻声哼了几句小调儿，哥哥呀妹妹的。师父不让他养狗，怕受村子里的狗欺负，也怕欺负了别人家的狗，误了生意。又走了一会儿，小瞎子又听见不远处有条蛇在游动，弯腰摸了块石头砍过去，“哗啦啦”一阵高粱叶子响。老瞎子有点可怜他了，停下来等他。

“除了獾就是蛇。”小瞎子赶忙说，担心师父骂他。

“有了庄稼地了，不远了。”老瞎子把一个水壶递给徒弟。

“干咱们这营生的，一辈子就是走，”老瞎子又说。“累不？”

小瞎子不回答，知道师父最讨厌他说累。

“我师父才冤呢。就是你师爷，才冤呢，东奔西走一辈子，到了没弹够一千根琴弦。”

小瞎子听出师父这会儿心绪好，就问：“什么是绿色的长乙（椅）？”

“什么？噢，八成是一把椅子吧。”

“曲折的油狼（游廊）呢？”

“油狼？什么油狼？”

“曲折的油狼。”

“不知道。”

“匣子里说的。”

“你就爱瞎听那些玩艺儿。听那些玩艺儿有什么用？天底下的好东西多啦，跟咱们有什么关系？”

“我就没听您说过，什么跟咱们有关系。”小瞎子把“有”字说得重。

“琴！三弦子！你爹让你跟了我来，是为让你弹好三弦子，学会说书。”

小瞎子故意把水喝得咕噜噜响。

再上路时小瞎子走在前头。

大山的阴影在沟谷里铺开来。地势也渐渐的平缓，开阔。

接近村子的时候，老瞎子喊住小瞎子，在背阴的山脚下找到一个小泉眼。细细的泉水从石缝里往外冒，淌下来，积成脸盆大的小洼，周围的野草长得茂盛，水流出去几十米便被干渴的土地吸干。

“过来洗洗吧，洗洗你那身臭汗味。”

小瞎子拨开野草在水洼边蹲下，心里还在猜想着“曲折的油狼”。

“把浑身都洗洗。你那样儿准像个小叫花子。”

“那您不就是个老叫花子了？”小瞎子把手按在水里，嘻嘻地笑。

老瞎子也笑，双手掬起水往脸上泼。“可咱们不是叫花子，咱们有手艺。”

“这地方咱们好像来过。”小瞎子侧耳听着四周的动静。

“可你的心思总不在学艺上。你这小子心太野。老人的话你从来不着耳朵听。”

“咱们准是来过这儿。”

“别打岔！你那三弦子弹得还差着远呢。咱这命就在这几根琴弦上，我师父当年就这么跟我说。”

泉水清凉凉的。小瞎子又哥哥呀妹妹地哼起来。

老瞎子挺来气：“我说什么你听见了吗？”

“咱这命就在这几根琴弦上，您师父我师爷说的。我都听过八百遍了。您师父还给您留下一张药方，您得弹断一千根琴弦才能去抓那服药，吃了药您就能看见东西了。我听您说过一千遍了。”

“你不信？”

小瞎子不正面回答，说：“干吗非得弹断一千根琴弦才能去抓那服药呢？”

“那是药引子。机灵鬼儿，吃药得有药引子！”

“一千根断了的琴弦还不好弄？”小瞎子忍不住哧哧地笑。

“笑什么笑！你以为你懂得多少事？得真正是一根一根弹断了的才成。”

小瞎子不敢吱声了，听出师父又要动气。每回都是这样，师父容不得对这件事有怀疑。

老瞎子也没再作声，显得有些激动，双手搭在膝盖上，两颗骨头一样的眼珠对着苍天，像是一根一根地回忆着那些弹断的琴弦。盼了多少年了呀，老瞎子想，盼了五十年了！五十年中翻了多少架山，走了多少里路哇，挨了多少回晒，挨了多少回冻，心里受了多少委屈呀。一晚上一晚上地弹，心里总记着，得真正是一根一根尽心尽力地弹断的才成。现在快盼到了，绝出不了这个夏天了。老瞎子知道自己又没什么能要命的病，活过这个夏天一点不成问题。“我比我师父可运气多了，”他说，“我师父到了儿没能睁开眼睛看一回。”

“咳！我知道这地方是哪儿了！”小瞎子忽然喊起来。

老瞎子这才动了动，抓起自己的琴来摇了摇，叠好的纸片碰在蛇皮上发出细微的响声，那张药方就在琴槽里。

“师父，这儿不是野羊岭吗？”小瞎子问。

老瞎子没搭理他，听出这小子又不安稳了。

“前头就是野羊坳，是不是，师父？”

“小子，过来给我擦擦背。”老瞎子说，把弓一样的脊背弯给他。

“是不是野羊坳，师父？”

“是！干什么？你别又闹猫似的。”

小瞎子的心扑通扑通跳，老老实实地给师父擦背。老瞎子觉出他擦得很有劲。

“野羊坳怎么了？你别又叫驴似的会闻味儿。”

小瞎子心虚，不吭声，不让自己显出兴奋。

“又想什么呢？别当我不知道你那点儿心思。”

“又怎么了，我？”

“怎么了你？上回你在这儿疯得不够？那妮子是什么好货！”老瞎子心想，也许不该再带他到野羊坳来。可是野羊坳是个大村子，年年在这儿生意都好，能说上半个多月。老瞎子恨不能立刻弹断最后几根琴弦。

小瞎子嘴上嘟嘟囔囔的，心却飘飘的，想着野羊坳里那个尖声细气的小妮子。

“听我一句话，不害你。”老瞎子说，“那号事靠不住。”

“什么事？”

“少跟我贫嘴。你明白我说的什么事。”

“我就没听您说过，什么事靠得住。”小瞎子又偷偷地笑。

老瞎子没理他，骨头一样的眼珠又对着苍天。那儿，太阳正变成一汪血。

两面脊背和山是一样的黄褐色。一座已经老了，嶙峋瘦骨像是山根下裸露的基石。另一座正年轻。老瞎子七十岁，小瞎子才十七。

小瞎子十四岁上父亲把他送到老瞎子这儿来，为的是让他学说书，这辈子好有个本事，将来可以独自在世上活下去。

老瞎子说书已经说了五十多年。这一片偏僻荒凉的大山里的人们都知道他：头发一天天变白，背一天天变驼，年年月月背一把三弦琴满世界走，逢上有愿意出钱的地方就拨动琴弦唱一晚上，给寂寞的山村带来欢乐。开头常是这么几句：“自从盘古分天地，三皇五帝到如今，有道君王安天下，无道君王害黎民。轻轻弹响三弦琴，慢慢稍停把歌论，歌有三千七百本，不知哪本动人心。”于是听书的众人喊起来，老的要听董永卖身葬父，小的要听武二郎夜走蜈蚣岭，女人们想听秦香莲。这是老瞎子最知足的一刻，身上的疲劳和心里的孤寂全忘却，不慌不忙地喝几口水，待众人的吵嚷声鼎沸，便把琴弦一阵紧拨，唱道：“今日不把别人唱，单表公子小罗成。”或者：“茶也喝来烟也吸，唱一回哭倒长城的孟姜女。”满场立刻鸦雀无声，老瞎子也全心沉到自己所说的书中去。

他会的老书数不尽。他还有一个电匣子，据说是花了大价钱从一个山外人手里买来，为的是学些新词儿，编些新曲儿。其实山里人倒不太在乎他说什么唱什么。人人都称赞他那三弦子弹得讲究，轻轻漫漫的，飘飘洒洒的，疯癫狂放的，那里头有天上的日月，有地上的生灵。老瞎子的嗓子能学出世上所有的声音，男人、女人，刮风下雨，兽啼禽鸣。不知道他脑子里能呈现出什么景象，他一落生就瞎了眼睛，从没见过这个世界。

小瞎子可以算见过世界，但只有三年，那时还不懂事。他对说书和弹琴并无多少兴趣，父亲把他送来的时候费尽了唇舌，好说歹说连哄带骗，最后不如说是那个电匣子把他留住。他抱着电匣子听得入神，甚至没发觉父亲什么时候离去。

这只神奇的匣子永远令他着迷，遥远的地方和稀奇古怪的事物使他幻想不绝，凭着三年朦胧的记忆，补充着万物的色彩和形象，譬如海，匣子里说蓝天就像大海，他记得蓝天，于是想象出海；匣子里说海是无边无际的水，他记得锅里的水，于是想象出满天排开的水锅。再譬如漂亮的姑娘，匣子里说就像盛开的花朵，他实在不相信会是那样，母亲的灵柩被抬到远山上去的时候，路上正开遍着野花，他永远记得却永远不愿意去想。但他愿意想姑娘，越来越愿意想，尤其是野羊坳的那个尖声细气的小妮子，总让他心里荡起波澜。直到有一回匣子里唱道，“姑娘的眼睛就像太阳”，这下他才找到了一个贴切的形象，想起母亲在红透的夕阳中向他走来的样子，其实人人都是根据自己的所知猜测着无穷的未知，以自己的感情勾画出世界。每个人的世界就都不同。

也总有一些东西小瞎子无从想象，譬如“曲折的油狼”。

这天晚上，小瞎子跟着师父在野羊坳说书，又听见那小妮子站在离他不远处尖声细气地说笑。书正说到紧要处——“罗成回马再交战，大胆苏烈又兴兵。苏烈大刀如流水，罗成长枪似腾云，好似海中龙吊宝，犹如深山虎争林。又战七日并七夜，罗成清茶无点唇……”老瞎子把琴弹得如雨骤风疾，字字句句唱得铿锵。小瞎子却心猿意马，手底下早乱了套数……

野羊岭上有一座小庙，离野羊坳村二里地，师徒二人就在这里住下。石头砌的院墙已经残断不全，几间小殿堂也歪斜欲倾百孔千疮，帷正中一间尚可遮蔽风雨，大约是因为这一间中毕竟还供奉着神灵。三尊泥像早脱尽了尘世的彩饰，还一身黄土本色返璞归真了，认不出是佛是道。院里院外、房顶墙头都长满荒藤野草，蓊蓊郁郁倒有生气。老瞎子每日到野羊坳说书都住在这儿，不出房钱又不惹是非。小瞎子是第二次住在这儿。

散了书已经不早，老瞎子在正殿里安顿行李，小瞎子在侧殿的檐下生火烧水。去年砌下的灶火稍加修整就可以用。小瞎子撅着屁股吹火，柴草不干，呛得他满院里转着圈咳嗽。

老瞎子在正殿里数叨他：“我看你能干好什么 。”

“柴湿嘛。”

“我没说这事。我说的是你的琴，今儿晚上的琴你弹成了什么。”

小瞎子不敢接这话茬，吸足了几口气又跪到灶火前去，鼓着腮帮子一通猛吹。“你要是不想干这行，就趁早给你爹捎信把你领回去。老这么闹猫闹狗的可不行，要闹回家闹去。”

小瞎子咳嗽从灶火边跳开，几步蹿到院子另一头，呼嗤呼嗤大喘气，嘴里一边骂。

“说什么呢？”

“我骂这火。”

“有你那么吹火的？”

“那怎么吹？”

“怎么吹？哼，”老瞎子顿了顿，又说，“你就当这灶火是那妮子的脸！”

小瞎子又不敢搭腔了，跪到灶火前去再吹，心想：真的，不知道兰秀儿的脸什么样。那个尖声细气的小妮子叫兰秀儿。

“那要是妮子的脸，我看你不用教也会吹。”老瞎子说。

小瞎子笑起来，越笑越咳嗽。

“笑什么笑！”

“您吹过妮子的脸？”

老瞎子一时语塞。小瞎子笑得坐在地上。“日他妈。”老瞎子骂道，笑笑，然后变了脸色，再不言语。

灶膛里腾的一声，火旺起来。小瞎子再去添柴，一心想着兰秀儿。才散了书的那会儿，兰秀儿挤到他跟前来小声说：“哎，上回你答应我什么来？”师父就在旁边，他没敢吭声。人群挤来挤去，一会儿又把兰秀儿挤到他身边。“噫，上回吃人家的煮鸡蛋倒白吃了？”兰秀儿说，声音比上回大。这时候师父正忙着跟几个老汉拉话。他赶紧说：“嘘——我记着呢。”兰秀儿又把声音压低：“你答应给我听电匣子你还没给我听。”“嘘——我记着呢。”幸亏那会儿人声嘈杂。

正殿里好半天没有动静。之后，琴声响了，老瞎子又上好了一根新弦，他本来应该高兴的，来野羊坳头一晚就又弹断一根琴弦，可是那琴声却低沉、零乱。

小瞎子渐渐听出琴声不对，在院里喊：“水开了，师父。”

没有回答。琴声一阵紧似一阵了。

小瞎子端了一盆热水进来。放在师父跟前，故意嘻嘻笑着说：“您今儿晚还想弹断一根是怎么着？”

老瞎了没听见，这会儿他自己的往事都在心中。琴声烦躁不安，像是年年旷野里的风雨，像是日夜山谷中的溪流，像是奔奔忙忙不知所归的脚步声。小瞎子有点害怕了：师父很久不这样了，师父一这样就要犯病，头疼、心口疼、浑身疼，会几个月爬不起炕来。

“师父，您先洗脚吧。”

琴声不停。

“师父，您该洗脚了。”小瞎子的声音发抖。

琴声不停。

“师父！”

琴声戛然而止，老瞎子叹了口气。小瞎子松了口 气。

老瞎子洗脚，小瞎子乖乖地坐在他身边。

“睡去吧，”老瞎子说，“今儿格够累的了。”

“您呢？”

“你先睡，我得好好泡泡脚。人上了岁数毛病多。”老瞎子故意说得轻松。

“我等您一块儿睡 。”

山深夜静，有一点风，墙头的草叶子响。夜猫子在远处哀哀地叫。听得见野羊坳里偶尔有几声狗吠，又引得孩子哭。月亮升起来，白光透过残损的窗棂进了殿堂，照见两个瞎子和三尊神像。

“等我干吗，时候不早了。”

“你甭担心我，我怎么也不怎么。”老瞎子又说。

“听见没有，小子？”

小瞎子到底年轻，已经睡着。老瞎子推推他让他躺好，他嘴里咕囔了几句倒头睡去。老瞎子给他盖被子时，从那身日渐发育的筋肉上觉出，这孩子到了要想那些事的年龄，非得有一段苦日子过不可了。唉，这事谁也替不了谁。

老瞎子再把琴抱在怀里，摩挲着根根绷紧的琴弦。心里使劲念叨：又断了一根了，又断了一根了。再摇摇琴槽，有轻微的纸和蛇皮的摩擦声，唯独这事能为他排忧解烦。一辈子的愿望。

小瞎子做了一个好梦，醒来吓了一跳，鸡已经叫了。他一骨碌爬起来听听，师父正睡得香，心说还好。他摸到那个大挎包，悄悄地掏出电匣子，蹑手蹑脚出了门。

往野羊坳方向走了一会儿，他才觉出不对头，鸡叫声渐渐停歇，野羊坳里还是静静的没有人声。他愣了一会儿，鸡才叫头遍吗？灵机一动扭开电匣子。电匣子里也是静悄悄。现在是半夜。他半夜里听过匣子，什么都没有。这匣子对他来说还是个表。只要扭开一听，便知道是几点钟，什么时候有什么节目都是一定的。

小瞎子回到庙里，老瞎子正翻身。

“干吗哪？”

“撒尿去了。”小瞎子说。

一上午，师父逼着他练琴。直到晌午饭后，小瞎子才瞅机会溜出庙来，溜进野羊坳。鸡也在树荫下打盹，猪也在墙根下说着梦话，太阳又热得凶，村子里很安静。

小瞎子踩着磨盘，扒着兰秀儿家的墙头轻声喊：“兰秀儿——兰秀儿——”

屋里传出雷似的鼾声。

他犹豫了片刻，把声音稍稍抬高：“兰秀儿！兰秀儿——”

狗叫起来。屋里鼾声停了，一个闷声闷气的声音问：“谁呀？”

小瞎子不敢回答，把脑袋从墙头上缩下来。

屋里吧唧了一阵嘴，又响起鼾声。

他叹口气，从磨盘上下来，怏怏地往回走。忽听见身后嘎吱一声院门响，随即一阵细碎的脚步声向他跑来。

“猜是谁？”尖声细气。小瞎子的眼睛被一双柔软的小手捂上了。——这才多余呢。兰秀儿不到十五岁，认真说还是孩子。

“兰秀儿！”

“电匣子拿来没？”

小瞎子掀开衣襟，匣子挂在腰上。“嘘——别在这儿，找个没人的地方听去。”

“咋啦？”

“回头招好些人。”

“咋啦？”

“那么多人听，费电。”

两个人东拐西弯，来到山背后那眼小泉边。小瞎子忽然想起件事，问兰秀儿：“你见过曲折的油狼吗？”

“啥？”

“曲折的油狼。”

“曲折的油狼？”

“知道吗？”

“你知道？”

“当然。还有绿色的长椅。就一把椅子。”

“椅子谁不知道。”

“那曲折的油狼呢？”

兰秀儿摇摇头，有点崇拜小瞎子了。小瞎子这才郑重其事地扭开电匣子，一支欢快的乐曲在山沟里飘荡。

地方又凉快又没有人来打扰。

“这是《步步高》。”小瞎子说，跳着哼。

一会儿又换了支曲子，叫《旱天雷》，小瞎子还能跟着哼。兰秀儿觉得很惭愧。

“这曲子也叫《和尚思妻》。”

兰秀儿笑起来：“瞎骗人！”

“你信不信？”

“不信。”

“爱信不信。这匣子里说的古怪事多啦。”小瞎子玩着凉凉的泉水，想了一会儿。“你知道什么叫接吻吗？”

“你说什么叫？”

这回轮到小瞎子笑，光笑不答。兰秀儿明白准不是好话，红着脸不再问。

音乐播完了一个女人说，“现在是讲卫生节目。”

“啥？”兰秀儿没听清。

“讲卫生。”

“是什么？”

“嗯——你头发上有虱子吗？”

“去——别动！”

小瞎子赶忙缩回手来，赶忙解释：“要有就是不讲卫生。”

“我才没有。”兰秀儿抓抓头，觉得有些刺痒，“噫——瞧你自个儿吧！”兰秀儿一把搬过小瞎子的头。“看我捉几个大的。”

这时候听见老瞎子在半山上喊：“小子，还不给我回来！该做饭了，吃罢饭还得去说书！”他已经站在那儿听了好一会儿了。

野羊坳里已经昏暗，羊叫、驴叫、狗叫、孩子们叫，处处起了炊烟。野羊岭上还有一线残阳，小庙正在那淡薄的光中，没有声响。

小瞎子又撅着屁股烧火。老瞎子坐在一旁淘米，凭着听觉他能把米中的砂子拣出来。

“今天的柴挺干。”小瞎了说。

“嗯。”

“还是焖饭？”

“嗯。”

小瞎子这会儿精神百倍，很想找些话说，但是知道师父的气还没消，心说还是少找骂。

两个人默默地干着自己的事，又默默地一块儿把饭做熟。岭上也没了阳光。

小瞎子盛了一碗小米饭，先给师父：“您吃吧。”声音怯怯的，无比驯顺。

老瞎子终于开了腔：“小子，你听我一句行不？”

“嗯 。”小瞎子往嘴里扒拉饭，回答得含糊。

“你要是不愿意听，我就不说。”

“谁说不愿意听了？我说‘嗯’！”

“我是过来人，总比你知道的多。”

小瞎子闷头扒拉饭。

“我经过那号事。”

“什么事？”

“又跟我贫嘴！”老瞎子把筷子往灶台上一摔。

“兰秀儿光是想听听电匣子。我们光是一块儿听电匣子来。”

“还有呢？”

“没有了。”

“没有了？”

“我还问她见没见过曲折的油狼。”

“我没问你这个。”

“后来，后来，”小瞎子不那么气壮了。“不知怎么一下就说起了虱子……”

“还有呢？”

“没了，真没了！”

两个人又默默地吃饭 。老瞎子带了这徒弟好几年，知道这孩子不会撒谎，这孩子最让人放心的地方就是诚实，厚道。

“听我一句话，保准对你没坏处。以后离那妮子远点儿。”

“兰秀儿人不坏。”

“我知道她不坏，可你离她远点儿好。早年你师爷这么跟我说，我也不信……”

“师爷？说兰秀儿？”

“什么兰秀儿，那会儿还没她呢，那会儿有你们呢……”老瞎子阴郁的脸又转向暮色浓重的天际，骨头一样白色的眼珠不住地转动，不知道在那儿他想能“看”见什么。

许久，小瞎子说：“今儿晚上您多半又能弹断一根琴弦。”想让师父高兴些。

这天晚上师徒俩又在野羊坳说书。“上回唱到罗成死，三魂七魄赴幽冥，听歌君子莫嘈嚷，列位听我道下文。罗成阴魂出地府，一阵旋风就起身，旋风一阵来得快，长安不远面前存……”老瞎子的琴声也乱，小瞎子的琴声也乱。小瞎子回忆着那双柔软的小手捂在自己脸上的感觉，还有自己的头被兰秀儿搬过去时的滋味。老瞎子想起的事情更多……

夜里老瞎子翻来覆去睡不安稳，多少往事在他耳边喧嚣，在他心头动荡，身体里仿佛有什么东西要爆炸。坏了，要犯病，他想。头昏，胸口憋闷，浑身紧巴巴的难受。他坐起来，对自己叨咕：“可别犯病，一犯病今年甭想弹够那些琴弦了。”他又摸到琴。要能叮叮当当随心所欲地疯弹一阵，心头的忧伤或许就能平息，耳边的往事或许就会消散。可是小瞎子正睡得香甜。

他只好再全力去想那张药方和琴弦：还剩下几根，还只剩最后几根了。那时就可以去抓药了，然后就能看见这个世界——他无数次爬过的山，无数次走过的路，无数次感到过它的温暖和炽热的太阳，无数次梦想着的蓝天和月亮和星星……还有呢？突然间心里一阵空，空得深重。就只为这些？还有什么？他朦胧中所盼望的东西似乎比这要多得多……

夜风在山里游荡。

猫头鹰又在凄哀地叫。

不过现在他老了，无论如何没年活头了，失去的已经永远失去了，他像是刚刚意识到这一点。七十年中所受的全部辛苦就为了最后能看一眼世界，这值得吗？他问自己。

小瞎子在梦里笑，在梦里说："那是一把椅子，兰秀儿……"

老瞎子静静地坐着，静静地坐着的还有那三尊分不清是佛是道的泥像。

鸡叫头遍的时候老瞎子决定，天一亮就带这孩子离开野羊坳。否则这孩子受不了，他自己也受不了。兰秀儿不坏，可这事会怎么结局，老瞎子比谁都"看"得清楚。鸡叫二遍，老瞎子开始收拾行李。

可是一早起来小瞎子病了，肚子疼，随即又发烧。老瞎子只好把行期推迟。

一连好几天，老瞎子无论是烧火、淘米、捡柴，还是给小瞎子挖药、煎药，心里总在说："值得，当然值得。"要是不这么反反复复对自己说，身上的力气几乎就要垮掉。"我非要最后看一眼不可。""要不怎么着？就这么死了去？""再说就只剩下最后几根了。"后面三句都是理由。老瞎子又冷静下来，天天晚还到野羊坳去说书。

这一下小瞎子倒来了福气。每天晚上师父到岭下去了，兰秀儿就猫似的轻轻跳进庙里来听匣子。兰秀儿还带来煮熟的鸡蛋，条件是得让她亲手去扭那匣子的开关。"往哪边扭？""往右。""扭不动。""往右，笨货，不知道哪边是右哇？""咔哒"一下，无论是什么便响起来，无论是什么俩人都爱听。

又过了几天，老瞎子又弹断了三根弦。

这一晚，老瞎子在野羊坳里自弹自唱："不表罗成投胎事，又唱秦王李世民。秦王一听双泪流，可怜爱卿丧残身，你死一身不打紧，缺少扶朝上将军……"

野羊坳上的小庙里这时更热闹。电匣子的音量开得挺大，又是孩子哭，又是大人喊，轰隆隆地又响炮，嘀嘀哒哒地又吹号。月光照进正殿，小瞎子躺着啃鸡蛋，兰秀儿坐在他旁边。两个人都听得兴奋，时而大笑，时而稀里糊涂莫名其妙。

"这匣子你师父哪买来的？"

“从一个山外头的人手里。”

“你们到山外头去过？”兰秀儿问。

“没。我早晚要去一回就是，坐坐火车。”

“火车？”

“火车你也不知道？笨货。”

“噢，知道知道，冒烟哩是不是？”

过了一会儿兰秀儿又说：“保不准我就得到山外头去。”语调有些恓惶。

“是吗？”小瞎子一挺坐起来：“那你到底瞧瞧曲折的油狼是什么。”

“你说是不是山外头的人都有电匣子？”

“谁知道。我说你听清楚没有？曲、折、的、油、狼，这东西就在山外头。”

“那我得跟他们要一个电匣子。”兰秀儿自言自语地想心事。

“要一个？”小瞎子笑两声，然后屏住气，然后大笑：“你干吗不要俩？你可真本事大。你知道这匣子几千块钱一个？把你卖了吧，怕也换不来。”

兰秀儿心里正委屈，一把揪住小瞎子的耳朵使劲拧，骂道：“好你个死瞎子。”

两个人在堂殿里扭打起来。三尊泥像袖手旁观帮不上忙。两个年轻的正在发育的身体碰撞在一起，纠缠在一起，一个把一个压在身下，一会儿又颠倒过来，骂声变成笑声。匣子在一边唱。

打了好一阵子，两个人都累得住手，心怦怦跳，面对面躺着喘气，不言声儿，谁却也不愿意再拉开距离。

兰秀儿呼出的气吹在小瞎子的脸上，小瞎子感到了诱惑，并且想起那天吹火时师父说的话，就往兰秀儿脸上吹气。兰秀儿并不躲。

“嘿，”小瞎子小声说，“你知道接吻是什么了吗？”

“是什么？”兰秀儿的声音也小。

小瞎子对着兰秀儿的耳朵告诉她。兰秀儿不说话。老瞎子回来之前，他们试着亲了嘴儿，滋味真不坏……

就是这天晚上，老瞎子弹断了最后两根琴弦。两根弦一齐断了。他没料到。他几乎是连跑带爬地上了野羊岭，回到小庙里。

小瞎子吓了一跳：“怎么了，师父？”

老瞎子喘吁吁地坐在那儿，说不出话。

小瞎子有些犯嘀咕：莫非是他和兰秀儿干的事让师父知道了？

老瞎子这才相信一切都是值得的。一辈子的辛苦是值得的。能看一回，好好看一回，怎么都是值得的。

“小子，明天我就去抓药。”

“明天？”

“明天。”

“又断了一根了？”

“两根。两根都断了。”

老瞎子把那两根弦卸下来，放在手里揉搓了一会儿，然后把它们并到另外的九百九十八根去，绑成一捆。

“明天就走？”

“天一亮就动身。”

小瞎子心里一阵发凉。老瞎子开始剥琴槽上的蛇皮。

“可我的病还没好利索。”小瞎子小声叨咕。

“噢，我想过了，你就先留在这儿，我用不了十天就回来。”

小瞎子喜出望外。

“你一个人行不？”

“行！”小瞎子紧忙说。

老瞎子早忘了兰秀儿的事。“吃的、喝的、烧的全有。你要是病好利索了，也该学着自个儿出去说回书。行吗？”

“行。”小瞎子觉得有点对不住师父。

蛇皮剥开了，老瞎子从琴槽中取出一张叠得方方正正的纸条。他想起这药方进琴槽时，自己才二十岁，便觉得浑身上下都好像冷。

小瞎子也把那药方放在手里摸了一会儿，也有了几分肃穆。

“你师爷一辈子才冤呢。”

“他弹断了多少根？”

“他本来能弹够一千根，可他记成了八百。要不然他能弹断一千根。”

天不亮老瞎子就上路了。他说最多十天就回来。谁也没想到他竟去了那么久。

老瞎子回到野羊坳时已经是冬天。

漫天大雪，灰暗的天空连接着白色的群山。没有声息，处处也没有生气，空旷而沉寂。所以老瞎子那顶发了黑的草帽就尤其攒动得显著。他蹒蹒跚跚地爬上野羊岭。庙院中衰草瑟瑟，窜出一只狐狸，仓皇逃远。

村里人告诉他，小瞎子已经走了些日子。

“我告诉他等我回来。”

“不知道他干吗就走了。”

“他没说去哪儿？留下什么话没？”

“他说让您甭找他。”

“什么时候走的？”

人们想了好久，都说是在兰秀儿嫁到山外去的那天。

老瞎子心里便一切全明白。

众人劝老瞎子留下来，这么冰天雪地的上哪去？不如在野羊坳说一冬天书。老瞎子指指他的琴，人们见琴柄上空荡荡已经没了琴弦。老瞎子面容也憔悴，呼吸也孱弱，嗓音也沙哑了，完全变了个人。他说得去找他的徒弟。

若不是还想着他的徒弟，老瞎子就回不到野羊坳。那张他保存了五十年的药方原来是一张无字的白纸。他不信，请了多少个识字而又诚实的人帮他看，人人都说那果真就是一张无字的白纸。老瞎子在药铺前的台阶上坐了一会儿，他以为是一会儿，其实已经几天几夜，骨头一样的眼珠在询问苍天，脸色也变成骨头一样的苍白。有人以为他是疯了，安慰他，劝他。老瞎子苦笑：七十岁了再疯还有什么意思？他只是再不想动弹，吸引着他活下去、走下去、唱下去的东西骤然间消失干净。就像一根不能拉紧的琴弦，再难弹出赏心悦耳的曲子。老瞎子的心弦断了。现在发现那目的原来是空的。老瞎子在一个小客店里住了很久，觉得身体里的一切都在熄灭。他整天躺在炕上，不弹也不唱，一天天迅速地衰老。直到花光了身上所有的钱，直到忽然想起了他的徒弟，他知道自己的死期将至，可那孩子在等他回去。

茫茫雪野，皑皑群山，天地之间攒动着一个黑点。走近时，老瞎子的身影弯得如一座桥。他去找他的徒弟。他知道那孩子目前的心情、处境。

他想自己先得振作起来，但是不行，前面明明没有了目标。

他一路走，便怀恋起过去的日子，才知道以往那些奔奔忙忙兴致勃勃的翻山、赶路、弹琴，乃至心焦、忧虑都是多么欢乐！那时有个东西把心弦扯紧，虽然那东西原是虚设。老瞎子想起他师父临终时的情景。他师父把那张自己没用上的药方封进他的琴槽。“您别死，再活几年，您就能睁眼看一回了。”说这话时他还是个孩子。他师父久久不言语，最后说：“记住，人的命就像这琴弦，拉紧了才能弹好，弹好了就够了。”……不错，那意思就是说：目的本来没有。老瞎子知道怎么对自己的徒弟说了。可是他又想：能把一切都告诉小瞎子吗？老瞎子又试着振作起来，可还是不行，总摆脱不掉那张无字的白纸……

在深山里，老瞎子找到了小瞎子。

小瞎子正跌倒在雪地里，一动不动，想那么等死。老瞎子懂得那绝不是装出来的悲哀。老瞎子把他拖进一个山洞，他已无力反抗。

老瞎子捡了些柴，打起一堆火。

小瞎子渐渐有了哭声。老瞎子放了心，任他尽情尽意地哭。只要还能哭就还有救，只要还能哭就有哭够的时候。

小瞎子哭了几天几夜，老瞎子就那么一声不吭地守候着。火头和哭声惊动了野兔子、山鸡、野羊、狐狸和鹞鹰……

终于小瞎子说话了：“干吗咱们是瞎子！”

“就因为咱们是瞎子。”老瞎子回答。

终于小瞎子又说：“我想睁开眼看看，师父，我想睁开眼看看！哪怕就看一回。”

“你真那么想吗？”

“真想，真想——”

老瞎子把篝火拨得更旺些。

雪停了。铅灰色的天空中，太阳像一面闪光的小镜子。鹞鹰在平稳地滑翔。

“那就弹你的琴弦，”老瞎子说，“一根一根尽力地弹吧。”

“师父，您的药抓来了？”小瞎子如梦方醒。

“记住，得真正是弹断的才成。”

“您已经看见了吗？师父，您现在看得见了？”

小瞎子挣扎着起来，伸手去摸师父的眼窝。老瞎子把他的手抓住。

“记住，得弹断一千二百根。”

“一千二？”

“把你的琴给我，我把这药方给你封在琴槽里。”老瞎子现在才弄懂了他师父当年对他说的话——咱的命就在这琴弦上。

目的虽是虚设的，可非得有不行，不然琴弦怎么拉紧；拉不紧就弹不响。

“怎么是一千二，师父？”

“是一千二，我没弹够，我记成了一千。”老瞎子想：这孩子再怎么弹吧，还能弹断一千二百根？永远扯紧欢跳的琴弦，不必去看那张无字的白纸……

这地方偏僻荒凉，群山不断。荒草丛中随时会飞起一对山鸡，跳出一只野兔、狐狸、或者其他小野兽。山谷中鹞鹰在盘旋。

现在让我们回到开始：

莽莽苍苍的群山之中走着两个瞎子，一老一少，一前一后，两顶发了黑的草帽起伏躜动，匆匆忙忙，像是随着一条不安静的河水在漂流。无所谓从哪儿来、到哪儿去，也无所谓谁是谁……

一九八五年四月二十日

——本文节选自史铁生：《命若琴弦》，北京，人民文学出版社，2008

⊙ 阅读提示

这篇小说情节简单，叙述朴素，结构清晰，于平淡无奇中讲述了两个以说唱为生、生活在社会边缘的瞎子师徒的故事。老瞎子的师傅给了他一张药方，并告诉他弹断一千根弦之后按方抓药，就可以看到世界。为了这个目的，老瞎子走过了50年风雨坎坷之路，每天和小瞎子攀山越岭，走遍大村小舍，用心去弹自己的琴。可是最终证明那药方原来是一张白纸，老瞎子的生活目标轰然倒塌。但为了小瞎子，他把目标虚设得更远，给小瞎子也开了一张药方：“人的命就在这琴弦上”，“目的虽是虚设的，可非得有不行，不然琴弦怎么拉紧；拉不紧就弹不响。”靠着这个脆弱的信念，他们又一次地踏上了人生之路。

⊙ 相关链接

华语文学传媒大奖2002年度杰出成就奖得主史铁生授奖词

史铁生是当代中国最令人敬佩的作家之一。他的写作与他的生命完全同构在了一起，在自己的“写作之夜”，史铁生用残缺的身体，说出了最为健全而丰满的思想。他体验到的是生命的苦难，表达出的却是存在的明朗和欢乐，他睿智的言辞，照亮的反而是我们日益幽暗的内心。他的《病隙碎笔》作为2002年度中国文学最为重要的收获，一如既往地思考着生与死、残缺与爱情、苦难与信仰、写作与艺术等重大问题，并解答了“我”如何在场、如何活出意义来这些普遍性的精神难题。当多数作家在消费主义时代里放弃面对人的基本状况时，史铁生却居住在自己的内心，仍旧苦苦追索人之为人的价值和光辉，仍旧坚定地向存在的荒凉地带进发，坚定地与未明事物作斗争，这种勇气和执著，深深地唤起了我们对自身所处境遇的警醒和关怀。

⊙ 思考练习

一、仔细阅读整篇小说，谈一谈你从中得到的启发。

二、小说结尾处，老瞎子为什么要告诉徒弟说他记错了师父的遗言？

三、结合全文，探讨作品结尾的象征意义。

九　热爱生命（节选）

[美] 杰克·伦敦

杰克·伦敦（1876—1916），原名为约翰·格利菲斯·伦敦，美国20世纪著名的现实主义作家。美国传记小说家伊尔文·斯通在《马背上的水手》里称他是“美国无产阶级文学之父”。杰克·伦敦出生于美国加利福尼亚旧金山的一个农民家庭，从1890年起，他连续发表了许多短篇小说，其中最为著名的有《野性的呼唤》《海狼》《白牙》《马丁·伊登》和一系列优秀中短篇小说《热爱生命》《老头子同盟》《北方的奥德赛》《马普希的房子》《沉寂的雪原》等。

杰克·伦敦的创作笔力刚劲，语言质朴，情节富于戏剧性。他常常将笔下人物置于极端严酷、生死攸关的环境之下，以此展露人性中最深刻、最真实的品格。杰克·伦敦赞美那些拥有勇敢、坚毅和热爱生活的高贵品质的人，他笔下那“严酷的真实”常常使读者受到强烈的心灵震撼。

又是一个下雾的日子。他剩下的那条毯子已经有一半做了包脚布。他没有找到比尔的踪迹。可是没有关系。饿逼得他太厉害了——不过——不过他又想，是不是比尔也迷了路。走到中午的时候，累赘的包袱压得他受不了。于是他重新把金子分开，但这一次只把其中的一半倒在地上。到了下午，他把剩下来的那一点也扔掉了，现在，他只有半条毯子、那个白铁罐子和那支枪。

一种幻觉开始折磨他。他觉得有十足的把握，他还剩下一粒子弹。它就在枪膛里，而他一直没有想起。可是另一方面，他也始终明白，枪膛里是空的。但这种幻觉总是萦回不散。他斗争了几个钟头，想摆脱这种幻觉，后来他就打开枪，结果面对着空枪膛。这样的失望非常痛苦，仿佛他真的希望会找到那粒子弹似的。

经过半个钟头的跋涉之后，这种幻觉又出现了。他于是又跟它斗争，而它又缠住他不放，直到为了摆脱它，他又打开枪膛打消自己的念头。有时候，他越想越远，只好一面凭本能自动向前跋涉，一面让种种奇怪的念头和狂想，像蛀虫一样地啃他的脑髓。但是这类脱离现实的遐思大都维持不了多久，因为饥饿的痛苦总会把他刺醒。有一次，正在这样瞎想的时候，他忽然猛地惊醒过来，看到一个几乎叫他昏倒的东西。他像酒醉一样地晃荡着，好让自己不致跌倒。在他面前站着一匹马。一匹马！他简直不能相信自己的眼睛。他觉得眼前一片漆黑，霎时间金星乱迸。他狠狠地揉着眼睛，让自己瞧瞧清楚，原来它并不是马，而是一头大棕熊。这个畜生正在用一种好战的好奇眼光仔细察看着他。

这个人举枪上肩，把枪举起一半，就记起来。他放下枪，从屁股后面的镶珠刀鞘里拔出猎刀。他面前是肉和生命。他用大拇指试试刀刃。刀刃很锋利。刀尖也很锋利。他本来会扑到熊身上，把它杀了的。可是他的心却开始了那种警告性的猛跳。接着又向上猛顶，迅速跳动，头像给铁箍箍紧了似的，脑子里渐渐感到一阵昏迷。

他的不顾一切的勇气已经给一阵汹涌起伏的恐惧驱散了。处在这样衰弱的境况中，如果那个畜生攻击他，怎么办？他只好尽力摆出极其威风的样子，握紧猎刀，狠命地盯着那头熊。它笨拙地向前挪了两步，站直了，发出试探性的咆哮。如果这个人逃跑，它就追上去；不过这个人并没有逃跑。现在，由于恐惧而产生的勇气已经使他振奋起来。同样地，他也在咆哮，而且声音非常凶野，非常可怕，发出那种生死攸关、紧紧地缠着生命的根基的恐惧。

那头熊慢慢向旁边挪动了一下，发出威胁的咆哮，连它自己也给这个站得笔直、毫不害怕的神秘动物吓住了。可是这个人仍旧不动。他像石像一样地站着，直到危险过去，他才猛然哆嗦了一阵，倒在潮湿的苔藓里。

他重新振作起来，继续前进，心里又产生了一种新的恐惧。这不是害怕他会束手无策地死于断粮的恐惧，而是害怕饥饿还没有耗尽他的最后一点求生力，他已经给凶残地摧毁了。这地方的狼很多。狼嗥的声音在荒原上飘来飘去，在空中交织成一片危险的罗网，好像伸手就可以摸到，吓得他不由举起双手，把它向后推去，仿佛它是给风刮紧了的帐篷。

那些狼，时常三三两两地从他前面走过。但是都避着他。一则因为它们为数不多，此外，它们要找的是不会搏斗的驯鹿，而这个直立走路的奇怪动物却可能既会抓又会咬。

傍晚时他碰到了许多零乱的骨头，说明狼在这儿咬死过一头野兽。这些残骨在一个钟头以前还是一头小驯鹿，一面尖叫，一面飞奔，非常活跃。他端详着这些骨头，它们已经给啃得精光发亮，其中只有一部分还没有死去的细胞泛着粉红色。难道在天黑之前，他也可能变成这个样子吗？生命就是这样吗，呃？真是一种空虚的、转瞬即逝的东西。只有活着才感到痛苦。死并没有什么难过。死就等于睡觉。它意味着结束，休息。那么，为什么他不甘心死呢？

但是，他对这些大道理想得并不长久。他蹲在苔藓地上，嘴里衔着一根骨头，吮吸着仍然使骨头微微泛红的残余生命。甜蜜蜜的肉味，跟回忆一样隐隐约约，不可捉摸，却引得他要发疯。他咬紧骨头，使劲地嚼。有时他咬碎了一点骨头，有时却咬碎了自己的牙，于是他就用岩石来砸骨头，把它捣成了酱，然后吞到肚里。匆忙之中，有时也砸到自己的指头，使他一时感到惊奇的是，石头砸了他的指头他并不觉得很痛。

接着下了几天可怕的雨雪。他不知道什么时候露宿，什么时候收拾行李。他白天黑夜都在赶路。他摔倒在哪里就在哪里休息，一到垂危的生命火花闪烁起来，微微燃烧的时候，就慢慢向前走。他已经不再像人那样挣扎了。逼着他向前走的，是他的生命，因为它不愿意死。他也不再痛苦了。他的神经已经变得迟钝麻木，他的脑子里则充满了怪异的幻象和美妙的梦境。

不过，他老是吮吸着，咀嚼着那只小驯鹿的碎骨头，这是他收集起来随身带着的一点残屑。他不再翻山越岭了，只是自动地顺着一条流过一片宽阔的浅谷的溪水走去。可是他既没有看见溪流，也没有看到山谷。他只看到幻象。他的灵魂和肉体虽然在并排向前走，向前爬，但它们是分开的，它们之间的联系已经非常微弱。

有一天，他醒过来，神智清楚地仰卧在一块岩石上。太阳明朗暖和。他听到远处有一群小驯鹿尖叫的声音。他只隐隐约约地记得下过雨，刮过风，落过雪，至于他究竟被暴风雨吹打了两天或者两个星期，那他就不知道了。

他一动不动地躺了好一会，温和的太阳照在他身上，使他那受苦受难的身体充满了暖意。这是一个晴天，他想道。也许，他可以想办法确定自己的方位。他痛苦地使劲偏过身子。下面是一条流得很慢的很宽的河。他觉得这条河很陌生，真使他奇怪。他慢慢地顺着河望去，宽广的河湾蜿蜒在许多光秃秃的小荒山之间，比他往日碰到的任何小山都显得更光秃，更荒凉，更低矮。他于是慢慢地，从容地，毫不激动地，或者至多也是抱着一种极偶然的兴致，顺着这条奇怪的河流的方向，向天际望去，只看到它注入一片明亮光辉的大海。他仍然不激动。太奇怪了，他想道，这是幻象吧，也许是海市蜃楼吧——多半是幻象，是他的错乱的神经搞出来的把戏。后来，他又看到光亮的大海上停泊着一只大船，就更加相信这是幻象。他眼睛闭了一会再睁开。奇怪，这种幻象竟会这样地经久不散！然而并不奇怪，他知道，在荒原中心绝不会有什么大海、大船，正像他知道他的空枪里没有子弹一样。

他听到背后有一种吸鼻子的声音——仿佛喘不出气或者咳嗽的声音。由于身体极端虚弱和僵硬，他极慢极慢地翻一个身。他看不出附近有什么东西，但是他耐心地等着。又听到了吸鼻子和咳嗽的声音，离他不到二十英尺远的两块岩石之间，他隐约看到一只灰狼的头。那双尖耳朵并不像别的狼那样竖得笔挺；它的眼睛昏暗无光，布满血丝；脑袋好像无力地、苦恼地耷拉着。这个畜生不断地在太阳光里眨眼睛。它好像有病。正当他瞧着它的时候，它又发出了吸鼻子和咳嗽的声音。

至少，这总是真的，他一面想，一面又翻过身，以便瞧见先前给幻象遮住的现实世界。可是，远处仍旧是一片光辉的大海，那条船仍然清晰可见。难道这是真的吗？他闭着眼睛，想了好一会，毕竟想出来了。他一直在向北偏东走，他已经离开狄斯分水岭，走到了铜矿谷。这条流得很慢的宽广的河就是铜矿河。那片光辉的大海是北冰洋。那条船是一艘捕鲸船，本来应该驶往麦肯齐河口，可是偏了东，太偏东了，目前停泊在加冕湾里。他记起了很久以前他看到的那张赫德森湾公司的地图，现在，对他来说，这完全是清清楚楚，入情入理的。

他坐起来，想着切身的事情。裹在脚上的毯子已经磨穿了，他的脚破得没有一处好肉。最后一条毯子已经用完了。枪和猎刀也不见了。帽子不知在什么地方丢了，帽圈里那小包火柴也一块丢了，不过，贴胸放在烟草袋里的那包用油纸包着的火柴还在，而且是干的。他瞧了一下表。时针指着十一点，表仍然在走。很清楚，他一直没有忘了上表。

他很冷静，很沉着。虽然身体衰弱已极，但是并没有痛苦的感觉。他一点也不饿。甚至想到食物也不会产生快感。

现在，他无论做什么，都只凭理智。他齐膝盖撕下了两截裤腿，用来裹脚。他总算还保住了那个白铁罐子。他打算先喝点热水，然后再开始向船走去，他已经料到这是一段可怕的路程。

他的动作很慢。他好像半身不遂地哆嗦着。等到他预备去收集干苔的时候，他才发现自己已经站不起来了。他试了又试，后来只好死了这条心，他用手和膝盖支着爬来爬去。有一次，他爬到了那只病狼附近。那个畜生一面很不情愿地避开他，一面用那条好像连弯一下的力气都没有的舌头舔着自己的牙床。这个人注意到它的舌头并不是通常那种健康的红色，而是一种暗黄色，好像蒙着一层粗糙的、半干的黏膜。

这个人喝下热水之后，觉得自己可以站起来了，甚至还可以像想象中一个快死的人那样走路了。他每走一两分钟，就不得不停下来休息一会。他的步子软弱无力，很不稳，就像跟在他后面的那只狼一样又软又不稳。这天晚上，等到黑夜笼罩了光辉的大海的时候，他知道他和大海之间的距离只缩短了不到四海里。

这一夜，他总是听到那只病狼咳嗽的声音，有时候，他又听到了一群小驯鹿的叫声。他周围全是生命，不过那是强壮的生命，非常活跃而健康的生命，同时他也知道，那只病狼所以要紧跟着他这个病人，是希望他先死。早晨，他一睁开眼睛就看到这个畜生正用一种如饥似渴的眼光瞪着他。它夹着尾巴蹲在那儿，好像一条可怜的倒霉的狗。早晨的寒风吹得它直哆嗦，每逢这个人对它勉强发出一种低声咕噜似的吆喝，它就无精打采地龇着牙。

太阳亮堂堂地升了起来，这一早晨，他一直在绊绊跌跌地，朝着光辉的海洋上的那条船走。天气好极了。这是高纬度地方的那种短暂的晚秋。它可能连续一个星期。也许明后天就会结束。

下午，这个人发现了一些痕迹，那是另外一个人留下的，他不是走，而是爬的。他认为可能是比尔，不过他只是漠不关心地想想罢了。他并没有什么好奇心。事实上，他早已失去了兴致和热情。他已经不再感到痛苦了。他的胃和神经都睡着了。但是内在的生命却逼着他前进。他非常疲倦，然而他的生命却不愿死去。正因为生命不愿死，他才仍然要吃沼泽地上的浆果和鲦鱼，喝热水，一直提防着那只病狼。

他跟着那个挣扎前进的人的痕迹向前走去，不久就走到了尽头——潮湿的苔藓上摊着几根才啃光的骨头，附近还有许多狼的脚印。他发现了一个跟他自己的那个一模一样的厚实的鹿皮口袋，但已经给尖利的牙齿咬破了。他那无力的手已经拿不动这样沉重的袋子了，可是他到底把它提起来了。比尔至死都带着它。哈哈！他可以嘲笑比尔了。

他可以活下去，把它带到光辉的海洋里那条船上。他的笑声粗粝可怕，跟乌鸦的怪叫一样，而那条病狼也随着他，一阵阵地惨嗥。突然间，他不笑了。如果这真是比尔的骸骨，他怎么能嘲笑比尔呢；如果这些有红有白，啃得精光的骨头，真是比尔的话？

他转身走开了。不错，比尔抛弃了他；但是他不愿意拿走那袋金子，也不愿意吮吸比尔的骨头。不过，如果事情掉个头的话，比尔也许会做得出来的，他一面摇摇晃晃地前进，一面暗暗想着这些情形。

他走到了一个水坑旁边。就在他弯下腰找鲦鱼的时候，他猛然仰起头，好像给戳了一下。他瞧见了自己反映在水里的险。脸色之可怕，竟然使他一时恢复了知觉，感到震惊了。这个坑里有三条鲦鱼，可是坑太大，不好舀；他用白铁罐子去捉，试了几次都不成，后来他就不再试了。他怕自己会由于极度虚弱，跌进去淹死。而且，也正是因为这一层，他才没有跨上沿着沙洲并排漂去的木头，让河水带着他走。

这一天，他和那条船之间的距离缩短了三海里；第二天，又缩短了两海里——因为现在他是跟比尔先前一样地在爬；到了第五天末尾，他发现那条船离他仍然有七海里，而他每天连一海里也爬不到了。幸亏天气仍然继续放晴，他于是继续爬行，继续晕倒，辗转不停地爬；而那头狼也始终跟在他后面，不断地咳嗽和哮喘。他的膝盖已经和他的脚一样鲜血淋漓，尽管他撕下了身上的衬衫来垫膝盖，他背后的苔藓和岩石上仍然留下了一路血渍。有一次，他回头看见病狼正饿得发慌地舐着他的血渍，他不由得清清楚楚地看出了自己可能遭到的结局——除非——除非他干掉这只狼。于是，一幕从来没有演出过的残酷的求生悲剧就开始了——病人一路爬着，病狼一路跛行着，两个生灵就这样在荒原里拖着垂死的躯壳，相互猎取着对方的生命。

如果这是一条健康的狼，那么，他觉得倒也没有多大关系；可是，一想到自己要喂这么一只令人作呕、只剩下一口气的狼，他就觉得非常厌恶。他就是这样吹毛求疵。现在，他脑子里又开始胡思乱想，又给幻象弄得迷迷糊糊，而神智清楚的时候也愈来愈少，愈来愈短。

有一次，他从昏迷中给一种贴着他耳朵喘息的声音惊醒了。那只狼一跛一跛地跳回去，它因为身体虚弱，一失足摔了一跤。样子可笑极了，可是他一点也不觉得有趣。他甚至也不害怕。他已经到了这一步，根本谈不到那些。不过，这一会，他的头脑却很清醒，于是他躺在那儿，仔细地考虑。那条船离他不过四海里路，他把眼睛擦净之后，可以很清楚地看到它；同时，他还看出了一条在光辉的大海里破浪前进的小船的白帆。可是，无论如何他也爬不完这四海里路。这一点，他是知道的，而且知道以后，他还非常镇静。他知道他连半海里路也爬不了。不过，他仍然要活下去。在经历了千辛万苦之后，他居然会死掉，那未免太不合理了。命运对他实在太苛刻了。然而，尽管奄奄一息，他还是不情愿死。也许，这种想法完全是发疯，不过，就是到了死神的铁掌里，他仍然要反抗它，不肯死。

他闭上眼睛，极其小心地让自己镇静下去。疲倦像涨潮一样，从他身体的各处涌上来，但是他顽强地打起精神，绝不让这种令人窒息的疲倦把他淹没。这种要命的疲倦，很像一片大海，一涨再涨，一点一点地淹没他的意识。有时候，他几乎完全给淹没了，他只能用无力的双手划着，漂游过那黑茫茫的一片；可是，有时候，他又会凭着一种奇怪的心灵作用，另外找到一丝毅力，更坚强地划着。

他一动不动地仰面躺着，现在，他能够听到病狼一呼一吸地喘着气，慢慢地向他逼近。它愈来愈近，总是在向他逼近，好像经过了无穷的时间，但是他始终不动。它已经到了他耳边。那条粗糙的干舌头正像砂纸一样地摩擦着他的两腮。他那两只手一下子伸了出来——或者，至少也是他凭着毅力要它们伸出来的。他的指头弯得像鹰爪一样，可是抓了个空。敏捷和准确是需要力气的，他没有这种力气。

那只狼的耐心真是可怕。这个人的耐心也一样可怕。这一天，有一半时间他一直躺着不动，尽力和昏迷斗争，等着那个要把他吃掉、而他也希望能吃掉的东西。有时候，疲倦的浪潮涌上来，淹没了他，他会做起很长的梦；然而在整个过程中，不论醒着或是做梦，他都在等着那种喘息和那条粗糙的舌头来舔他。

他并没有听到这种喘息，他只是从梦里慢慢苏醒过来，觉得有条舌头在顺着他的一只手舔去。他静静地等着。狼牙轻轻地扣在他手上了；扣紧了；狼正在尽最后一点力量把牙齿咬进它等了很久的东西里面。可是这个人也等了很久，那只给咬破了的手也抓住了狼的牙床。于是，慢慢地，就在狼无力地挣扎着，他的手无力地掐着的时候，他的另一只手已经慢慢摸过来，一下把狼抓住。五分钟之后，这个人已经把全身的重量都压在狼的身上。他的手的力量虽然还不足以把狼掐死，可是他的脸已经紧紧地压住了狼的咽喉，嘴里已经满是狼毛。半小时后，这个人感到一小股暖和的液体慢慢流进他的喉咙。这东西并不好吃，就像硬灌到他胃里的铅液，而且是纯粹凭着意志硬灌下去的。后来，这个人翻了一个身，仰面睡着了。

…………

——本文节选自杰克·伦敦:《热爱生命》，万紫、雨宁译，北京，人民文学出版社，1985

⊙ 阅读提示

这部小说以雄健粗犷的笔触，记述了一个悲壮的故事：一个美国西部的淘金者在返回的途中被朋友抛弃了，他独自跋涉在广袤的荒原上。冬天逼近了，寒风夹着雪花向他袭来，他已经没有一点食物了，而且他的腿受了伤，鞋子破了，脚在流血。他只能歪歪斜斜地蹒跚在布满沼泽、丘陵、小溪的荒原上，非常艰难地前行着。就在他的身体非常虚弱的时候，他遇到了一匹病狼。这匹病狼跟随其后，舔着他的血迹尾随着他。就这样，两个濒临死亡的生命拖着垂死的躯壳，在荒原上相互僵持，试图猎取对方。为了活着回去，为了战胜这匹令他作呕的病狼，在人与狼的战斗中，人获得了胜利：他咬死了狼，喝了狼的血。最终他获救了，使生命放射出耀眼的光芒。

本文故事情节的传奇性与具体细节的逼真性高度统一：一方面，这篇小说的整个故事情节都带有传奇色彩。小说把人物置于近乎残忍的恶劣环境之中，让主人公在与寒冷、饥饿、伤病和野兽的抗争中，在生与死的抉择中，充分展现出人性深处闪光的东西，生动逼真地描写出了生命的坚韧与顽强，奏响了生命的赞歌，有着撼人心魄的力量。另一方面，这又是一篇极为逼真的小说，在紧张曲折的故事情节中很难找到人为编造的痕迹，作者准确地模拟了主人公在特定境遇中的心理感受与意识活动，非常逼真地展示了一个疲惫、衰弱的人在荒原上的艰难求生过程，其“真实性”可谓达到了无以复加的程度。

⊙ 相关链接

浅析美国电影中的个人英雄主义

汪自友

一、什么是个人英雄主义

什么是个人英雄主义？据字典解释，当某一伟大的全民族事业和为实现这一事业而积极克服当时发生的矛盾和障碍所必需的巨大努力而成为个别人的性格品质，他们在整个活动中所表现出来的英勇顽强和自我牺牲精神，并且体现在个别人的行为中，而使行为具有伟大意义时就出现了英雄主义精神。在好莱坞电影里，个人英雄主义得到了很好的诠释。个人英雄强调两部分的含义：个人和英雄。电影里的主角不管是平民还是总统，都是单枪匹马，独来独往；不管主角在片中是何种身份，必定是智慧过人，有胆识，能担当，身负多种技能，无论什么情况都能化解危机，获得成功。

二、个人英雄主义在美国电影中的体现

极力制造英雄神话是美国好莱坞电影长盛不衰的重要秘诀，也是好莱坞大片蕴藏各

种极端文化价值观的根源。好莱坞总在极力打造各式孤胆英雄形象，编织各种神奇的英雄神话。从20世纪30年代的《大篷车》《铁骑》《壮志千秋》开始，好莱坞就开始了制造英雄神话的旅程。1939年的《关山飞渡》是好莱坞电影中牛仔英雄片的标志性作品，影片塑造了灵果这一英雄形象，他一个人拖住了一群阿巴虚人，使得驿车里的人都得救，充分体现出个人英雄主义精神。比如，由皮尔斯·布鲁斯南主演的《007》系列影片，塑造了詹姆士·邦德这个典型的个人英雄主义形象。在《明日帝国》（1997年）中，007探员面对的是强大的媒体巨子卡佛，他拥有《明日报》，为了在中国大陆垄断并独霸媒体，不惜策划阴谋，挑起英国与中国的战争，秘密协助邦德调查的中国籍探员是林慧，邦德为了挫败卡佛的阴谋，从伦敦、汉堡一路奔波到西贡。在《黑日危机》和《择日而亡》中邦德毫无悬念地扮演了一个英俊潇洒，熟悉各种搏击器械、运动娱乐，精通多国语言，并一次又一次孤身犯险却又能力排众难、拯救世界的英雄形象。又如阿诺德·施瓦辛格主演的系列电影几乎都是个人英雄主义的典型代表。在《终结者》系列（1984、1991、2003年）里，终结者始终都是以弱胜强，最后挽救人类。时至今日，好莱坞更是有增无减地大量打造极端个人英雄主义形象。可见，极力打造个人英雄主义形象永远是好莱坞电影人的兴奋点，也是好莱坞大片始终吸引观众的看点与卖点。

总体来看,像《偷天换日》这样极力渲染神偷绝技而没有多少积极价值的“犯罪英雄”，在好莱坞打造的英雄形象中只是少数，多数英雄形象具有正面价值取向。这些英雄或关心民族大义、国家利益，如《空军一号》《国家宝藏》等；或保护地球、拯救人类，如《第五元素》《终结者》系列等；或捍卫法律、正义与和平，如《蜘蛛侠》系列、《钢铁侠》系列等。好莱坞人总是给他们创造的现代英雄神话披上一层传统的、简单的、普遍性的崇高思想外衣，让世界所有不同文化层次、文化身份的观众都能感受到这些影片所承载的神圣思想和崇高精神。所以，观众们不仅难以看出这些影片在文化价值观上存在什么问题，而且相反，还会认为这些英雄神话都在不同程度上引导观者追求真善美，向往正义、尊严、和平、自由、人权等美好理想。如果我们剥去这层普遍性的崇高主题，就会发现，好莱坞编织的英雄神话，普遍是由个人英雄主义者充当主角。好莱坞打造的个人英雄主义形象有着共同特征，就是将个人英雄无限神化，从而表现出极端个人英雄主义的价值取向，其典型症候表现为:其一,英雄们普遍拥有绝对强壮的身体素质,如健壮的肌肉,钢铁般的身体,无与伦比的体能，英俊或美丽的外表，等等。一般都是身经百战而不败，伤痕累累而不死。

《刀锋战士》等影片中的主人公就是这种个人力敌群雄、百战不败的代表。演员史泰龙、施瓦辛格、布拉德·皮特等就是众所周知的好莱坞英雄形象的象征，他们都是完美男性的代表，也是完美人性的典范。其二，普遍拥有优越的智力才能，如知识丰富、能力全面、身怀绝技、随机应变等。《007》里面的邦德就是这一类典型代表，射击、飞刀、滑雪、搏击、纸牌（赌博）、游泳、潜水、驾驶（赛车、飞机、船只）、社交都是他的特长。其三，普遍拥有超常的意志力，如超极限的忍耐力、顽强的战斗力、必胜的信念等。其四，普遍拥有完美男性或女性的几乎所有优点。其五，都是凭借个人力量一次又一次化险为夷，最终转危为安，获得胜利。其六，多数英雄往往还是敢于反抗美国政府的个体斗士。政府在搞阴谋，个人英雄们敢于揭露政府的阴谋，与强大的政府对抗，并最终让政府出丑，捍卫了正义、自由、民主、人权等。

三、个人英雄主义形成的原因

个人主义可以说是美国文化的重要部分，他们崇尚个人的存在和发展及自由空间。而英雄主义其实是来源于我们对于自身的生存环境、人文理念的忧虑和恐惧。这是发自内心深处的对于未知世界和生存危机的感应，所以期待那些拥有绝对好的品质、过人的能力，总能在最危险的关头给予最有力的支持和保护的英雄。只是个人理想与英雄品质完美结合的人在现实中是不存在的，所以就需要虚构一个完美的形象给予自己心灵上的慰藉。而美国人正是把这种模式根深蒂固地反映在了缔造的好莱坞电影上。

美国借助其新闻媒介、文化交流、好莱坞电影、跨国公司等，积极扩张美国的政治文化和大众文化，目的在于在全球实现美国文化霸权。美国的文化是构成美国全球性力量的一部分，好莱坞电影同样承担着传播美国民主精神的职责。电影中随处飘荡着星条旗，美国的标志性建筑——自由女神像更是常常出现在镜头里，而且都以快速旋转全景展现，令人印象深刻，这本身就充满了文化帝国主义的色彩。在这些电影中，好莱坞喜欢把美国价值观等同于其他国家的价值观。《星球大战》是一部具有开拓性意义的科幻影片，开创了崭新的电影天地。科技因素与精神力量并重，追寻自由和民主的胜利是20世纪最为重要的文化事件。它不仅是一部电影，而且是美国文化的象征。美国人的政治、经济意图和所谓的美国精神是这部电影立身的基础与灵魂。其中充斥着对太空秩序的描绘，对崇尚武力解决争端的崇拜，对美国英雄式的太空武士维护“太空正义”的极度渲染——这一“正义”是典型的美国式的正义。《超人》系列中，超人在联大发言时说：“不要凌驾于其他国家之上，要爱全人类。”接着他说：“我们只有一个世界。”美国站出来是因为“想象他们（恶势力）对世界做了什么”。电影中有着一种普世主义。独立宣言即提出普世主义，后来渐渐演变成救世主义——美国必须拯救全世界。这一想法来源于两个基本理念，即“上帝选民论”和“天定命运论”。美国先民们以上帝的选民自居，响应上帝号召到新世界传播福音。他们认为，作为上帝的子民，美国人毫无疑问地应该成为普遍救赎的执行者和代言人。好莱坞电影不仅为美国创造了巨大的经济利益，而且是美国文化输出的主要载体。随着好莱坞电影的大规模宣传，一个个电影英雄在世界范围被模仿崇拜。好莱坞电影不仅吞噬着其他国家的本土电影产业，而且影响着这些国家的民族想象和民族认同，本土电影无人问津，民族想象变得苍白。这种文化上的侵蚀使世界各民族文化出现“同质化”趋势。

四、结语

个人英雄主义其实也是美国梦的一部分。通过奋斗与坚持，每个人都能凭借自己的智慧、能力与品质获得理想的生活。成功取决于自己的努力，每个人都可以成为英雄。虽然英雄也会有烦恼与遗憾，也会被误解，但是最重要的是坚持信念。

——选自《考试周刊》，2012（16）

⊙ 思考练习

一、小说成功地塑造了淘金者的硬汉形象，试分析小说中的人物形象。

二、仔细阅读课文，找出小说中心理描写和细节描写的句子，谈一谈这样写的作用。

三、这篇小说在写法上运用了象征手法，试分析小说的象征意义。

四、小说的主人公在茫茫荒原上面临种种生死考验，他为什么能超越极限、战胜病狼而顽强地生存下来？联系现实，谈一谈对自己的启发。

十　西西弗的神话

[法] 阿尔贝·加缪

阿尔贝·加缪（1913—1960），法国著名的作家、哲学家，荒诞哲学及其文学的代表人物。出生于阿尔及利亚的蒙多维城，在北非的贫民窟长大。从少年时代起，贫穷与死亡的阴影就与加缪长相伴，这使加缪更能深切地体会人生的荒谬与荒诞，在他的一生中，无论是他的作品还是他的现实人生，他都在与荒诞作斗争。他的主要作品有：剧本《误会》《正义者》，中篇小说《局外人》，长篇小说《鼠疫》，哲学论文集《西西弗的神话》《反抗的人》等。1957 年，加缪因为“热情而冷静地阐明了当代人类良知提出的种种问题”被授予诺贝尔文学奖。

加缪在他的小说、剧作、随笔和论著中深刻地揭示出人在异己世界中的孤独、个人与自身的日益异化，以及罪恶和死亡的不可避免，但在揭示世界荒诞时自己却并不感到绝望，主张在荒诞中奋起反抗，在绝望中坚持真理和正义，为世人指出了一条不同于基督教和马克思主义的自由人道主义之路。他直面惨淡人生，以“知其不可而为之”的大无畏精神使他在二战之后不仅在法国，而且在欧洲并最终在全世界成为那一代人的代言人和下一代人的精神导师。

诸神处罚西西弗不停地把一块巨石推上山顶，而石头由于自身的重量又滚下山去。诸神认为再也没有比进行这种无效无望的劳动更为严厉的惩罚了。

荷马[1]说，西西弗是最终要死的人中最聪明最谨慎的人。但另有传说说他屈从于强盗生涯，我看不出其中有什么矛盾。各种说法的分歧在于是否要赋予这地狱中的无效劳动者的行为动机以价值。人们首先是以某种轻率的态度把他与诸神放在一起进行谴责，并历数他们的隐私。阿索玻斯的女儿埃癸娜被朱庇特[2]劫走。父亲对女儿的失踪大为震惊并且怪罪于西西弗。深知内情的西西弗对阿索玻斯说，他可以告诉他女儿的消息，但必须以给柯兰特城堡供水为条件，他宁愿得到水的圣浴，而不是天火雷电。他因此被罚下地狱。荷马告诉我们，西西弗曾经扼住过死神的喉咙。普洛托[3]忍受不了地狱王国的荒凉寂寞。他催促战神把死神从其战胜者手中解放出来。

还有人说，西西弗在临死前冒失地要检验他妻子对他的爱情。他命令她把他的尸体扔在广场中央，不举行任何仪式。于是西西弗重堕地狱。他在地狱里对那恣意践踏人类之爱的行径十分愤慨，他获得普洛托的允诺重返人间以惩罚他的妻子。但当他又一次看到这大地的面貌，重新领略流水、阳光的抚爱，重新触摸那火热的石头、宽阔的大海的时候，他就再也不愿回到阴森的地狱中去了。冥王的诏令、气愤和警告都无济于事。他又在地球上生活了多年，面对起伏的山峦，奔腾的大海和大地的微笑，他又生活了多年。诸神于是进行干涉。墨丘利[4]跑来揪住这冒犯者的领子，把他从欢乐的生活中拉了出来，强行把他重新投入地狱。在那里，为惩罚他而设的巨石已准备就绪。

我们已经明白：西西弗是个荒谬的英雄。他之所以是荒谬的英雄，还因为他的激情和他所经受的磨难。他藐视神明，仇恨死亡，对生活充满激情，这必然使他受到难以用言语尽述的非人折磨：他以自己的整个身心致力于一种没有效果的事业，而这是为了对大地的无限热爱必须付出的代价。人们并没有谈到西西弗在地狱里的情况。创造这些神话是为了让人的想象使西西弗的形象栩栩如生。在西西弗身上，我们只能看到这样一幅图画：一个紧张的身体千百次地重复一个动作：搬动巨石，滚动它并把它推至山顶；我们看到的是一张痛苦扭曲的脸，看到的是紧贴在巨石上的面颊，那落满泥土、抖动的肩膀，沾满泥土的双脚，完全僵直的胳膊，以及那坚实的满是泥土的人的双手。经过被渺渺空间和永恒的时间限制着的努力之后，目的就达到了。西西弗于是看到巨石在几秒钟内又向着下面的世界滚下，而他则必须把这巨石重新推向山顶。他于是又向山下走去。

正是因为这种回复、停歇，我对西西弗产生了兴趣。这一张饱经磨难近似石头般坚硬的面孔已经自己化成了石头！我看到这个人以沉重而均匀的脚步走向那无尽的苦难。这个时刻就像一次呼吸那样短促，它的到来与西西弗的不幸一样是确定无疑的，这个时刻就是意识的时刻。在每一个这样的时刻中，他离开山顶并且逐渐地深入到诸神的巢穴中去，他超出了他自己的命运。他比他搬动的巨石还要坚硬。

如果说，这个神话是悲剧的，那是因为它的主人公是有意识的。若他行的每一步都依靠成功的希望所支持，那他的痛苦实际上又在哪里呢？今天的工人终生都在劳动，终日完成的是同样的工作，这样的命运并非不比西西弗的命运荒谬。但是，这种命运只有在工人变得有意识的偶然时刻才是悲剧性的。西西弗，这诸神中的无产者，这位进行无效劳役而又进行反叛的无产者，他完全清楚自己所处的悲惨境地：在他下山时，他想到的正是这悲惨的境地。造成西西弗痛苦的清醒意识同时也就造就了他的胜利。不存在不通过蔑视而自我超越的命运。

如果西西弗下山推石在某些天里是痛苦地进行着的，那么这个工作也可以在欢乐中进行。这并不是言过其实。我还想象西西弗又回头走向他的巨石，痛苦又重新开始。当对大地的想象过于着重于回忆，当对幸福的憧憬过于急切，那痛苦就在人的心灵深处升起：这就是巨石的胜利，这就是巨石本身。巨大的悲痛是难以承担的重负。这就是我们的客西马尼之夜[5]。但是，雄辩的真理一旦被认识就会衰竭。因此，俄狄浦斯[6]不知不觉首先屈从命运。而一旦他明白了一切，他的悲剧就开始了。与此同时，两眼失明而又丧失希望的俄狄浦斯认识到，他与世界之间的惟一联系就是一个年轻姑娘鲜润的手。他于是毫无顾忌地发出这样震撼人心的声音："尽管我历尽艰难困苦，但我年逾不惑，我的灵魂深邃伟大，因而我认为我是幸福的。"索福克勒斯[7]的俄狄浦斯与陀思妥耶夫斯基[8]的基里洛夫都提出了荒谬胜利的法则。先贤的智慧与现代英雄主义汇合了。

人们要发现荒谬，就不能不想到要写某种有关幸福的教材。"哎，什么！就凭这些如此狭窄的道路？……"但是，世界只有一个。幸福与荒谬是同一大地的两个产儿。若说幸福一定是从荒谬的发现中产生的，那可能是错误的。因为荒谬的感情还很可能产生于幸福。"我认为我是幸福的"，俄狄浦斯说，而这种说法是神圣的。它回响在人的疯狂而又有限的世界之中。它告诫人们一切都还没有也从没有被穷尽过。它把一个上帝从世界中驱逐出去，这个上帝是怀着不满足的心理以及对无效痛苦的偏好而进入人间的。它还把命运改造成为一件应该在人们之中得到安排的人的事情。

西西弗无声的全部快乐就在于此。他的命运是属于他的。他的岩石是他的事情。同样，当荒谬的人深思他的痛苦时，他就使一切偶像哑然失声。在这突然重又沉默的世界中，大地升起千万个美妙细小的声音。无意识的、秘密的召唤，一切面貌提出的要求，这些都是胜利必不可少的对立面和应付的代价。不存在无阴影的太阳，而且必须认识黑夜。荒谬的人说"是"，但他的努力永不停息。如果有一种个人的命运，就不会有更高的命运，或至少可以说，只有一种被人看作是宿命的和应受到蔑视的命运。此外，荒谬的人知道，他是自己生活的主人。在这微妙的时刻，人回归到自己的生活之中，西西弗回身走向巨石，他静观这一系列没有关联而又变成他自己命运的行动，他的命运是他自己创造的，是在他的记忆的注视下聚合而又马上会被他的死亡固定的命运。因此，盲人从一开始就坚信一切人的东西都源于人道主义，就像盲人渴望看见而又知道黑夜是无穷尽的一样，西西弗永远行进，而巨石仍在滚动着。

我把西西弗留在山脚下！我们总是看到他身上的重负。而西西弗告诉我们，最高的虔诚是否认诸神并且搬掉石头。他也认为自己是幸福的。这个从此没有主宰的世界对他来讲既不是荒漠，也不是沃土。这块巨石上的每一颗粒，这黑黝黝的高山上的每一颗矿砂唯有对西西弗才形成一个世界。他爬上山顶所要进行的斗争本身就足以使一个人心里感到充实。应该认为，西西弗是幸福的。

——本文选自 [法] 加缪：《西西弗的神话》，杜小真译，北京，三联书店，2009

⊙ 注　释

[1] 荷马：古希腊盲诗人。生平和生卒年月不可考。相传他根据民间流传的短歌综合编写成记述公元前 12—前 11 世纪特洛伊战争及有关海上冒险故事的古希腊长篇叙事史诗《伊利亚特》和《奥德赛》。荷马史诗被称为欧洲文学的始祖，是西方古代文艺技巧高度发展的结晶，也是全人类公共的文化瑰宝。

[2] 朱庇特：罗马神话中的主神。根据希腊传说，宙斯是众神之王，是奥林匹斯山的统治者。罗马统治希腊后将宙斯之名改为朱庇特。

[3] 普罗托：罗马神话中的冥王。

[4] 墨丘利：罗马神话中的商业神，及希腊神话中的赫尔墨斯，众神的使者。

[5] 客西马尼：《圣经》说，耶稣在橄榄山下一个叫客西马尼的地方让门徒祷告，免受迷惑；他次日于此地被犹大出卖。

[6] 俄狄浦斯：索福克勒斯悲剧《俄狄浦斯王》中的人物。他是希腊神话中忒拜的国王拉伊奥斯和王后约卡斯塔的儿子，他在不知情的情况下，杀死了自己的父亲并娶了自己的母亲。

[7] 古希腊三大悲剧作家之一，在长达 70 年的创作生涯中，他共写了 123 部悲剧和滑稽剧。但其作品流传至今的只有《安提戈涅》和《俄狄浦斯王》等 7 部，这些最能反映索福克勒斯的创作才能。

[8] 俄国卓越的文学家，与列夫·托尔斯泰、屠格涅夫等人齐名。有人评价说“托

尔斯泰代表了俄罗斯文学的广度，陀思妥耶夫斯基则代表了俄罗斯文学的深度”；高尔基说过他是“最伟大的天才”。基里洛夫是小说《群魔》中塑造的艺术形象。

⊙ 阅读提示

本文是一篇哲学随笔，被人称作是存在主义的封篇之作，它用优美如诗的语言，以西西弗的神话悲剧为论证对象，提出了与人的生命息息相关的一个个命题：人生是荒谬的，也是“幸福的”；“当荒谬的人深思他的痛苦时，他就使一切偶像哑然失声。”西西弗被要求永无止境且无效地推石头上山，作为诸神对他惩罚。西西弗不断地把巨石滚上山顶，而石头因为它自身的重量又会滚下去，他们完全有理由相信没有比这徒劳而无望的工作更可怕的惩罚了，西西弗看着石头马上朝着更低的地方滚下去，在那里，他不得不把它重新滚上山顶。西西弗迈着沉重而整齐的步子，走向他永远不知道尽头的痛苦。当他离开山顶，渐渐沉没在诸神的领地，他是高于他的命运的，他比那巨石更坚硬。加缪在讲述西西弗在悲观中积极生存，与命运作顽强的抗争，赞美西西弗这个抗拒荒谬英雄的同时，也告诉我们，能为自己的奋斗目标不懈努力是一种幸福，充实的生命活着才有价值。

加缪的文笔简洁、明快、朴实，他的文学作品总是同时蕴含着哲学家对人生的严肃思考和艺术家的强烈激情。评论家认为加缪的作品体现了适应工业时代要求的新人道主义精神。萨特说他在一个把现实主义当作金牛膜拜的时代里，肯定了精神世界的存在。

⊙ 相关链接

荒诞与自杀

[法]阿尔贝·加缪

真正严肃的哲学问题只有一个，那便是自杀。判断人生值不值得活，等于回答哲学的根本问题。至于世界是否分三六九等，全不在话下，都是些儿戏罢了，先得找答案。如果真的像尼采所要求的那样，一个哲学家必须以身作则才受人尊敬，那就懂得这个答案的重要性，因为接下来就会有无可挽回的行为了。这是显而易见的事，心灵是很容易感知的，但必须深化才能使人在思想上看得更清。

倘若我自问凭什么来判断某个问题比另一个问题紧要，我自答要看问题所引起的行动。我从未见过有人为本体论断去死的。伽利略掌握着一个重要的科学真理，但一旦这个真理使他遭遇生命危险，他便轻而易举地弃绝生命。从某种意义上讲，他行之有理，但不值得。他的真理连火刑柴堆的价值都不如。到底地球围着太阳转还是太阳围着地球转，压根儿无关大局。说穿了，这是个无足轻重的问题。反之，我倒目睹许多人，因为觉得生活不值得过而轻生了事。我也看到有些人，因某些思想或幻想给了他们生的依据而为之献身（世人称之为生的依据同时也是极好的死的依据）。基于此，我断定生命的意义是最紧迫的问题。何以见得？就所有的根本问题而论，我指的是可能导致死亡的问题或强烈激起求生的欲望的问题。大致只有两种思维方式，即拉帕利斯思维方式或堂·吉诃德思维方式。唯有明摆着的事实并恰如其分地加上抒情的表达方式，才能既打动我们的感情又明亮我们的思路。对如此朴质如此催人伤感的主题，可以设想，精神而古典的辩证法应当让位于比较谦逊的精神气度，既出自人之常情，又富有同情心理。

世人一向把自杀看做一种社会现象。我们则相反，首先研究个体思想与自杀之间的关系。自杀这类举动，如同一件伟大的作品，是在心灵幽处酝酿的。本人则不知不晓。某天晚上，他开枪或投了水。一天我听说，一位房产总监自杀了，因为五年前他失去了女儿，之后，他变了许多，此事“把他耗尽了”。甭想找到更确切的词了。开始思索，等于开始被耗。社会对此是无大干系的。耗虫长在人心中。必须深入人心去寻找。这种死亡游戏，从面对生存的清醒到越出光明的逃离，我们都必须跟踪相随和体察谅解。

有许多原因引起自杀。一般而言，最明显的原因不是最致命的原因。世人极少深思熟虑而后自杀（但不排除假设）。激发危机的起因几乎总是无法核实的。报刊经常谈起“隐私之痛”或“不治之症”。这些解释虽然说得过去，但应当弄清出事当天，绝望者的某个朋友是否用满不在乎的口气跟他说过话。此人罪责难逃。因为这足以把他逼上绝路：所有未了的怨恨和厌倦统统促他坠入绝境。

如果说很难锁定精神对死亡押宝的准确时刻和精确举措，那就比较容易从自杀行为本身取得假设的结果。自杀，在某种意义上，像在情节剧里那样，等于自供。就是自供跟不上生活，抑或不理解人生，也不要在这些类比中走得太远，还是回到日常用语上来吧。那只不过供人“不值得活下去”罢了。生活，自然从来都不容易的。世人一如既往做出生存所需的举动，处于多种原因，其中首要的是习惯。自愿死亡意味着承认，哪怕是本能的承认这种习惯的无谓性，承认缺乏生活依据的深刻性，承认日常骚动的疯狂性以及痛苦的无用性。

究竟哪种难以估算的情感剥夺了精神赖以生存的睡眠呢？一个哪怕是能用邪理解释的世界也不失为一个亲切的世界。但相反，在被忽然剥夺了幻想和光明的世界中，人感到自己是局外人。这种放逐是无可挽回的，因为对失去故土的怀念和对天国乐土的期望被剥夺了。这种人与其生活的离异、演员与其背景的离异，正是荒诞感。所有健全的人都想过本身的自杀，无需更多的解释便能承认，这种荒诞感和对虚无的向往有着直接的关系。

这部散论的主题正好涉及荒诞与虚无的关系，正好涉及用自杀来解决荒诞的切实手段。原则上可以肯定，一个表里一致的人，对他信以为真的东西应当付之于行动。故而对人生荒诞的信念应当支配他的行为。不妨抱着合理的好奇心自问，直言不讳而非惺惺惜惺惺地自问。我这里自然指的是那些言必信、信必果的人。

这个问题用明晰的措辞提出，可能显得既简单而难解。但假设简单的问题会引来同样简单的答案，显而易见的事就是显而易见的事，那就错了。推本溯源，把提问的措辞倒过来，不管自杀或不自杀，似乎只有两种哲学解决办法，要么是肯定的解决办法，要么是否定的解决办法，这未免太轻而易举了吧！应当重视那些疑团未解的人。窃以为他们属于大多数。我还注意到，一些人嘴上否定，行动起来好像心里又是肯定的。相反，自杀的人往往对人生的意义倒确信无疑。这类矛盾经常发生。甚至可以说，在这一点上，相反的逻辑显得令人羡慕时，矛盾从来没有如此鲜明过。把哲学理论与宣扬哲学理论的行为进行比较，未免太俗套了。但应当明确提出，在排斥人生具有的思想家中，除了文学人物基里洛夫、传奇人物佩雷格里诺斯和假设人物儒尔·勒基埃，没有一位将其逻辑推至排斥人生的。有人说叔本华曾在丰盛的饭局上赞扬过自杀，并常拿来作为笑料引用。其实没有什么好笑的。叔氏不把悲剧当回事儿，虽然不怎么严肃，但终究对自杀者做出了判断。

——摘录自《加缪全集》散文卷Ⅰ，77~80 页，上海，上海译文出版社，2010

⊙ 思考练习

一、西西弗是谁，他是一个怎样的人？

二、怎样看待西西弗的痛苦与巨石的胜利？为什么说西西弗是幸福的？

三、荒谬是加缪哲学的起点，试分析本文是如何从荒谬这个前提出发对心灵进行探索的。

四、中国神话故事中有一则关于吴刚被罚在月伐桂的故事。吴刚每次砍伐，桂树的伤口很快便愈合了，他永远看不到自己劳动的任何成效，也看不到任何希望。试结合本文，谈一谈你对这则故事的理解。

第三章
呼唤真情

导 读

主题词：呼唤真情

青春话题：

（1）真情像草原一样广阔，人活着，我们需要什么样的真情？

（2）你相信爱情吗？你认为有没有真正的爱情？

知识目标：

（1）熟悉有关电影的相关知识；

（2）了解古代诗歌方面的相关常识。

能力目标：

（1）能够读懂古代诗歌，并能理解其内涵；

（2）培养学生赏析电影的能力。

经过几十年的高速发展，中国人眼中可见的每一个角落，都已是沧桑巨变，今非昔比了。正可谓“艳杏烧林，缃桃绣野，芳景如屏。”

不过，在欣喜、沉醉直至憧憬后自思，发现有些东西正渐渐离我们而去。君不见：假药假酒假衣假油——假不绝目；危房危楼危路危桥——危不绝耳。终于，登峰造极于“三鹿”及众多商企参与的“毒奶粉”事件。回想起那一双双刚看到明媚的阳光就黯淡于永远的黑暗的眼睛，回想起一声声不堪结石折磨而号啕大哭的稚音，回想起一个个面色蜡黄大头瘦身的婴体……我的心，流血了！虎毒不食子，那可是太多无辜的将承接中华民族香火的婴幼儿啊！当到了为疯狂逐利而不择手段直至可以向婴儿下黑手的时候，试问，人和兽有何区别？甚至猛于兽——因为人有着冰冷的智慧。

是的，正在离开着——那经过人类长期进化而形成的，那之所以为人而不为兽的，那最宝贵的。离开的脚步虽然有些迟缓，但足音却越来越轻了，越来越远了。当到了我们根本听不见的时候，一切都为之晚矣。我们创造的文明，最终必将成为毁灭我们自己的利器。

群体性的道德危机与沦丧并不是商业社会的必然——如果我们趁现在就做些什么的

话，渐远的脚步就会被我们重新唤回。只要我们还仍坚持人类之最美好的情感——亲情、爱情、友情，只要我们还相信，善爱他人等于善爱自己。我们，就仍在坚守人类道德情感最基本的底线，就一定会止步于黑暗的边缘，并重沐希望、进步、快乐、繁荣、祥和的阳光。

呼唤真情，体验人类最伟大的母爱、父爱，体验最厚重的兄弟姐妹之爱，品味几千年来中国人心中最醇厚的仁性之酒，并由此老及人老，幼及人幼，锤定我们民族曾经骄傲的道德基石；

呼唤真情，体验人类最浪漫、最感人、最缠绵的两性之爱，体验人类最普通、最经常、但却最不寻常的朋友之爱，并由此升华情感能力，更广泛地进行道德认知和道德实践。

呼唤真情，感动每一颗跳动的心，给成长插上一双强劲的翅膀；

呼唤真情，驱逐每一份固执的冷漠，让阳光普照，温暖你我；

呼唤真情，不拒绝人爱已的本性，但要给爱己一个正当的理由和一个美丽的结果。

…………

呼唤真情，趁我们还没完全迷失的时候！尽管路仍然很长，很长，但我们早已抱定：杜鹃啼血，唤回春风吹得祥瑞漫山遍野！

十一　春江花月夜

（唐）张若虚

张若虚（约660—约720），扬州人，唐代诗人。曾任兖州兵曹。唐中宗神龙（705—707）年间，以文词俊秀驰名于京都，与贺知章、张旭、包融并称为“吴中四士”。

他的诗作大部散佚，《全唐诗》仅存2首——《春江花月夜》和《代答闺梦还》。其中《春江花月夜》乃千古绝唱，是一篇脍炙人口的名作，有“孤篇盖全唐”之誉，被闻一多先生誉为“诗中的诗，顶峰上的顶峰”。该诗曾被中国当代著名音乐家彭修文改编为民族管弦乐曲，并因此广为流传。

春江潮水连海平，海上明月共潮生
滟滟[1]随波千万里，何处春江无月明。
江流宛转绕芳甸[2]，月照花林皆似霰[3]。
空里流霜[4]不觉飞，汀[5]上白沙看不见。
江天一色无纤尘[6]，皎皎空中孤月轮。
江畔何人初见月？江月何年初照人？
人生代代无穷已[7]，江月年年只相似。
不知江月待何人，但见[8]长江送流水。
白云一片去悠悠[9]，青枫浦[10]上不胜愁。
谁家今夜扁舟[11]子，何处相思明月楼？
可怜楼上月徘徊[12]，应照离人妆镜台。
玉户帘中卷不去，捣衣砧[13]上拂还来。
此时相望不相闻，愿逐[14]月华流照君。
鸿雁长飞光不度，鱼龙潜跃水成文[15]。
昨夜闲潭梦落花，可怜春半不还家。
江水流春去欲尽，江潭落月复西斜。
斜月沉沉藏海雾，碣石潇湘无限路。

不知乘月[16]几人归，落月摇情[17]满江树。

⊙ 注　释

[1] 滟（yàn）滟：波光闪动的光彩。

[2] 芳甸（diàn）：遍生花草的原野。

[3] 霰（xiàn）：雪珠，小冰粒。

[4] 流霜：飞霜，古人以为霜和雪一样，是从空中落下来的，所以叫流霜。这里比喻月光皎洁，月色朦胧、流荡，所以不觉得有霜霰飞扬。

[5] 汀（tīng）：水边的平地，这里指江边沙滩。

[6] 纤尘：微细的灰尘。

[7] 穷已：穷尽。

[8] 但见：只见、仅见。

[9] 悠悠：渺茫、深远。

[10] 青枫浦：地名，故址在今湖南浏阳境内。这里指离别之所。

[11] 扁舟：孤舟。

[12] 月徘徊：指月光移动。

[13] 捣衣砧（zhēn）：捣衣石、捶布石。

[14] 逐：跟从、跟随。

[15] 文：同“纹”。

[16] 乘月：趁着月光。

[17] 摇情：激荡情思，犹言牵情。

⊙ 阅读提示

《春江花月夜》是乐府旧题，此前已有多人写过，大多空泛。而张若虚推陈出新，不仅写春江月夜的迷人景象，还以此为背景抒发游子思妇愁苦情怀，更进一步表达了深沉的人生感慨。诗可分三部分：第一部分，从起句到“看不见”，写春江月夜之景，壮观辽远，空明澄澈。第二部分到“送流水”，写人生思考。由于句句紧扣“月”字，便与前面的描写融合为一，而不显枯燥。第三部分写离愁别恨，视线由广阔空间收拢到闺中思妇身上，以一连串的形象写她复杂微妙的心理活动，而又始终以“月”贯穿。最后把思路放开，把关怀之情如月光洒向天山的同命人。

《春江花月夜》是一篇脍炙人口的名作，抒写真挚动人的离情别绪及富有哲理意味的人生感慨，语言清新优美，韵律宛转悠扬，洗去了宫体诗的浓脂艳粉，给人以澄澈空明、清丽自然的感觉。诗人细致地描绘了江南春江花月之夜清幽静谧的自然景色，并由此而生发出对宇宙无尽、人生短促的思索和对明月今宵、游子思妇却天各一方的惋惜。诗中尽管不无人生苦短的伤感，然而读来轻曼如烟，悠悠惆怅中还交织着对生命的依恋，对青春的珍惜，对“人生代代无穷已”、得以与明月长久共存相伴的一丝欣慰；尽管也有夫妇别离的哀愁，但是写来柔婉似水，绵绵相思中饱和着“借明月寄相思”的脉脉温情，含蕴着对重逢的美好企盼。

⊙ 相关链接

《春江花月夜》赏析

袁行霈

《春江花月夜》是乐府旧题，据说是陈后主创制的，隋炀帝也曾写过这个题目，那都是浮华艳丽的宫体诗。张若虚这首诗虽然用的是《春江花月夜》的旧题，题材又是汉末以来屡见不鲜的游子思妇的离愁，但张若虚还是以不同凡响的艺术构思，开拓出新的意境，表现了新的情趣，使这首诗成为千古绝唱。而张若虚也就以这一首诗确立了文学史上永不磨灭的地位。

诗人把游子思妇的离愁放到春江花月夜的背景上，良辰美景更衬出离愁之苦；又以江月与人生对比，显示人生的短暂，而在短暂的人生里那离愁就越发显得浓郁。这首诗虽然带着些许感伤和凄凉，但总的看来并不颓废。它展示了大自然的美，表现了对青春年华的珍惜以及对美好生活的向往。那种对于宇宙和人生的真挚的探索，也有着深长的意味。

《春江花月夜》，题目共五个字，代表五种事物。全诗便扣紧这五个字来写，但又有重点，这就是“月”。春、江、花、夜，都围绕着月作陪衬。诗从月生开始，继而写月下的江流，月下的芳甸，月下的花林，月下的沙汀，然后就月下的思妇反复抒写，最后以月落收结。有主有从，主从巧妙地配合着，构成完整的诗歌形象，形成美妙的艺术境界。

这首诗对景物的描写，采取多变的角度，敷以斑斓的色彩，很能引人入胜。同是月光就有初生于海上的月光，有花林上似霰的月光，有沙汀上不易察觉的月光，有妆镜台上的月光，有捣衣砧上的月光，有斜月，有落月，多么富于变化！诗中景物的色彩虽然统一在皎洁光亮上，但是因为衬托着海潮、芳甸、花林、白云、青枫、玉户、闲潭、落花、海雾、江树，也在统一之中出现了变化，取得斑斓多彩的效果。

——引自袁行霈:《如梦似幻的夜曲——张若虚》

⊙ 思考练习

一、朗读并背诵这首诗。

二、分析这首诗的烘托与铺垫手法。

三、如何看待这首诗的思想价值与艺术价值？

十二　长恨歌

（唐）白居易

白居易（772—846），字乐天，号香山居士，下邽（今陕西省渭南县）人。贞元十五年（798）进士，任翰林学士，左拾遗等。因直言极谏，贬江州司马，移忠州刺史。历任忠州、杭州、苏州刺史，终刑部尚书。

白居易是我国古代一位杰出的现实主义诗人。他所生活的七十多年里，正是安史之乱后各种矛盾冲突急剧发展的时期，也正是唐朝走向衰微的时期，错综复杂的社会现实，在白居易诗中得到了较全面地反映。今存白居易诗近三千首，是唐代存诗最多的诗人。他的成就，主要表现在两个方面：一是政治讽喻诗；另一是以《长恨歌》《琵琶行》为代表的长篇叙事诗。前者把当时社会病态的症结所在，几乎全部呈露在他的笔底。后者则有着曲折离奇、自具首尾的细致的情节描写，和完整而鲜明的人物形象的塑造。他的诗大都通俗易懂，明白晓畅，正如宣宗李忱所说：童子解吟长恨曲，胡儿能唱琵琶篇。著有《白氏长庆集》七十一卷。

汉皇重色思倾国，御宇多年求不得[1]。
杨家有女[2]初长成，养在深闺人未识。
天生丽质难自弃，一朝选在君王侧。
回眸一笑百媚生，六宫粉黛无颜色[3]。
春寒赐浴华清池[4]，温泉水滑洗凝脂[5]。
侍儿扶起娇无力，始是新承恩泽[6]时。
云鬓花颜金步摇[7]，芙蓉帐暖度春宵。
春宵苦短日高起，从此君王不早朝。
承欢侍宴无闲暇，春从春游夜专夜。
后宫佳丽三千人，三千宠爱在一身。
金屋妆成娇侍夜，玉楼宴罢醉和春。
姊妹弟兄皆列土，可怜光彩生门户[8]。

遂令天下父母心，不重生男重生女。
骊宫[9]高处入青云，仙乐风飘处处闻。
缓歌慢舞凝丝竹，尽日君王看不足。

渔阳鼙鼓动地来，惊破霓裳羽衣曲[10]。
九重城阙烟尘生，千乘万骑西南行[11]。
翠华[12]摇摇行复止，西出都门百余里。
六军不发无奈何，宛转蛾眉[13]马前死。
花钿委地无人收，翠翘金雀玉搔头[14]。
君王掩面救不得，回看血泪相和流。
黄埃散漫风萧索，云栈萦纡登剑阁[15]。
峨眉山[16]下少人行，旌旗无光日色薄。
蜀江水碧蜀山青，圣主朝朝暮暮情。
行宫见月伤心色，夜雨闻铃肠断声[17]。
天旋地转回龙驭[18]，到此踌躇不能去。
马嵬坡[19]下泥土中，不见玉颜空死处。

君臣相顾尽沾衣，东望都门信马归。
归来池苑皆依旧，太液芙蓉未央柳[20]。
芙蓉如面柳如眉，对此如何不泪垂。
春风桃李花开日，秋雨梧桐叶落时。
西宫南内[21]多秋草，落叶满阶红不扫。
梨园弟子白发新，椒房阿监青娥老[22]。
夕殿萤飞思悄然，孤灯挑尽未成眠[23]。
迟迟钟鼓初长夜，耿耿星河欲曙天[24]。

鸳鸯瓦冷霜华重，翡翠衾寒谁与共[25]。
悠悠生死别经年，魂魄[26]不曾来入梦。

临邛道士鸿都客[27]，能以精诚致魂魄。

为感君王辗转思，遂教方士殷勤觅。

排空驭气奔如电，升天入地求之遍。

上穷碧落下黄泉[28]，两处茫茫皆不见。

忽闻海上有仙山，山在虚无缥缈间。

楼阁玲珑五云起，其中绰约多仙子[29]。

中有一人字太真，雪肤花貌参差是[30]。

金阙西厢叩玉扃，转教小玉报双成[31]。

闻道汉家天子使，九华帐[32]里梦魂惊。

揽衣推枕起徘徊，珠箔银屏迤逦开[33]。

云髻半偏新睡觉，花冠不整下堂来。

风吹仙袂飘飘举，犹似霓裳羽衣舞。

玉容寂寞泪阑干[34]，梨花一枝春带雨。

含情凝睇[35]谢君王，一别音容两渺茫。

昭阳殿里恩爱绝，蓬莱宫中日月长[36]。

回头下望人寰处，不见长安见尘雾。

唯将旧物表深情，钿合金钗寄将去。

钗留一股合一扇，钗擘[37]黄金合分钿。

但教心似金钿坚，天上人间会相见。

临别殷勤重寄词，词中有誓两心知：

“七月七日长生殿[38]，夜半无人私语时。

在天愿作比翼鸟，在地愿为连理枝”[39]。

天长地久有时尽，此恨绵绵无绝期。

⊙ 注 释

[1] 汉皇：中唐后诗人多以汉武帝（刘彻）代指唐玄宗。倾国：指美女。御宇：统治全国。

[2] 杨家有女：杨贵妃是蜀州司户杨玄琰的女儿，幼年养在叔父杨玄珪家，小名玉环。开元二十三年，册封为寿王（玄宗的儿子李瑁）妃。二十八年玄宗使她为道士，住太真宫，改名太真。天宝四年册封为贵妃。

[3] 六宫：后妃的住处。粉黛：本是妇女的化妆品，这里用作妇女的代称。无颜色：是说六宫妃嫔和杨贵妃相比，都显得不美了。

[4] 华清池：开元十一年建温泉宫于骊山，天宝六年改名华清宫，温泉池也改名"华清池"。

[5] 凝脂：形容皮肤白嫩而柔滑。

[6] 承恩泽：指得到皇帝的宠爱。

[7] 步摇：一种首饰的名称，用金银丝宛转屈曲制成花枝形状，上缀珠玉，插在发髻上，行走时摇动，所以叫"步摇"。

[8] 姊妹弟兄：指杨氏一家。杨玉环受册封后，父兄均因此而得以势倾天下，所以说"皆列土"（分封土地）。可怜：可爱。

[9] 骊宫：骊山上的宫殿，即华清宫。唐玄宗常和杨贵妃在这里饮酒作乐。

[10] 渔阳：天宝元年河北道的蓟州改称渔阳郡，当时所辖之地约在今北京市东面的地区。包括今蓟县、平谷等县境在内，原属平卢、范阳、河东三镇节度使安禄山管辖。鼙鼓：古代的一种军鼓。霓裳羽衣曲：著名舞曲名。

[11] 九重城阙：指京城。烟尘生：指发生战祸。西南行：天宝十五年（七五六）六月，安禄山破潼关，杨国忠主张逃向蜀中，唐玄宗命将军陈玄礼率领"六军"出发，他自己和杨贵妃等跟着出延秋门向西南而去。

[12] 翠华：指皇帝仪仗中用翠鸟羽毛装饰的旗子。

[13] 蛾眉：美女代称，此处指杨贵妃。

[14] 翠翘：翠鸟尾上的长毛叫"翘"。此处指形似"翠翘"的头饰。金雀：雀形的金钗。玉搔头：玉簪。这句说各种各样的首饰和花钿都丢在地上。

[15] 云栈：高入云端的栈道。萦纡：回环曲折。剑阁：即剑门关，在今四川省剑阁县北。

[16] 峨眉山：在今四川省峨眉县境。这里只是泛指四川的高山。

[17]《明皇杂录补遗》："明皇既幸蜀，西南行。初入斜谷，属霖雨涉旬，于栈道雨

中闻铃音与山相应。上既悼念贵妃，采其声为《雨霖铃》曲以寄恨焉。”

[18] 天旋日转：比喻国家从倾覆后得到恢复。回龙驭：指玄宗由蜀中回到长安。此：指杨贵妃自尽处。

[19] 马嵬坡：在今陕西省兴平县西。即前“西出都门百余里”所指之地。

[20] 太液：池名，在长安城东北面的大明宫内。未央：宫名，在长安县西北。两者都是汉朝就有的旧名称。此处借指唐朝的池苑和宫宝。

[21] 西宫：西宫即西内，也就是太极宫；南内指兴庆宫。玄宗回京后先住南内，后迁西内，被变相软禁。

[22] 椒房：宫殿名称，皇后所居。以椒（花椒）和泥涂壁，取其温暖芳香。阿监：宫廷中的近侍,唐代六七品女官名。青娥:指年轻貌美的宫女。“青娥老”和上句“白发新”对举。

[23] 孤灯挑尽：极写玄宗晚年凄苦。

[24] 耿耿：明亮。星河：银河。欲曙天：天快要亮的时候。

[25] 鸳鸯瓦：屋瓦一俯一仰扣合在一起叫“鸳鸯瓦”。霜华：即霜花。重：指霜厚。翡翠衾：绣着翡翠鸟的被子。

[26] 魂魄：指杨贵妃的亡魂。

[27] 临邛（音穷）：今四川省邛崃县。鸿都：洛阳北宫门名。鸿都客：是说这位四川方士曾在洛阳住过。一说“鸿都客”是说临邛道士来京都为客。

[28] 穷：找遍的意思。碧落：指天上。黄泉：指地下。

[29] 五云：五色云。绰约：美好的样子。

[30] 参差是：仿佛就是。

[31] 玉扃：玉做的门。小玉：作者《霓裳羽舞歌》自注：“吴王夫差女小玉。”双成：姓董。《汉武帝内传》记：西王母命玉女董双成吹云和之笙。此借小玉、双成作为杨贵妃的侍婢。

[32] 九华帐：用九华图案绣成的彩帐。

[33] 珠箔：珠帘。屏；屏风。逦迤：连接不断。

[34] 阑干：流泪的样子。

[35] 凝睇：凝视。

[36] 昭阳殿：汉宫名，赵飞燕居住过的地方。这时代指杨贵妃旧居处。蓬莱宫：传说中的海上仙山。这里代指仙境。钿合：镶嵌金花的首饰盒。寄将去：托请捎去。

[37] 擘：分开。

[38] 长生殿：在华清宫中。

[39] 连理枝：异本草木，枝或干连在一起。

⊙ 阅读提示

《长恨歌》是一首极富传奇色彩的叙事长诗，故事曲折，情节生动。诗人在叙述故事和人物塑造上，采用了我国传统诗歌擅长的抒写手法，将叙事、写景和抒情和谐地结合在一起，形成诗歌抒情上回环往复的特点。诗人时而把人物的思想感情注入景物，用景物的折光来烘托人物的心境；时而抓住人物周围富有特征性的景物、事物，通过人物对它们的感受来表现内心的感情，层层渲染，恰如其分地表达人物蕴蓄在内心深处的难达之情。从黄埃散漫到蜀山青青，从行宫夜雨到凯旋回归，从白日到黑夜，从春天到秋天，处处触物伤情，时时睹物思人，从各个方面反复渲染诗中主人公的苦苦追求和寻觅。现实生活中找不到，到梦中去找，梦中找不到，又到仙境中去找。如此跌宕回环，层层反复抒情，回环往复，让人物的思想感情蕴蓄得更深邃丰富，使诗歌“肌理细腻”，更富有艺术的感染力。

这首诗的每一局部，每一细节，都非常精美动人。如开端部分写杨妃的入宫，“天生丽质难自弃”一语，这既缘于上文写了“汉皇”的重色和无所不到的寻求，又写了杨妃的终难自掩的美丽容颜，“难自弃”三字，可谓一鼓双敲。又如下文用“回眸一笑百媚生”极写杨妃的顾盼生姿；用“侍儿扶起娇无力”，写杨妃的娇媚之态；用“梨花一枝春带雨”，写杨妃的美丽、哀怨的形与神等，均有工致入画之妙。

诗中还善于通过对人物动作的描写，揭示出人物的内心世界。如写唐明皇经过马嵬坡时，用“到此踌躇不能去”，来表现唐明皇的痛苦、留恋之情；接着下面又用“东望都城信马归”，形象地写出了唐明皇由于失去杨妃，虽东归长安，也无情无绪的样子。又如诗中写方士去仙山叩寻杨妃的一段，杨妃闻讯后，先是“九华帐里梦魂惊”，次是“揽衣推枕起徘徊”，最后是“花冠不整下堂来”，分别依次地写出了杨妃闻讯之后的那种先是吃惊，后又半信半疑，最后则急急欲与使者相见的整个心理过程等，都使诗中人物鲜明生动，极富诗情画意，有很强的感染力量。

⊙ 相关链接

陈鸿与长恨歌传

陈鸿，唐代小说家，字大亮。是一个“为文辞意慷慨，长于吊古，追怀往事，如不胜情”的文士。生卒年不详。尝自称“少学乎史氏，志在编年”（《大统记序》），曾以七年之力，撰编年史《大统记》30 卷，今不传。《全唐文》存其文 3 篇。

他的传奇小说《长恨歌传》，取材于史事而加以铺张渲染，寓有劝诫讽喻之意。元和元年十月，他与白居易、王质夫同游仙游寺，话及唐玄宗与杨贵妃，感叹之余，王质夫请白居易写一首长诗，请陈鸿写一篇传记。白居易遂作《长恨歌》，而陈鸿作《长恨歌传》。此传先述开元时杨妃入宫、迄天宝末缢死于马嵬坡的始末；后写玄宗自蜀还京，思念不已，方士为之求索贵妃魂魄，见之于海上仙山，与贵妃盟誓之事。篇中对玄宗晚年的纵情声色、政治腐败有所暴露，即使是杨贵妃为玄宗从其子寿王府邸娶来一事亦直书不讳。篇末议论，则归之于“惩尤物，窒乱阶，垂于将来”。此传与《长恨歌》相辅而行，流传颇广。

——选摘自《文学史资料——各代名人集锦》，

见 http：//baike.haosou.com/doc/5610168-5822777.html

⊙ 思考练习

一、谈谈这首诗的主题。

二、“在天愿作比翼鸟，在地愿为连理枝。天长地久有时尽，此恨绵绵无绝期！”结合全诗，说说“此恨”的含义。

十三 我的母亲

老 舍

老舍（1899—1966），现代作家，满族，北京人。原名舒庆春，字舍予。曾被北京市政府授予“人民艺术家”称号。主要著作有：长篇小说《老张的哲学》《赵子曰》《二马》《猫城记》《骆驼祥子》《四世同堂》《鼓书艺人》《正红旗下》（未完）等，中篇小说《月牙儿》《我这一辈子》等，短篇小说集《赶集》《樱海集》《蛤藻集》《火车集》《贫血集》，剧本《龙须沟》《茶馆》等。

老舍以长篇小说和剧作著称于世。他的作品大都取材于市民生活，为中国现代文学开拓了重要的题材领域。他所描写的自然风光、世态人情、习俗时尚，运用的群众口语，都呈现出浓郁的“京味”。他的短篇小说构思精致，取材宽广，各具特色，耐人咀嚼。他的作品已被译成20余种文字出版，以具有独特的幽默风格和浓郁的民族色彩，以及从内容到形式的雅俗共赏而赢得了广大的读者。

母亲的娘家是北平德胜门外，土城儿外边，通大钟寺的大路上的一个小村里。村里一共有四五家人家，都姓马。大家都种点不十分肥美的地，但是与我同辈的兄弟们，也有当兵的，作木匠的，作泥水匠的，和当巡警的。他们虽然是农家，却养不起牛马，人手不够的时候，妇女便也须下地做活。

对于姥姥家，我只知道上述的一点。外公外婆是什么样子，我就不知道了，因为他们早已去世。至于更远的族系与家史，就更不晓得了；穷人只能顾眼前的衣食，没有功夫谈论什么过去的光荣；“家谱”这字眼，我在幼年就根本没有听说过。

母亲生在农家，所以勤俭诚实，身体也好。这一点事实却极重要，因为假若我没有这样的一位母亲，我以为我恐怕也就要大大地打个折扣了。

母亲出嫁大概是很早，因为我的大姐现在已是六十多岁的老太婆，而我的大外甥女还长我一岁啊。我有三个哥哥，四个姐姐，但能长大成人的，只有大姐，二姐，三哥与我。我是“老”儿子。生我的时候，母亲已有四十一岁，大姐二姐已都出了阁。

由大姐与二姐所嫁人的家庭来推断，在我生下之前，我的家里，大概还马马虎虎的过得去。那时候订婚讲究门当户对，而大姐丈是作小官的，二姐丈也开过一间酒馆，他们都是相当体面的人。

可是，我，我给家庭带来了不幸：我生下来，母亲晕过去半夜，才睁眼看见她的老儿子——感谢大姐，把我揣在怀里，致未冻死。

一岁半，我把父亲“克”死了。

兄不到十岁，三姐十二三岁，我才一岁半，全仗母亲独立抚养了。父亲的寡姐跟我们一块儿住，她吸鸦片，她喜摸纸牌，她的脾气极坏。为我们的衣食，母亲要给人家洗衣服，缝补或裁缝衣裳。在我的记忆中，她的手终年是嫩红微肿的。白天，她洗衣服，洗一两大绿瓦盆。她做事永远丝毫也不敷衍，就是屠户们送来的黑如铁的布袜，她也给洗得雪白。晚间，她与三姐抱着一盏油灯，还要缝补衣服，一直到半夜。她终年没有休息，可是在忙碌中她还把院子屋中收拾得清清爽爽。桌椅都是旧的，柜门的铜活久已残缺不全，可是她的手老使破桌面上没有尘土，残破的铜活发着光。院中，父亲遗留下的几盆石榴与夹竹桃，永远会得到应有的浇灌与爱护，年年夏天开许多花。

哥哥似乎没有同我玩耍过。有时候，他去读书；有时候，他去学徒；有时候，他也去卖花生或樱桃之类的小东西。母亲含着泪把他送走，不到两天，又含着泪接他回来。我不明白这都是什么事，而只觉得与他很生疏。与母亲相依为命的是我与三姐。因此，他们做事，我老在后面跟着。他们浇花，我也张罗着取水；他们扫地，我就撮土……从这里，我学得了爱花，爱清洁，守秩序。这些习惯至今还被我保存着。有客人来，无论手中怎么窘，母亲也要设法弄一点东西去款待。舅父与表哥们往往是自己掏钱买酒肉食，这使她脸上羞得飞红，可是殷勤地给他们温酒做面，又给她一些喜悦。遇上亲友家中有喜丧事，母亲必把大褂洗得干干净净，亲自去贺吊——份礼也许只是两吊小钱。到如今为我的好客的习性，还未全改，尽管生活是这么清苦，因为自幼儿看惯了的事情是不易于改掉的。

姑母常闹脾气。她单在鸡蛋里找骨头。她是我家中的阎王。直到我入了中学，她才死去，我可是没有看见母亲反抗过。“没受过婆婆的气，还不受大姑子的吗？命当如此！”母亲在非解释一下不足以平服别人的时候，才这样说。是的，命当如此。母亲活到老，穷到老，辛苦到老，全是命当如此。她最会吃亏。给亲友邻居帮忙，她总跑在前面：她会给婴儿洗三——穷朋友们可以因此少花一笔“请姥姥”钱——她会刮痧，她会给孩子们剃头，她会给少妇们绞脸……凡是她能做的，都有求必应。但是吵嘴打架，永远没有她。她宁吃亏，不斗气。当姑母死去的时候，母亲似乎把一世的委屈都哭了出来，一直哭到坟地。不知道哪里来的一位侄子，声称有继承权，母亲便一声不响，教他搬走那些破桌子烂板凳，而且把姑母养的一只肥母鸡也送给他。

可是,母亲并不软弱。母亲死在庚子闹“拳”的那一年。联军入城,挨家搜索财物鸡鸭,我们被搜两次。母亲拉着哥哥与三姐坐在墙根,等着“鬼子”进门,街门是开着的。“鬼子”进门，一刺刀先把老黄狗刺死，而后入室搜索。他们走后，母亲把破衣箱搬起，才发现了我。假若箱子不空，我早就被压死了。皇上跑了，丈夫死了，鬼子来了，满城是血光火焰，可是母亲不怕，她要在刺刀下，饥荒中，保护着儿女。北平有多少变乱啊，有时候兵变了，街市整条地烧起，火团落在我们的院中。有时候内战了，城门紧闭，铺店关门，昼夜响着枪炮。这惊恐，这紧张，再加上一家饮食的筹划，儿女安全的顾虑，岂是一个软弱的老寡妇所能受得起的？可是，在这种时候，母亲的心横起来，她不慌不哭，要从无办法中想出办法来。她的泪会往心中落！这点软而硬的个性，也传给了我。我对一切人与事，都取和平的态度，把吃亏看作当然的。但是，在做人上，我有一定的宗旨与基本的法则，什么事都可以将就，而不能超过自己画好的界限。我怕见生人，怕办杂事，怕出头露面；但是到了非我去不可的时候，我便不敢不去，正像我的母亲。从私塾到小学，到中学，我经历过起码有二十位教师吧，其中有给我很大影响的，也有毫无影响的，但是我的真正的教师，把性格传给我的，是我的母亲。母亲并不识字，她给我的是生命的教育。

当我在小学毕了业的时候，亲友一致的愿意我去学手艺，好帮助母亲。我晓得我应当去找饭吃，以减轻母亲的勤劳困苦。可是，我也愿意升学。我偷偷地考入了师范学校——制服，饭食，书籍，宿处，都由学校供给。只有这样，我才敢对母亲说升学的话。入学，要交十圆的保证金。这是一笔巨款！母亲作了半个月的难，把这巨款筹到，而后含泪把我送出门去。她不辞劳苦，只要儿子有出息。当我由师范毕业，而被派为小学校校长，母亲与我都一夜不曾合眼。我只说了句:“以后，您可以歇一歇了！”她的回答只有一串串的眼泪。我入学之后，三姐结了婚。母亲对儿女是都一样疼爱的，但是假若她也有点偏爱的话，她应当偏爱三姐，因为自父亲死后，家中一切的事情都是母亲和三姐共同撑持的。三姐是母亲的右手。但是母亲知道这右手必须割去，她不能为自己的便利而耽误了女儿的青春。当花轿来到我们的破门外的时候，母亲的手就和冰一样的凉，脸上没有血色——那是阴历四月，天气很暖。大家都怕她晕过去。可是，她挣扎着，咬着嘴唇，手扶着门框，看花轿徐徐地走去。不久，姑母死了。三姐已出嫁，哥哥不在家，我又住学校，家中只剩母亲自己。她还须自晓至晚的操作，可是终日没人和她说一句话。新年到了，正赶上政府倡用阳历，不许过旧年。除夕，我请了两小时的假。由拥挤不堪的街市回到清炉冷灶的家中。母亲笑了。及至听说我还须回校，她愣住了。半天，她才叹出一口气来。到我该走的时候，她递给我一些花生，“去吧，小子！”街上是那么热闹，我却什么也没看见，泪遮迷了我的眼。今天，泪又遮住了我的眼，又想起当日孤独地过那凄惨的除夕的慈母。可是慈母不会再候盼着我了，她已入了土！

儿女的生命是不依顺着父母所设下的轨道一直前进的，所以老人总免不了伤心。我二十三岁，母亲要我结了婚，我不要。我请来三姐给我说情，老母含泪点了头。我爱母亲，但是我给了她最大的打击。时代使我成为逆子。二十七岁，我上了英国。为了自己，我给六十多岁的老母以第二次打击。在她七十大寿的那一天，我还远在异域。那天，据姐姐们后来告诉我，老太太只喝了两口酒，很早的便睡下。她想念她的幼子，而不便说出来。

七七抗战后，我由济南逃出来。北平又像庚子那年似的被鬼子占据了。可是母亲日夜惦念的幼子却跑西南来。母亲怎样想念我，我可以想象得到，可是我不能回去。每逢接到家信，我总不敢马上拆看，我怕，怕，怕，怕有那不祥的消息。人，即使活到八九十岁，有母亲便可以多少还有点孩子气。失了慈母便像花插在瓶子里，虽然还有色有香，却失去了根。有母亲的人，心里是安定的。我怕，怕，怕家信中带来不好的消息，告诉我已是失了根的花草。

去年一年，我在家信中找不到关于母亲的起居情况。我疑虑，害怕。我想象得到，若不是不幸，家中念我流亡孤苦，或不忍相告。母亲的生日是在九月，我在八月半写去祝寿的信，算计着会在寿日之前到达。信中嘱咐千万把寿日的详情写来，使我不再疑虑。十二月二十六日，由文化劳军的大会上回来，我接到家信。我不敢拆读。就寝前，我拆开信，母亲已去世一年了！

生命是母亲给我的。我之能长大成人，是母亲的血汗灌养的。我之能成为一个不十分坏的人，是母亲感化的。我的性格、习惯，是母亲传给的。她一世未曾享过一天福，临死还吃的是粗粮。唉！还说什么呢？心痛！心痛！

——原载 1943 年 4 月桂林《半月文萃》第一卷第九、十合刊

⊙ 阅读提示

歌颂母爱，是古今中外文学作品永恒的主题。老舍《我的母亲》就是这样一篇感人至深、叫人落泪的挚情之作。

文章从母亲的身世谈起，沿着母亲“活到老、穷到老、辛苦到老”的线索，形象地写出母亲勤俭诚实、善良宽容、真诚待人、柔中带刚等优秀品质，给我们留下了一个具体、鲜明、生动的普通母亲形象。例如“她的手终年是鲜红微肿的……就是屠户们送来的黑如铁的布袜，她也给洗得雪白”。寥寥数笔，一位“做事永远丝毫也不敷衍”的勤勉的劳动妇女的形象已是惟妙惟肖。另外，当舅父与表哥们“自己掏钱买酒肉食”时，母亲竟“脸上羞得飞红”。内心的倔强好胜，在白描笔法中却得到有力体现。母亲的无私，还表现在对三姐的出嫁，“她不能为自己的便利而耽误了女儿的青春”，“她挣扎着，咬着嘴唇，手扶着门框，看花轿徐徐地走去”。这一幕，对于母亲来说，是悲壮的。最催人泪下的，是母亲在除夕之夜的感情变化，从一笑、一愣、一叹到“递给我一些花生”，说一句“去吧，小子”，虽然老舍没有用华丽的辞藻来歌颂母亲多么伟大、神圣，但我们却可以透过他朴实深沉的语言，透过这些细节描写，感受到母爱的伟大和神圣。

对于母亲的一次又一次牺牲，老舍是深感内疚的，在他心里那是一个永远的痛。因此，当作者写这篇文章的时候，他自己也情不自禁地流泪了。所以，在文章结尾处，感情愈来愈浓厚，情调愈来愈深沉，直至捶胸顿足式的大声呼唤，“心痛！心痛！”赤子之心，溢于篇外；戛然而止，余味无穷。

⊙ 相关链接

老舍散文语言的审美特征

张英伟

老舍被公认为“语言艺术大师”。近年来，老舍研究不断升温，但老舍散文研究仍是寂寞的，尤其是对老舍散文语言的研究更是少之又少。事实上，老舍的散文创作在其创作生涯中占有一席之地，在16卷本的《老舍文集》中，散文专为一卷，收入老舍散文作品两百多篇，40余万字。这几十万字的散文，被老舍戏称为“小块文章”。从这些散文中，我们不仅看到了作家的性格、爱好及一生的际遇，更重要的是在这看似小块文章中蕴藏着极高的艺术价值，尤其是在语言上表现出的审美特征，即语言质朴，情真意切，色彩绚丽，赏心悦目；音韵和谐，悦耳动听，声情并茂。

语言质朴，情真意切

语言质朴，情真意切，是作者在散文创作中注重自我情感的抒发从而在语言表达上所形成的一种美。其实散文本来就是为了写情。叙事、写景、状物等都是为了写情，情感是建构文本的基础。所以有人称散文为“‘情种’的艺术”（佘树森《散文创作艺术论》），也有人说：“情乃散文之魂”。（曹国瑞《情有所钟——散文奥秘的探寻》）由此可见，无情是散文创作的大敌。老舍的散文之所以能让人爱不释手，主要是因为情。

我们先来看他的记人散文。在老舍的散文中，有许多记人的作品，无论是写母亲还是写朋友，读者都会被字里行间充溢着的真情所感动。《我的母亲》就是其中之一。母爱是伟大的，可作者在作品中只字没写“爱”字，而是四次写到母亲含泪，一次流泪：哥哥外出学徒做工，母亲“含着泪把他送走，不到两天，又含着泪接他回来”；为了让我读书，母亲四处筹钱，“含泪把我送出门”，当我毕业时，她又流下了欣慰的泪水；当我违背母亲让我早日成亲的意愿时，尽管她有许多不满和失望，但母亲还是尊重了儿子的选择，“含泪点了头”。简单质朴的几个字，母亲含泪也好，流泪也罢，将母爱深深印在老舍的脑海中，这泪水滴在儿子的心里，流进儿子的血里。老舍早年出国任教，回国后又忙于抗日救亡运动，无暇陪伴母亲，为此他一直怀着内疚，特别是在母亲去世一周年后才得知噩耗时，愧疚与悔恨无情地折磨着他的灵魂，他将自己比作瓶中的花草，“虽然还有色有香，却失去了根”，这比喻既形象又深刻。母亲的离去，留给儿子的是无尽的思念、无根的漂泊与深深的自责。这真是撕心裂肺的哀痛，内心的痛苦怎能用语言描述得了，最后老舍只能以“心痛”二字结束全文。

其他记人作品，同样语言质朴，情真意切。要知道老舍的记人散文大多写的是名人，可老舍从不去炫耀他们，而是用平和的心态、质朴的语言去讲述齐白石、梅兰芳的平易近人、许地山的“他有学问而没有架子”，白涤洲的“高过他的人，他不巴结，低于他的人，他帮忙。”的为人之道。语言质朴，但却感人至深，让人看到了这些名人真实的一面。

老舍因为生在北平，长在北平，与北平有着特殊的情感。他绝大多数的作品是以北京作为背景的。人们每逢谈到老舍，自然也要说到北京，仿佛老舍成了北京的化身。因此，老舍笔下的北平到处浸透着“情”字。《想北平》就是一篇描写北平的散文，在一篇短短的散文作品中如何表现北平，老舍觉得很难：“北平那么大，事情那么多”，都写什么呀？他不愿“捡着我知道的写，而躲开我所不知道的”，更怕挂一漏万，埋没了北京的种种好处。可如果平铺直叙写成一篇北京地方风光的指南就更没有味道了，因此，老舍决定写出“我的北平”，即把对北平的感情上升到爱母亲的地位。他抛开一切美好的词语，用最通俗质朴的言辞，用最能引人共鸣的表达方式，通过与巴黎等城市的对比，突出北平的特点，表明北平与老舍是“你”中有“我”，“我”中有“你”，融为一体的关系，表达“我的每一思念中有个北平”、“我爱它像爱我的母亲”“一闭眼我的北平就完整的，像一张彩色鲜明的图画浮立在我的心中，我敢放胆描画它”。对于老舍来说，北平“不是枝枝节节的一些什么，而是整个儿与我的心灵黏合的一段历史，一大块地方”“它是在我的血里，我的情格与脾气里有许多地方是这古城所赐给的”“好，不再说了吧；要落泪了，真想念北平呀！”。

色彩绚丽，赏心悦目

绘画美是散文美学的重要组成部分，是作家用调动语言的七色板来实现的。老舍真不愧为语言大师，在其散文作品中用语言给我们绘制了一幅幅美丽的图画。

首先，是作家运用色调对比的手法构制的图画。色调对比是画家常用的一种手法，用此种手法绘制的图画会给观者留下深刻的印象。老舍在作品中常常运用此种手法。在《济南的冬天》里，老舍先说“对于一个在北平住惯的人，像我，冬天要是不刮风，便觉得是奇迹”以此引发读者的想象，让读者脑海中浮现出一幅北风怒号、天寒地冻的萧条画面，在这幅画面中，它的“冷”色占主导，而这“冷”正好与济南冬天的“暖”色互为对比；接着，又说“对于一个刚由伦敦回来的人，像我，冬天要能看得见日光，便觉得是怪事”再来调动读者的想象，使读者在脑海中又浮现出一幅伦敦上空灰雾蒙蒙的阴郁图画，这幅画面中的“暗”色又占了主导，而这“暗”又与济南冬天的“明”色互为衬托。正是用了色调对比，“以色赋形”的烘托方法，作者将济南冬天那阳光和煦、天朗地秀的总体画面勾勒了出来。因此读老舍的作品就像是在欣赏一幅画。

其次，是作家用写意的方法绘制的图画。老舍在“画”济南大地时，选用的正是中国山水画的“以大观小”的构图取景方法。画城，不画它的东西南北，画的只是冬天济南城秀美的睡态，“一个老城，有山有水，全在天底下晒着阳光，暖和安适地睡着，只等春风来把它们唤醒”；画山，不画它的上下左右，画的只是它的整体形状，“小山整把济南围了个圈儿，只有北边缺着点口儿”，“这一圈小山在冬天特别可爱，好像是把济南放在一个小摇篮里，它们安静不动地低声地说：‘你们放心吧，这儿准保暖和’”；画人，不画人的眉眼，连人的形体都完全略去，画的只是济南冬天人物情态的最主要的特征：“济南的人们在冬天是面上含笑的。”想象一下吧，面带笑容的人，住在具有秀美睡态的城中，城又睡在摇篮里，真是太完美的一幅图画了。

最后，是作家用工笔画的方法绘制的图画。在《五月的青岛》中作者先进行工笔的分笔描绘，由近及远，从路旁到海边，一直到天边，一笔笔地描画：颜色由淡到浓，层层递进，层次鲜明。“看一眼路旁的绿，同时再看一眼海，真的，这才明白了什么叫做‘春深似海’。绿，鲜绿，浅绿，深绿，黄绿，灰绿，各种的绿色连接着，交错着，变化着，波动着，一直绿到天边，绿到山脚，绿到鱼帆的外边去。”真是一笔一景，一景一态。接着作家又运用了几个动词，“连接着，交错着，变化着，波动着”使这幅画又富于动感，给人留下无限的想象空间。用工笔画画出的冬天的济南同样是美轮美奂。“这块水晶里，包着红屋顶，黄草山，像地毯上的小团花的小灰色树影；这就是冬天的济南。”由此看出，老舍不但是语言大师，又是绘画高手。

音韵和谐，悦耳动听

散文富有音乐美是常见的，而音乐又分为古典音乐、西洋音乐、摇滚乐、现代音乐、通俗音乐等，如果按此划分的话，老舍的散文应属于通俗音乐美之列。即大众爱听的既好听又好唱的音乐。

首先，节奏铿锵。老舍认为散文必须人人都能看懂，既须字斟句酌，语言明确，又要铿锵悦耳，引人入胜，因此，老舍在作品中，多用短句，极少用长句，虽然老舍在英国生活一段时间，但老舍在创作上拒绝用欧式的长句，总是力求把长句断开，因短句更利于人们阅读。在《住的梦》中，他说：“秋天一定要住北平。天堂是什么样子，我不晓得，但是从我的生活经验去判断，北平之秋便是天堂。论天气，不冷不热。论吃食，苹果、梨、柿、枣、葡萄，每样都有若干种。至于北平特产的小白梨与大白海棠，恐怕就是乐园中的禁果吧，连亚当与夏娃见了，也必滴下口水来！果子而外，羊肉正肥，高梁红的螃蟹刚好下市，而良乡栗子也香闻十里。论花草，菊花种类之多，花式之奇，可以甲天下。西山有红叶可见，北海可以划船——虽然荷花已残，荷叶可还有一片清香。衣食住行，在北平的秋天，没有一项不使人满意的。”这段话中，很少长句，论天气、论吃食、论花草，读起来节奏铿锵有力。

其次，韵律和谐。老舍的散文除了有强烈的节奏感以外，韵律也非常美。如“对于一个在北平住惯的人，像我，冬天要是不刮风，便觉得是个奇迹，济南的冬天是没有风声的；对于一个刚由伦敦回来的人，像我，冬天要能看得见日光，便觉得是怪事”。整个句子，长短句间隔的调配，前后句句式整齐，对仗工整。“住惯的人”与“回来的人”;“像我”与“像我”;“要是不刮风”与“要能看得见日光”;“奇迹”与“怪事”，这些句子读起来都有强烈的韵律感，和谐优美。

再次，巧用叹词和单字，增加乐感。老舍的许多散文语言的节奏是紧迫的。这种紧迫有的时候并不表现在外在的形式上，而是表现在内在的情感上。如《我的母亲》中“每逢接到家信，我总不敢马上拆看，我怕，怕，怕，怕有那不祥的消息”，连用四个怕字，将游子的牵挂与内心的焦虑淋漓尽致地表现出来。老舍在作品中还常常是用叹词如“不管是泉是河是湖，全是那么清，全是那么甜，哎呀，济南是……”一个“哎呀”既加重了语气，又是作家内心情感的强烈表达。它同歌唱中的长音“啊”产生了异曲同工之妙。

——选自中国老舍研究会编:《世纪之初读老舍》，北京，人民文学出版社，2007

⊙ 思考练习

一、用恰当的词语概括老舍母亲具有怎样的品格。

二、如何理解母亲给我的“生命的教育”？

三、母亲对儿女的关爱无需太多的言语，这正是母爱的深沉伟大之处。作者能从母亲无言的表情和举动中体悟到这份亲情。请找出有关母亲流泪的细节描写，进一步体会母亲博大的爱。

四、搜索你的记忆，从古到今有哪些颂扬母亲的故事和名句？

十四　百合花

茹志鹃

茹志鹃（1925—1998），曾用笔名阿如、初旭，当代著名女作家。祖籍浙江杭州。1925年9月生于上海。家庭贫困，幼年丧母失父，靠祖母做手工换钱度日。11岁以后才断断续续在一些教会学校、补习学校读书，初中毕业于浙江武康县武康中学。1943年随兄参加新四军，先在苏中公学读书，以后一直在部队文工团工作。1955年从南京军区转业到上海，在《文艺月报》做编辑。1960年起从事专业文学创作，是中国作协会员，又被选为中国作协上海分会理事。

茹志鹃的创作以短篇小说见长。笔调清新、俊逸，情节单纯明快，细节丰富传神。善于从较小的角度去反映时代本质。她的许多作品如《百合花》《静静的产院》《如愿》《阿舒》《三走严庄》等都受到过茅盾、冰心、魏金枝、侯金镜等老一辈作家的好评，一些作品被译成日、法、俄、英、越等多国文字在国外出版。

一九四六年的中秋。

这天打海岸的部队决定晚上总攻。我们文工团创作室的几个同志，就由主攻团的团长分派到各个战斗连去帮助工作。大概因为我是个女同志吧！团长对我抓了半天后脑勺，最后才叫一个通讯员送我到前沿包扎所去。

包扎所就包扎所吧！反正不叫我进保险箱就行。我背上背包，跟通讯员走了。

早上下过一阵小雨，现在虽放了晴，路上还是滑得很，两边地里的秋庄稼，却给雨水冲洗得青翠水绿，珠烁晶莹。空气里也带有一股清鲜湿润的香味。要不是敌人的冷炮，在间歇地盲目地轰响着，我真以为我们是去赶集的呢！

通讯员撒开大步，一直走在我前面。一开始他就把我撩下几丈远。我的脚烂了，路又滑，怎么努力也赶不上他。我想喊他等等我，却又怕他笑我胆小害怕；不叫他，我又真怕一个人摸不到那个包扎所。我开始对这个通讯员生起气来。

嗳！说也怪，他背后好像长了眼睛似的，倒自动在路边站下了。但脸还是朝着前面。没看我一眼。等我紧走慢赶地快要走近他时，他又蹬蹬蹬地自个向前走了，一下又把我甩下几丈远。我实在没力气赶了，索性一个人在后面慢慢晃。不过这一次还好，他没让我撩得太远，但也不让我走近，总和我保持着丈把远的距离。我走快，他在前面大踏步向前；我走慢，他在前面就摇摇摆摆。奇怪的是，我从没见他回头看我一次，我不禁对这通讯员发生了兴趣。

刚才在团部我没注意看他，现在从背后看去，只看到他是高挑挑的个子，块头不大，但从他那副厚实实的肩膀看来，是个挺棒的小伙，他穿了一身洗淡了的黄军装，绑腿直打到膝盖上。肩上的步枪筒里，稀疏地插了几根树枝，这要说是伪装，倒不如算作装饰点缀。

没有赶上他，但双脚胀痛得像火烧似的。我向他提出了休息一会后，自己便在做田界的石头上坐了下来。他也在远远的一块石头上坐下，把枪横搁在腿上，背向着我，好像没我这个人似的。凭经验，我晓得这一定又因为我是个女同志的缘故。女同志下连队，就有这些困难。我着恼地带着一种反抗情绪走过去，面对着他坐下来。这时，我看见他那张十分年轻稚气的圆脸，顶多有十八岁。他见我挨他坐下，立即张皇起来，好像他身边埋下了一颗定时炸弹，局促不安，掉过脸去不好，不掉过去又不行，想站起来又不好意思。我拼命忍住笑，随便地问他是哪里人。他没回答，脸涨得像个关公，讷讷半晌，才说清自己是天目山人。原来他还是我的同乡呢！

“在家时你干什么？”

“帮人拖毛竹。”

我朝他宽宽的两肩望了一下，立即在我眼前出现了一片绿雾似的竹海，海中间，一条窄窄的石级山道，盘旋而上。一个肩膀宽宽的小伙，肩上垫了一块老蓝布，扛了几枝青竹，竹梢长长地拖在他后面，刮打得石级哗哗作响……这是我多么熟悉的故乡生活啊！我立刻对这位同乡，越加亲热起来。我又问：

“你多大了？”

“十九。”

“参加革命几年了？”

“一年。”

“你怎么参加革命的？”我问到这里自己觉得这不像是谈话，倒有些像审讯。不过我还是禁不住地要问。

“大军北撤时我自己跟来的。”

“家里还有什么人呢？”

“娘，爹，弟弟妹妹，还有一个姑姑也住在我家里。”

“你还没娶媳妇吧？”

“……”他飞红了脸，更加忸怩起来，两只手不停地数摸着腰皮带上的扣眼。半晌他才低下了头，憨憨地笑了一下，摇了摇头。我还想问他有没有对象，但看到他这样子，只得把嘴里的话，又咽了下去。

两人闷坐了一会，他开始抬头看看天，又掉过来扫了我一眼，意思是在催我动身。

当我站起来要走的时候，我看见他摘了帽子，偷偷地在用毛巾拭汗。这是我的不是，人家走路都没出一滴汗，为了我跟他说话，却害他出了这一头大汗，这都怪我了。

我们到包扎所，已是下午两点钟了。这里离前沿有三里路，包扎所设在一个小学里，大小六个房子组成品字形，中间一块空地长了许多野草，显然，小学已有多时不开课了。我们到时屋里已有几个卫生员在弄着纱布棉花，满地上都是用砖头垫起来的门板，算作病床。

我们刚到不久，来了一个乡干部，他眼睛熬得通红，用一片硬拍纸插在额前的破毡帽下，低低地遮在眼睛前面挡光。

他一肩背枪，一肩挂了一杆秤；左手挎了一篮鸡蛋，右手提了一口大锅，呼哧呼哧地走来。他一边放东西，一边对我们又抱歉又诉苦，一边还喘息地喝着水，同时还从怀里掏出一包饭团来嚼着。我只见他迅速地做着这一切。他说的什么我就没大听清。好像是说什么被子的事，要我们自己去借。我问清了卫生员，原来因为部队上的被子还没发下来，但伤员流了血，非常怕冷，所以就得向老百姓去借。哪怕有一二十条棉絮也好。我这时正愁工作插不上手，便自告奋勇讨了这件差事，怕来不及就顺便也请了我那位同乡，请他帮我动员几家再走。他踌躇了一下，便和我一起去了。

我们先到附近一个村子，进村后他向东，我往西，分头去动员。不一会，我已写了三张借条出去，借到两条棉絮，一条被子，手里抱得满满的，心里十分高兴，正准备送回去再来借时，看见通讯员从对面走来，两手还是空空的。

“怎么，没借到？”我觉得这里老百姓觉悟高，又很开通，怎么会没有借到呢？我有点惊奇地问。

“女同志，你去借吧！……老百姓死封建。……”

“哪一家？你带我去。”我估计一定是他说话不对，说崩了。借不到被子事小，得罪了老百姓影响可不好。我叫他带我去看看。但他执拗地低着头，像钉在地上似的，不肯挪步，我走近他，低声地把群众影响的话对他说了。他听了，果然就松松爽爽地带我走了。

我们走进老乡的院子里，只见堂屋里静静的，里面一间房门上，垂着一块蓝布红额的门帘，门框两边还贴着鲜红的对联。我们只得站在外面向里“大姐、大嫂”地喊，喊了几声，不见有人应，但响动是有了。一会，门帘一挑，露出一个年轻媳妇来。这媳妇长得很好看，高高的鼻梁，弯弯的眉，额前一溜蓬松松的刘海。穿的虽是粗布，倒都是新的。我看她头上已硬挠挠地挽了髻，便大嫂长大嫂短地向她道歉，说刚才这个同志来，说话不好别见怪等等。她听着，脸扭向里面，尽咬着嘴唇笑。我说完了，她也不作声，还是低头咬着嘴唇，好像忍了一肚子的笑料没笑完。这一来，我倒有些尴尬了，下面的话怎么说呢！我看通讯员站在一边，眼睛一眨不眨地看着我，好像在看连长做示范动作似的。我只好硬了头皮，讪讪地向她开口借被子了，接着还对她说了一遍共产党的部队，打仗是为了老百姓的道理。这一次，她不笑了，一边听着，一边不断向房里瞅着。我说完了，她看看我，看看通讯员，好像在掂量我刚才那些话的斤两。半晌，她转身进去抱被子了。

通讯员乘这机会，颇不服气地对我说道：

“我刚才也是说的这几句话，她就是不借，你看怪吧！……”

我赶忙白了他一眼，不叫他再说。可是来不及了，那个媳妇抱了被子，已经在房门口了。被子一拿出来，我方才明白她刚才为什么不肯借的道理了。这原来是一条里外全新的新花被子，被面是假洋缎的，枣红底，上面撒满白色百合花。她好像是在故意气通讯员，把被子朝我面前一送，说：“抱去吧。”

我手里已捧满了被子，就一努嘴，叫通讯员来拿。没想到他竟扬起脸，装作没看见。我只好开口叫他，他这才绷了脸，垂着眼皮，上去接过被子，慌慌张张地转身就走。不想他一步还没有走出去，就听见“嘶”的一声，衣服挂住了门钩，在肩膀处，挂下一片布来，口子撕得不小。那媳妇一面笑着，一面赶忙找针拿线，要给他缝上。通讯员却高低不肯，挟了被子就走。

刚走出门不远，就有人告诉我们，刚才那位年轻媳妇，是刚过门三天的新娘子，这条被子就是她唯一的嫁妆。我听了，心里便有些过意不去，通讯员也皱起了眉，默默地看着手里的被子。我想他听了这样的话一定会有同感吧！果然，他一边走，一边跟我嘟哝起来了。

“我们不了解情况，把人家结婚被子也借来了，多不合适呀！……”我忍不住想给他开个玩笑，便故作严肃地说：

“是呀！也许她为了这条被子，在做姑娘时，不知起早熬夜，多干了多少零活，才积起了做被子的钱，或许她曾为了这条花被，睡不着觉呢。可是还有人骂她死封建。……”

他听到这里，突然站住脚，呆了一会，说：

“那！……那我们送回去吧！”

“已经借来了，再送回去，倒叫她多心。”我看他那副认真、为难的样子，又好笑，又觉得可爱。不知怎么的，我已从心底爱上了这个傻乎乎的小同乡。

他听我这么说，也似乎有理，考虑了一下，便下了决心似地说：

“好，算了。用了给她好好洗洗。”他决定以后，就把我抱着的被子，统统抓过去，左一条、右一条地披挂在自己肩上，大踏步地走了。

回到包扎所以后，我就让他回团部去。他精神顿时活泼起来了，向我敬了礼就跑了。走不几步，他又想起了什么，在自己挂包里掏了一阵，摸出两个馒头，朝我扬了扬，顺手放在路边石头上，说：

“给你开饭啦！”说完就脚不点地地走了。我走过去拿起那两个干硬的馒头，看见他背的枪筒里不知在什么时候又多了一枝野菊花，跟那些树枝一起，在他耳边抖抖地颤动着。

他已走远了，但还见他肩上撕挂下来的布片，在风里一飘一飘。我真后悔没给他缝上再走。现在，至少他要裸露一晚上的肩膀了。

包扎所的工作人员很少。乡干部动员了几个妇女，帮我们打水、烧锅，做些零碎活。那位新媳妇也来了，她还是那样，笑眯眯地抿着嘴，偶然从眼角上看我一眼，但她时不时地东张西望，好像在找什么。后来她到底问我说：“那位同志弟到哪里去了？”我告诉她同志弟不是这里的，他现在到前沿去了。她不好意思地笑了一下说：“刚才借被子，他可受我的气了！”说完又抿了嘴笑着，动手把借来的几十条被子、棉絮，整整齐齐地分铺在门板上、桌子上（两张课桌拼起来，就是一张床）。我看见她把自己那条白百合花的新被，铺在外面屋檐下的一块门板上。

天黑了，天边涌起一轮满月。我们的总攻还没发起。敌人照例是忌怕夜晚的，在地上烧起一堆堆的野火，又盲目地轰炸，照明弹也一个接一个地升起，好像在月亮下面点了无数盏的汽油灯，把地面的一切都赤裸裸地暴露出来了。在这样一个“白夜”里来攻击，有多困难，要付出多大的代价啊！我连那一轮皎洁的月亮，也憎恶起来了。

乡干部又来了，慰劳了我们几个家做的干菜月饼。原来今天是中秋节了。

啊，中秋节，在我的故乡，现在一定又是家家门前放一张竹茶几，上面供一副香烛，几碟瓜果月饼。孩子们急切地盼那炷香快些焚尽，好早些分摊给月亮娘娘享用过的东西，他们在茶几旁边跳着唱着：“月亮堂堂，敲锣买糖……”或是唱着：“月亮嬷嬷，照你照我……”我想到这里，又想起我那个小同乡，那个拖毛竹的小伙，也许，几年以前，他还唱过这些歌吧！……我咬了一口美味的家做月饼，想起那个小同乡大概现在正趴在工事里，也许在团指挥所，或者是在那些弯弯曲曲的交通沟里走着哩！……

一会儿，我们的炮响了，天空划过几颗红色的信号弹，攻击开始了。不久，断断续续地有几个伤员下来，包扎所的空气立即紧张起来。

我拿着小本子，去登记他们的姓名、单位，轻伤的问问，重伤的就得拉开他们的符号，或是翻看他们的衣襟。我拉开一个重彩号的符号时，“通讯员”三个字使我突然打了个寒战，心跳起来。我定了下神才看到符号上写着 × 营的字样。啊！不是，我的同乡他是团部的通讯员。但我又莫名其妙地想问问谁，战地上会不会漏掉伤员。通讯员在战斗时，除了送信，还干什么，——我不知道自己为什么要问这些没意思的问题。

战斗开始后的几十分钟里，一切顺利，伤员一次次带下来的消息，都是我们突破第一道鹿寨，第二道铁丝网，占领敌人前沿工事打进街了。但到这里，消息忽然停顿了，下来的伤员，只是简单地回答说：“在打。”或是“在街上巷战。”但从他们满身泥泞，极度疲乏的神色上，甚至从那些似乎刚从泥里掘出来的担架上，大家明白，前面在进行着一场什么样的战斗。

包扎所的担架不够了，好几个重彩号不能及时送后方医院，耽搁下来。我不能解除他们任何痛苦，只得带着那些妇女，给他们拭脸洗手，能吃得的喂他们吃一点，带着背包的，就给他们换一件干净衣裳，有些还得解开他们的衣服，给他们拭洗身上的污泥血迹。

做这种工作，我当然没什么，可那些妇女又羞又怕，就是放不开手来，大家都要抢着去烧锅，特别是那新媳妇。我跟她说了半天，她才红了脸，同意了。不过只答应做我的下手。

前面的枪声，已响得稀落了。感觉上似乎天快亮了，其实还只是半夜。外边月亮很明，也比平日悬得高。前面又下来一个重伤员。屋里铺位都满了，我就把这位重伤员安排在屋檐下的那块门板上。担架员把伤员抬上门板，但还围在床边不肯走。一个上了年纪的担架员，大概把我当做医生了，一把抓住我的膀子说：“大夫，你可无论如何要想办法治好这位同志呀！你治好他，我……我们全体担架队员给你挂匾……”他说话的时候，我发现其他的几个担架员也都睁大了眼盯着我，似乎我点一点头，这伤员就立即会好了似的。我心想给他们解释一下，只见新媳妇端着水站在床前，短促地“啊”了一声。我急拨开他们上前一看，我看见了一张十分年轻稚气的圆脸，原来棕红的脸色，现已变得灰黄。他安详地合着眼，军装的肩头上，露着那个大洞，一片布还挂在那里。

“这都是为了我们……”那个担架员负罪地说道，“我们十多副担架挤在一个小巷子里，准备往前运动，这位同志走在我们后面，可谁知道狗日的反动派不知从哪个屋顶上撂下颗手榴弹来，手榴弹就在我们人缝里冒着烟乱转，这时这位同志叫我们快趴下，他自己就一下扑在那个东西上了……”

新媳妇又短促地“啊”了一声。我强忍着眼泪，给那些担架员说了些话，打发他们走了。我回转身看见新媳妇已轻轻移过一盏油灯，解开他的衣服，她刚才那种忸怩羞涩已经完全消失，只是庄严而虔诚地给他拭着身子，这位高大而又年轻的小通讯员无声地躺在那里。……我猛然醒悟地跳起身，磕磕绊绊地跑去找医生，等我和医生拿了针药赶来，新媳妇正侧着身子坐在他旁边。

她低着头，正一针一针地在缝他衣肩上那个破洞。医生听了听通讯员的心脏，默默地站起身说：“不用打针了。”我过去一摸，果然手都冰冷了。新媳妇却像什么也没看见，什么也没听到，依然拿着针，细细地、密密地缝着那个破洞。我实在看不下去了，低声地说：

“不要缝了。”她却对我异样地瞟了一眼，低下头，还是一针一针地缝。我想拉开她，我想推开这沉重的氛围，我想看见他坐起来，看见他羞涩地笑。但我无意中碰到了身边一个什么东西，伸手一摸，是他给我开的饭，两个干硬的馒头。

卫生员让人抬了一口棺材来，动手揭掉他身上的被子，要把他放进棺材去。新媳妇这时脸发白，劈手夺过被子，狠狠地瞪了他们一眼，自己动手把半条被子平展展地铺在棺材底，半条盖在他身上。卫生员为难地说：“被子……是借老百姓的。”

“是我的——”她气汹汹地嚷了半句，就扭过脸去。在月光下，我看见她眼里晶莹发亮，我也看见那条枣红底色上洒满白色百合花的被子，这象征纯洁与感情的花，盖上了这位平常的、拖毛竹的青年人的脸。

——出自茹志鹃：《百合花》，北京，人民文学出版社，1985

⊙ 阅读提示

《百合花》是茹志鹃的成名之作。小说在表现革命战争时期军民关系这类庄严主题时，突破了当时流行的条条框框，显示出清新俊逸的风格，令人耳目一新，作者选择的人物都是普遍的战士和老百姓，他们有血有泪，个性鲜明，与通常那种高大式的英雄形象显然不同。

《百合花》的清淡、精致、美丽，在五六十年代的战争小说中是绝无仅有的，它以战争为背景，描写了部队一个年轻的通讯员与一个才过门三天的农村新媳妇之间近于圣洁的感情交流。作家的创作目的很明确也很坚定，那就是表现战争中令人难忘的而且只有战争中才有的崇高纯洁的人际关系，与通过这种关系体现出来的人性美和人情美。因此，作品取材于战争生活而不写战争场面，涉及重大题材而不写重大事件。战争的枪林弹雨只是为了烘托小通讯员与新媳妇之间诗意化的“没有爱情的爱情牧歌”，通过生活的侧面写生活中的普通人，写日常生活中的“家务事”“儿女情”，这是茹志鹃一生为数不多的短篇小说的一个重要特点。《百合花》是她早期作品，虽然写的是战争，却已经包含了刻画普通人的感情世界的美学追求。

总之，这篇小说以朴素、自然、清新的笔调抒写和赞美了人与人之间的最美好最纯真的感情，创造一种优美圣洁的意境，读后令人久久难忘。

⊙ 相关链接

茹志鹃——美丽的百合花

梅 纨

真可以这样说：百合一开四十年，茹志鹃清香为百合。

1958 年 3 月号的《延河》，温润的油墨香还没有完全干透，读者们就发现了这道清鲜的文学佐餐，他们争相传递着一个信息：茹志鹃的《百合花》值得读。

为什么呢？因为以往战争题材小说往往穿着一个裁缝做的“铠甲”，生硬裹住脆弱。虽然鲁迅说过，无情未必真豪杰，但是在新中国建立初期的文学作品中，谈论情感二字的确很奢侈。无法抒情，只好靠描写紧张的场面来烘托主题。而《百合花》一反“常态”，柔软细腻，剥开外衣，突出灵魂。要的是真性情。这样，读者的眼界一下子给擦新了、擦亮了。所以，当时的文学评论说：茹志鹃是一个创新。清新扑面，这样的小说简直不是写出来的，是刚从山坡上采摘下来的，还带着晶莹的露水呢，嗅一嗅，鲜润透腹。

茹志鹃是谁？人们关心她了，想探知她了。同年的《人民文学》第六期茅盾做了一篇《谈最近的短篇小说》的文章，谈的主要就是茹志鹃的《百合花》。茅盾是带着欣喜若狂的心情来评说的，我在这儿摘抄几段，以飨读者：

“我所举的那些例子中间，《百合花》可以说是在结构上最细致、严密，同时也是最富有节奏感的。它的人物描写也有特点，是由淡而浓，好比一个人迎面而来，愈近愈看得清，最后，不但让我们看清了他的外形，也看到了他的内心。”

“这些细节描写，安排得这样自然巧妙，初看时不一定感觉到它的分量，可是后来它就嵌在我们脑子里。”

“一般说来，在五六千字的短篇小说里写两个人物，是不太容易处理的，但《百合花》的作者处理得很好。全篇共六千余字，开头两千字集中写通讯员，然后引出第二个人物（新媳妇），用了五六百字集中写她，接着把这两个人物交错在一处写，而最后又集中写新媳妇，可是同时仍然在烘托通讯员，因为读者此时抑不住感动的情绪，一半是为了新媳妇，一半也是为了通讯员———，主要是为了通讯员。”

“我想，对于《百合花》的介绍，已经讲得太多了，可实在还可以讲许多。我以为这是我最近读过的几十个短篇中间最使我满意，也最使我感动的一篇。”

茅盾不惜重墨，给我们评析了一篇经典作品，这在文学大家庭里也是一处感人的细节，而最感人的细节是《百合花》里边19岁小通讯员枪筒里插的山菊花。这朵可爱的鲜花在战斗打响之前还盛开在小战士的枪筒里，战斗一打响，花朵就不见了，小战士也不见了，战争与和平，美丽和凄婉，茹志鹃用她的笔轻轻一拨，便拨得这样动人心弦。

我记得在中学里读《百合花》时，老师拿出比平时多两倍的课时，来品评这篇文章，而这个细腻的过程，我的女老师曾两度流下热泪。小战士和山菊花，这个经典细节是在老师泪水的浸润下而印入我脑海的。所以，快二十年的生活摩擦，它一直像块铜像一样璀璨。多年来我也在留心茹志鹃，希望从报章中见到她的身影。她是怎样的一个人呢？热爱《百合花》的人们都在热爱她，想知道她。尤其想知道她是怎样创作《百合花》的。

……

《百合花》里的人物、事件，都不是真人真事，也不是依据真人真事来加工的。但是小说里所写的战斗，以及战斗的时间地点都是真的。著名的苏中七战七捷之一，总攻海岸战斗的时间，正是1946年的八月中秋。那时候，我确实在总攻团的前线包扎所里做战勤工作。我在包扎所的第一个工作，也正是去借被子。入夜以后，月亮越升越高，也越来越亮，战斗打响了。最初下来的，都是新战士，挂的也是‘轻花’。越到战斗激烈，伤员下来的越少，来的却都是重伤员。有时担架刚抬到，伤员就不行了。担架就摆在院子里，皓月当灯，我给他们拭去满脸的硝烟尘土，让他们干干净净地去。我不敢揭开他们身上的被子。光从脸上看去，除了颜色有些灰黄以外，一个个都是熟睡中的小伙子。我要‘看见他坐起来，看见他羞涩的笑’。这种感情确乎是在真实的生活中就有的。我就着那天上大个儿的圆月，翻看着他们的符号，记录他们的姓名、单位。心里不可遏制地设想着他们的家庭，亲人，朋友，他们生前的种种愿望，在他们尚有些许暖意的胸膛里，可能还藏有秘密的、未了的心事……此时此地，此情此景，实在用不着小本本，即便有，也是无从落笔。它们就这样刻在我的心里了，直到现在，清晰度仍然很好，毫不受岁月的干扰。”

“记得大概是在莱芜战役吧！不知为了什么事，在一个夜晚，我跟一个通讯员要去最前沿。走之前，那位带路的通讯员告诉我，我们要通过相当长的一段开阔地带，敌人经常向那里打冷炮，要我注意有时要弯腰前进，但不要慌。他不讲倒还好，这一番交代，倒使我有点紧张起来。就打定主意紧跟住他，他猫腰我猫腰，他走多快我走多快。反正绝不在一位战士面前，丢女同志的脸。可是一上了路，他却不愿意我傍着他走，要我拉开距离。拉开距离的意思我懂，是为了减少伤亡，这也是军人的常识。但是走在这一片一无庄稼，二无树木，无遮无掩的开阔地里，敌人的炮弹又不时地、呼啸着飞来，我不能自制地要往他旁边靠，在他旁边，就好像有一种安全感。可是他一看见走近，就加紧步子往前跑，他一跑，我就在后紧追。于是在星光之下，在一片不毛之地上，在怪叫的炮弹当中，我和他两个人，默默无声地展开了一场紧张的竞走比赛。走得两个人都气喘吁吁。不过一旦当我实在喘不过气来，掉了队，落在他的视野之外了，他就会走回头来寻我。这位通讯员的面貌我已记不得了，我为什么要去前沿也记不得了。记忆的筛子啊！把大东西漏了，小东西却剩下了，这本身就注定我成不了写史诗的大作家。奈何！但是这样一次古怪的同行，无声的追逐，还是这么色泽鲜明，甚至那野草的摇动，通讯员的喘息，都仿佛还在眼前，响在耳旁。1958 年时如此，现在也如此。”

“我麻里木足地爱上了要有一个新娘子的构思。为什么要新娘子，不要姑娘也不要大嫂子？现在我可以坦白交代，原因是我要写一个正处于爱情的幸福之旋涡中的美神，来反衬这个年轻的、尚未涉足爱情的小战士。当然，我还要那一条象征爱情与纯洁的新被子，这可不是姑娘家或大嫂子可以拿得出来的。作品写完以后就寄出去了，但不久就退了回来。在那个时候，难怪有些编辑部不敢用它，它实实在在是一篇没有爱情的爱情牧歌。当然，这些都是我现在的认识，当时要想得简单得多。也许想得太复杂了，就没有《百合花》了，说不定。”

——摘自梅纨：《茹志鹃——美丽的百合花》，载《大地》（83）

⊙ 思考练习

一、小说在描写战争题材方面有何特点？

二、小说主要描写了哪些人物？概括其性格特征，并结合作品内容加以分析。

十五　泰坦尼克号（节选）

[加] 詹姆斯·卡梅隆

詹姆斯·卡梅隆（1954—　），加拿大的著名电影导演，擅长拍摄动作片以及科幻电影。1984 年推出自编自导的科幻片《魔鬼终结者》，一举成名。接着《异型 2》《深渊》《终结者 2》《真实的谎言》都获得了很高的票房收入。多才多艺的他除导演外，又是编剧还是制作和剪辑，他的电影主题往往试图探讨人和科技之间的关系。目前电影票房史上最卖座的两部电影《泰坦尼克号》（1997）和《阿凡达》（2009）都是他执导的作品。其中《阿凡达》堪称世界电影之最，全球票房超过 25 亿美金，目前是全世界票房收入最高、也是历史上最成功的电影之一。

终于，杰克抓到了船艉的栏杆。那是确确实实握在手里的物件，也是他们坚持到最后的依托。

露丝已经没有一丝力气了。当她揪住栏杆时，她真想就此躺下再也不起来了，此时她最想的就是好好地睡觉，哪怕在荒郊野外，只要是脚踏着坚实的大地。

突然，露丝发现，这里竟如此熟悉："杰克，我们是在这儿认识的！"

杰克这才发现，他们所在之处就是三天前露丝要跳海自杀的地方。露丝的生命重新开始与再一次生命的结束竟然在同一个地点，难道这仅仅是一个巧合？冥冥中莫非真的有什么力量在操纵着这一切？如果真有的话，那一定是上帝开的一个玩笑，他将人生的轨迹用半径如此之短的圆圈做了总结。

杰克没有说什么，只是用力地搂紧她，一遍又一遍地亲吻着她的额头、她的脸颊……将他心中的情感用这无言的动作向露丝表达着，诉说着……

杰克起伏的胸膛就在露丝的旁边，她的脸靠在这宽阔的胸膛上，就像依靠在一座巍峨的山峦。她信赖这个人，甚至超过信赖自己。她爱这个人，甚至超过爱惜生命。当她闻着杰克男性的气息，听着他心房里咚咚作响的生命之音，她闭上了眼睛。只有这时，她才放心地休息一会儿。她坚信，只要有杰克在身边，天塌下来也会安然无恙。

现在船艉几乎垂直地插进水中。尚未爬到船艉或爬到了而没有抓住支撑物的人纷纷滑落。这一变化更加剧了人们的惊慌，一位母亲惊慌地环视四周，她似乎在寻找一只可以援助之手，但是她失望了，此时她所看到的是一幅世界末日图。她怀里的孩子从母亲颤抖的身体上感到了她从未领略过的恐惧，她大哭起来。母亲用力控制着身体的平衡，极力地安慰："……就会过去的，就会过去的……"

母亲的安慰与其说给孩子,不如说是在安慰自己。她的耳边神父的声音还在响着："……上帝会与你们同在的，无论你们在什么地方……"

露丝扭过头去，她不想看见这一幕人间悲剧。但是当她的目光转向另一个方向时，一名少女惊恐的目光正凝视着她。少女眼角一颗晶莹的泪珠在她冰冷的面颊上已经凝成了冰珠，在灯光下闪烁着光彩。

少女的目光里除了惊恐似乎还有些别的，那是什么，是在羡慕露丝与杰克的亲密，即使在生命的最后一刻，这一对恋人还能如此亲密地携手同行？还是悲哀自己的一生，至今孑然一人？

露丝闭上了眼睛，她是幸福的，因为在她生命的最后一刻里，她身边有杰克。她只要这样就够了，哪怕马上沉入那无际的黑暗之中。她将带着最后的甜蜜和幸福去另一个世界。

"……仁慈的上帝会擦去你们的眼泪……那儿没有死亡，不再有悲伤和哭泣……不再有任何痛苦，你们就要离开这个世界……"神父祈祷着，他一只手用力地拉着地面上的物件，此刻，由于船体几乎成为垂直的角度，地面已经变成旁边的墙壁了。因此，他倒像从旁边的墙上揪着什么似的。跪在他面前的人们已经很难控制平衡，只好拉住神父的另一只手，保持身形。

人总是难免一死，死了就不会再复活，但难得的是，有人对于死亡仍能保持如此平静和从容的态度。神父是这样，杰克也是这样。

大厅已经完全沉入水中。从下面望去，拱形的大厅屋顶没有被水挤破的玻璃就像教堂巨大的壁画。一具身着睡衣的女尸在水中漂着，她毫无血色的肌肤就像一个不食人间烟火的仙女，睡衣飘散开，就像她在天堂里自由地飞翔。这是一幅何等凄美的画面！

餐厅里那些摆放得整整齐齐的盘子，在重力的支配下纷纷坠落，破碎成无数碎片。

泰坦尼克号终于到了最后的时刻。

船头由于充满了海水，直直地扎入海洋深处，船艉高高地扬起。甲板变成一个巨大的滑梯，人们一个接一个地滑向水面，更为可怕的是有些人滑落时，直接摔在船的栏杆上或物件上，他们当时便被摔死。还有些人则被滑落的桌椅、橱柜砸中……船上一片惨叫声。

在舱内。没有进水的舱房里，床、柜、桌椅也都摔得稀烂。大自然的破坏威力在这时开始显现了。没有任何破坏能有它来得彻底，残酷。在大自然的扫荡下，没有任何东西或生命可以幸免。

船艉的人们看着下边的人滑向船的中部——海面，但谁也没有办法挽救。从近百米的高处跌落，即使掉进水中也很难生存，更何况多数被船上的栏杆、突出物所阻拦，几乎落下的人绝大部分当即丧命。一些尚未跌落的人转身向另一面——大海做最后的尝试，他们不管多高，尖叫着，跳了下去，也许，跳到水里要比掉到坚硬的物体上成活率高一些。

在露丝旁边的那名少女身体悬空了。她一只手用力揪住栏杆，绝望地大叫着。其他的人看着她，毫无办法。人们都知道，一只手是坚持不了多久的，当她实在坚持不住时，摔下去便是唯一的结果，只是时间长短而已。这是一个十分残酷的场面。尽管一位先生实在看不下去，喊了一声："抓住我，小姐——"但也无济于事。伴随着"啊——"的一声大叫，少女松开了因冻僵、乏力的手，跌向死亡的深渊……

不远的海面上，救生艇上的人们目睹了这场大自然的屠杀。那艘"永不沉没"的泰坦尼克号就像一条鱼，头部在水中，尾部指向天空。唯一壮丽的是那通体明亮的灯光。将这场死亡游戏清清楚楚展现给这些幸运的脱险者。

惨烈的场面，绝望的呼号……这一切把大西洋这片海域变成了死亡场。

鲁芙目光呆滞地看着渐渐沉没的大船。她不知道是不是能看见自己的女儿那熟悉的身影，是不是能听见女儿凄惨的哭号，也许，她将伴随着痛苦与忏悔度过余生。

莫莉的眼里也充满了泪水，她无法接受这样的场面。她只是一个平凡的女人，但是她却有一颗善良的心。此时，她只是想如何去援助一下那些可怜的人，去尽自己微薄的力量。

就在莫莉身后，一个卑劣的灵魂被这可怖的情景所震慑，他愧对那些因他的好大喜功和贪生怕死而葬身大海的生命，也不敢面对惨烈牺牲从容取义的英雄，此时，他只能悄悄扭过脸，藏在人们的背后，独自忍受良心的煎熬。他就是轮船主 J · 布鲁斯 · 艾斯梅。

整个船的电路总闸即将被海水淹没，必须将电闸关闭。技师大喊："快拉电闸，快！"

一个船员勇敢地冲到电闸旁，刚摸到电闸把手，强大的电流将他一下击出很远，电火花闪出耀眼的光芒……

霎时，大船上的灯光全部熄灭了。就像船体突然从人们视野里消失了一样。只有翻卷的海水在星光下泛着蓝白色……

灯光的突然熄灭，又使得一些人以为大船马上要全部沉入海中，便急忙跳水逃生，从高处滑下的人不计其数。有的人已经爬到船艉，但是惊慌之中又从船艉直接跳进大海——那可是近百英尺高的地方！还有的人不知是为了壮胆还是为了不致冻死，竟把身上带的酒全喝了，然后跳进冰冷的海水中……

混乱并没有持续很久，一个新的险情又出现了：船体中部发出巨大的断裂声。甲板的木条一根根地断了，然后是整个船的后半部分与已经没入海中的部分逐渐裂开，缝隙越来越大，人们被这种情况弄得不知所措……

"我们得挪地方了。"杰克果断地说。他灵活地从栏杆上翻到船外，然后把手伸给露丝："把手给我。快点！"

露丝胆战心惊地看着下边那无际的黑暗，不敢撒手。

"快！把手给我！来！抓住了。"杰克用力拉住了露丝的手，帮助露丝爬过来。

船体裂得越来越大，露丝用力爬上了栏杆。

"我不松手，过来！"杰克一手搂住船艉的旗杆，一手拉紧露丝。露丝终于爬了过来。就在这瞬间，船体彻底断裂开来。余下的两个烟囱分别向两个方向倒塌。船艉从几乎垂直状态又跌回平衡状态。这一下，又把很多人震落水中……

勒杰恰好趴在断裂的缝隙处，当船体断开时，他正好被卡在大船艉部分的甲板木条边，在船体跌落时被震得飞了出去，一声惨叫，消失在海水中……

杰克急忙将身体压在露丝身上，双手紧紧抓住栏杆，保护她不被震离船体。

"呃……怎么回事？杰克？"露丝惊慌地问，她被这突如其来的变化吓坏了。

"不知道……不知道。"杰克一时也无法判断发生了什么情况，他只是根据直觉来应付突发的事情。但是直觉从来没有欺骗过他，今天，他的处理也是正确的。

当巨大的船艉向水面砸落时，海水溅起的巨大浪花高达一二百英尺。汹涌的波涛向四处扩散，将靠得很近的两条救生艇掀翻了。

一旦船艉部分与船头分离后，海水即迅速涌进船艉部分，于是，船艉部分又重复整条船进水的全过程。只是这次因船体短了一半，而且断面大，进水快，所以几乎在船艉部分刚刚跌落回水面，马上又开始倾斜。这次它以极快的速度翘起了船艉，并向海里扎了进去。

在这样来回的大幅度摇摆下，绝大多数人都被摔出了船体。杰克无疑选择了最正确的一种方法，他和露丝安然无恙。

人们滑入海中、滚进海中、跌落海中，但是都没有能迅速逃离沉船的范围。当船体快速沉入水中时，由于体积大，内部空隙多，将大量的海水也带入其中，这就形成了极强的旋涡，如果人没有及时离开，就要被卷入其中，这样一般很难活命。现在的情况就是如此。

在船上的人拼命稳住身体，避免跌入旋涡的命运。杰克和露丝由于及时地翻到船外侧，在船体垂直插向海面时，他们反倒成趴在船上。因此，他们的位置成为船上唯一最好的地方。而旁边的少女则成为吊在栏杆上的状态，这肯定无法持久。当一声惨叫从她嘴里发出时，露丝只看到她惊恐、哀怨的大眼一闪，便消失在身下的漆黑的海水中了……

“救命啊——”

这尖厉的呼救声此起彼伏，响彻在大西洋的海面上。但是没有谁能改变上帝的安排。一切可能活命的路都被堵死了，这些冤魂注定要成为今夜的牺牲品。

露在水面上的船体以极快的速度冲向海面。海水将船舱里的空气压缩，压缩的空气又将海水喷射出来，仿佛在舱内发生着一个个的爆炸。没有一分钟的时间，船艉已经垂直地插入海中，进而就以更快的速度向海里扎了进去。由于下沉的速度极快，带起大量的泡沫，就像一根硕大无比的烧得通红的铁条插进凉水中，引得铁条四周的水沸腾一般，从杰克和露丝的角度上看，翻卷着雪白浪花的海水犹如狰狞的猛兽，张开大口吞食着一切。这倒不像船沉入大海，更像大海迎面扑向他们。

“要沉了。”杰克明白，现在到了最后的关头了。他打量着海水上涨的速度，对旁边的露丝道：“当船沉入海水时，船会把我们也吸进海中。你听我的命令，吸一口气……然后，游向海面，不停地蹬水……记住，千万别放开我的手……”

“呃，天啊！……天啊！”露丝叫着，她被迅速上涨的海水吓得说不出话来。

“我们不会死，相信我。”杰克安慰道。他的话使得露丝不再那么惊慌了。

“我相信你。”

海水已经将船体绝大部分吞没。白色的浪花就在他们脚下了，杰克大吼一声：“准备……

准备——吸气！”

两个人同时吸足一口气，就在这一瞬间，海水轰然没过他们的头顶……

泰坦尼克号从海面上消失了。

当冰冷的海水包围露丝身体的刹那间，她的恐惧一下子消失了。沉船带来的巨大力量将她和杰克拉向海洋深处，同时，从船体中释放的大量气体又将他们推向海面。在两股力量的作用下，他们旋转着、翻卷着，在水中挣扎。

尽管露丝牢记着杰克嘱咐不要松开手的话，但是实际上，她根本做不到。在刚一入水的瞬间，他们就已经被冲向两处。露丝借着一口气，努力向上浮。就在她觉得已经无法坚持的关头，她突然觉得眼前一亮，用不着睁开眼睛，她就知道，现在她已经浮上海面了。

露丝睁开眼睛的第一件事就是找到杰克，此时的海面如同开了锅的沸水，好像一个大型游泳池，到处都是浮着的人，在这种夜晚，如此混乱的海面，找一个人谈何容易。露丝努力辨认着每个游近她的人，大声喊着："杰克！杰——克！" 嘴里呵出的气体在这零下的气温里化做一股股的白气，飘散在海面的夜色中。

突然，一个男人有力的大手按住了露丝的头，并且用力将她压进水中。她猝不提防，被按入水中，几乎窒息。当她奋力挣扎出水面时，那只大手又一次将她按住。

冰冷的海水使得她几乎失去知觉，她努力摆脱这致命的袭击。她不明白这一切是为了什么？仅仅是一种求生时无意识的动作，还是为了她身上的救生衣？但是不论哪种原因，她都会在这样的进攻下丧命。她不再想原因了，必须尽一切力量躲开他的控制，游开这里，此时她太需要杰克的帮助了。

这时，一个人游近他们，大喊："放开她！" 说着，向那个男人狠狠一拳。那个男人马上松开了抓着露丝头发的手。接着又是一拳，打得那个男人当即昏了过去。

露丝定睛一看，来的人竟然就是她遍寻不着的杰克。她百感交集，紧紧地抱住游近她的爱人，泪水混着海水在脸上流淌……

"快游，我要你游，不停地游！快点！" 杰克推开她，大声喊着。在这样冰冷的海水里，如果一停下来，很快身体就要冻僵，必须全身活动，杰克懂得这一点。

"露丝，跟我一起游。" 他领着露丝使劲摆动双臂，奋力游着。

"哦，好冷啊！"

"别停下来，露丝，别停！"

前面，一块木板漂浮着，杰克立刻拉着露丝向木板游去。

那是一块船上用来装饰大厅的护墙板，上面雕刻着精致的花纹图案。面积足可以容纳两个人。这是在这冰冷的海面上唯一可能获救的希望。

“呃……来，抓住……”杰克抓住木板，把露丝用力地向上推。露丝的衣服因为涨满了水，一离开水面就显得格外的沉重。杰克费了很大力气，才使露丝抓紧木板。

“……上去，加油……”杰克已经没有力气了，但是他仍然用力帮助露丝往上爬……

终于，露丝筋疲力尽地趴在木板上了。杰克这才松了一口气，他开始往木板上爬，但是当他刚要爬上去，木板因为一边负重过大，一下子翻了个身，把两个人都掀进水里。

杰克又把露丝推上木板：“露丝，留在木板上。”

露丝不知道，杰克扶着木板在水中游将是什么结果，她以为有这样的木板可以使两个人都不那么费力游泳就可以争取到生存的机会，因此，她并没有要求杰克一定要上木板。只是尽量放松自己的身体，以恢复体力，抵抗寒冷。

怀德也在水中，他是在救生艇被海水冲开后就掉进海里的，因此，他比其他人在水中的时间更长。尽管现在他已经被冻得几乎僵硬了，但是一个海员的职责使他用尽自己最后一点力气，用力地吹着哨，大喊：“救生船，回来！救人！”

看到怀德在招呼救生艇，杰克虽然冻得颤抖，但还在鼓励着露丝：“船会回来救我们的……我们得……再坚持一会儿……”

怀德再一次向距离不远的救生艇吹哨，并大喊：“船快回来，救人！”

看不见救生艇的移动。

“快来……救救我们！”一个男子显然已经无力游动了，他拼尽气力向救生艇喊着。另一名妇女也在哀求：“请……来救救……我们！”

杰克身上凉，心里更凉，他明白这一切了，但是他还是在安慰着露丝：“他……他们……得避开旋涡……不过……呃，肯定会回来。”

水里一位妇女微弱的声音在呼喊：“……快救救我们……”

救生艇上。

呼救的声音从海面上传来。船上的人们默默地听着，没有人动作。

鲁芙闭上了眼睛，这一切似乎与她没有什么更多的关系。

莫莉的眼中闪着激动的泪花，她把目光转向控制这条船的船员。

一个瘦瘦的船员坐在船头。他苍白的脸在这会儿更显得吓人，那双深陷的眼睛流露出一种野兽的光芒，不知是他内心的恐慌还是莫莉质问的眼神，使这个操桨的人不敢正眼看大家。

“你要知道，船要是回去……他们就会抢着上船。会把我们推下水的！”他似乎想用这样的解释来开脱他为什么不将船驶向落水的人们。其实，没有人需要他的解释。

“你闭嘴，别吓唬人！姐妹们，我们划回去！”莫莉夫人实在忍不住了，她大声地向全船的人呼吁。但是没有一个人对她的回答表示赞同。

“你准是疯了吧！我们现在在大海上！你们到底是想死还是想活？”瘦海员看到没有人应，有些胆大起来。

一位妇女悄悄地哭起来。

“我真不明白，你们怎么了？亲人在那边！船上还有空位！”莫莉激动了。鲁芙把头扭到一旁，她是否想到了露丝？

瘦男人火了，如果莫莉再挑动几句，可能就有人赞同去救人。到那时，他的命可就没有保障了。他恶狠狠地对莫莉喊：“你要是再不闭嘴，我就把你举起来扔进这大海里。”

莫莉被吓住了，她不再说什么，慢慢地坐回自己的位子，整艘救生艇悄无声息，人们只有自己听得到那命运撞击良心的声音。

其他的几条救生艇正准备连在一起，劳伊在指挥着。

“……请男士们拿起桨……把船连接在一起，要尽可能地连接得紧一点儿。好了，我们马上要回去救人。现在，先得把我船上所有的女士们转移到那只船上。动作快一点儿！那只船上的人快腾出地方……”

随着劳伊的命令，一只船很快腾了出来。

杰克感到全身都不存在了，从浑身针刺般疼痛到麻木，以后逐渐感觉消失，似乎经历了一个世纪的时间。此时，他的意识开始模糊了……

露丝轻微的动作使得他又睁开了眼睛。眼前闪烁着金星，那是天上的星星？为什么那么密，那么多？星星为什么在眼前飞舞？……当他的意识逐渐恢复时，星星消失了，眼前是露丝冻得发青的脸。她头发上的水已经结成冰，一绺一绺的……他轻轻地摇了摇头，除了颈部以上还有知觉外，他已经无法控制四肢的行动了，手臂僵硬地挂在木板上，手被露丝紧紧地握着，还可以使身体与木板连在一起……

当他转过头时，旁边漂着的是怀德已经冻僵的尸体，他的嘴上还叼着哨子，僵硬的脸上露出一丝笑容。据说所有冻死的人都是这样的表情——杰克记不得谁这样说过。

我死后会不会也这样呢？死——万物不可逃避的归宿，头一次以无法抗拒的力量呈现在他的面前，杰克已睡意蒙 ，他突然发觉死绝不像他原来想象的那样遥远，死亡就在眼前，就在此刻了……

他的脑海里刚刚闪现出死的念头，马上他又被露丝那失神的眼睛所吸引。他必须使露丝振作起来，她一定要活下去！

露丝感觉到了杰克的呼吸，她睁开了眼睛。四周真静啊，没有一点儿声音。万籁俱寂。寂静的可怕是因为它邻于死亡，有时候也许就是死亡。刚才那些挣扎漂浮的人都到哪儿去了呢？她真想看看他们的情况，但是浓浓的睡意在不断地侵扰着她，使她的眼睛比铅还重……

"静下来了……"露丝的话像梦呓。

"……把船连接……在一起……要费一点……时间，"杰克明白，绝不能让她睡着，那是死亡的前兆。必须使她积极起来！他费力地咧嘴笑了一下，但是脸部肌肉已经不听指挥了，仅仅嘴角动了一下："……呃，你同不同意，我……想写一封……投诉信，给……白星……航运公司……"

他的话被几次喘息打断，那已耗尽他全身的力量。

"我爱你，杰克。"露丝当然明白杰克的心意，她用力握着他那双手，两个人的手都已经感觉不出温度了，但是他们知道，手是握在一起的。

"……别这样……没到告别的时候，……没到……你明白吗？"杰克的牙颤抖得厉害，他感觉自己最后一点体温正在消失，生命正悄悄地离开他的躯体。死亡的期限已到，杰克感到了自己的责任。

"我很冷……"

"……听着，露丝，"杰克鼓起最后的力量郑重地告诉她，"……你会得救……会活下去……"他颤抖地喘息着，"呃……会生……好多的孩子……子孙满堂……你会长寿……是死在暖和的床上……不是这儿……不是今晚，不是……这么死，你懂吗？"

他的头已经抬不起来了，海水扑上他的脸，呛了他一下。

露丝被冻得浑身打战，她眼睛又要闭上，嘴里喃喃地："……我身体麻木了……"

杰克已经感到他的时间不多了，他要把话说完，他必须使露丝活下去。此刻，他不顾自己的颤抖与喘息，略有些急促地对露丝说："……我赢得船票……是一生……最幸福的事情，我……能认识你……是我的幸运，露丝……我满足了。"他艰难地停了一下，又鼓起劲儿说下去，"……我还有……还有一个心愿……你必须答应，要活下去……不……不能绝望……无论……发生什么，无论……多么……艰难……快答应我，露丝……答应我，一定做到……"

"……我答应……"露丝失声痛哭起来。

"……一定做到……"杰克的声音渐渐弱了下去。

露丝哭着应道："我一定做到，杰克……一定做到……"

一艘救生船在海面搜巡。

"在前面。"一名船员用灯光照着水中漂浮的人。

一名妇女漂了过来，船员伸手拉住，触手冰冷，那是一具冻僵了的尸体。僵硬的皮肤上一层霜冻，就像大理石雕刻的一样。

船员把灯光提高，照向四周。海面上一具具的尸体像水面的浮萍和睡莲，布满在这一片海域。他们无一不是被冻死的。北大西洋白令海峡成了他们安息的坟场。只是他们永远不能返回到故乡，永远离开那片生养他们的热土。

随着灯光照射的范围加大，发现冻僵的浮尸越来越多。

"举桨！"劳伊下令，两排桨举了起来，船无声地划进漂浮的尸体中间。在这样密集的尸体中，桨根本无法划动。

"有活的人吗？"劳伊大声问。

没有任何回音。

"好像没有。"一名船员举着灯照着回答。

"仔细看。"

"把桨给我。"一名船员接过桨，把远处漂浮的人移动到灯光下。当他刚刚把桨触到那人僵硬的身体，他就像瓶塞一样旋转起来……

"看得仔细点儿。"劳伊一边查看，一边叮嘱船员们。但是他们没有发现活着的人。

"这些都死了。"

劳伊仍不相信这里一个活人都没有，他下令："再往前，慢一点儿，小心一点儿划……

别碰着！”

桨轻轻地插进尸体间的空隙，缓缓移动，好像生怕惊扰了水中漂浮人的梦……

天上，繁星点点在夜空俯瞰大地。人们说每一颗星星就是一个灵魂。今天，夜空星光灿烂，莫非在同一时间里有大多的人间灵魂升到了天上，去点缀那无边的黑幕？

水中，漂浮人的白色救生衣在黑色的海面中犹如一片片绽放的睡莲，在群星璀璨的天幕下，表现出一种凄婉的美。

悲剧——把人世间有价值的撕碎给人看。

“有人活着吗？”劳伊的声音驱散了海面上初起的薄雾，“听见了吗？有人活着吗？”

一名船员发现了什么，用桨将一个漂浮的物体拉过来，那是一个母亲和她怀里的婴儿。在灯光下，安详的神态就像刚刚睡熟。如果不是这对母子惨白的脸和诡异的面部表情，很难相信他们是早已经冻僵了的尸身，寒冷把她们雕琢成冰冻的艺术品，然后放逐苍茫的大海，任其在水面漂荡。

劳伊强忍着泪水低声自语道：“救人来得太迟了。”这种发自内心的自责使得他更加认真地找寻生存者。

就在不远的地方，一块破木板上，露丝仰面躺着，旁边是趴在木板旁半个身子在水中的杰克。

露丝的神智已经不清楚了，她在低声哼唱着一首歌：“飞吧，约瑟芬，坐上我的飞船……她飞呀飞……她飞上了天……飞吧，约瑟芬，坐上我的飞船……”

她没有力气再唱下去了，等待她的将是……死亡。

突然，她隐隐听到有人在喊着什么……

“有活着的人吗？……听见没有？……”

露丝抬起了头，她没有听错，那是有人在喊。她急忙爬起身，拼命摇动杰克：“杰克，杰克！……杰克！”

她感到不对了，杰克没有任何反应，身体僵硬，脸上一层灰白色……

“杰克！船来了！杰克！杰克！”露丝拼尽全身的力量用力摇动他，想把他摇醒。但是杰克走了，再也听不见她的呼唤，再也看不见挂满她腮边的泪水。他静静地闭上了眼睛，永远离开了她，只有那双手还和她握在一起，似乎永远也不想分开。

“杰克——杰克，你答应过，永不放弃的，你还要带我去过另一种新的生活！杰克！

杰克！”只要再有一会儿，他们就能回到船上，去开创他们新的生活，他却走了。露丝声嘶力竭的呼叫和泪水已经唤不回杰克的抚慰。他走得那样急，竟来不及道别，仅仅留下了惟一的生的权利。人的生命简直短暂到了荒谬的程度，在几分钟的时间里，还会有新的生命出世，而你已经不复存在了。露丝感到了一阵彻骨的悲凉，但她立刻又想到，他走得那样潇洒，没有遗憾，没有顾虑，因为他给了爱人生活的动力。

大西洋上的星空深邃而辽阔，漫天的星斗就像泪珠，点点滴滴，洒满天宇。

露丝没有忘记杰克的叮嘱，她必须活下去，那不是为了自己因为从她把一切给了杰克，她就已经是杰克的一部分了。

救生艇没有发现露丝，船渐渐远去了。

“回来，回来！”露丝嘶哑的声音根本无法传到救援者的耳朵里。如果他们离去，露丝必死无疑。她不能死，她必须为了杰克活下去，否则，杰克的死就毫无意义，是杰克用自己的生命换来了露丝的未来。她怎么能不珍惜生命呢?

要享受生命的每一天!

“……哟——嗬有人活着吗？”

“没有人答应。”

劳伊的喊声和船员的对话声逐渐远去……

露丝也在喊着:“回来，回来！”但是，她的声音越来越微弱。

这时，露丝看见了不远处漂着怀德的尸体。她一下子坐了起来，对杰克的尸体道:“我一定做到……我答应你的……”她最后一次亲吻杰克那冰冷的嘴唇，然后哭泣着轻轻地放开杰克带着断了链子的手铐的双手，慢慢地将他放入海水里。杰克缓缓地沉入水中，他那年轻的面庞最后一次在露丝眼前浮现，然后便消失在大海深处……

露丝滚落进冰冷的水中，用最后的一点儿力量向前游去，一直游到怀德尸体旁，从他嘴里拿下哨子，用力吹起来——

第一声哨音并不大，但是接着的哨音就传出很远了。

劳伊马上就听到这熟悉的哨声，他立即下令:“掉转船头！”

灯光照在露丝苍白的脸上，她闭上了眼睛，但是仍在奋力地吹着，吹着……

——选自詹姆斯·卡梅隆:《泰坦尼克号》，呼和浩特，远方出版社，内蒙古大学出版社，2001

⊙ 阅读提示

故事影片《泰坦尼克号》共获第70届奥斯卡奖11项大奖：最佳影片奖、最佳导演奖、最佳编辑奖、最佳插曲奖、最佳音乐奖、最佳艺术指导奖、最佳摄影奖、最佳视觉效果奖、最佳音响奖、最佳音响编辑奖和最佳服装奖。该片拍摄历时五年，耗资二亿五千万美元。作为一部商业电影，该片在当时获得了巨大的成功，在全球的票房收入为18亿美元，其中在北美地区收入为6亿美元，位居全球及北美地区历史最卖座片的第一名，其纪录直到2009年《阿凡达》问世才被超越。

对于本片，卡梅隆说：泰坦尼克号这艘梦幻之船的首航在噩梦中悲惨地结束了。正是人类独有的弱点：傲慢、自负和贪婪将人类征服自然的雄心粉碎。我拍这部电影的目的不仅在于表现这艘声名狼藉的船的戏剧性的毁灭，而是在于展示她的短暂的，灿烂辉煌的一生，捕获泰坦尼克号和她的乘客及全体工作人员的美，活力，希望，和信心，以及在揭示人类黑暗面的过程中,颂扬人类精神的无限潜力。泰坦尼克号不只是一个警告性的故事——一个关于人类的不幸的神话、寓言和隐喻，它还是一个关于信念、勇气、牺牲和爱情的故事。在接受最佳导演奖时，卡梅隆还提议为泰坦尼克号沉船事件中的死难者默哀。

⊙ 相关链接

泰坦尼克号简介

英国皇家邮轮泰坦尼克号（RMS Titanic）是一艘奥林匹克级邮轮。20世纪初，由英国白星航运公司（White Star Line）制造的一艘巨大豪华客轮。由位于爱尔兰贝尔法斯特（Belfast）的哈兰德与沃尔夫（Harland and Wolff）造船厂建造。是当时世界上最大的豪华客轮，被称为是“永不沉没的客轮”或是“梦幻客轮”。与姐妹船奥林匹克号（RMS Olympic）和 不列颠尼克号（HMHS Britannic）一道为英国白星航运公司的乘客们提供快速且舒适的跨大西洋旅行。

泰坦尼克号共耗资7 500万英镑，吨位46 328吨，长882.9英尺，宽92.5英尺，从龙骨到四个大烟囱的顶端有175英尺，高度相当于11层楼。是当时一流的超级豪华巨轮。泰坦尼克号在当时被认为是一个最高技术成就的作品，其安全性更让人津津乐道。两层船底，由带自动水密门的15道水密隔墙分为16个水密隔舱，跨越全船。16个水密隔舱防止她沉没。理论上，其中任意两个隔舱灌满了水，她仍然能够行驶，甚至四个隔舱灌满了水，也可以保持漂浮状态。当时的人们再也设想不出更糟糕的情况了，所以称泰坦尼克号为“永不沉没的船”。船员们甚至认为：“就是上帝亲自来，他也弄不沉这艘船。”

1912年4月12日，泰坦尼克号从英国南安普敦（Southampton）出发，途经法国瑟堡-奥克特维尔（Cherbourg-Octeville）以及爱尔兰昆士敦（Queenstown），计划中的目的地为美国纽约（New York），开始了这艘“梦幻客轮”的处女航。4月14日晚11点40分，泰坦尼克号在北大西洋撞上冰山，两小时四十分钟后，4月15日凌晨2点20分沉没，由于缺少足够的救生艇，1 500人葬身海底，造成了当时在和平时期最严重的一次航海事故，也是迄今为止最为人所知的一次海难。

——摘选自《辞典百科》

⊙ 思考练习

一、为什么泰坦尼克号的沉没会震撼20世纪末人类的心灵？请结合影片，谈谈自己的看法。

二、写一篇《泰坦尼克号》的赏析文章。题目自拟。

第四章

诚信责任

导 读

主题词：诚信责任

青春话题：

（1）如何让责任为青春导航？

（2）如何正确把握对人诚实与尊重他人隐私的关系？

（3）有人说“善意的谎言”是人们对事物寄托的美好愿望，是人们善良心灵的对白，能燃起人们希望的火焰和信心，是人们彼此之间相互安慰的一丝暖意。有人说善意的谎言也是谎言，既然是谎言最好还是少说为好。你是如何怎样理解“善意的谎言”的呢？

知识目标：

（1）掌握语录体、话本与拟话本等文言文基础知识。

（2）了解冯梦龙、钱钟书、莫泊桑等作者的生平及著作。

能力目标：

（1）熟读《论语》，并能够背诵《论语》七则。

（2）能够分析小说中人物的形象和个性特征。

（3）能够学会承担责任、诚信待人，形成自己独立的思考和价值观。

诚信如磐、责任如山。诚信与责任是中华民族的传统美德，是做人的基本准则和起码的道德修养。千百年来，它伴随着一代代的中国人走过沧海桑田，经历风霜磨砺，最终沉淀为民族的精髓。而在以“中国梦”构建全面和谐社会的今天，传承和弘扬这一精神显得尤为重要。

诚信即诚实守信，是社会主义道德建设的重点内容，它强调诚实劳动、信守承诺、诚恳待人。诚信是立人之本，是安身立命的基础和条件，是每个人必须具备的道德素质和品格。诚信是为政之基，取信于民是重要的为官之道，承诺的事情应当兑现，表了态的问题应有交代。要保持政策的相对稳定，朝令夕改、蒙骗百姓必将失去民心。诚信是经商之魂，良好的声誉是商家的无形资产，货真价实、童叟无欺应是商人的本分。诚信是交友之道，俗话说，在家靠父母，出外靠朋友，多一个朋友多一条路。要朋友对你真心，首先你要对朋友实意，只有做到以心交心，真诚相待，友情才会持久和深厚。

责任，是分内应做的事情，是应当履行的义务。每个人都有自己的责任。父母养儿育女，儿女孝敬父母，老师教书育人，学生尊师好学，医生救死扶伤，军人保卫家园，领导勤政为民。人在社会中生活，就必然要对自己、对家庭、对集体、对祖国承担并履行一定的责任。责任，沉甸甸地摆在我们的面前。

中华民族是勇于承担责任的民族。大禹治水“三过家门而不入”；诸葛亮“鞠躬尽瘁，死而后已”；范仲淹“先天下之忧而忧，后天下之乐而乐”；文天祥高歌“人生自古谁无死，留取丹心照汗青”；林则徐铭志“苟利国家生死以，岂因祸福避趋之”。中国人民在事关民族存亡的日寇入侵面前，共赴国难，同仇敌忾，赢得了近代以来反抗外敌入侵的完全胜利。这一伟大壮举诠释了“天下兴亡，匹夫有责”的铮铮誓言。

而在我们身边，也总有一些人让我们感动。党的好干部牛玉儒以勤政为民，忘我工作诠释“生命一分钟，敬业六十秒”，公安卫士任长霞以炽热情怀书写执法为民的人生壮歌，导弹司令杨业功赤胆忠心浇铸共和国的和平之盾，在大灾面前中华民族展示出的抗震救灾精神……这就是对国家、对人民、对事业的责任。

同样，诚信和责任也是文人墨客笔下的永恒主题，在本章中，就让我们一起走进杜十娘和奥士高纳大爷的内心世界，来到钱钟书笔下的三闾大学，细细品味先圣孔子对诚信和责任的阐述吧。

十六 《论语》七则

《论语》是儒家学派的经典著作之一，由孔子的弟子及其再传弟子编撰而成的。它以语录体和对话文体为主，记录了孔子及其弟子的言行。全书共分20篇。篇幅虽短，但其内容非常丰富，涉及政治、经济、哲学、道德、教育等诸多方面，是研究中国传统文化的主要文献。

孔子（前551—前479），名丘，字仲尼，鲁国陬（zōu）邑（现山东省曲阜县）人。春秋末期思想家、政治家、教育家，儒家思想的创始人，世界著名的文化名人。30岁左右以博学而闻名，开始聚徒讲学。54岁时曾率弟子周游列国，在齐、魏、宋、郑、蔡、楚等国推行其政治主张和治国方略，均未受到重用。至68岁返回鲁国，致力于教育事业及文化典籍的整理。晚年被尊为“国老”。其思想体系是儒家文化的开端，在中国文化史上具有显著的地位。西汉武帝之后，被尊为“大成至圣先师”“万世人伦之表”。儒家文化超越国界，在东南亚一带传播久远，并为西方所关注。

子曰：“君子不重则不威；学则不固[1]。主忠信，无友不如己者[2]，过则勿惮[3]改。”（《论语·学而》）

子曰：“人而无信，不知其可也。大车无輗[4]，小车无軏[5]，其何以行之哉？”（《论语·为政》）

子曰：“人之生也直，罔[6]之生也幸而免。”（《论语·雍也》）

子曰：“信近于义，言可复[7]也。恭近于礼，远[8]耻辱也。因不失其亲，亦可宗[9]也。”（《论语·学而》）

子曰：“言必信，行必果[10]，硁硁然[11]小人哉！抑亦可以为次矣。”（《论语·子路》）

子曰：“善人，吾不得而见之矣；得见有恒者，斯可矣。亡[12]而为有，虚而为盈[13]，约[14]而为泰[15]，难矣有恒矣。”（《论语·述而》）

子曰：“道[16]千乘之国，敬事[17]而信，节用而爱人，使民以时[18]。”（《论语·学而》）

⊙ 注 释

[1] 固：固守。

[2] 无友不如己：这句话有两种解释。一种是说，不结交不如自己的朋友；另一种解释，就是不跟不同道的人交往。

[3] 惮：害怕。

[4] 輗（ní）：古代牛车车辕和横木衔接的活销。

[5] 軏（yuè）：古代车辕与横木相连接的销钉。

[6] 罔：欺骗。此处指不正直、不守信用的人。

[7] 复：兑现。

[8] 远：远离。

[9] 宗：可靠。

[10] 果：果敢。

[11] 硁硁然：浅陋固执的样子。

[12] 亡：通“无”。

[13] 盈：充实。

[14] 约：穷困。

[15] 泰：富裕。

[16] 道：治理。

[17] 敬事：慎重对待政务。

[18] 使民以时：调遣老百姓服劳役要在农闲时。

⊙ 阅读提示

儒家思想在中国传统文化中占主导地位。诚信是儒家思想中核心的理念之一，两千多年前孔子倡导的诚信理念，仍然是当今社会道德规范的重要内容。

前三则语录论述了诚信的重要性。孔子认为诚信是安身立命之本。如果一个人不讲诚信，那么他的信誉就不好，信誉不好的人就难以在社会上立足，难以成就自己的事业。

第四、五则语录论述了信守诺言，言行一致的要求，你答应别人的事情，就是你的诺言，就不能自食其言，言而无信。

第六则语录论述了“假装”行为是一种不诚实的表现。应当展示真实的自我，而不要给人以假象。

第七则语录论述了治理国家需要诚信。主持国家政务的人只有做到以诚信对待民众，才能建立起良好的威信，这样做于国于民于己都有好处。否则，将会失去民心，成为信不过的人。

⊙ 相关链接

历代经典论诚信

无信人之言，人实不信。(《诗经·郑风·扬之水》)

子以四教：文、行、忠、信。(《论语述而》)

儒有不宝金玉，而忠信以为宝。(戴圣编《礼记》)

古者禹汤本义务信而天下治，桀纣弃义背信而天下乱。故为人上者必将慎礼义、务忠信，然后可。此君人者之大本也。(《荀子·强国》)

政令信者强，政令不信者弱。(《荀子·议兵》)

耻不信，不耻不见信。(《荀子·非十二子》)

信者，无伪而已。(程颢、程颐《河南程氏遗书》)

诚则信矣，信则诚矣。(程颐《河南程氏遗书》)

夫信者，人君之大宝也。国保于民，民保于信；非信无以使民，非民无以守国。是故古之王者不欺四海，霸者不欺四邻。善为国者，不欺其民。善为家者，不欺其亲。(司马光《资治通鉴》)

君子之言，信而有规，故怨远于其身；小人之言，僭而无征，故怨咎及之。(左丘明《左传·昭公八年》)

信者，诚也，专一不移也。(班固《白虎通义》)

诚，五常之本，百行之源也。(周敦颐《周子全书》)

或问信，曰：不食其言。(扬雄《法言疏义》)

信言不美，美言不信。(《老子》)

诚者，天之道也。思诚者，人之道也。至诚而不动者，未之有也；不诚，未有能动者也。(《孟子·离娄上》)

人，先信而后求能。(刘安《淮南子》)

推之以诚，则不言而信。(王通《文中子中说》)

诚者，真实无妄之谓，天理之本然也。(朱熹《四书章句集注》)

一诚足以消万伪。(黄宗羲《明儒学案》)

⊙ 思考练习

一、请用自己的话解说孔子心目中的“君子”和“小人”。

二、人们常说“老实人吃亏”，你怎么看待这个问题？

三、请参考下列材料，以诚信为话题，联系社会实际，写一篇不少于800字的文章。

有一则寓言故事读后耐人寻味。故事的主人公阿福是一个商人，他开了一个杂货店，生意做了好几年都不好。一天，阿福去拜访神灵，讨教“灵丹妙药”。神灵说，送你一个红包，当你犯错时，红袋子就会越来越小，给你警示。一日，一个客户来买茶叶，阿福在匆忙中将茶叶简单包装一下，而忘了做最后的精包装就给了客户。客户走后，阿福看着红袋子越变越小……阿福看到警示后，花了几百元做个广告，寻找那个买茶叶的人，要将精包装盒送给客户。事后，阿福成了一个诚实守信的人，生意从此走向兴盛，一连开了5家连锁店。

十七　杜十娘怒沉百宝箱

（明）冯梦龙

冯梦龙（1574—1646），字犹龙，明末小说家、戏曲家。长洲（今江苏吴县）人，和兄冯梦桂、弟冯梦熊被称为“吴下三冯”。少年时即有才华，博学多识，却科举不得志，57岁才补了一名贡生。冯梦龙是爱国之士，在崇祯年间任寿宁知县时，曾上疏陈述国家衰败之因，清兵入关时宣传抗清。后忧愤而死。

在我国文学史上，冯梦龙工于经学，在通俗文学小说、戏曲、文艺理论等各个方面都做出了杰出贡献，尤擅传奇小说、音乐戏剧，在文学史上具有重要的地位。小说方面，他编辑的《喻世明言》《警世通言》《醒世恒言》，合称“三言”；民歌方面，他收集整理《桂枝儿》《山歌》两部民歌集；戏曲方面，他改编《精忠旗》《酒家佣》，创作《双雄记》和《万事足》。

万历二十年间，日本国关白[1]作乱，侵犯朝鲜。朝鲜国王上表告急，天朝发兵泛海往救。有户部官奏准：目今兵兴之际，粮饷未充，暂开纳粟入监[2]之例。原来纳粟入监的有几般便宜：好读书，好科举，好中，结末来又有个小小前程。以此宦家公子，富室子弟，倒不愿做秀才，都去援例做太学生。自开了这个例，两京太学生，各添至千人之外。内中有一人，姓李名甲，字干先，浙江绍兴府人氏。父亲李布政[3]所生三儿，惟甲居长。自幼读书在庠[4]，未得登科，援例入于北雍[5]。因在京坐监[6]，与同乡柳遇春监生同游教坊司院[7]内，与一个名姬相遇。那名姬姓杜名媺[8]，排行第十，院中都称为杜十娘。

李公子与十娘一双两好，情投意合。十娘因见鸨儿贪财无义，久有从良之志；又见李公子忠厚志诚，甚有心向他。奈李公子惧怕老爷，不敢应承。虽则如此，两下情好愈密，终日相守，如夫妇一般。海誓山盟，各无他志。

再说杜妈妈女儿被李公子占住，别的富家巨室，闻名上门，求一见而不可得。初时李公子撒漫用钱，大差大使[9]，妈妈胁肩谄笑，奉承不暇。日往月来，不觉一年有余，李公子囊箧渐渐空虚，手不应心，妈妈也就怠慢了。老布政在家闻知儿子逛妓院，几遍写字来唤他回去。他迷恋十娘颜色，终日延挨。后来闻知老爷在家发怒，越不敢回。古人云：

"以利相交者，利尽而疏。"那杜十娘与李公子真情相好，见他手头愈短，心头愈热。妈妈几遍教女儿打发李甲出院，见女儿不统口，又几遍将言语触突李公子，要激怒他起身。公子性本温克，词气愈和。妈妈没奈何，日逐只将十娘叱骂道："我们行户人家，吃客穿客，前门送旧，后门迎新，门庭闹如火，钱帛堆成垛。自从那李甲在此，混账一年有余，莫说新客，连旧主顾都断了，分明接了个钟馗老[10]，连小鬼也没得上门。弄得老娘一家人家，有气无烟，成什么模样！"杜十娘被骂，耐性不住，便回答道："那李公子不是空手上门的，也曾费过大钱来。"妈妈道："彼一时此一时，你只教他今日费些小钱儿，把与老娘办些柴米，养你两口也好。别人家养的女儿便是摇钱树，千生万活；偏我家晦气，养了个退财白虎，开了大门，七件事般般都在老身心上。倒替你这小贱人白白养着穷汉，教我衣食从何处来？你对那穷汉说，有本事出几两银子与我，到得你跟了他去，我别讨个丫头过活却不好？"十娘道："妈妈，这话是真是假？"妈妈晓得李甲囊无一钱，衣衫都典尽了，料他没处设法，便应道："老娘从不说谎，当真哩。"十娘道："娘，你要他许多银子？"妈妈道："若是别人，千把银子也讨了，可怜那穷汉出不起，只要他三百两，我自去讨一个粉头代替。只一件，须是三日内交付与我。左手交银，右手交人。若三日没有银时，老身也不管三七二十一，公子不公子，一顿孤拐，打那光棍出去。那时莫怪老身！"十娘道："公子虽在客边乏钞，谅三百金还措办得来。只是三日忒近，限他十日便好。"妈妈想道："这穷汉一双赤手，便限他一百日，他那里来银子？没有银子，便铁皮包脸，料也无颜上门。那时孄儿也没得话讲。"答应道："看你面，便宽到十日。第十日没有银子，不干老娘之事。"十娘道："若十日内无银，料他也无颜再见了。只怕有了三百两银子，妈妈又翻悔起来。"妈妈道："老身年五十一岁了，又奉十斋，怎敢说谎？不信时与你拍掌为定。若翻悔时，做猪做狗。"

是夜，十娘与公子议及终身之事。公子道："我非无此心，但教坊落籍[11]，非千金不可。我囊空如洗，如之奈何！"十娘道："妾已与妈妈议定只要三百金，但须十日内措办。郎君游资虽罄，然都中岂无亲友可以借贷？倘得如数，妾身遂为君之所有，省受虔婆之气。"公子道："亲友中为我留恋行院，都不相顾。明日只做束装起身，各家告辞，就开口假贷路费，凑聚将来，或可满得此数。"次日早晨，别了十娘出门。十娘道："用心作速，专听佳音。"公子道："不须吩咐。"公子出了院门，来到三亲四友处，假说起身告别，众人倒也欢喜。后来叙到路费欠缺，意欲借贷。常言道："说着钱，便无缘。"亲友们就不招架。他们也见得是，道李公子迷恋烟花，年许不归，父亲都为他气坏在家，他今日陡然要回，未知真假；倘或说骗盘缠到手，又去还脂粉钱，父亲知道，将好意翻成恶意。始终只是一怪，不如辞了干净。便回道：“目今正值空乏，不能相济，惭愧！惭愧！”人人如此，个个皆然，并没有个慷慨丈夫，肯统口许他一十二十两。李公子一连奔走了三日，分毫无获，又不敢回绝十娘，权且含糊答应。到第四日又没想头，就羞回院中。平日间有了杜家，连下处也没有了，今日就无处投宿。只得往柳监生寓所借歇。柳遇春见公子愁容可掬，问其原因。公子将杜十娘愿嫁之情备细说了。遇春摇首道：“未必，未必。那杜嫩曲中[12]第一名姬，要从良时，怕没有十斛明珠，千金聘礼？那鸨儿如何只要三百两？想鸨儿怪你无钱使用，白白占住她的女儿，设计打发你出门。那妇人与你相处已久，又碍却面皮，不好明言。明知你手内空虚，故意将三百两卖个人情，限你十日。若十日没有，你也不好上门。便上门时，她会说你笑你，落得一场亵渎，自然安身不牢。此乃烟花[13]逐客之计。足下三思，休被其惑。据弟愚意，不如早早开交为上。”公子听说，半晌无言，心中疑惑不定。遇春又道：“足下莫要错了主意。你若真个还乡，不多几两盘费，还有人搭救。若是要三百两时，莫说十日，就是十个月也难。如今的世情，那有顾缓急二字的！那烟花也算定你没处告债，故意设法难你。”公子道：“仁兄所见良是。”口里虽如此说，心中割舍不下，依旧又往外边东央西告，只是夜里不进院门了。公子在柳监生寓中，一连住了三日，共是六日了。杜十娘连日不见公子进院，十分着紧，就教小厮四儿街上去寻。四儿寻到大街，恰好遇见公子。四儿叫道：“李姐夫，娘在家里望你。”公子自觉无颜，回复道：“今日不得功夫，明日来罢。”四儿奉了十娘之命，一把扯住，死也不放，道：“娘叫咱寻你。是必同去走一遭。”李公子心上也牵挂着十娘，没奈何，只得随四儿进院。见了十娘，默默无言。十娘问道：“所谋之事如何？”公子眼中流下泪来。十娘道：“莫非人情淡薄，不能足三百之数么？”公子含泪而言：“一连奔走六日，并无铢两，一双空手，羞见芳卿，故此这几日不敢进院。今日承呼唤，忍耻而来。非某不用心，实是世情如此。”十娘道：“此言休使虔婆知道。郎君今夜且住，妾别有商议。”十娘自备酒肴，与公子欢饮。半夜，十娘对公子道：“郎君果不能办一钱耶？妾终身之事，当如何也？”公子只是流涕，不能答一语。渐渐五更天晓。十娘道：“妾所卧絮褥内，藏有碎银一百五十两，此妾私蓄，郎君可持去。三百金妾任其半，郎君亦谋其半，庶易为力[14]。限只四日，万勿迟误。”十娘起身将褥付公子，公子惊喜过望，唤童儿持褥而去，径到柳遇春寓中，又把夜来之情与遇春说了。将褥拆开看时，絮中都裹着零碎银子，取出兑时，果是一百五十两。遇春大惊道："此妇真有心人也。既系真情，不可相负。吾当为足下谋之。"公子道："倘得玉成，决不有负。"当下柳遇春留李公子在寓，自出头各处去借贷。两日之内，凑足一百五十两交付公子，道："吾代为足下告债，非为足下，实怜杜十娘之情也。"李甲拿了三百两银子，欣欣然来见十娘，刚是第九日，还不足十日。十娘问道："前日分毫难借，今日如何就有一百五十两？"公子将柳监生事情述了一遍。十娘以手加额道："使吾二人得遂其愿者，柳君之力也。"两个欢天喜地，过了一晚。次日，十娘早起，对李甲道："此银一交，便当随郎君去矣。舟车之类，合当预备。妾昨日于姊妹中借得白银二十两，郎君可收下为行资也。"公子正愁路费无出，但不敢开口，得银甚喜。说犹未了，鸨儿恰来敲门，叫道："媺儿，今日是第十日了。"公子闻叫，启门相延道："承妈妈厚意，正欲相请。"便将银三百两放在桌上。鸨儿不料公子有银，默然变色，似有悔意。十娘道："儿在妈妈家中八年，所致金帛，不下数千金矣。今日从良美事，又妈妈亲口所订，三百金不欠分毫，又不曾过期。倘若妈妈失信不许，郎君持银去，儿即刻自尽。恐那时人财两失，悔之无及也。"鸨儿无词以对，腹内筹划了半晌，只得取天平兑准了银子，说道："事已如此，料留你不住了。只是你要去时，即今就去。平时穿戴衣饰之类，毫厘休想。"说罢，将公子和十娘推出房门，讨锁来就落了锁。此时九月天气，十娘才下床，尚未梳洗，随身旧衣，就拜了妈妈两拜。李公子也作了一揖。一夫一妇，离了虔婆大门。

公子叫十娘且住片时："我去唤个小轿抬你，权往柳荣卿[15]寓所去，再作道理。"十娘道："院中诸姊妹平昔相厚，理宜话别。况前日又承她借贷路费，不可不一谢也。"乃同公子到各姊妹处谢别。姊妹中惟谢月朗、徐素素与杜家相近，尤与十娘亲厚。十娘先到谢月朗家。月朗见十娘秃髻旧衫，惊问其故。十娘备述来因，又引李甲相见。十娘指月朗道："前日路资，是此位姐姐所贷，郎君可致谢。"李甲连连作揖。月朗便教十娘梳洗，一面去请徐素素来家相会。十娘梳洗已毕，谢、徐二美人各出所有，翠钿金钏，瑶簪宝珥，锦袖花裙，鸾带[16]绣履，把杜十娘装扮得焕然一新，备酒作庆贺筵席。月朗让卧房与李甲杜媺二人过宿。次日，又大排筵席，遍请院中姊妹。凡十娘相厚者，无不毕集，都与他夫妇把盏称喜。吹弹歌舞，各逞其长，务要尽欢，直饮至夜分。十娘向众姊妹一一称谢。众姊妹道："十姊今从郎君去，我等相见无日，何日长行，姊妹们尚当奉送。"月朗道："候有定期，小妹当来相报。但阿姊千里间关[17]，同郎君远去，囊箧萧条，曾无约束，此乃吾等之事，当相与共谋之，勿令姊有穷途之虑也。”众姊妹各唯唯而散。是晚，公子和十娘仍宿谢家。至五鼓，十娘对公子道:“吾等此去，何处安身？郎君亦曾计议有定着否？”公子道:“老父盛怒之下，若知娶妓而归，必然加以不堪，反致相累。辗转寻思，尚未有万全之策。”十娘道：“父子天性，岂能终绝？既然仓猝难犯，不若与郎君于苏、杭胜地，权作浮居。郎君先回，求亲友于尊大人面前劝解和顺，然后携妾于归，彼此安妥。”公子道:“此言甚当。”次日，二人起身辞了谢月朗，暂往柳监生寓中整顿行装。杜十娘见了柳遇春，倒身下拜，谢其周全之德:“异日我夫妇必当重报。”遇春慌忙答礼道:“十娘不以贫窭易心[18]，此乃女中豪杰。仆因风吹火，谅区区何足挂齿！”三人又饮了一日酒。次早，择了出行吉日，雇倩轿马停当。十娘又遣童儿寄信，别谢月朗。临行之际，只见肩舆[19]纷纷而至，乃谢月朗与徐素素拉众姊妹来送行。月朗道:“十姊从郎君千里间关，囊中萧索，吾等甚不能忘情。今合具薄赆，十姊可检收，或长途空乏，亦可少助。”说罢，命从人挈一描金文具至前，封锁甚固，正不知什么东西在里面。十娘也不开看，也不推辞，但殷勤作谢而已。须臾，舆马齐集，仆夫催促起身。柳监生三杯别酒，和众美人送出崇文门外，各各垂泪而别。

再说李公子同杜十娘行至潞河，舍陆从舟，却好有瓜洲差使船转回之便，讲定船钱，包了仓口。比及下船时，李公子囊中并无分文余剩。你道杜十娘把二十两银子与公子，如何就没了？原来公子在院中逛得衣衫褴褛，银子到手，未免在解库中取赎几件穿着，又置办了铺盖，剩来只够轿马之费。公子正当愁闷，十娘道:“郎君勿忧，众姊妹合赠，必有所济。”乃取钥开箱。公子在旁自觉惭愧，也不敢窥觑箱中虚实。只见十娘在箱里取出一个红绢袋来，掷于桌上道:“郎君可开看之。”公子提在手中，觉得沉重。启而观之，皆是白银，计数整五十两。十娘仍将箱子下锁，亦不言箱中更有何物。但对公子道:“承众姊妹高情，不惟路途不乏，即他日浮寓吴越间，亦可稍佐吾夫妻山水之费矣。”公子且惊且喜道:“若不遇恩卿，我李甲流落他乡，死无葬身之地矣。此情此德，白头不敢忘也！”自此每谈及往事，公子必感激流涕，十娘亦曲意抚慰。一路无话。不一日，行至瓜洲，大船停泊岸口，公子别雇了民船，安放行李。约明日侵晨，剪江而渡。其时仲冬中旬，月明如水，公子和十娘坐于舟首。公子道:“自出都门，困守一仓之中，四顾有人，未得畅语。今日独据一舟，更无避忌。且已离塞北，初近江南，宜开怀畅饮，以舒向来抑郁之气，恩卿以为何如？”十娘道:“妾久疏谈笑，亦有此心，郎君言及，足见同志耳。”公子乃携酒具于船首，与十娘铺毡并坐，传杯交盏。饮至半酣，公子执卮[20]对十娘道:“恩卿妙音，六院推首。某相遇之初，每闻绝调，辄不禁神魂为之飞动。心事多违，彼此郁郁，鸾鸣凤奏，久矣不闻。今清江明月，深夜无人，肯为我一歌否？”十娘兴亦勃发，遂开喉顿嗓，取扇按拍，歌出元人施君美“拜月亭”杂剧上“状元执盏与婵娟”一曲，名“小桃红”。

却说他舟有一少年，姓孙名富，字善赉，徽州新安人氏。家资巨万，积祖扬州种盐。年方二十，也是南雍中朋友，生性风流，惯向青楼买笑。事有偶然，其夜亦泊舟瓜洲渡口。独酌无聊，忽听得歌声嘹亮，凤吟鸾吹不足喻其美。起立船头，伫听半晌，方知声出邻舟。正欲相访，音响倏已寂然。乃遣仆者潜窥踪迹，访于舟人。但晓得是李相公雇的船，并不知歌者来历。孙富想道：“此歌者必非良家，怎生得他一见？”辗转寻思，通宵不寐。捱至五更，忽闻江风大作。及晓，彤云密布，狂雪飞舞。因这风雪阻渡，舟不得开。孙富命艄公移船，泊于李家舟旁。孙富貂帽狐裘，推窗假作看雪。值十娘梳洗方毕，揭起舟旁短帘，自泼盂中残水，粉容微露，却被孙富窥见了，果是国色天香。等候再见一面，杳不可得。沉思久之，乃倚窗高吟高学士[21]“梅花诗”二句，道：

雪满山中高士卧，月明林下美人来。

李甲听得邻舟吟诗，舒头出舱，看是何人。这一看，正中了孙富之计。孙富吟诗，正要引李公子出头，他好乘机攀话，当下慌忙举手，问：“老兄尊姓何讳？”李公子叙了姓名乡贯，少不得也问那孙富。孙富也叙过了。又叙了些太学中的闲话，渐渐亲热。孙富便道：“风雪阻舟，乃天遣与尊兄相会，实小弟之幸也。舟次无聊，欲同尊兄上岸，就酒肆中一酌，少领清诲[22]，万望不拒。”公子道：“萍水相逢，何当厚扰？”孙富道：“说那里话！‘四海之内，皆兄弟也’。”喝教艄公打跳，童儿张伞，迎接公子过船，就于船头作揖，然后让公子先行，自己随后，各各登跳上岸。行不数步，就有个酒楼，二人上楼，拣一副洁净座头，靠窗而坐。酒保列上酒肴。孙富举杯相劝，二人赏雪饮酒，先说些斯文中套话，渐渐引入花柳之事。二人“志同道合”，说得入港[23]，一发成相知了。孙富屏去左右，低低问道：“昨夜尊舟清歌者，何人也？”李甲正要卖弄在行，遂实说道：“此乃北京名姬杜十娘也。”孙富道：“既系曲中姊妹，何以归兄？”公子遂将初遇杜十娘，如何相好，后来如何要嫁，如何借银讨她，始末根由，备细述了一遍。孙富道：“兄携丽人而归，固是快事，但不知尊府中能相容否？”公子道：“贱室不足虑，所虑者，老父性严，尚费踌躇耳！”孙富将机就机，便问道：“既是尊大人未必相容，兄所携丽人，何处安顿？亦曾与丽人共作计较否？”公子攒眉而答道：“此事曾与小妾议之。”孙富欣然问道：“尊宠必有妙策。”公子道：“她意欲侨居苏、杭，流连山水，使小弟先回，求亲友宛转于家君之前。俟家君回嗔作喜，然后图归。高明以为何如？”孙富沉吟半晌，故作愀然之色，道：“小弟乍会之间，交浅言深，诚恐见怪。”公子道：“正赖高明指教，何必谦逊？”孙富道：“尊大人位居方面[24]，必严帷薄之嫌[25]，平时既怪兄游非礼之地，今日岂容兄娶不节之人？况且贤亲贵友，谁不迎合尊大人之意者？兄枉去求他，必然相拒。就有个不识时务的进言于尊大人之前，见尊大人意思不允，他就转口了。兄进不能和睦家庭，退无词以回复尊宠。即使留连山水，亦非长久之计。万一资斧困竭，岂不进退两难！”公子手中只有五十金，此时费去大半，说到资斧困竭，进退两难，不觉点头道是。孙富又道：“小弟还有句心腹之谈，兄肯俯听否？”公子道：“承兄过爱，更求尽言。”孙富道：“疏不间亲，还是莫说罢。”公子道：“但说何妨？”孙富道：“烟花之辈，少真多假，她既系六院名姝，相识定满天下；或者南边原有旧约，借兄之力，挈带而来，以为他适之地。”公子道：“这个恐未必然。”孙富道：“既不然，江南子弟，最工轻薄，兄留丽人独居，难保无逾墙钻穴之事。若挈之同归，愈增尊大人之怒。父子天伦，必不可绝。若为妾而触父，因妓而弃家，海内必以兄为浮浪不经之人。异日妻不以为夫，弟不以为兄，同袍不以为友，兄何以立于天地之间？兄今日不可不熟思也！”公子闻言，茫然自失，移席问计：“据高明之见，何以教我？”孙富道：“仆有一计，于兄甚便，只恐兄未必能行耳！”公子道：“兄诚有良策，使弟再获家园之乐，乃弟之恩人也，又何惮而不言耶？”孙富道：“兄飘零岁余，严亲怀怒，闺阁离心，设身以处兄之地，诚寝食不安之时也。然尊大人所以怒兄者，不过为迷花恋柳，挥金如土，异日必为弃家荡产之人，不堪承继家业耳。兄今日空手而归，正触其怒。兄倘能割爱，见机而作，仆愿以千金相赠。兄得千金，以报尊大人，只说在京授馆，并不曾浪费分毫，尊大人必然相信。从此家庭和睦，当无间言。须臾之间，转祸为福。兄请三思。仆非贪丽人之色，实为兄效忠于万一也！”李甲原是没主意的人，本心惧怕老子，被孙富一席话说透胸中之疑，起身作揖道：“闻兄大教，顿开茅塞。但小妾千里相从，义难顿绝，容归与商之。得其心肯，当奉复耳。”孙富道：“说话之间，宜放婉曲。彼既忠心为兄，必不忍使兄父子分离，定然玉成兄还乡之事矣。”二人饮了一回酒，风停雪止，天色已晚。孙富教家童算还了酒钱，与公子携手下船。

却说杜十娘在舟中，摆设酒果，欲与公子小酌，竟日未回，挑灯以待。公子下船，十娘起迎。见公子颜色匆匆，似有不乐之意，乃满斟热酒劝之。公子摇首不饮，一言不发，竟自床上睡了。十娘心中不悦，乃收拾杯盘，问道："今日有何见闻，而怀抱郁郁如此？"公子叹息而已，终不启口。问了三四次，公子已睡去了。十娘委决不下，坐于床头而不能寐。到夜半，公子醒来，又叹一口气。十娘道："郎君有何难言之事，频频叹息？"公子拥被而起，欲言不语者几次，扑簌簌掉下泪来。十娘软言抚慰道："妾与郎君情好，已及二载，历尽艰难，得有今日。然相从数千里，未曾哀戚。今将渡江，方图百年欢笑，如何反起悲伤，必有其故。夫妇之间，死生相共，有事尽可商量，万勿讳也。"公子被逼不过，只得含泪而言道："仆天涯穷困，蒙恩卿不弃，委曲相从，诚乃莫大之德也。但反复思之，老父位居方面，拘于礼法，况素性方严，必加黜逐[26]。你我流荡，将何底止？夫妇之欢难保，父子之伦又绝。日间蒙新安孙友邀饮，为我筹及此事，寸心如割！"十娘大惊道："郎君意将如何？"公子道："仆事内之人，当局而迷。孙友为我画一计颇善，但恐恩卿不从耳！"十娘道："孙友者何人？计如果善，何不可从？"公子道："孙友名富，新安盐商，少年风流之士也。夜间闻子清歌，因而问及。仆告以来历，并谈及难归之故。渠意欲以千金聘汝，我得千金，可借口以见吾父母，而恩卿亦得所耳。但情不能舍，是以悲泣。"说罢，泪如雨下。十娘冷笑一声道："为郎君画此计者，乃大英雄也。郎君千金之资，既得恢复，而妾归他姓，又不致为行李之累，发乎情，止乎礼，诚两便之策也。那千金在哪里？"公子收泪道："未得恩卿之诺，金尚留彼处，未曾过手。"十娘道："明早快快应承了他，不可错过机会。但千金重事，须得兑足交付郎君之手，妾始过舟，勿为贾竖子[27]所欺。"时已四鼓，十娘即起身挑灯梳洗，道："今日之妆，乃迎新送旧，非比寻常。"于是脂粉香泽，用意修饰，花钿绣袄，极其华艳。装束方完，天色已晓。孙富差家童到船头候信。十娘微窥公子，欣欣似有喜色，乃催公子快去回话，及早兑足银子。公子亲到孙富船中，回复依允。孙富道："兑银易事，须得丽人妆台为信。"公子又回复了十娘，十娘即指描金文具道："可便抬去。"孙富喜甚，即将白银一千两，送到公子船中。十娘亲自检看，足色足数，分毫无爽。乃手把船舷，以手招孙富道："方才箱子可暂发来，内有李郎路引[28]一纸，可检还之也。"孙富视十娘已为瓮中之鳖，即命家童送那描金文具，安放船头之上。十娘取钥开锁，内皆抽屉小箱。十娘叫公子抽第一层来看。只见翠羽明珰，瑶簪宝珥，充牣于中，约值数百金。十娘遽投之江中。李甲与孙富及两船之人，无不惊诧。又命公子再抽一箱，乃玉箫金管，又抽一箱，尽古玉紫金玩器，约值数千金。十娘尽投之于大江中。岸上之人，观者如堵，齐声道："可惜可惜！"正不知什么缘故。最后又抽一箱，箱中复有一匣。开匣视之，夜明之珠，约有盈把。其他祖母绿，猫儿眼[29]，诸般异宝，目所未睹，莫能定其价之多少。众人齐声喝彩，喧声如雷。十娘又欲投之于江。李甲不觉大悔，抱持十娘痛哭，那孙富也来劝解。十娘推开公子在一边，向孙富骂道："我与李郎备尝艰苦，不是容易到此，汝以奸淫之意，巧为谗说，一旦破人姻缘，断人恩爱，乃我之仇人，我死而有知，必当诉之神明！"又对李甲道："妾风尘数年，私有所积，本为终身之计。自遇郎君，山盟海誓，白首不渝。前出都之际，假托众姊妹相赠，箱中韫藏百宝，不下万金。将润色郎君之装，归见父母，或怜妾有心，收佐中馈，得终委托，生死无憾。谁知郎君相信不深，惑于浮议，中道见弃，负妾一片真心。今日当众目之前，开箱出视，使郎君知区区千金，未为难事。妾椟[30]中有玉，恨郎眼内无珠。命之不辰，风尘困瘁，甫[31]得脱离，又遭弃捐。今众人各有耳目，共作证明，妾不负郎君，郎君自负妾耳！"于是众人聚观者，无不流涕，都唾骂李公子负心薄倖。公子又羞又苦，且悔且泣，方欲向十娘谢罪，十娘抱持宝匣，向江心一跳。众人急呼捞救，但见云暗江心，波涛滚滚，杳无踪影。可惜一个如花似玉的名姬，一旦葬于江鱼之腹。

当时旁观之人，皆咬牙切齿，争欲拳殴李甲和那孙富。慌得李、孙二人手足无措，急叫开船，分途遁去。李甲在舟中，看了千金，转忆十娘，终日愧悔，郁成狂疾，终身不痊。孙富自那日受惊，得病卧床月余，终日见杜十娘在旁诟骂，奄奄而逝。

⊙ 注　释

[1] 关白：过去日本掌握军政大权的最高级的官。这里是指丰臣秀吉。

[2] 纳粟入监：向公家捐纳一定数目的粮食（折合成钱），就可以买得监生的资格。

[3] 布政：布政使，官名。

[4] 在庠：进了县学庠，古代乡学名称。

[5] 北雍：北京的国子监。明代设北雍、南雍（南雍设在南京）。雍，辟雍，就是太学。

[6] 坐监：在国子监读书。

[7] 教坊司院：妓院里。教坊司，明代设立的专管娼妓的官署。

[8] 媺（měi）：同美。

[9] 大差大使：派这个派那个，买这样买那样。

[10] 锺馗老：指钟馗。传说钟馗是管鬼的，相貌丑陋。

[11] 教坊落籍：从教坊的册籍上除名，指妓女从良。

[12] 曲中：妓院的通称。

[13] 烟花：指妓女。

[14] 庶易为力：或者容易办些。

[15] 柳荣卿：就是柳遇春。

[16] 鸾带：绣着鸾凤的带子。

[17] 间关：形容行路艰难。

[18] 不以贫窭易心：不因所爱的人贫穷而变心。窭，穷。

[19] 肩舆：轿子。

[20] 卮：酒杯。

[21] 高学士：明代诗人高启，做过翰林学士。

[22] 少领清诲：略微领受您的指教。

[23] 说得入港：谈得很投机。

[24] 位居方面：担任一省最高官吏的职位。方面，意思是独当一面。

[25] 必严帷薄之嫌：意思是说，一定严防家中妇女有不好的名声。帷薄，指帐子帘子，指内室。

[26] 黜逐：不认做儿子，赶出去。

[27] 贾竖子：做买卖的小子。

[28] 路引：行路的执照。

[29] 祖母绿、猫儿眼：都是宝石的名字。

[30] 椟：盛玉的匣子。

[31] 甫：才。

⊙ 阅读提示

本文选自《警世通言》（人民文学出版社 1956 年版），有删节。《杜十娘怒沉百宝箱》是明代拟话本的代表作。

小说塑造了一个真诚追求爱情的女性形象。京城名妓杜十娘长得如花似玉，但是她不愿意用自己的青春美貌去换取金钱。太学生李甲来妓院时与杜十娘相遇，俩人情投意合。一番山盟海誓，私定终身。杜十娘从良之志终于如愿。李公子表面忠厚承诚，性情温存，实则负心薄情，懦弱自私。在归途中李公子被盐商孙富的花言巧语所迷惑，背叛了爱情誓言，造成了杜十娘投江自尽的悲剧。

故事情节悬念迭出，矛盾冲突环环紧扣，细节描写生动细腻是小说的艺术特色。杜十娘满以为找到一个可以托付终身的如意郎君，哪知正当她憧憬着美好的未来时，却被心爱的人转卖给他人。杜十娘离开妓院时，众姐妹拿给她一个描金文具，里面装的什么没有交代，直到故事的结尾才抖开了包袱，原来里面装的是价值不下万金的金银珠宝。在人们总以为有情人终成眷属时而发生了意外突变。杜十娘在准备投江的前夜，“挑灯梳洗”“用意修饰”的细节描写，表现出杜十娘告别人世前的坚毅和镇定的性格特征。

⊙ 相关链接

话本与拟话本

话本，是说话人的底本，是随着民间说话技艺的发展而兴起的一种文学形式。话本起源于唐代，宋代逐渐盛行。话本一般指小说、讲史、说经等说话人的底本。但皮影、杂剧和诸宫调的底本，也称作话本。话本多数以叙说为主，中间穿插一些诗词，也有以唱词为主的。例如宋元产生的《大唐三藏法师取经记》和《大宋宣和遗事》等作品，都是首尾有诗，中间以诗词为点缀，辞句多俚俗。

拟话本，是专指明代文人模仿话本形式而创作的白话小说。鲁迅在《中国小说史略》中最早应用这一名称。今存最早的明人辑印的话本，是嘉靖年间洪楩编的《清平山堂话本》，分《雨窗》《长灯》等6集，每集10卷，每卷1篇，共收话本60篇，故全书总名为《六十家小说》。今存15种。又万历年间熊龙峰刊印的话本今存4种。以上两种话本集都包括宋元话本和明代拟话本在内。收集作品较多，而对后世影响较大的是天启年间冯梦龙编辑的《喻世明言》(初题《古今小说》)、《警世通言》和《醒世恒言》，合称“三言”。每集收话本40篇，共120篇。包括宋元话本、明代拟话本两部分。这些作品有的是辑录了宋元明以来的旧本，但一般都做了不同程度的修改；也有的是根据文言笔记、传奇小说、戏曲、历史故事，乃至社会传闻再创作而成的，故“三言”包容了旧本的汇辑和新著的创作，是我国白话小说在说唱艺术的基础上，经过文人的整理加工到文人进行独立创作的开始。在“三言”的影响下，明末凌濛初仿“三言”创作的《初刻拍案惊奇》和《二刻拍案惊奇》，合称“二拍”，则基本上是凌氏创作的拟话本。

除“三言”“二拍”外，明人创作的拟话本小说集，还有《石点头》《醉醒石》《西湖二集》等十多种。

⊙ 思考练习

一、试分析杜十娘、李甲两个人物的形象特点。

二、造成杜十娘悲剧的主要原因有哪些？

三、“百宝箱”包含了多重意象，试谈谈你的理解。

四、有人认为杜十娘不该将百宝箱沉入江中，也不该投江自尽，如果你赞同这种看法，你认为杜十娘应该怎么办？

十八　围城（节选）

钱钟书

钱钟书（1910—1998），字默存，号槐聚，中国现代著名作家、文学研究家。生于江苏无锡，1933 年于清华大学英文系毕业后，在上海光华大学任教。1935 年考取公费留学生资格，赴英国牛津大学英文系留学两年，又到法国巴黎大学研究法国文学一年。于 1938 年回国后，先后任清华大学教授、湖南蓝田国立师范学院英文系主任、上海暨南大学外语系教授、南京中央图书馆英文馆编辑等。新中国成立后，任清华大学的外文系教授。1982 年至 1992 年任中国社会科学院副院长。

钱钟书学识渊博，长期致力于中西方文学研究，擅长幽默讽刺艺术，创作个性独特。著有长篇小说《围城》、中短篇小说集《人·兽·鬼》、散文集《写在人生边上》、诗集《槐聚诗存》；学术专著有《管锥编》《谈艺录》《宋诗选注》等。

三间大学校长高松年是位老科学家。这“老”字的位置非常为难，可以形容科学，也可以形容科学家。不幸的是，科学家跟科学不大相同，科学家像酒，愈老愈可贵，而科学像女人，老了便不值钱。将来国语文法发展完备，总有一天可以明白地分开“老的科学家”和“老科学的家”，或者说“科学老家”和“老科学家”。现在还早得很呢，不妨笼统称呼。高校长肥而结实的脸像没发酵的黄面粉馒头，“馋嘴的时间”咬也咬不动他，一条牙齿印或皱纹都没有。假使一个犯校规的女学生长得非常漂亮，高校长只要她向自己求情认错，也许会不尽本于教育精神地从宽处分。这证明这位科学家还不老。他是二十年前在外国研究昆虫学的；想来二十年前的昆虫都进化成为大学师生了，所以请他来表率多士。他在大学校长里，还是前途无量的人。大学校长分文科出身和理科出身两类。文科出身的人轻易做不到这位子的，做到了也不以为荣，准是干政治碰壁下野，仕而不优则学，借诗书之泽、弦诵之声来休养身心。理科出身的人呢，就全然不同了。中国是世界上最提倡科学的国家，没有旁的国家肯这样给科学家大官做的。外国科学进步，中国科学家晋爵。在外国，研究人情的学问始终跟研究物理的学问分歧；而在中国，只要你知道水电、土木、机械、动植物等等，你就可以行政治人——这是“自然齐一律”最大的胜利。理科出身的人当个把校长，不过是政治生涯的开始；从前大学之道在治国平天下，现在治国平天下在大学之道，并且是条坦道大道。对于第一类，大学是张休息的摇椅；对于第二类，它是个培养的摇篮——只要他小心别摇摆得睡熟了。

高松年发奋办公，亲兼教务长，精明得真是睡觉还睁着眼睛，戴着眼镜，做梦都不含糊的。摇篮也挑选得很好，在平成县乡下一个本地财主家的花园里，面溪背山。这乡镇绝非战略上必争之地，日本人唯一豪爽不吝惜的东西——炸弹——也不会浪费在这地方。所以，离开学校不到半里的镇上，一天繁荣似一天，照相铺、饭店、浴室、地方戏院、警察局、中小学校，一应俱全。今年春天，高松年奉命筹备学校，重庆几个老朋友为他饯行。席上说起国内大学多而教授少，新办尚未成名的学校，地方偏僻，怕请不到名教授。高松年笑道："我的看法跟诸位不同。名教授当然很好，可是因为他的名望，学校沾着他的光，他并不倚仗学校里的地位。他有架子，有脾气，他不会全副精神为学校服务，更不会绝对服从当局的指挥。万一他闹别扭，你不容易找替人，学生又要借题目麻烦。我以为学校不但造就学生，并且应该造就教授。找到一批没有名望的人来，他们要借学校的光，他们要靠学校才有地位，而学校并非非有他们不可，这种人才真能跟学校合为一体，真肯出力为公家做事。学校也是个机关，机关当然需要科学管理，在健全的机关里，决没有特殊人物，只有安分受支配的一个个分子。所以，找教授并非难事。"大家听了，倾倒不已。高松年事先并没有这番意见，临时信口胡扯一阵。经朋友们这样一恭维，他渐渐相信这真是至理名言，也对自己倾倒不已。他从此动不动发表这段议论，还加上个帽子道："我是研究生物学的，学校也是个有机体，教职员之于学校，应当像细胞之于有机体——"这至理名言更变而为科学定律了。

亏得这一条科学定律，李梅亭、顾尔谦，还有方鸿渐会荣任教授。他们那天下午两点多钟到学校；高松年闻讯匆匆到教员宿舍里应酬一下，回到办公室，一月来的心事不能再搁在一边不想了。自从长沙危急，聘好的教授里十个倒有九个打电报来托故解约，七零八落，开不出班，幸而学生也受战事影响，只有一百五十八人。今天一来就是四个教授，军容大震，向部里报上去也体面些。只是怎样对李梅亭和方鸿渐解释呢？部里汪次长介绍汪处厚来当中国文学系主任，自己早写信聘定李梅亭了——可是汪处厚是汪次长的伯父，论资格也比李梅亭好，那时候给教授陆续辞聘的电报吓昏了头，怕上海这批人会半路打回票，只好先敷衍汪次长。汪处厚这人不好打发，李梅亭是老朋友，老朋友总讲得开，就怕他的脾气难对付，难对付！这姓方的青年人是容易对付的。他是赵辛楣的来头，辛楣最初不肯来，介绍了他，说他是留学德国的博士，真糊涂透顶！他自己开来的学历，并没有学位，只是个各国游荡的“游学生”，并且并非学政治的，聘他当教授太冤枉了！至多做副教授，循序渐升，年轻人做事不应该爬得太高，这话可以叫辛楣对他说。为难的还是李梅亭——无论如何，他千辛万苦来了，决不会一翻脸就走的；来得困难，去也没那么容易，空口允许他些好处就是了。他从私立学校一跳而进国立学校，还不是自己提拔他的？做人总要有良心。这些反正是明天的事，别去想它，今天——今天晚上还有警察局长的晚饭呢。这晚饭是照例应酬，小乡镇上的盛馔，翻来覆去，只有那几样，高松年也吃腻了，可是这时候四点钟已过，肚子有点饿，所以想到晚饭，嘴里一阵潮润。

同路的人，一到目的地，就分散了，好像是一个波浪里的水打到岸边，就四面溅开。可是鸿渐们四个男人，当天还一起到镇上去理发洗澡。回校只见告白板上贴着粉红纸的布告，说中国文学系同学今晚七时半在联谊室举行茶会，欢迎李梅亭先生。梅亭欢喜得直说：“讨厌，讨厌！我累得很，今天还想早点睡呢！这些孩子热心得不懂道理。赵先生，他们消息真灵呀！”

辛楣道：“岂有此理！政治系学生为什么不开会欢迎我呀？”

梅亭道：“忙什么？今天的欢迎会，你代我去，好不好？我宁可睡觉。”

顾尔谦点头叹道：“念中国书的人，毕竟知礼，我想旁系的学生决不会这样尊师重道的。”说完笑眯眯地望着李梅亭，这时候，上帝会懊悔没在人身上添一条能摇的狗尾巴，因此减低了不知多少表情的效果。

鸿渐道：“你们都什么系，什么系，我还不知道是哪一系的教授呢。高校长给我的电报没说明白。”

辛楣忙说：“那没有关系。你可以教哲学，教国文——”

梅亭狞笑道：“教国文是要得我许可的，方先生，你好好地巴结我一下，什么都可以商量。”

说着，孙小姐来了，说住在女生宿舍里，跟女生指导范小姐同室，也把欢迎会这事来恭维李梅亭。梅亭轻佻地笑道：“孙小姐，你改了行罢，不要到外国语文系办公室去了，当我的助教，今天晚上，咱们俩同去开会。”五人同在校门口小馆子吃晚饭的时候，李梅亭听而不闻，食而不知其味，大家笑他准备欢迎会上演讲稿，梅亭极口分辩道：“胡说！

这要什么准备！”

晚上近九点钟，方鸿渐在赵辛楣房里讲话，连打呵欠，正要回房去睡，李梅亭打门进来了。两人想打趣他，但瞧他脸色不正，便问：“怎么欢迎会完得这样早？”梅亭一言不发，向椅子里坐下，鼻子里出气像待开发的火车头。两人忙问他怎么啦。他拍桌大骂高松年混账，说官司打到教育部去，自己也不会输的；高松年身为校长，出去吃晚饭，这时候还不回来，影子也找不见，这种玩忽职守，就该死。原来，今天欢迎会是汪处厚安排好的，兵法上有名的“敌人喘息未定，即予以迎头痛击”。先来校的四个中国文学系讲师和助教早和他打成一片，学生也唯命是听。他知道高松年跟李梅亭有约在先，自己迹近乘虚篡窃，可是当系主任和结婚一样，“先进门三日就是大”。这开会不是欢迎，倒像新姨太太的见礼。李梅亭跟随学生代表一进会场，便觉空气两样，听得同事和学生一连声叫“汪主任”，已经又疑又慌。汪处厚见了他，热烈地双手握着他手，好半天搓摩不放，仿佛捉搦[1]了情妇的手，一壁似怨似慕地说：“李先生，你真害我们等死了，我们天天在望你来——张先生，薛先生，咱们不是今天早晨还讲起他的——我们今天早晨还讲起你。路上辛苦啦？好好休息两天再上课，不忙。我把你的功课全排好了。李先生，咱们俩真是神交久矣。高校长拍电报到成都要我组织中国文学系，我想年纪老了，路又不好走，换生不如守熟，所以我最初实在不想来。高校长，他可真会磨人哪！他请舍侄——”张先生、薛先生、黄先生同声说：“汪先生就是汪次长的令伯。”——“请舍侄再三劝驾，我却不过情，我内人[2]身体不好，也想换换空气。到这儿来了，知道有你先生，我真高兴，我想这系办得好了——”李梅亭一篇主任口气的训话闷在心里讲不出口，忍住气，搭讪了几句，喝了杯茶，只推头痛，早退席了。

辛楣和鸿渐安慰李梅亭一会，劝他回房睡，有话明天跟高松年去说。梅亭临走说：“我跟老高这样的交情，他还会要我，他对你们两位一定也有把戏。瞧着罢，咱们采取一致行动，怕他什么！”梅亭去后，鸿渐看着辛楣道：“这不成话说！”辛楣皱眉道：“我想这里面有误会，这事的内幕我全不知道。也许李梅亭压根儿在单相思，否则太不像话了！不过，像李梅亭那种人，真要当主任，也是个笑话，他那些印头衔的讲究名片，现在可不能用了，哈哈。”鸿渐道：“我今年反正是倒霉年，准备到处碰钉子的。也许明天高松年不认我这个蹩脚教授。”辛楣不耐烦道：“又来了！你好像存着心非倒霉不痛快似的。我告诉你，李梅亭的话未可全信——而且，你是我面上来的人，万事有我。”鸿渐虽然抱最大决意来悲观，听了又觉得这悲观不妨延期一天。

明天上午，辛楣先上校长室去，说把鸿渐的事讲讲明白，叫鸿渐等着，听了回话再去见高松年。鸿渐等了一个多钟点，不耐烦了，想自己真是神经过敏，高松年直接打电报来的，一个这样机关的首领好意思说话不作准么？辛楣早尽了介绍人的责任，现在自己就去正式拜会高松年，这最干脆。

高松年看方鸿渐和颜悦色，不相信世界上会有这样脾气好或城府深的人，忙问："碰见赵先生没有？"

"还没有。我该来参见校长，这是应当的规矩。"方鸿渐自信说话得体。

高松年想糟了！糟了！辛楣一定给李梅亭缠住不能脱身，自己跟这姓方的免不了一番唇舌："方先生，我是要跟你谈谈——有许多话我已经对赵先生说了——"鸿渐听口风不对，可是脸上的笑容一时不及收敛，怪不自在地停留着，高松年看得恨不能把手指为他撮去——"方先生，你收到我的信没有？"一般人撒谎，嘴跟眼睛不能合作，嘴尽管雄赳赳地胡说，眼睛懦怯不敢平视对方。高松年老于世故，并且研究生物学的时候，学到西洋人相传的智慧，那就是：假使你的眼光能与狮子或老虎的眼光相接，彼此怒目对视，那野兽给你催眠了不敢扑你。当然野兽未必肯在享用你以前，跟你飞眼送秋波，可是方鸿渐也不是野兽，至多只能算是家畜。

他给高松年三百瓦特的眼光射得不安，觉得这封信不收到是自己的过失，这次来得太冒昧了，果然高松年写信收回成命，同时有一种不出所料的满意，惶遽地说："没有呀！我真没有收到呀！重要不重要？高先生什么时候发的？"倒像自己撒谎，收到了信在抵赖。

"咦！怎么没收到？"高松年直跳起来，假惊异的表情做得惟妙惟肖，比方鸿渐的真惊惶自然得多；他没演话剧，是话剧的不幸而是演员们的大幸——"这信很重要。唉！现在抗战时间的邮政简直该死。可是你先生已经来了，好得很，这些话可以面谈了。"

鸿渐稍微放心，迎合道："内地跟上海的信，常出乱子。这次长沙的战事恐怕也有影响，一大批信会遗失，高先生给我的信假如寄出得早——"

高松年做了个一切撇开的手势，宽宏地饶赦那封自己没写，方鸿渐没收到的信："信就不用提了，我深怕方先生看了那封信，会不肯屈就，现在你来了，你就别想跑，呵呵！是这么一回事，你听我说，我跟你先生虽然素昧平生，可是我听辛楣讲起你的学问人品种种，我真高兴，立刻就拍电报请先生来帮忙，电报上说——"高松年顿一顿，试探鸿渐是不是善办交涉的人，因为善办交涉的人决不这时候替自己说许下的条件的。

可是方鸿渐像鱼吞了饵，一钓就上，急接口说："高先生电报上招我来当教授，可是没说明白什么系的教授，所以我想问一问。"

"我原意请先生来当政治系的教授，因为先生是辛楣介绍来的，说先生是留德的博士。可是先生自己开来的履历上并没有学位——"鸿渐的脸红得像有一百零三度寒热的病人——"并且不是学政治的，辛楣全搞错了。先生跟辛楣的交情本来不很深罢？"鸿渐脸上表示的寒热又升了华氏表上一度，不知怎样对答，高松年看在眼里，胆量更大——"当然，我决不计较学位，我只讲真才实学。不过部里定的规矩呆板得很，照先生的学历，至多只能当专任讲师，教授待遇呈报上去一定要驳下来的。我相信辛楣的保荐不会错，所以破格聘先生为副教授，月薪二百八十元，下学年再升。快信给先生就是解释这一回事。我以为先生收到信的。"

鸿渐只好第二次声明没收到信，同时觉得降级为副教授已经天恩高厚了。

"先生的聘书，我方才已经托辛楣带去了。先生教授什么课程，现在很成问题。我们暂时还没有哲学系，国文系教授已经够了：只有一班文法学院一年级学生共修的论理学，三个钟点，似乎太少一点，将来我再想办法罢。"

鸿渐出校长室，灵魂像给蒸汽碌碡滚过，一些气概也无。只觉得自己是高松年大发慈悲收留的一个弃物，满肚子又羞又恨，却没有个发泄的对象。回到房里，辛楣赶来，说李梅亭的事总算帮高松年解决了，要谈鸿渐的事。他知道鸿渐已经跟高松年谈过话，忙道："你没有跟他翻脸罢？这都是我不好。我有个印象以为你是博士，当初介绍你到这儿来，只希望这事快成功——好让你去专有苏小姐。"——"不用提了，我把我的薪水，——好，好！我不，我不！"辛楣打拱赔笑地道歉，还称赞鸿渐有涵养，说自己在校长室讲话，李梅亭直闯进来，咆哮得不成体统。鸿渐问梅亭的事怎样了的。辛楣冷笑道："高松年请我劝他，纠缠了半天，他说除非学校照他开的价钱买他带来的西药——唉，我还要给高松年回音呢。我心上牵挂着你的事，所以先赶回来看你。"鸿渐本来气倒平了，知道高松年真依李梅亭讨的价钱替学校买他带来的私货，又气闷起来，想李梅亭就有补偿，只自己一个人吃亏。高松年下帖子当天晚上替新来的教授接风，鸿渐闹别扭要辞，经不起辛楣苦劝，并且傍晚高松年亲来回拜，总算有了面子，还是去了。

…………

上课一个多星期，鸿渐跟同住一廊的几个同事渐渐熟了。历史系的陆子潇曾作敦交睦邻[3]的拜访，所以一天下午鸿渐去回看他。陆子潇这人刻意修饰，头发又油又光，深恐为帽子埋没，与之不共戴天，深冬也光着顶。鼻子短而阔，仿佛原有笔直下来的趋势，给人迎鼻孔打了一拳，阻止前进，这鼻子后退不迭，向两旁横溢。因为没结婚，他对自己年龄的态度，不免落在时代的后面；最初他还肯说外国算法的十足岁数，年复一年，他偷偷买了一本翻译的 *Life Begins at Forty*[4]，对人家干脆不说年龄，不讲生肖，只说："小得很呢！还是小弟弟呢！"同时表现小弟弟该有的活泼和顽皮。他讲话时喜欢窃窃私语，仿佛句句是军国机密。当然军国机密他也知道的，他不是有亲戚在行政院、有朋友在外交部么？他亲戚曾经写给他一封信，这左角印"行政院"的大信封上大书着"陆子潇先生"，就仿佛行政院都要让他正位居中似的。他写给外交部那位朋友的信，信封虽然不大，而上面开的地址"外交部欧美司"六字，笔酣墨饱，字字端楷，文盲在黑夜里也该一目了然的。这一封来函、一封去信，轮流地在他桌上装点着。大前天早晨，该死的听差收拾房间，不小心打翻墨水瓶，把行政院淹得昏天黑地，陆子潇挽救不及，跳脚痛骂。那位亲戚国而忘家，没来过第二次信；那位朋友外难顾内，一封信也没回过。从此，陆子潇只能写信到行政院去，书桌上两封信都是去信了。今日正是去信外交部的日子。子潇等待鸿渐看见了桌上的信封，忙把这信搁在抽屉里，说："不相干。有一位朋友招我到外交部去，回他封信。"

鸿渐信以为真，不得不做出惜别慰留的神情道："啊哟！怎样陆先生要高就了！校长肯放你走么？"

子潇连摇头道："没有的事！做官没有意思，我回信去坚辞的。高校长待人很厚道，好几个电报把我催来，现在你们各位又来了，学校渐渐上轨道，我好意思拆他台么？"鸿渐想起高松年和自己的谈话，叹气道："校长对你先生，当然是另眼相看了。像我们这种——"

子潇说话低得有气无声，仿佛思想在呼吸："是呀。校长就是有这个毛病，说了话不作准的。我知道了你的事很不平。"机密得好像四壁全挂着偷听的耳朵。

鸿渐没想到自己的事人家早知道了，脸微红道："我倒没有什么，不过高先生——我总算学个教训。"

"哪里的话！副教授当然委屈一点，可是你的待遇算副教授里最高的了。"

"什么？副教授里还分等么？"鸿渐大有约翰生博士不屑把臭虫和跳虱分等的派头。

“分好几等呢。譬如你们同来、我们同系的顾尔谦就比你低两级。就像系主任罢，我们的系主任韩先生比赵先生高一级，赵先生又比外语系的刘东方高一级。这里面等次多得很，你先生初回国做事，所以搅不清了。”

鸿渐茅塞顿开，听说自己比顾尔谦高，气平了些，随口问道：“为什么你们的系主任薪水特别高呢？”

“因为他是博士，Ph. D。我没到过美国，所以没听见过他毕业的那个大学，据说很有名。在纽约，叫什么克莱登大学。”

鸿渐吓得直跳起来，宛如自己的阴私给人揭破，几乎失声叫道：“什么大学？”“克莱登大学。你知道克莱登大学？”

“我知道。哼，我也是——”鸿渐恨不能把自己舌头咬住，已经泄漏了三个字。

子潇听话中有因，像黄泥里的竹笋，尖端微露，便想盘问到底。鸿渐不肯说，他愈起疑心，只恨不能采取特务机关的有效刑罚来逼取口供。鸿渐回房，又气又笑。自从唐小姐把买文凭的事向他质问以后，他不肯再想起自己跟爱尔兰人那一番交涉，他牢记着要忘掉这事；每逢念头有扯到它的趋势，他赶快转移思路，然而身上已经一阵羞愧地微热。适才陆子潇的话倒仿佛一帖药，把心里的鬼胎打下一半。韩学愈撒他的谎，并非跟自己同谋，但有了他，似乎自己的欺骗减轻了罪名。当然新添上一种不快意，可是这种不快意是透风的，见得天日的，不比买文凭的事像谋杀迹灭的尸首，对自己都要遮掩得一丝不露。撒谎骗人该像韩学愈那样才行，要有勇气坚持到底。自己太不成了，撒了谎还要讲良心，真是大傻瓜。假如索性大胆老脸，至少高松年的欺负就可以避免。老实人吃的亏，骗子被揭破的耻辱，这两种相反的痛苦，自己居然一箭双雕地兼备了。鸿渐忽然想，近来连撒谎都不会了。因此恍然大悟，撒谎往往是高兴快乐的流露，也算是一种创造，好比小孩子游戏里的自骗自。一个人身心畅适，精力充溢，会不把顽强的事实放在眼里，觉得有本领跟现状开顽笑。真到忧患穷困的时候，人穷智短，谎话都讲不好的。

过一天，韩学愈来拜访。通名之后，方鸿渐倒窘起来，同时快意地失望。理想中的韩学愈不知怎样的嚣张浮滑，不料是个沉默寡言的人。他想陆子潇也许记错，孙小姐准是过信流言。木讷朴实是韩学愈的看家本领。现代人有两个流行的信仰。第一：女子无貌便是德，所以漂亮的女人准比不上丑女人那样有思想，有品节；第二：男子无口才，就是表示有道德，所以哑巴是天下最诚朴的人。也许上够了演讲和宣传的当，现代人矫枉过正，以为只有不说话的人开口准说真话，害得新官上任，训话时个个都说："为政不在多言。"恨不能只指嘴、指心、指天，三个手势了事。韩学愈虽非哑巴，天生有点口吃。因为要掩饰自己的口吃，他讲话少、慢、着力，仿佛每个字都有他全部人格作担保。不轻易开口的人总使旁人想他满腹深藏着智慧，正像密封锁牢的箱子，一般人总以为里面结结实实都是宝贝。高松年在昆明第一次见到这人，觉得他诚恳安详，像个君子，而且未老先秃，可见脑子里的学问多得冒上来，把头发都挤掉了。再一看他开的学历，除掉博士学位以外，还有一条："著作散见美国《史学杂志》《星期六文学评论》等大刊物中。"不由自主地另眼相看。好几个拿了介绍信来见的人，履历上写在外国"讲学"多次。高松年自己在欧洲一个小国里读过书，知道往往自以为讲学，听众以为他在学讲——讲不来外国话借此学学。可是在外国大刊物上发表作品，这非有真才实学不可。他问韩学愈道："先生的大作可以拿来看看吗？"韩学愈坦然说，杂志全搁在沦陷区老家里，不过这两种刊物中国各大学全该订阅的，就近应当一找就到，除非经过这番逃难，图书馆的旧杂志损失不全了。高松年想不到一个说谎者会这样泰然无事；各大学的书籍七零八落，未必找得着那期杂志，不过里面有韩学愈的文章看来是无可疑的。韩学愈也确向这些刊物投过稿，但高松年没知道他的作品发表在《星期六文学评论》的人事广告栏："中国青年，受高等教育，愿意帮助研究中国问题的人，取费低廉。"和《史学杂志》的通信栏："韩学愈君征求二十年前本刊，愿出让者请通信某处接洽。"最后他听说韩太太是美国人，他简直改容相敬了，能娶外国老婆非精通西学不可，自己年轻时不是想娶个比国女人没有成功么？这人做得系主任。他当时也没想到这外国老婆是在中国娶的白俄。

跟韩学愈谈话仿佛看慢动电影，你想不到简捷的一句话需要那么多的筹备，动员那么复杂的身体机构。时间都给他的话胶着，只好拖泥带水地慢走。韩学愈容颜灰暗，在阴天可以与周围的天色和融无间，隐身不见，是头等的保护色。他只有一样显著的东西，喉咙里一个大核。他讲话时，这喉核忽升忽降，鸿渐看得自己的喉咙都发痒。他不说话咽唾沫时，这核稍隐复现，令鸿渐联想起青蛙吞苍蝇的景象。鸿渐看他说话少而费力多，恨不能把那喉结瓶塞头似的拔出来，好让下面的话松动。韩学愈约鸿渐上他家去吃晚饭，鸿渐谢过他，韩学愈又危坐不说话了，鸿渐只好找话敷衍，便问："听说嫂夫人是在美国娶的？"

韩学愈点头，伸颈咽口唾沫，唾沫下去，一句话从喉核下浮上："你先生到过美国没有？”

“没有去过——”索性试探他一下——“可是，我一度想去，曾经跟一个Dr. Mahoney通信。”是不是自己神经过敏呢？韩学愈似乎脸色微红，像阴天忽透太阳。

“这人是个骗子。”韩学愈的声调并不激动，说话也不增多。

“我知道。什么克莱登大学！我险的上了他的当。”鸿渐一面想，这人肯说那爱尔兰人是“骗子”，一定知道瞒不了自己了。

“你没有上他的当罢！克莱登是好学校，他是这学校里一个开除的小职员，借着幌子向外国不知道的人骗钱，你真没有上当？唔，那最好。”

“真有克莱登这学校么？我以为全是那爱尔兰人捣的鬼。”鸿渐诧异得站起来。

“很认真严格的学校，虽然知道的人很少——普通学生不容易进。”

“我听陆先生说，你就是这学校毕业的。”

“是的。”

鸿渐满腹疑团，真想问个详细。可是初次见面，不好意思追究，倒见得自己不相信他。并且这人说话很经济，问不出什么来；最好有机会看看他的文凭，就知道他的克莱登跟自己的克莱登是一是二了。韩学愈回家路上，腿有点软，想陆子潇的报告准得很，这姓方的跟爱尔兰人有过交涉，幸亏他不像自己去过美国，就恨不知道他是否真的没买文凭，也许他在撒谎。

…………

——本文节选自《围城》第六章。小说最早在1946年2月至1947年1月的《文艺复兴》刊物上连载，1947年5月由上海晨光出版公司出版单行本。

⊙ 注 释

[1] 捉搦（nuò）：握住，抓住。搦：握，拿着。

[2] 内人：在他人面前称呼自己的妻子。

[3] 敦交睦邻：指与邻居或相邻国家诚意相交、和睦相处。敦：诚恳。睦：和睦。

[4] *Life Begins at Forty*：《人生从四十岁才开始》。这是当时国内流行的一本美国书籍。

⊙ 阅读提示

《围城》这部小说以方鸿渐旅欧回国后的生活经历为主线，描述了那个时代上层知识分子围绕着个人事业和爱情婚姻等问题而展开的明争暗斗。本文节选的这部分小说写了方鸿渐初到三闾大学任教时的一个片段，作者通过他到校后与校长、同事之间的接触与交往活动，形象地展示了各色人物不同的内心世界和行为表现。

小说在写作上具有非常突出的特色。第一，人物形象生动鲜明。如高松年虚伪狡诈，撒谎骗人，言而无信；李梅亭喜好炫耀，看重名利，患得患失；陆子潇虚荣心强，说话谨慎；韩学愈外表木讷却工于心计，擅长骗术，以假文凭骗取系主任职位。与这些人相比较，方鸿渐身上更多地表现出诚实、单纯、正直、善良的个性特点。第二，心理刻画细致入微。如第三自然段中对高松年心理活动的描写，表现出高松年老于世故，玩弄权术的特点。第三，比喻手法新奇风趣。如写汪处厚见到李梅亭时“热烈地双手握着他手，好半天搓摩不放，仿佛捉搦了情妇的手”；听韩学愈说话时“方鸿渐联想起青蛙吞苍蝇的景象”等。

⊙ 相关链接

杨绛谈《围城》

我认为《管锥编》《谈艺录》的作者是个好学深思的钟书，《槐聚诗存》的作者是个“忧世伤生”的钟书，《围城》的作者呢，就是个“痴气”旺盛的钟书。我们俩日常相处，他常爱说些痴话，说些傻话，然后再加上创造，加上联想，加上夸张，我常能从中体味到《围城》的笔法。我觉得《围城》里的人物和情节，都凭他那股子痴气，呵成了真人实事。可是他毕竟不是个不知世事的痴人，也毕竟不是对社会现象漠不关心，所以小说里各个细节虽然令人捧腹大笑，全书的气氛，正如小说结尾所说：“包涵对人生的讽刺和伤感，深于一切语言、一切啼笑。”令人回肠荡气。

——摘自杨绛：《记钱钟书与〈围城〉》，香港，三联书店，1987

⊙ 思考练习

一、分析方鸿渐、高松年、韩学愈的形象特点。

二、本文刻画人物运用了哪些方法？

三、钱钟书擅长幽默讽刺艺术，体现在本文中的哪些地方？

十九　绳　子

[法]莫泊桑

莫泊桑（1850—1893），法国19世纪后半期著名的批判现实主义作家。他出生于法国西北部诺曼底省的一个没落贵族家庭。20岁时，普法战争爆发，他应征入伍，两年的兵营生活使他认识到了战争的残酷，祖国的危难启发了他的爱国思想。战争结束后，他退役到了巴黎，先后在海军部和教育部任小职员，同时开始了文学创作。1880年发表的小说《羊脂球》轰动了法国，一举成名。在此后的十年间他写了三百多个中短篇小说、六部长篇小说以及四部剧本，被誉为“短篇小说之王”。他擅长从平凡琐屑的事务中截取富有典型意义的片断，以小见大地反映现实生活。他的短篇小说题材广泛，描写了普法战争前后法国中下层社会形形色色的人物，对生活于社会底层的人物流露出同情，揭露了资本主义社会的丑恶现实，鞭笞了资产阶级的伪善自私、利欲熏心的丑恶灵魂。

这是个赶集的日子。戈德维尔附近的每一条路上都有农民带着娘儿们向镇上走来。男人们步履安闲，迈着弯曲的长腿，冉冉向前。繁重的田间劳动——左肩耸起歪着身子扶犁，两膝分开立得稳稳地割麦，以及农村中所有做起来又慢又吃力的活，使他们的双腿变成了畸形。他们的蓝布罩衫浆得笔挺，像上了凡立水一样闪闪发光[1]，袖口和领口用白线绣着花纹，鼓鼓囊囊地裹着瘦骨嶙峋的身子，活像个要腾空而起的气球，气球外面伸出一个脑袋，一双胳膊，两只脚。

有的人手里牵着一头奶牛或者两头牛犊。娘儿们跟在牲口后面，一手拿着根还带着叶子的树枝，抽着牲口两肋，催促牲口向前，一手挽着大篮子，篮子口上东冒出个鸡头，西伸出个鸭头。比起她们的丈夫来，娘儿们的步子短小而急促。她们身体干瘦，腰杆挺直，一条窄窄的小披肩用别针别在平坦的胸前，头上贴发裹着块白布，上面再戴一顶便帽。

一匹马驹以短促的快步拉着一辆大车驰过，摇得车上的两男一女前俯后仰。两个男的并排坐着，女的坐在车后，双手攥着车挡，以期缓和一下车子激烈的颠簸。

戈德维尔的集市广场上，人群和牲畜混在一起，黑压压一片。只见牛的犄角，富裕农民的长毛绒高帽，农妇们的头巾在集市上攒动。尖厉刺耳的嘈杂声嗡嗡一片，持续不断，气息粗犷。不时还可以听到一声从乡下人结实的胸脯里发出的开怀大笑，或者系在墙边的母牛的一声长哞。

整个集市都带着牛栏、牛奶、牛粪、干草和汗臭的味道，散发着种田人所特有的那种难闻的人和牲畜的酸臭气。

布雷奥戴村奥士高纳大爷刚刚到达戈德维尔，正在向集市广场走来。突然他发现地下有一小段绳子。奥士高纳大爷具有真正诺曼底人的勤俭精神，认为一切有用的东西都该捡起来。他弯下身去，因为患风湿病而十分吃力。他从地上捡起那段细绳子，并准备绕绕好收起来。这时他发现马具商马朗丹大爷在自家门口瞅着他。他们过去为了一根络头[2]曾有过纠葛，双方怀恨在心，至今互不理睬。现在奥士高纳大爷在粪土里捡绳头，被自己的冤家对头看见了，颇感坍台[3]。他立即将绳头藏进罩衫，接着又藏入裤子口袋。然后他又装模作样在地上寻找什么东西，但没找到，于是便向市场走去，脑袋冲在前面，身子因风湿痛而弓着。

他很快便消失在赶集的人群中了。赶集的人吵吵嚷嚷，慢慢吞吞，由于没完没了的讨价还价而有点激动。农民用手拍拍奶牛，走开去又走回来，拿不定主意，总是怕上当，永远下不了决心，偷偷瞧着卖者眼色，总想识破卖者的诡计，发现牲口的缺点。

娘儿们把手里的大篮子放在脚跟边，从里面拉出家禽，搁在地上。家禽的双脚缚着，两眼惊慌，鸡冠通红。

她们不动声色，面无表情，听任顾客还价，不肯松口，或者，突然决定接受顾客还的价钱，向慢慢走开去的顾客叫道：

“昂迪姆大爷，就这样吧，我卖给您了。”

随后，集市上的人群渐渐散去。教堂敲响了午祷的钟声。远道而来的农民纷纷走进镇上的各家客店。

朱尔丹掌柜的店堂里，坐满了顾客。大院里也停满了各式各样的车子：双轮马车、双轮轻便篷车、大马车、敞篷双座轻便马车，以及蹩脚[4]的张篷马车。这些车子沾满黄土，东歪西斜，千补百衲。有的车辕翘到天上，像举着两只胳膊；有的车头冲地，车尾朝天。

在店堂的一边，大壁炉里火光熊熊。坐在右排的顾客，脊背被烤得暖洋洋的。三把铁叉在炉上转动着，烤着小鸡、野鸽和羊肉。烤肉的香味，棕色肉皮上流着的油汁的香味，从炉膛里飘出来，闻得顾客们喜上眉梢，馋涎欲滴。

所有种田的老把式都在朱尔丹掌柜的店里吃饭，他既是客店老板又是马贩子，是个手头宽裕的精明人。

菜肴和黄色的苹果酒端上来，吃光饮尽。各人谈着自己生意买卖，相互打听收成的前景。天时对青苗生长有利，但对麦子不佳。

突然，客店前面的大院里响起一阵鼓声。除少数几个漠不关心的人以外，大家唰地站起身来，嘴里含着食物，手里拿着餐巾，向门口、窗口奔过去。

传达通知的乡丁敲了一阵小鼓之后，拉开嗓门背诵起来，声音断断续续，重音读错，句子读破。

“戈德维尔的居民以及所……有赶集的乡亲们：今天早晨九十点钟……之间，有人在勃兹维尔大路上遗失黑皮夹子一只。内装法郎五百，单据若干。请拾到者立即交到……乡政府，或者曼纳维尔村伏图内·乌勒布雷克大爷家。送还者得酬金法郎二十。特此通告。”

乡丁说完便走。远处隐隐约约又传来一次乡丁的击鼓声和叫喊声。

于是大家就这件事议论开来，数说着乌勒布雷克大爷寻找得到或者寻找不到皮夹子的种种可能。

午饭已经用毕。

大家正在喝着最后一点咖啡。这时，宪兵大队长突然出现在店堂门口。他问道：

“布雷奥戴村奥士高纳大爷在这儿吗？”

坐在餐桌尽头的奥士高纳大爷回答说：

“在。”

于是宪兵大队长又说：

“奥士高纳大爷，请跟我到乡政府走一趟。乡长有话要对您说。”

这位农民既感到诧异又觉得不安。他一口喝完杯子里的咖啡，起身上路，嘴里连连说：“在，在。”他每当休息之后，起步特别困难，所以身子比早晨弓得更厉害了。

他跟在宪兵大队长后面走了。

乡长坐在扶手椅里等着他。乡长是当地的公证人，身体肥胖，态度威严，说话浮夸。

“奥士高纳大爷。”他说，“有人看见您今天早上在勃兹维尔大路上捡到了曼纳维尔村乌勒布雷克大爷遗失的皮夹子。”

这位乡下人不知如何回答是好，瞅着乡长，自己也不知为什么，已经被这种对他的怀疑吓呆。

“我，我，我捡到了那只皮夹子？”

“是的，是您亲自捡到的。”

“我以名誉担保，我连皮夹子的影子也没见过。”

“有人看见您啦。”

“有人看见我，我啦？谁看见的？”

“马朗丹先生，马具商。”

这时老人想起来了，明白了，气得满脸通红。

“啊！他看见啦，这个乡巴佬！他看见我捡起的是这根绳子。乡长先生，您瞧！”

他在口袋里摸了摸，掏出了那一小段绳子。

但是乡长摇摇脑袋，不肯相信。

“奥士高纳大爷，马朗丹先生是个值得信赖的人，我不会相信他把这根绳子错当成了皮夹子。”

这位老农气呼呼地举起手来，向身边吐了一口唾沫，表示以名誉起誓，再次说：

“老天有眼，这可是千真万确，丝毫不假的啊，乡长先生。我再说一遍，这件事，我可以用我的良心和生命担保。”

乡长又说：

“您捡起皮夹子之后，甚至还在地上找了很久，看看是否有张把票子从皮夹子里漏了出来。”

老人又气又怕，连话都说不上来了。

“竟然说得出！……竟然说得出……这种假话来糟蹋老实人！竟然说得出！……”

他抗议也是白费，别人不相信他。

他和马朗丹先生当面对了质。后者再次一口咬定他是亲眼看见的。他们互相对骂了整整一小时。根据奥士高纳大爷的请求，大家抄了他的身，但什么也没抄着。

最后，乡长不知如何处理是好，便叫他先回去，同时告诉奥士高纳大爷，他将报告检察院，并请求指示。

消息已经传开了。老人一走出乡政府就有人围拢来问长问短。有的人确是出于好奇，有的人则是出于嘲弄癖，但都没有任何愤慨。于是老人讲起绳子的故事来。他讲的，大家听了不信，一味地笑。

他走着走着，凡是碰着的人都拦住他问，他也拦住熟人，不厌其烦地重复他的故事，重复他的抗议，把只只口袋都翻转来给大家看，表明他什么也没有。

有人对他说：

“老滑头，滚开！”

他生气，着急，由于别人不相信他而恼火，痛苦，不知怎么办，总是向别人重复绳子的故事。

天色将晚，该回去了。他和三位村邻一起往回走，把捡到绳头的地方指给他们看，一路不停地讲他的遭遇。

晚上，他在布雷奥戴村里走了一圈，目的是把他的遭遇讲给大家听，但是没有一个人相信他。

他为此心里难过了整整一夜。

第二天，午后一小时左右，依莫维尔村的农民布列东大爷的长工马利于斯·博迈勒，把皮夹子和里面的钞票、单据一并送还给了曼纳维尔村的乌勒布雷克大爷。

这位长工声称确是在路上捡着了皮夹子，但他不识字，所以就带回家去交给了东家。

消息传到了四乡。奥士高纳大爷得到消息后立即四处游说，叙述起他那有了结局的故事来。他胜利了。

“要知道，使我伤心的是，”他说，“根本不是那么回事，而是污蔑。由于污蔑而遭众人非难，这种事是再损人不过的了。”

他整天讲他的遭遇，在路上向过路的人讲，在酒馆里向喝酒的人讲，星期天在教堂门口讲。不相识的人，他也拦住讲给人家听。现在他心里坦然了，不过，他觉得有某种东西使他感到不自在。是什么东西，他说不清楚。人家在听他讲故事时，脸上带着嘲弄的神气。看来人家并不信服。他好像觉得别人在他背后指指戳戳。

下一个星期二，他纯粹出于讲自己遭遇的欲望，又到戈德维尔来赶集。

马朗丹站在家门口，看见他走过，笑了起来。为什么呢？

他朝克里格多村的一位庄稼汉走过去，这位老农民没有让他把话说完，在他胸口推了一把，冲着他大声说：“老滑头，滚开！”然后扭转身就走。

奥士高纳大爷目瞪口呆，越来越感到不安。为什么人家叫他“老滑头”呢？

他在朱尔丹的客店里坐下之后，又解释起来。

蒙迪维利埃村的一位马贩子对他大声说：

“好了，好了，老主顾，你那根绳子，我知道啦！”

奥士高纳大爷嘀咕道：

“皮夹子既然找到了嘛。”

但那个人接着说：

“老爹，别说了。有个人捡着了，又有个人送还了。俗话说，没人见，没人晓，骗你你也不知道。”

奥士高纳气得连话也说不上来。他终于明白了。人家指责他是叫一个同伙，一个同谋，把皮夹子送回去的。

他想抗议。满座的人都笑了起来。

他午饭没能吃完便在一片嘲笑声中走了。

他回到家里，又羞又恼。愤怒和羞耻使他痛苦到了极点。他特别感到狼狈，因为，凭他诺曼第人的刁钻，他是做得出别人指责他的事来的，甚至可以自夸手段高明。他门槛精[5]是出名的，所以他模模糊糊意识到他无法证明自己是清白的了。他遭到无端的怀疑，因而伤透了心。

于是，他重新向人讲述自己的遭遇，故事每天都长出一点来，每天都加进些新的理由，更加有力的抗议，更加庄严的发誓。这些都是他一人独处的时候编出来的，准备好的，因为他的心思专门用在绳子的故事上了。他的辩解越是复杂，理由越是多，人家越不相信他。

有人背后议论说：“这都是骗子的歪理。”

别人的议论，他有所感。他闷闷不乐，用尽了力气洗刷自己，还是白费。

他眼看着消瘦下去。

现在，爱开玩笑的人为了逗乐而请他讲绳子的故事，就像人家请打过仗的士兵讲他亲身经历的战斗故事一样。他那鼓到顶点的士气垮了下来。

将近年底的时候，他卧病不起。

年初，他含冤死去。临终昏迷的时候，他还在证明自己是洁白无辜的，一再说：

“一根细绳……一根细绳……乡长先生，您瞧，绳子在这儿。”

——本文选自《莫泊桑中短篇小说选》，郝远、赵少侯译，北京，人民文学出版社，1981

⊙ 注 释

[1] 凡立水：英文名“varnish”的音译，指清漆。

[2] 络头：马笼头，即套在马头上用来系缰绳的皮条或绳子。

[3] 坍台：方言，丢脸、出丑的意思。

[4] 蹩脚：方言，品质低劣的意思。

[5] 门槛精：为人精明，爱占便宜，不肯吃亏。门槛：指找窍门或占便宜的本领。

⊙ 阅读提示

小说写了乡下人奥士高纳大爷的悲剧。他朴实、善良、节俭，仅仅因为曾经与人有过纠葛，而遭到了污蔑、陷害。他非常看重名誉，想方设法要证明自己的清白，却始终不能取信于世人，反而遭到人们的嘲讽和鄙视，最后在愤恨和痛苦中含冤死去。作品通过这个故事反映了人性中的丑恶面。

作者选取富有典型意义的日常生活事件，以小见大地揭示现实问题，发人深思。作品中自然而然地流露出作者的同情与批判倾向。小说开头对农民们的外貌描写和关于戈德维尔集市的场景描写很有特色，富有浓郁的乡村生活气息。

⊙ 相关链接

莫泊桑的中短篇小说创作

王化学

莫泊桑的文学成就突出表现在中、短篇小说的创作上，同时代的大作家法朗士因此称之为“短篇小说之王”。莫泊桑的中、短篇小说，题材广泛，几乎触及整个法国社会，而且极为准确地概括出它在19世纪后半期的历史风貌，生动鲜明地塑造了各个阶层的人物形象。无论金迷纸醉的巴黎上流社会，还是贫困愚昧的外省乡村；无论豪华奢侈的沙龙舞场，还是寒峭冷寞的客栈酒吧；无论劳动人民勇敢豪放的性格和热爱和平自由的精神，还是资产阶级贪婪自私的本性和卑鄙龌龊的灵魂……都可以在莫泊桑的中、短篇小说里找到典型。他虽然以不露声色的客观描写原则自律，但从作品的字里行间流露出对社会黑暗的愤懑，对资产者的厌憎，对教会伪善的嘲讽和对正义事业的热爱，以及对小人物的怜悯和对爱国志士的敬佩。

莫泊桑的中、短篇小说达到了极高的艺术境界。他擅长撷取富有典型意义的日常生活事件，以小见大地概括社会真相、开掘深层意蕴。其叙述风格极为客观甚至冷漠，把激情和好恶隐藏起来，绝少溢于言表。在布局与结构方面煞费苦心，几乎每篇都有新颖独到之特点，不落窠臼、出人意料。其文笔自然、流畅、简练，但刻画深入，最喜以简约的文句白描内心活动和心理特征。在其笔下展现的生活场景，有的庄严，有的戏谑；有的快乐，有的悲惨；有的引人同情，亦有的让人厌憎；有拳打脚踢，还有嬉笑怒骂……变幻多端，仿佛五光十色的大壁画，让人产生身临其境、目不暇接之感。

——引自王化学:《西方文学经典导论》，济南，山东人民出版社，2004

⊙ 思考练习

一、概括奥士高纳大爷的性格特征。

二、联系社会现实生活中的事例，谈谈你对流言蜚语的看法以及对付的办法。

三、小说开头的外貌描写和场景描写有何特色和作用？

四、本文主题思想有什么现实意义？

二十　夜行孔雀睛

[德] 赫尔曼·黑塞

赫尔曼·黑塞（1877—1962），德裔瑞士著名小说家和诗人。黑塞15岁时从神学院逃出后做过学徒工、书店店员。他一边谋生，一边阅读和写作，他阅读了大量德国和外国文学作品，这为他后来的创作奠定了基础。黑塞21岁时发表了处女作诗集《浪漫之歌》和随后的散文集《子夜一点钟》。黑塞27岁时，第一部长篇小说《彼得·卡门青》问世，在德国引起了轰动，获包恩费尔德奖金，奠定了他成为作家的地位。《夜行孔雀睛》发表于1911年，1927年黑塞发表了长篇小说《荒原狼》，1930年发表了长篇小说《纳尔齐斯和歌尔蒙德》，1942年完成最后一部长篇小说《玻璃球游戏》。1946年黑塞被授予诺贝尔文学奖金。黑塞的大部分作品都敢于面对残酷的现实、苦难的人生，鼓励人们勇敢地扛起生活的重担，向着美好的理想迈进。

落日的余晖尚未消散，我的客人和朋友亨利希·摩尔外出散步已经归来。他和我一起坐在书房里，窗外，丘陵状的湖岸环拥着那片辽阔而淡白的湖水。我的小儿子刚刚过来向我们道了晚安。于是，我们就谈起了孩子们和童年的往事。

我说："自从有了孩子，我自己小时候的许多爱好也复活了。去年我甚至又开始收集蝴蝶标本，你要瞧瞧吗？"

他让我拿给他看看，我便走出书房，从那些轻巧的硬纸盒中取出两三盒。当我打开第一只纸盒时，我们才发觉天已经很黑了，我们几乎不能辨认出那些展开的蝴蝶标本的轮廓。

我抓过油灯，划亮一根火柴，窗外的景色立刻沉入夜幕中，浓重的夜色笼罩着窗户。

在明亮的油灯下，我的蝴蝶在纸盒内闪着迷人的光泽。我们俯身端详着色彩斑斓的蝴蝶，一一叫出它的名字。

"这边这只叫黄绶带蝶，拉丁文叫fulminea，我们这儿极少见。"

亨利希·摩尔小心翼翼地从别针上取下一只蝴蝶，把它拿出纸盒，仔细地端详它翅膀的背面。

"真是不可思议，"他说，"什么也不能像看着蝴蝶这样强烈地唤起我对童年的回忆。"

他一边把蝴蝶别到原处，盖上盒盖，一边急促而生硬地说："我不想再看了！"他似乎很不喜欢这些回忆。我收走纸盒，回到书房。他那瘦削的棕色脸庞马上又现出微笑。他请我给他支烟抽。

"请你别介意，"他接着说，"我没有更仔细地欣赏你的珍藏。我小时候当然也收集过这些玩意儿。遗憾的是我一想起来就觉得倒胃口。原因我可以告诉你，尽管不太光彩。"

他在油灯上点燃香烟，罩上绿色灯罩，我们的面孔便隐没在幽暗的微光中了。他在那扇窗户洞开的窗台上坐下，颀长消瘦的身躯几乎完全融于黑暗之中。我抽着烟。远处，青蛙的歌声响彻夜空。我的朋友讲起了童年往事：

我是八岁或九岁时开始收集蝴蝶标本的。起初也并不显得比其它游戏和爱好更加热心。但在第二个夏天，大概是十岁左右吧。这玩意儿就完全攫住了我的整个身心，变成一种不可遏制的狂热，以致人们认为有必要禁止我继续收集标本，因为除了捉蝴蝶，我忘记和荒疏了其它所有事情。只要我在追逐一只蝴蝶，那我就根本听不见钟楼的钟声，什么上学啦、吃午饭啦，统统被我抛到了脑后。假期里，我时常到郊外捉蝴蝶，装标本的小罐里塞着一块面包，从黎明一直疯到夜晚，从不回家吃饭。

即使现在，当我看到异常美丽的蝴蝶时，有时仍然感觉到那种热狂，那种只有孩子才能感觉到的、无名而满怀渴慕的喜悦便又会在一刹那间充盈我的整个身心——小时候我正是怀着这种狂喜第一次蹑手蹑脚地接近了一只金凤蝶；在这种时候，童年时代的许多美妙时光就会一起涌上心头；阳光灿烂的下午在那干燥而散发着强烈芬芳的荒原上，凉爽宜人的早晨在花园中，或是黄昏时在那充满神秘气氛的森林边缘，我潜伏着，张开我的捕蝶网，就像一只美丽的蝴蝶——它不一定特别罕见，——落在阳光上的花茎上，它那五彩双翼有规律地一张一合，狩猎的喜悦屏住了我的呼吸，我渐渐潜近它，已经能够清楚地看见它那光灿灿的每一个斑点、水晶般的翅膀和每一根优美纤细的棕色触须了。每当这种时候，我是多么紧张和快乐啊，这是温柔的喜悦和狂放的激情的混合。在以后的生活中，我很少再体验到这种情感。

我的父母很穷，他们无力给我买装标本的盒子，我只得把标本保存在一个普通的旧纸盒中。我把酒瓶上的软木塞削成片，粘在盒底，别针就可以插在这木片上。在这个纸盒折绉的四壁中，珍藏我的宝贝。起初，我很喜欢，也常常把我的收藏拿给同学们看。但他们都有带玻璃盖的小木箱、用绿色窗纱作围罩的硬纸盒，还有种种高级玩意儿。我再也不敢以我那简陋的装置而自鸣得意了。但我并不特别需要那些高级装备。我开始沉默，并渐渐习以为常。即使捕到了罕见的令我兴奋不已的蝴蝶，我也缄口不语，只把它们拿给我的姐妹们看。一次，我捉到了一只在我们那儿十分罕见的蓝色虹蝶。我把它绷开晾干，心中洋溢着一种自豪感。最起码该拿给邻居家的小孩瞧瞧呀，自豪感这样对我说。他是教师的儿子，住在我家院子的对面。这小子有个毛病，喜欢挑剔指责别人的错儿。这种习惯在小孩身上显得格外讨厌。他的收藏少得可怜，实在不起眼，却由于其可爱及他的精心呵护而成为不可多得的宝贝。他甚至还掌握了那门复杂的、绝无仅有的手艺——把扯坏弄断的蝴蝶翅膀重新粘合好。从各方面看，他都是个模范孩子。正因为如此，一半出于嫉妒，一半出于钦佩，我恨他。

我把蓝色虹蝶拿给这个模范孩子看。他以一种行家的眼光仔细观察这只蝴蝶，肯定它很罕见，并断定它值二十个芬尼。因为这个孩子——埃米尔，有本事按照金钱价值对一切收集物进行评判，尤其是蝴蝶。接着，他就开始了指责，什么我的蓝色虹蝶没有绷好呵，什么右边的触须是卷曲的，而左边的却是伸直的呵，等等。他还发现了一个真正的毛病：这只蝴蝶少两条腿。尽管我不认为这缺陷是什么大不了的问题，但这个惯于指责的家伙也多少败坏了捕获这只蓝虹蝶带给我的喜悦。此后，我再也没有给他看过我捕到的任何蝴蝶。

两年后，我们都成了大孩子，但我收集蝴蝶标本的狂热却经久不衰。人们四处传言，说那个埃米尔捉到了一只夜行孔雀睛。那时，这消息带给我的兴奋远比今天听说某个朋友继承了百万遗产或发现了失传的利维乌斯的著作所能带给我的兴奋强烈得多。我们这儿没人捉到过夜行孔雀睛。我只是在我那本介绍蝴蝶知识的旧书的插图上认识了它。这本旧书中那些手工的铜板画要比现代彩色画漂亮和精确得多。在我知道但尚未捕到的所有蝴蝶中，没有一处能像夜行孔雀睛那样激起我如此强烈的欲望。我常常打量书中那幅插图。我的一个朋友还告诉我说，当一只小鸟或其它敌人来袭击这种落在树干或岩石上的棕色蝴蝶时，它只是伸开紧收的深色前翅，露出美丽的后翅，后翅上那些大而明亮的眼睛显得那么奇特而不可思议，吓得鸟儿赶紧放过它，落荒而去。

那个无聊的埃米尔竟拥有这种神蝶！我刚听到这消息时，只感到十分高兴，因为我终于可以看到这种稀有的生物了。接着，那灼人的好奇心攫住了我，当然，嫉妒心也接踵而至：怎么偏偏是他这只无聊的哈叭狗捉到了这种神奇而珍贵的蝴蝶？我觉得这实在令人恶心。我克制住自己，不去向他要蝴蝶看，对，不赏他这个光。可这只蝴蝶却老在我的脑海里打转，不肯离去。第二天，当这个传说在学校里得到证实后，我立即作出了去他家的决定。

吃过晚饭，我立即溜过院子，朝他家跑去。他家住在四楼。他那做教师的爸爸居然允许他独自住在一个小房间里，这个小房间在女仆的房间和木板房旁边，对此我常常羡慕不已。路上我没有碰见任何人。我跑上楼，敲了敲他的房门，但没有回答——埃米尔不在里面。我试着转动门把手，发现门没有锁上。而平时，他在离屋时总是要锁门的。

为了至少能瞧一眼那蝴蝶，我走进屋去，迅速打开埃米尔的两个标本盒，但什么也没有发现。后来我突然想到，蝴蝶一定还在晒板上。果然不出所料，那只夜行孔雀睛正贴在晒板上，狭长的纸条覆盖着棕色的翅膀。我弯腰抵近它观赏起来：挺直硬翘的棕色触须，优雅而色彩柔和的翅翼，后翅内沿上的茸茸细毛。但我没看见眼睛，被纸条遮住了。

我的心砰砰乱跳，我按捺不住自己的欲望，伸出手去松开纸条，把别住纸条的针抽出来。于是,我看见了那只奇异的眼睛,它们远比那幅插图上的描摹要美丽神奇得多。刹那间，一种不可抗拒的要占有这只神蝶的欲望攫住了我。我不假思索，生平第一次做了贼。我从别针上轻轻取下已经吹干而不会再变形的蝴蝶，把它托在手里。当时我只感到一种极大的满足。

我把蝴蝶托在右手里朝楼下走去。突然，我听见有人朝我迎面走来。在这一瞬间，我的良心苏醒了。我猛然意识到：我偷了东西，是一个卑鄙的贼。与此同时，一种怕被当场捉住的巨大恐惧促使我下意识地把拿着赃物的右手藏进衣袋。我慢慢地、战战兢兢地从走上楼来的女仆身旁走过，在楼下门口，我停住了脚步，心里咚咚直跳，额上早已冷汗涔涔。我手足无措，看见自己的身影都感到恐惧。

我马上清醒过来，意识到自己不能占有这只蝴蝶，我必须马上把它送回去，而且尽量不露痕迹地复归原样。尽管我十分害怕被人捉住，仍然转身朝楼上迅速冲去。一分钟后，我又站在埃米尔的房间里了。我小心翼翼地从衣袋中抽出手,把蝴蝶放到桌上。尚未抬眼，我已感到大事不妙，险些哭出声来：这只夜行孔雀睛已被揉坏，右边的前翅和触须不见了。我小心翼翼地把手伸进衣袋，试图摸出折断的触须，却发现它已被揉碎，无法再粘补了。

看着这只被我弄坏的美丽蝴蝶，望着粘在指尖上那轻柔的棕色翅膀上的粉末和折断的翅膀,我心里非常痛苦。呵,只要能让这只蝴蝶复归原样,我愿意舍去我的全部财产和欢乐。

我痛苦地走回家去，整个下午一直呆在小花园里。黄昏时分，我找到母亲，鼓起勇气把一切都告诉了她。我觉察到，母亲是多么吃惊和伤心啊。但她可能也感到，这种坦白比忍受任何惩罚更需要勇气。

“你必须去找埃米尔，”母亲十分肯定地说，“这件事你得自己告诉他，你只能这么办。在此之前我不能原谅你。你可以向他表示在你的玩具中挑选一些作为抵偿，而且你必须请他原谅！”

我得按照母亲的吩咐向这个模范孩子赔不是！这令我十分难堪。若是其他同学，不管谁我都容易办到。我已有预感，埃米尔不可能理解我，他也决不会相信我。夜幕已经降临，我却没有去找埃米尔。夜色更浓重了，这时，母亲在楼下过道里找到了我，她轻声说：“这件事你无论如何得在今天做完，现在就去。”

我穿过院子，在楼下打听埃米尔是否在家。他出来后马上告诉我，他的夜行孔雀睛被弄坏了。他还没弄清究竟是哪个坏蛋呢，还是鸟儿，或者是猫干的。我请他带我上楼去看看那只弄坏的蝴蝶。我们走上楼。他打开门，点亮一支蜡烛。我看见那只揉坏的蝴蝶正躺在晒板上。埃米尔刚才在修复它。他小心谨慎地展开那揉皱的翅膀，把它放在一张湿润的吸墨纸上。但它永远也修补不好了，而且触须也丢失了。

于是我告诉他，是我弄坏了蝴蝶。我尽力向他讲述事情的经过，向他作解释。

埃米尔既没有发怒，也没有骂我，只是从牙缝里迸出了轻轻的口哨声。他静静地凝视了我好一阵，然后说道：“哦，是这样，你原来是这样一个人！”

我说我要把全部玩具都赔给他。他只是冷漠地站在那儿，一直用轻蔑的目光盯着我，我又重复说了一遍把全部玩具都赔给他，他却说：“谢谢，你的收藏我见识过。不过，我今天才知道，你原来是这样对待蝴蝶的呵。”

在那一瞬间，我真想扑过去扼死他。没什么可说的了，我是一个无赖，而且将永远是一个无赖。埃米尔站在我面前，他的表情冰冷，带着公正不阿的轻蔑，就像那严酷的世界秩序那样。

他没有骂我一句，他只是凝视着我，并且瞧不起我。

当时我第一次明白了，人们永远也不能修复损坏的东西。我离开埃米尔回到家里。母亲没有问我，只是吻吻我就不再管我了。她很高兴，她要我上床睡觉。我早该睡了。但在睡觉前我却偷偷地从餐室里取出那只棕色的大盒子，把它搁在床上。黑暗中我打开盒子，把我的蝴蝶一只只取出来，又用手指把它们捏成碎片，揉成粉末。

⊙ 阅读提示

这篇小说的主人公回忆了童年时代干了一件不光彩的往事，妒忌心和难以抗拒的占有欲使自己犯下了错误，虽然后来在母亲的教育下进行了补救，但却遗憾终身。

作者塑造的人物形象非常鲜明。小主人公是一个诚实、有强烈自尊心和耻辱感的小孩。当他偷走别人的蝴蝶标本匆匆忙忙走到楼下门口时，意识到自己的行为不对，又返身上楼将蝴蝶标本放回了原处。当他发现由于紧张已经把蝴蝶标本的前翅和触须揉坏了时，心里非常痛苦，差点哭出声来。回到家里，他鼓起勇气把一切告诉了母亲。在母亲的教育下，他去找物主承认错误，并且表示愿意把自己的全部玩具都赔给他。他悔恨不已，回家后把自己所有蝴蝶标本都取出来，捏成碎片，揉成粉末，以此来惩罚自己。这个孩子不但不令人讨厌和愤恨，反而使人觉得他非常可爱。

⊙ 相关链接

高允临死不说假话

曾经有这么一个故事，北魏的司徒崔浩和中书侍郎高允两个人奉命撰写北魏的国史，叫作《国书》。《国书》写好以后，就被镌刻在首都平城南郊十字路口的石碑上。崔浩和高允两人依据实录作史的精神，对北魏早期的历史多秉笔直书，有些史实在后人看来是很不堪的。很多鲜卑贵族看了国史之后，非常不满，就向北魏太武帝拓跋焘进谗言，说史官真不好，为什么把这些事都写出来了？

拓跋焘盛怒之下就下令逮捕了司徒崔浩，接下来就要逮捕中书侍郎高允。偏偏太武帝的儿子，就是当时的太子拓跋晃，曾经跟高允念过书，他知道这件事情以后，想保护自己的老师，就把高允请到东宫住了一夜。第二天早上，拓跋晃和高允一起进宫朝见。

二人来到宫门前，太子对高允说："我们进去见皇上，我自会引导你怎么做。一旦皇上问什么话，你只管按照我的话去说。"高允问："殿下，这是为什么啊？"太子只是说："我们进去就知道了。"

先是太子进去跟他父亲说："高允做事一向小心谨慎，而且地位卑贱，《国书》中的一切都是崔浩写的，与高允无关，我请求您赦免高允的死罪。"拓跋焘就召见高允，问：

“《国书》果真都是崔浩一个人写的吗？”这个时候，高允明白发生了什么事，但他是这样回答的：“《太祖纪》由前著作郎邓渊撰写，《先帝纪》和《今纪》是我和崔浩两人共同撰写的。不过，崔浩兼职很多，他只不过领衔总裁而已，至于具体的著述工作，我写得要比崔浩多得多。”

拓跋焘一听，大怒，说：“原来你写的比崔浩还多，你的罪行比崔浩还大，怎么可能让你活！”太子慌了，非常害怕，赶紧对他的父亲说：“您的盛怒把高允吓坏了，他只是一介小臣，现在说话都语无伦次了。我以前问过他这件事，都说是崔浩一人写的，真的与他无关。”

拓跋焘又问高允：“真的像太子说的那样吗？”高允不慌不忙，回答说：“我的罪过确实非常大，应该灭族，但我不敢说虚妄的话来骗您。太子因为我长期给他讲书而哀怜我，想要救我一条命。其实，他没有问过我，我也没有对他说过这些话。我不敢瞎说。”

拓跋焘回过头去对太子说：“这就是正直啊！这在人情上很难做到，而高允却能做得到！马上就要死了，却不改变他说的话，这就是诚实啊。作为臣子，不欺骗皇帝，这就是忠贞啊。应该赦免他的罪过，要褒扬他。”于是，皇帝赦免了高允。

⊙ 思考练习

一、本文中的小主人公先是偷走了邻居家小孩的蝴蝶标本，后来当他意识到自己不能占有这只蝴蝶时又把它送了回去，并且向物主赔礼道歉。你怎样评判小主人公的前后行为？

二、本文通过行动、心理以及细节等描写，刻画了鲜明生动的人物形象，把这些描写找出来，仔细体会其对刻画人物的作用。

三、试分析小说中主人公的性格特征。

第五章

军魂警魂

导　读

主题词：军魂警魂

青春话题：

（1）什么是军魂、警魂？

（2）如何理解军人、警察这个职业？

（3）如何坚守一份信仰、一份责任，一种精神？

知识目标：

（1）了解《诗经》中相关作品的内容和思想。

（2）了解军旅文学的发展。

能力目标：

培养辨证思维能力。

五千年古风浩荡，五千年正气长存。每临乱世，必有英豪揭竿而起，每逢国运多舛，总有雄杰扬眉出剑。

警察、军人，这不是每个人都熟悉的职业，但却是大多数人都有着好感的职业。因为军人与警察，他们身上有一种特有的气质，有一种特别的光芒，那是一种铁骨铮铮的气概；是一种临危不惧的精神；是一种充溢于天地间的浩然正气；是一种由内而外散发出的令人景仰并敬畏的威严，他们面对困难可以迎难而上，面对危险还能挺身而出，这样一种不屈不挠的顽强的精神，忘我的精神，自我牺牲的精神，这就是警察应有的精神和素养，可谓赤胆忠诚为人民，英勇无私保平安。

物欲横流，人心渐渐失去了一种积极的形而上的精神品质，人们为了一己私利而不择手段，为了蝇头小利而丧失了做人的基本的道德标准，世间人伦遭到了前所未有的破坏，传统美德的逐渐丧失，生态环境破坏，天灾人祸接踵而至，我们一次又一次地面临生存的考验。我们不知道人类有没有自己希求的终点，我们也不知道人类要达到一种怎样的存在境界，这似乎是个谜。但那种与平庸现实永远的对抗，及对真实与美好的永恒追求，还有对人的终极意义的始终不渝的探寻，不论在哪一个时代，都将成为人类高贵血性的证明，这是永远不会被打败的。

黄沙漫天，大雁南飞，荒无人烟，风餐露宿，就是在这样的环境中，古代军人坚守着自己的信仰，担负着肩上的责任，承传着一种精神。

“5·12”已经过去了，但是那刻骨铭心的痛楚还没有过去，那种危难时刻的相互救助将永远留在我们的心中，那些废墟中的绿色橙色身影将会长存，那些舍小家，顾大家的精神还将延续下去，当代军人的形象又岂止是可爱？如果说有硝烟的战场上的军人更多的是一种斗志、斗勇，一种亮剑精神，那么当代军人则更多地呈现了一种豪气纵横、铁骨铮铮的气概，一种坚毅、一种勇气、一种魄力，是爱国主义的，更是英雄主义的赞歌。

军人、警察不仅仅是一种职业，也不仅仅是一种谋生的手段，选择了一种职业，就选择了一种责任，一种义务，也就选择了一种精神，一种信仰，一种境界。

二十一　国风·邶风·击鼓

《诗经》

《诗经》是中国最早的诗歌总集。《诗经》原本叫《诗》,共有诗歌305首,因此又称“诗三百”。从汉朝起儒家将其奉为经典,因此称为《诗经》。汉朝毛亨、毛苌曾注释《诗经》,因此又称《毛诗》。《诗经》的内容分为三部分:《风》《雅》《颂》。《诗经》是我国文学光辉的起点,是我国文学发达很早的标志,它所表现的“饥者歌其食,劳者歌其事”的现实主义精神对后世文学影响最大。《诗经》在我国乃至世界文化史上都占有极高的地位。

击鼓其镗[1],踊跃用兵[2]。土国城漕[3],我独南行。
从孙子仲[4],平陈与宋[5]。不我以归[6],忧心有忡[7]。
爰居爰处[8]?爰丧其马?于以求之[9]?于林之下。
死生契阔[10],与子成说[11]。执子之手,与子偕老。
于嗟阔兮[12],不我活兮[13]。于嗟洵兮[14],不我信兮[15]。

⊙ 注　释

[1] 镗(tāng):鼓声。其镗,即“镗镗”。

[2] 踊跃:双声联绵词,犹言鼓舞。兵:武器,刀枪之类。

[3] 土国城漕:土:挖土。城:修城。国:指都城。漕:卫国的城市。

[4] 孙子仲:即公孙文仲,字子仲,邶国将领。

[5] 平:平定两国纠纷。谓救陈以调和陈宋关系。陈、宋:诸侯国名。

[6] 不我以归:是不以我归的倒装,有家不让回。

[7] 有忡:忡忡,忧虑不安的样子。

[8] 爰(yuán):哪里。丧:丧失,此处言跑失。爰居爰处?爰丧其马:哪里可以住,我的马丢在那里。

[9] 于以:在哪里。

[10] 契阔:聚散、离合的意思。契,合;阔,离。

[11] 成说（yuè）：约定、成议、盟约。

[12] 于嗟：叹词。

[13] 活：借为“佸”，相会。

[14] 洵：久远。

[15] 信：守信，守约。

⊙ 阅读提示

诗共五章，前三章征人自叙出征情景，承接绵密，已经如怨如慕，如泣如诉。后两章描写战士间的互相勉励、同生共死，令人感动。此诗描写士卒长期征战之悲，无以复加。其中，描写战士感情的“执子之手，与子成说；死生契阔，与子偕老”，在后世也被误用来形容夫妻情深。该作品出处于《诗经》，文学载体为四言诗。

⊙ 相关链接

现实主义和浪漫主义流派

中国古典文学中流派繁多，如果把整个中国文学史比作浩渺无垠的天空，那么，众多的文学流派就犹若闪烁于天空的群星。他们交相辉映，在文学史上放射着璀璨的光芒。这些流派有的是按所反映的题材来划分的，如唐代的“田园诗派”和“边塞诗派”；有的则按作品的风格，如宋代的“婉约词派”和“豪放词派”等。如果依据创作方法来划分，那么，可分为两大流派，即现实主义和浪漫主义两大流派。这两大流派在中国古代文学史上占据着主流，它犹若两条红线贯穿了整个文学史。

现实主义文学传统在中国是源远流长的，产生于两千五百余年以前的我国第一部诗歌总集《诗经》,《诗经》是现实主义流派的最早代表。继之产生的两汉乐府诗亦是现实主义的杰出作品。此后，随着中国文学的不断发展，优秀的现实主义作家便如雨后春笋，层出不穷，像杜甫、白居易、陆游、关汉卿、罗贯中、施耐庵、曹雪芹等，都是现实主义流派在不同时期的杰出代表。其他的，如：东汉建安年间的蔡琰和“建安七子”中的有些诗人，唐代的“四杰”、元结、顾况、韩愈、柳宗元、元稹、张籍、王健、李绅、皮日休、聂夷中、杜荀鹤，宋代的王禹偁、梅尧臣、苏舜钦、王安石、范成大、杨万里，元代的元好问、马致远、高明、刘因、王冕，明代的高启、于谦、冯梦龙、《金瓶梅》的作者，清代的顾炎武、吴伟业、孔尚任、吴敬梓等，都是具有代表性的现实主义作家。他们遵循现实主义创作方法进行文学创作，因而使他们的作品具有某些共同的特点。

一、真实广泛地反映生活的本质。现实主义作家大都通过对现实生活的真实描写，揭示生活的本质。《诗经》中《伐檀》《硕鼠》等篇，以鲜明的事实显示了阶级社会的不合理。杜甫的大量诗篇，广泛而深刻地反映了当时的社会现状，成为时代的镜子，被誉为“史诗”。《金瓶梅》和《红楼梦》都是现实主义的创作手法，故事中表现的是当时的文化生活和文化活动。曹雪芹的《红楼梦》在读者面前展现了极为浩瀚的社会生活图景，显示了封建社会必然灭亡的历史规律。

二、在真实描写现实生活的基础上创造典型环境中的典型人物。杜甫写的一些叙事诗，塑造了战乱环境中的不同典型，《兵车行》中的“行人”，《石壕吏》中的老妇，《新婚别》中的新妇等，从这些栩栩如生的人物身上，展现了那个充满了血和泪时代，因此都具有典型意义。《水浒传》的作者成功地塑造了一群反抗者的形象，最成功的当推林冲，他是东京八十万禁军的教头，并且有一个美满幸福的家庭，社会地位和生活环境决定了他的性格，生活上安于现状，行动上谨小慎微。但就是这样一个人，却被高俅等人一步步逼上梁山。作者通过刻画林冲性格的发展过程，深刻地揭示了封建社会中“官逼民反”的这一客观规律，林冲的形象具有高度的典型性。而《金瓶梅》和《红楼梦》他们在艺术上的伟大成就，都是表现在善于塑造人物，而且都是成群地塑造女性。

另外，真实的细节描写，质朴的语言风格等，亦皆是现实主义作家的共同特点。

浪漫主义文学流派可以说是和现实主义流派同时产生和发展起来的，二者并驾齐驱，争奇斗艳。我国浪漫主义流派第一个代表作家是战国时期的屈原。从魏晋到南北朝，又先后出现了陶渊明、曹植、左思、郭璞、鲍照等浪漫主义诗人。唐代，众多的浪漫主义诗人登上了诗坛，这时期，产生了中国文学史上最伟大的浪漫主义诗人李白，其次还有王之焕，王昌龄、岑参、李贺等。宋代，出现了苏轼、辛弃疾两个伟大的浪漫主义词人。明清两代，相继出现了伟大的浪漫主义戏剧家汤显祖，小说家吴承恩、蒲松龄、诗人龚自珍等。

浪漫主义作家们是以浪漫主义创作方法来进行文学创作的，因此，他们的作品有着不同于现实主义作品的特色。

一、浪漫主义作家在自己的作品中大胆地描写美好的理想生活和抒发强烈奔放，不受现实羁绊的思想感情。现实主义作品主要是通过真实地描写现实生活来体现作者的理想，而浪漫主义作家则是在自己的作品中创造理想的东西以补足“真实”或代表现实。屈原的《离骚》后半部分主要是描写诗人对未来道路的探索:“路漫漫其修远兮，吾将上下而求索”，诗人被腐朽的贵族集团排斥在现实的政治生活之外，他苦闷彷徨，在溷浊的现实社会中束手无策，于是，追求理想的强烈愿望，使他尽力遨游于天空，叩帝阍，求佚女，找气氛，寻巫咸，而理想终不能实现，最后决定用死以殉自己的理想。他的死是对黑暗现实的否定。浪漫主义作家常常创作理想的东西以补足真实或代替现实。这在陶渊明的《桃花源记》中表现得尤其突出。《桃花源记》描写了一个纯朴、安乐的乌托邦社会。在那里，人们世世代代过着自由的生活，没有帝王，没有剥削。这是作者处于对不合理现实社会的不满而创作出的理想社会。

二、浪漫主义作家善于借助丰富的想象来构成虚幻的境界。在《离骚》中，诗人尽力展开想象的翅膀，任意驰骋于天地之间，大量驱使神话传说、历史人物、日月风云、山川流沙等，构成一幅幅雄奇壮丽的图景。李白的《梦游天姥吟留别》在这方面表现得尤其突出，诗人以惊世骇俗的笔墨，恣意挥洒，纵横驰骋，创造出美妙的艺术世界。写镜湖飞渡，只见皓月当空，清风拂面；写晨登神山，只见海日涌浪，天鸡唱晓；写暮留深山，只见瀑流飞濑，云水声烟，等等。诗人任意想象展开双翅，无拘无束，任意翱翔，表象了无比丰富的想象力。

三、浪漫主义作家常使用夸张的手法和大胆的比拟，以抒发豪爽奔放的感情。李白对于夸张手法的运用是富创造性的，如“白发三千丈，缘愁似个长”。以夸说白发来表现愁苦之深；又如“苍梧山崩湘水绝，竹上之泪乃可灭”，以苍梧山之不能崩，湘水之不能绝来夸说娥皇、女英的泪痕之不可灭。在比喻的运用上，浪漫主义和现实主义有所不同。现实主义用比，常借助于日常事务，而浪漫主义用比则多结合想象和夸张。在辛弃疾的一些词中，常将鸥、松等人格化。蒲松龄的著名小说《聊斋志异》以花妖狐魅来暗语现实社会，赞美善良中正的好人，鞭打奸邪巧佞的丑类。

现实主义和浪漫主义虽为两大流派，但又不能截然分开，在许多作家作品中，是现实主义和浪漫主义兼而有之的，把他们分别归入其中的一类，是就其本人的作品的主要倾向而已。清代文学家曹雪芹的《红楼梦》就是兼而有之，巧妙构思把二者结合在一起，完整的艺术结构，动人的故事情节，逼真的细节描写，独创的艺术风格，以及众多的性格鲜明的典型人物，使作品充满着无穷的魅力。曹公不愧是一位现实主义的优秀文学家和浪漫主义者。

⊙ 思考练习

一、“执子之手，与子偕老”的本意是什么？当今这句话的常用意义是什么？谈谈你的理解。

二、朗读诗歌，了解浪漫主义风格与现实主义风格。

二十二　清洁的精神

张承志

张承志（1948—　），回族，笔名张录山，经名赛义德。原籍山东济南。高中毕业后到内蒙古乌珠穆沁草原插队，放牧四年。1975 年毕业于北京大学考古学系，1981 年毕业于中国社会科学院研究生院民族历史语言系。

1978 年以来，若干次获得全国优秀短、中篇小说奖和全国少数民族文学创作奖，1995 年获首届爱文文学奖。20 世纪八九十年代，以“理想主义气质”著称。代表作品有《北方的河》《黑骏马》《金牧场》等。

这不是一个很多人都可能体验的世界。

而且很难举例、论证和顺序叙述。缠绕着自己的思想如同野草，记录也许就只有采用野草的形式——让它蔓延，让它尽情，让它孤独地荣衰。高崖之下，野草般的思想那么饱满又那么闭塞。这是一个瞬间。趁着流矢正在稀疏，下一次火光冲天的喧嚣还没有开始；趁着大地尚能容得下残余的正气，趁着一副末世相中的人们正苦于卖身无术而力量薄弱，应当珍惜这个瞬间。

（一）

关于汉字里的“洁”白，人们早已司空见惯、不加思索、不以为然，甚至清洁可耻、肮脏光荣的准则正在风靡时髦。洁，今天，好像只有在公共场所，比如在垃圾站或厕所等地方，才能看得见这个字了。

那时在河南登封，在一个名叫王城岗的丘陵上，听着豫剧的调子，每天都眼望着古老的箕山发掘。箕山太古老了，九州的故事都是在那座山上起源。夏商周，遥远的、几乎这是信史仅是传说的茫茫古代，那时宛如迎在眼前又无影无踪，烦恼着我们每个考古队员。一天天地，我们挖着只能称作龙山文化或二里头早期文化的土，心里却盼它属于大禹治水的夏朝。感谢那些辛苦的日子，它们在我的脑中埋下了这个思路，直到今天。

是的，没有今天，我不可能感受什么是古代。由于今天泛滥的不义、庸俗和无耻，我终于迟迟地靠近了一个结论：所谓古代，就是洁与耻尚没有泯灭的时代。箕山之阴，颍水之阳，在厚厚的黄土之下压埋着的，未必是王朝国家的遗址，而是洁与耻的过去。那是神话般的、唯洁为首的年代。洁，几乎是处在极致，超越界限，不近人情。后来，经过如同司马迁、庄子、淮南子等大师的文学记录以后，不知为什么人们又只赏玩文学的字句而不信任文学的真实——断定它是过分的传说不予置信，而渐渐忘记了它是一个重要的、古中国关于人怎样活着的观点。

今天没有人再这样谈论问题，这样写好像就是落后和保守的记号。但是，四千年的文明史都从那个洁字开篇，我不觉得有任何偏激。

一切都开始在这座低平的、素色的箕山上。一个青年，一个樵夫，一头牛和一道溪水，引来了哺育了我们的这个文明。如今重读《逍遥篇》或者《史记》，古文和逝事都远不可及，都不可思议，都简直无法置信了。

遥远的箕山，渐渐化成了一幢巨影，遮断了我的视野。山势非常平缓，从山脚拾路慢慢上坡，一阵工夫就可以抵达箕顶。山的顶部宽敞坦平，烟树素淡，悄寂无声。在那荒凉的箕顶上让人觉得凄凉。在冬天的晴空尽头，在那里可以一直眺望到中岳嵩山齿形的远影。遗址都在下面的河边，那低伏的王城岗上。我在那个遗址上挖过很久，但是田野发掘并不能找到清洁的古代。

《史记》注引皇甫谧《高士传》，记载了尧舜禅让时期的一个叫许由的古人。许由因帝尧要以王位相让，便潜入箕山隐姓埋名。然而尧执意让位，追许由不舍。于是，当尧再次寻见许由，求他当九州长时，许由不仅坚辞不从，而且以此为奇耻大辱。他奔至河畔，清洗听脏了的双耳。

时有巢父牵犊欲饮之，见由洗耳，问其故。对曰：尧欲召我为九州长，恶闻其声，是故洗耳。巢父曰：子若处高岸深谷，人道不通，谁能见子？ 子故浮游，欲闻求其名誉，污吾犊口。牵犊上流饮之。

所谓强中有强，那时是人相竞洁。牵牛的老人听了许由的诉说，不仅没有夸奖反而忿忿不满：你若不是介入那种世界，哪里至于弄脏了耳朵？想来你洗耳不过是另一种钓名沽誉。下游饮牛，上游洗耳，既然你已知道自己双耳已污，为什么又来弄脏我的牛口？

毫无疑问，今日中华的有些人正春风得意、稳扎稳打，对下如无尾恶狗般刁悍，对上如无势宦官般谦卑。无论昨天极左、今天极商、明天极右，都永远在正副部司局处科的广阔台阶上攀登的各级官迷以及他们的后备军——小小年纪未老先衰一本正经立志“从政”的小体制派，还有他们的另一翼、Partner、搭挡—疯狂嘲笑理想、如蛆腐肉、高高举着印有无耻两个大字的奸商旗的、所谓海里的泥鳅蛤蜊们，是打死他们也不会相信这个故事的。

但是，司马迁亲自去过箕山[1]。

《史记·伯夷传》中记道：

尧让天下于许由，许由不受，耻之逃隐……太史公曰：

余登箕山，其上盖有许由[2]冢云。

这座山从那时就同称许由山。但是在我登上箕顶那次，没有找到许由的墓。山顶是一个巨大平缓的凹地，低低伸展开去，宛如一个长满荒草的簸箕。这山顶虽宽阔，但没有什么峰尖崖陷，登上山顶一览无余。我和河南博物馆的几个小伙子细细找遍了每一丛蒿草，没有任何遗迹残痕。

当双脚踢缠着高高的茅草时，不觉间我们对古史的这一笔记录认起真来。司马迁的下笔可靠，已经在考古者的铁铲下证实了多次。他真的看见许由墓了吗，我不住地想。

箕顶已经开始涌上暮色，视野里一阵阵袭来凄凉。天色转暗后我们突然感慨，禁不住地猜测许由的形象，好像在蒿草一下下绊着脚、太阳一分分消隐下沉的时候，那些简赅的史料又被特别细致地咀嚼了一遍。山的四面都无声。暮色中的箕山，以及山麓连结的朦胧四野中，浮动着一种浑浊的哀切。

那时我不知道，就在那一天里我不仅相信了这个古史传说而且企图找寻它。我抱着考古队员式的希望，有一瞬甚至盼望出现奇迹，由我发现许由墓。但箕顶上不见牛，不见农夫，不见布衣之士刚愎的清高；不仅登封洛阳，不仅豫北晋南的原野，都沉陷在晚暮的沉默中，一动不动，缄口不言。

那一天以后不久，田野工作收尾，我没有能抽空再上一回箕山。然后，人和心思都远远地飞到了别处，离开河南弹指就是十五年。应该说我没有从浮躁中蜕离，我被意气裹挟而去，渐渐淡忘了中原和大禹治水的夏王朝。许由墓，对于我来说，确确实实已经湮没无存了。

（二）

长久以来滋生了一个印象。我一直觉得，在中国的古典中，许由洗耳的例子是极限。品味这个故事，不能不觉得它载道于绝对的描写。它在一个最高的例子上规定洁与污的概念，它把人类可能有过的原始社会禅让时代归纳为山野之民最高洁、王侯上流最卑污的结论。它的原则本身太高傲，这使它与后世的人们之间产生了隔阂。今天回顾已经为时过晚，它的确已沦为了箕山的传说。今天无论怎样庄重的文章也难脱调侃。今天的中国人，可能已经没有体会它的心境和教养了。

就这样时间在流逝着。应该说这些年来，时间在世界上的进程惊心动魄。在它的冲淘下我明白了：文明中有一些最纯的因素，唯它能凝聚起涣散失望的人群，使衰败的民族熬过险关、求得再生。所以，尽管我已经迷恋着我的鲜烈的信仰和纯朴的集体；尽管我的心意情思早已远离中原三千里外并且不愿还家；但我依然强烈地想起箕山，还有古史传说的年代。

箕山许由的本质，后来分衍成很多传统。洁的意识被义、信、耻、殉等林立的文化所簇拥，形成了中国文化的精神森林，使中国人长久地自尊而有力。

后来，伟大的《史记·刺客列传》著成，中国的烈士传统得到了文章的提炼，并长久地在中国人的心中矗立起来，直至昨天。

《史记·刺客列传》是中国古代散文之最。它所收录的精神是不可思议、无法言传、美得魅人的。

（三）

英雄首先出在山东。司马迁在这篇奇文中以鲁人曹沫为开始。

应该说，曹沫是一个用一把刀子战胜了大国霸权的外交家。在他的羸弱的鲁国被强大的齐国欺凌的时候，外交席上，曹沫一把揪住了齐桓公，用尖刀逼他退还侵略鲁国的土地。齐桓公刚刚服了输，曹沫马上扔下刀下坛。回到席上，继续前话，若无其事。

今天，我们的体制派们按照他们不知在哪儿受到的教育，无疑会大声叫喊曹沫犯规——但在当时，若没有曹沫的过激动作，强权就会压制天下。

意味深长的是，司马迁注明了这些壮士来去的周期。

其后百六十有七年，而吴有专诸[3]之事。

专诸的意味，首先在于他是第一个被记诸史籍的刺客。在这里司马迁的感觉起了决定的作用。司马迁没有因为刺客的卑微而为统治者去取舍。他的一笔，不仅使异端的死者名垂后世，更使自己的著作得到了杀青压卷。

刺，本来仅仅是政治的非常手段，本来只是残酷的战争形式的一种而已。但是在漫长的历史中，它更多地属于正义的弱者；在血腥的人类史中，它常常是弱者在绝境中被迫选择的、唯一可能制胜的决死拼斗。

由于形式的神秘和危险，由于人在行动中爆发出的个性和勇敢，这种行为经常呈着一种异样的美。事发之日，一把刀子被秘密地烹煮于鱼腹之中。专诸乔装献鱼，进入宴席，掌握着千钧一发，使怨主王僚丧命。鱼肠剑，这仅有一件的奇异兵器，从此成为家喻户晓的故事，并且在古代的东方树立了一种极端的英雄主义和浪漫主义。

从专诸到他的继承者之间，周期是七十年。

这一次的主角豫让[4]把他前辈的开创发展得惊心动魄。豫让只因为尊重了自己的人的惨死，决心选择刺杀手段。他不仅演出了一场以个人对抗强权的威武活剧，而且提出了一个非常响亮的思想："士为知己者死，女为悦己者容。"

第一次攻击失败以后，他用漆疮烂身体，吞炭弄哑声音，残身苦形，使妻子不识，然后寻找接近怨主赵襄子的时机。

就这样行刺之日到了，豫让的悲愿仍以失败终结。但是被捕的豫让骄傲而有理。他认为："明主不掩人之美，忠臣有死名之义。"在甲兵捆绑的阶下，他堂堂正正地要求名誉，请求赵襄子借衣服让他砍一刀，为他成全。

这是中国古代史上形式和仪式的伟大胜利。连处于反面角色的敌人也表现得高尚。赵襄子脱下了贵族的华服，豫让如同表演胜利者的舞蹈。他拔剑三跃而击之，然后伏剑自杀。

也许这一点最令人费解——他们居然如此追求名誉。

必须说，在名誉的范畴里出现了最大的异化。今日名利之徒的追逐，古代刺客的死名，两者之间的天壤之别的现实，该让人说些什么呢？

周期一时变得短促，四十余年后，一个叫深井里的地方，出现了勇士聂政[5]。

和豫让一样，聂政也是仅仅因为自尊心受到了意外的尊重，就决意为知己者赴死。但聂政其人远比豫让深沉得多。是聂政把"孝"和"情"引入了残酷的行动。

当他在社会的底层，受到严仲子的礼遇和委托时，他以母亲的晚年为行动与否的条件。终于，母亲以天年逝世了，聂政开始践约。

聂政来到了严仲子处。只是在此时，他才知道了目标是韩国之相侠累。聂政的思想非常彻底。从一开始，他就决定不仅要实现行刺，而且要使事件包括表面都变成自己的，从而保护知己者严仲子，因此他拒绝助手，单身上道。

聂政抵达韩国，接近了目标，仗剑冲上台阶，包括韩国之相侠累在内一连击杀数十人。——但是事情还没有完。

在杀场上，聂政"皮面决眼，自屠出肠"，使自己变成了一具无法辨认的尸首。

这里藏着深沉的秘密。本来，两人谋事，一人牺牲，严仲子已经没有危险，像豫让一样，聂政应该有殉义成名的特权。聂政没有必要毁形。

谜底是由聂政的姐姐揭穿的。在那个时代里，不仅人知己，而且姐知弟。聂姐听说韩国出事，猜出是弟弟所为。她仓惶赶到韩，伏在弟弟的遗体上哭喊：这是深井里的聂政！原来聂政一家仅有这一个出了嫁的姐姐，聂政毁容弃名是担忧她受到牵连。聂姐哭道：我怎能因为惧死，而灭了贤弟之名！最后自尽于聂政身旁。

（四）

这样的叙述，会被人非议为用现代语叙述古文。但我想重要的是，在一片后庭花的歌声中，中国需要这种声音。对于这一篇价值千金的古典来说，一切今天的叙述都将绝对地因人而异。对于正义的态度，对于世界的看法，人会因品质和血性的不同，导致笔下的分歧。更重要的是，人的精神不能这么简单地烂光丢净。管别人呢，我要用我的篇章反复地为烈士传统招魂，为美的精神制造哪怕是微弱的回声。

二百余年之后，美名震撼世界的英雄荆轲[6]诞生了。

荆轲刺秦王的故事妇孺皆知。但是今天大家都应该重读荆轲。《史记·刺客列传》中的荆轲一节，是古代中国勇敢行为和清洁精神的集大成。那一处处永不磨灭的描写，一代代地感动了、哺育了各代的中国人。

独自静静读着荆轲的纪事，人会忍不住地想：我难道还能如此忍受吗？如此庸庸碌碌的我还算一个人吗？在关口到来的时候我敢让自己也流哪怕一滴血吗？

易水枯竭，时代变了。

荆轲也曾因不合时尚潮流而苦恼。与文人不能说书，与武士不能论剑。他也曾被逼得性情怪僻，赌博奢酒，远远地走到社会底层去寻找解脱，结友朋党。他和流落市井的艺人高渐离终日唱和，相乐相泣。他们相交的深沉，以后被惊心动魄地证实了。荆轲遭逢的是一个大时代。

他被长者田光引荐给了燕国的太子丹。田光按照三人不能守密、两人谋事一人当殉的铁的原则，引荐荆轲之后立即自尽。就这样荆轲进入了太子丹邸。

荆轲在行动之前，被燕太子每日车骑美女，恣其所欲。燕太子丹亡国已迫在眉睫，苦苦请荆轲行动。当秦军逼近易水时，荆轲制定了刺杀秦王的周密计划。至今细细分析这个危险的计划，仍不能不为它的逻辑性和可行性叹服。关键是“近身”。荆轲为了获得靠近秦王的时机，首先要求以避难燕国的亡命秦将樊於期的首级，然后要求以燕国肥美领土的地图为诱饵，然后以约誓朋党为保证。他全面备战，甚至准备了最好的攻击武器：药淬的徐夫人匕首。

就这样，燕国的人马来到了易水，行动等待着实行。

出发那天出现了一个冲突。由于荆轲队伍动身迟延，燕太子丹产生了怀疑。当他婉言催促时，荆轲震怒了。

这段《刺客列传》上的记载，多少年来没有得到读者的察觉。荆轲和燕国太子在易水上的这次争执，具有着很深的意味。这个记载说明：那天的易水送行，不仅是不欢而散甚至是结仇而别。燕太子只是逼人赴死，只是督战易水；至于荆轲，他此时已经不是为了政治，不是为了垂死的贵族而拼命；他此时是为了自己，为了诺言，为了表达人格而战斗。此时的他，是为了同时向秦王和燕太子宣布抗议而战斗。

那一天的故事脍炙人口。没有一个中国人不知道那支慷慨的歌。但是我想荆轲的心情是黯淡的。队伍尚未出发，已有两人舍命，都是为了他此行，而且都是为了一句话。田光只因为太子丹嘱咐了一句“愿先生勿泄”，便自杀以守密。樊於期也只因为荆轲说了一句“愿得将军之首”，便立即献出头颅。在非常时期，人们都表现出了惊人的素质，逼迫着荆轲的水平。

“风萧萧兮易水寒，壮士一去兮不复还。”荆轲和他的党人高渐离[7]在易水之畔的悲壮唱和，其实藏着无人知晓的深沉含义。所谓易水之别，只在两人之间。这是一对同志的告别和约束，是他们私人之间的一个誓言。直到日后高渐离登场了结他的使命时，人们才体味到这誓言的沉重。

就这样，长久地震撼中国的荆轲刺秦王事件，就作为弱者的正义和烈性的象征，作为一种失败者的最终抵抗形式，被历史确立并且肯定了。图穷而匕首现，荆轲牺牲了。继荆轲之后，高渐离带着今天已经不见了的乐器筑，独自地接近了秦王。他被秦王认出是荆轲党人，被挖去眼睛，阶下演奏以取乐。但是高渐离筑中灌铅，乐器充兵器，艰难地实施了第二次攻击。

不知道高渐离举着筑扑向秦王时，他究竟有过怎样的表情。那时人们议论勇者时，似乎有着特殊的见地和方法论。田光向太子丹推荐荆轲时曾阐述说，血勇之人，怒而面赤；脉勇之人，怒而面青；骨勇之人，怒而面白。那时人们把这个问题分析得入骨三分，一直深入到生理上。田光对荆轲的评价是：神勇之人，怒而色不变。

我无法判断高渐离脸上的颜色。

回忆着他们的行迹，我激动，我更怅然若失，我无法表述自己战栗般的感受。

高渐离奏雅乐而行刺的行为，更与燕国太子的事业无关。他的行为，已经完全是一种不屈情感的激扬，是一种民众对权势的不可遏止的蔑视，是一种已经再也寻不回来的、凄绝的美。

（五）

我们对荆轲故事的最晚近的一次回顾是在狼牙山，八路军的五名勇士如荆轲一去不返，使古代的精神骄傲地得到了继承。有一段时期有不少青年把狼牙山当成圣地。记得那时狼牙山的主峰棋盘砣上，每天都飘扬着好多面红旗，从山脚下的东流水村到陡峭的阎王鼻子的险路上，每天都络绎不绝地攀登着风尘仆仆的中学生。

我自己登过两次狼牙山，两次都是在冬天。那时人们喜欢模仿英雄。伙伴们在顶峰研究地形和当年五勇士的位置，在凛冽的山风呼啸中，让心中充满豪迈的激情。

不用说，无论是刺客故事还是许由故事，都并不使人读了快乐。读后的体会很难言传。暗暗偏爱它们的人会有一些模糊的结论。近年来我常常读它们。没有结论，我只是喜爱读时的感觉。那是一种清冽、干净的感觉。他们栩栩如生。独自面对着他们，我永远地承认自己的低下。但是经常地这样与他们在一起，渐渐我觉得被他们的精神所熏染，心一天天渴望清洁。

是的，是清洁。他们的勇敢，来源于古代的洁的精神。

记不清是什么时候读到的了，有一个故事：舞台上曾出过一个美女，她认为，在暴政之下演出是不洁的，于是退隐多年不演。时间流逝，她衰老了，但正义仍未归来。天下不乏美女。在她坚持清洁的精神的年代里，另一个舞女登台并取代了她。没有人批评那个人粉饰升平和不洁，也没有人忆起仗义的她。更重要的是，世间公论那个登台者美。晚年，她哀叹道，我视洁为命，因洁而勇，以洁为美。世论与我不同，天理也与我不同吗？

我想，我们无权让清洁地死去的灵魂湮灭。

但她象征的只是无名者，未做背水一战的人，是一个许由式的清洁而无力的人，而聂政、荆轲是完全不同的类型。他们是无力者的安慰，是清洁的暴力，是不义的世界和伦理的讨伐者。

若是那个舞女决心向暴君行刺，又会怎样呢？

因此没有什么恐怖主义，只有无助的人绝望的战斗。鲁迅一定深深地体会过无助。鲁迅，就是被腐朽的势力，尤其是被他即便死也“一个都不想饶恕”的人们逼得一步步完成自我、并濒临无助的绝境的思想家和艺术家。他创造的怪诞的刺客形象“眉间尺”变成了白骨骷髅，在滚滚的沸水中追咬着仇敌的头——不知算不算恐怖主义。尤其是，在《史记》已经留下了那样不可超越的奇笔之后，鲁迅居然仍不放弃，仍写出了眉间尺。鲁迅做的这件事值得注意。从鲁迅做的这件事中，也许能看见鲁迅思想的犀利、激烈的深处。

许由故事中的底层思想也在发展。几个浑身发散着异端光彩的刺客，都是大时代中地位卑贱的人。他们身上的异彩为王公贵族所不备。国家危亡之际非壮士们无人挺身而出。他们视国耻为不可容忍，把这种耻看成自己私人的、必须以命相抵的奇辱大耻——中国文明中的“耻”的观念就这样强化了，它对一个民族的支撑意义，也许以后会日益清晰。

不用说，在那个大时代中，除了耻的观念外，豪迈的义与信等传统也一并奠基。一诺千金，以命承诺，舍身取义，义不容辞——这些中国文明中的有力的格言，都是经过了志士的鲜血浇灌以后，才如同淬火之后的铁，如同沉水之后的石一样，铸入了中国的精神。

我们的精神，起源于上古时代的“洁”字。

登上中岳嵩山的太室，有一种可以望尽中国的感觉。视野里，整个北方一派迷茫。冬树、野草和毗连的村落还都是那么纯朴。我独自久久地望着，心里鼓漾着充实的心情。昔日因壮举而得名的处处地点都安在，大地依然如故。包括时间，好像几千年的时间并没有弃我们而去。时间好像一直在静静地守护着这片土地，以及我崇拜的烈士们。我仿佛看见了匆匆离去的许由，仿佛看见了在寒冷冬日的易水河畔，在肃杀的风中唱和相约的荆轲和高渐离，仿佛看见了山峰挺拔的狼牙山上与敌决战的五壮士。

中国给予我教育的时候，从来都是突兀的。几次突然燃起的熊熊烈火，极大地纠正了我的悲观。是的，我们谁也没有权力对中国妄自菲薄。应当坚信：在大陆上孕育了中国的同时，最高尚的洁意识便同时生根。那是四十个世纪以前播下的高贵种子，它百十年一发，只要显形问世，就一定以骇俗的美久久引起震撼。它并非我们常见的风情事物。我们应该等待这种高洁美的勃发。

——摘自张承志：《清洁的精神》，北京，中信出版社，2008

⊙ 注 释

[1] 箕山山巅有许由墓。箕山山系属伏牛山系余脉的一支。在出自河南省登封市南向东蜿蜒至禹州市南著名的三峰山、柏山后，消失在茫茫的豫东平原。

[2] 许由：尧舜时代的贤人。据说帝尧曾多次向他请教，后来想把君位传给他，遭到了他的严词拒绝。拒辞尧后，许由连夜奔箕山隐居。他日出而作，日落而息，过着自耕自食的生活。

[3] 专诸（？—前 515 年），吴国堂邑人。中国古代四大刺客之一。

[4] 豫让：姬姓，毕氏。春秋战国间晋国人，为晋卿智瑶（智伯）家臣。晋出公二十二年（前 453），赵、韩、魏共灭智氏。豫让用漆涂身，吞炭使哑，暗伏桥下，谋刺赵襄子未遂，后为赵襄子所捕。临死时，求得赵襄子衣服，拔剑击斩其衣，以示为主复仇，然后伏剑自杀。

[5] 聂政：姜姓，聂氏，名政。战国时侠客，魏国轵（今济源东南）人，以任侠著称，为战国时期四大刺客之一。

[6] 荆轲（？—前 227 年），战国时期著名刺客，卫国人也称庆卿、荆卿、庆轲，秦时涿县人，是春秋时期齐国大夫庆封的后代。受燕太子丹之托入刺秦王，因种种原因，行刺失败被杀。

[7] 高渐离：战国末燕（今河北省定兴县高里村）人，荆轲的好友，擅长击筑（古代的一种乐器，是古代的一种击弦乐器，颈细肩圆，中空，十三弦），高渐离与荆轲的关系很好。荆轲刺秦王时，高渐离与太子丹送之于易水河畔，高渐离击筑，高歌“风萧萧兮易水寒，壮士一去兮不复还。”

⊙ 阅读提示

张承志在中国文坛有着深远影响，以笔为旗，特立独行，他从国家、民族、历史大处着眼，从一人一事一曲着笔，追究人性、拷问心灵，讲究文辞，在国内拥有大批忠实读者。

阅读《清洁的精神》，会使你仿佛置身于一部雄浑的《英雄交响曲》，呈现在眼前的始终是一个荷戟的战士形象。正如他早在《北方的河》后记中所写的："我喜爱的形象始终是一个荷戟的战士，为了寻求自由和真理，寻求表现和报答，寻求能够支撑自己的美好，寻求连我自己也弄不清是什么的一个辉煌的终业，我提起笔来，如同切开了血管。"这些语言放在当今泥沙俱下的散文集中可能是虚张声势的抒情，而在张承志，则是一种坚不可摧的实证。

⊙ 相关链接

张承志在2010年北大中国经济研究中心毕业典礼的演讲

同学们：

我的母校、北京大学的国家发展研究院邀我来向大家表示祝贺，表示一个校友对毕业生的祝福，这使我感到负担沉重。因为作为一名作家我习惯了书面语，我很怕出现语言的传达问题；而早年的毕业生就好像一个游子，回到母校，人有一种失语的感觉。所以，为大家编几句哪怕简短至极的贺词，于我也并不是一件容易的事。

也许，我只能想象自己在代表一种期望——它属于许许多多的平常人、那些不拥有权力也没有话语可能的人，他们习惯把自己的前途，寄托给自从五四以来经常是矫正世道的传奇力量的北京大学。我猜测着他们的期望，我作为他们中的一员，祝贺同学们熬完了冗长的学业、拿到了宝贵的证书、从一所名牌获得了毕业。我们祝贺大家自今日起，正式推开了社会的沉重大门，迎着风浪、迷茫和斗争，走上报效养育自己的父母人民的道路。

我还想说，离开学校后你们将面临的一切，并不一定限定在专业的方向、尤其不一定仅仅是经济范畴内的职业——同学们从今天将直面和投入的，是一段激烈的分化与重建、富裕与危机的历史，是一段可能决定中华大国命运于一瞬的历史。它的内容与蕴含，今日尚不能尽知，唯有在又一个百年之后，才能被人感慨与总结。所以，大学、哪怕是名牌大学教给你们的知识，不仅远远不够而且面对如上命题，学科知识只是杯水车薪。

前几天在报纸上见过这样一个题目："我们的大学还缺点什么"。这是一个好问题。如果允许我“村言无忌”插嘴作答，我想说：在我们的大学里（至少文科），那缺的“一点”不是别的，缺少的惟有常识。是的，常识。在中国知识分子的聪明大脑里和我们高校的课程与教材中，缺少的东西可以数出两样：真理，以及常识。

…………

一旦离开了校门，从可信的常识，到普遍的真理，毕业生的继续求知和知识重建，就开始了。说离开校门之后求学才真正开始，是否是一种过分的表达呢？不，所谓“求知要从摇篮直到坟墓”，如果，我们能把求知看成人活着的一项目的，就永远不会停止自己的学习。

所谓知识重建，不是从一些真诚的学生，向世态恶俗、向市侩、向体制的异化和投降；我们在这里谈论的，是那些决心不侮辱自己的生命、决心做具备尊严的知识分子的一些人的——追求真理的问题。随着简直如河流一样长流不息的学生毕业，在这所学校和别的学校，从不同的角度，在不同的程度，我们的努力不会终止。子子孙孙，无穷匮也。我愿意想象，在一代又一代的毕业生的持续追求之下，我们最终一定会清除殖民主义种下的思想病灶，营造出一种——普世的价值观点、与崭新的知识体系。也是在这个百年之间，一代代的毕业生在离开校园时，都喜欢唱那首聂耳谱曲的《毕业歌》。

我们今天是桃李芬芳，明天是社会的栋梁。同学们大家起来，背负起天下的兴亡。

这首歌已经久经考验，因为它道破了学生与毕业这一组命题。在一派歌舞升平之中，我们应当具备敏感、应当紧迫地意识到：也许天下的兴亡、民族的存亡，正在临近。

愿我们的同学们，明天是社会公正与探求真理的栋梁。愿我们的同学中，在这条道路上感到了艰难、遭遇了困境、孤独、甚至危险的人们，能够战胜难关，达到价值的胜利。愿同学们的灵魂，哪怕再过一百年，也仍然像今天一样年轻！

再次向同学们表示由衷的祝贺，谢谢大家！

——节选自《张承志在2010年北大中国经济研究中心毕业典礼的演讲》

⊙ 思考练习

一、谈谈你对本文中的“清洁的精神”的理解。

二、文中出现了许多的古代英雄，你印象最深刻的是哪一位？为什么？

三、文章结尾一段充满了期许和希望，如果结尾由你来写，你将如何结尾？

二十三　把栏杆拍遍

梁　衡

梁衡（1946—　），山西霍州人。当代作家，著名的新闻理论家、散文家、科普作家和政论家。1968年毕业于中国人民大学。其作品曾获全国青年文学奖、赵树理文学奖、全国优秀科普作品奖和中宣部“五个一”工程奖等多种荣誉称号。

不论是山水散文，还是人物散文，梁衡的作品中都可见智慧的哲思与感悟，充满大气磅礴的深刻思想。充溢的激情蕴藏在深沉的思考中，别有的那份厚重与沉实，避免了简单的抒情与表白，显示出大散文的气韵。梁衡的人物散文，写的大多是人杰鬼雄，其中不少是名垂宇宙，家喻户晓的伟人，还有文惊当世，传之百代的文人。而这些跨越千年、百年的人物却从作者的笔端一一鲜活起来。梁衡的散文情理并重，以评带传，他写的人物在千年百年中已有定论上又重新给出评价，而这种评价又是不落窠臼的，他从人性的深层重新来诠释一位人物。而在梁衡的人物散文中，其主人公大多带有着某种的悲剧性的色彩，从美学的意义上讲，悲剧能令人崇高，梁衡在他的散文中能神飞八荒、思接千载，思之所至，情之所钟，哲理和现实生活血肉一体地融合起来。

中国历史上由行伍出身，以武起事，而最终以文为业，成为大诗词作家的只有一人，这就是辛弃疾。这也注定了他的词及他这个人在文人中的唯一性和在历史上的独特地位。

在我看到的资料里，辛弃疾至少是快刀利剑地杀过几次人的。他天生孔武高大，从小苦修剑法。他又生于宋金乱世，不满金人的侵略蹂躏，22岁时他就拉起了一支数千人的义军，后又与耿京为首的义军合并，并兼任书记长，掌管印信。一次义军中出了叛徒，将印信偷走，准备投金。辛弃疾手提利剑单人独马追贼两日，第三天提回一颗人头。为了光复大业，他又说服耿京南归，南下临安亲自联络。不想就这几天之内又变生肘腋，当他完成任务返回时，部将叛变，耿京被杀。辛大怒，跃马横刀，只率数骑突入敌营生擒叛将，又奔突千里，将其押解至临安正法，并率万人南下归宋。说来，他干这场壮举时还只是一个英雄少年，正血气方刚，欲为朝廷痛杀贼寇，收复失地。

但世上的事并不能心想事成。南归之后，他手里立即失去了钢刀利剑，就只剩下一支羊毫软笔，他也再没有机会奔走沙场，血溅战袍，而只能笔走龙蛇[1]，泪洒宣纸，为历史留下一声声悲壮的呼喊、遗憾的叹息和无奈的自嘲。

老实说，辛弃疾的词不是用笔写成，而是用刀和剑刻成的。他是以一个沙场英雄和爱国将军的形象留存在历史上和自己的诗词中。时隔千年，当今天我们重读他的作品时，仍感到一种凛然杀气和磅礴之势。比如这首著名的《破阵子》：

醉里挑灯看剑，梦回吹角连营，八百里分麾下炙，五十弦翻塞外声。 沙场秋点兵。马做的卢飞快，弓如霹雳弦惊。了却君王天下事，赢得身前身后名。可怜白发生。

我敢大胆说一句，这首词除了武圣岳飞的《满江红》可与之媲美外，在中国上下五千年的文人堆里，再难找出第二首这样有金戈之声的力作。虽然杜甫也写过："射人先射马，擒贼先擒王"，军旅诗人王昌龄也写过："欲将轻骑逐，大雪满弓刀。"但这些都是旁观式的想象、抒发和描述，哪一个诗人曾有他这样亲身在刀刃剑尖上滚过来的经历？"列舰层楼""投鞭飞渡"[2]、"剑指三秦""西风塞马"[3]，他的诗词简直是一部军事辞典。他本来是以身许国，准备血洒大漠，马革裹尸的。但是南渡后他被迫脱离战场，再无用武之地。像屈原那样仰问苍天，像共工那样怒撞不周[4]，他临江水，望长安，登危楼，拍栏杆，只能热泪横流。

楚天千里清秋，水随天去秋无际。遥岑远目，献愁供恨，玉簪螺髻。 落日楼头，断鸿声里，江南游子。把吴钩看了，栏杆拍遍，无人会、登临意。(《水龙吟》)

谁能懂得他这个游子，实际上是亡国浪子的悲愤之心呢？这是他登临建康城赏心亭时所作。此亭遥对古秦淮河，是历代文人墨客赏心雅兴之所，但辛弃疾在这里发出的却是一声悲怆的呼喊。他痛拍栏杆时一定想起过当年的拍刀催马，驰骋沙场，但今天空有一身力，一腔志，又能向何处使呢？我曾专门到南京寻找过这个辛公拍栏杆处，但人去楼毁，早已了无痕迹，唯有江水悠悠，似词人的长叹，东流不息。

辛词比其他文人更深一层的不同，是他的词不是用墨来写，而是蘸着血和泪涂抹而成的。我们今天读其词，总是清清楚楚地听到一个爱国臣子，一遍一遍地哭诉，一次一次地表白；总忘不了他那在夕阳中扶栏远眺、望眼欲穿的形象。

辛弃疾南归后为什么这样不为朝廷喜欢呢？他在一首《戒酒》的戏作中说："怨无大小，生于所爱；物无美恶，过则成灾。"这首小品正好刻画出他的政治苦闷。他因爱国而生怨，因尽职而招灾。他太爱国家、爱百姓、爱朝廷了。但是朝廷怕他，烦他，忌用他。

他作为南宋臣民共生活了40年，倒有近20年的时间被闲置一旁，而在断断续续被使用的20多年间又有37次频繁调动。但是，每当他得到一次效力的机会，就特别认真，特别执著地去工作。本来有碗饭吃便不该再多事，可是那颗炽热的爱国心烧得他浑身发热。40年间无论在何地何时任何职，甚至赋闲期间，他都不停地上书，不停地唠叨，一有机会还要真抓实干，练兵、筹款，整饬政务，时刻摆出一副要冲上前线的样子。你想这能不让主和苟安的朝廷心烦？他任湖南安抚使，这本是一个地方行政长官，他却在任上创办了一支2 500人的"飞虎军"，铁甲烈马，威风凛凛，雄镇江南。建军之初，造营房，恰逢连日阴雨，无法烧制屋瓦。他就令长沙市民，每户送瓦20片，立付现银，两日内便全部筹足。其施政的干练作风可见一斑。后来他到福建任地方官，又在那里招兵买马。闽南与漠北相隔何远，但还是隔不断他的忧民情、复国志。他这个书生，这个工作狂，实在太过了，"过则成灾"，终于惹来了许多的诽谤，甚至说他独裁、犯上。皇帝对他也就时用时弃。国有危难时招来用几天；朝有谤言，又弃而闲几年，这就是他的基本生活节奏，也是他一生最大的悲剧。别看他饱读诗书，在词中到处用典，甚至被后人讥为"掉书袋"。但他至死，也没有弄懂南宋小朝廷为什么只图苟安而不愿去收复失地。

辛弃疾名弃疾，但他那从小使枪舞剑、壮如铁塔的五尺身躯，何尝有什么疾病？他只有一块心病，金瓯缺，月未圆，山河碎，心不安。

郁孤台下清江水，中间多少行人泪。西北望长安，可怜无数山。　青山遮不住，毕竟东流去。江晚正愁予，山深闻鹧鸪。

这是我们在中学课本里就读过的那首著名的《菩萨蛮》。他得的是心郁之病啊。他甚至自嘲自己的姓氏：

烈日秋霜，忠肝义胆，千载家谱。得姓何年，细参辛字，一笑君听取。艰辛做就，悲辛滋味，总是酸辛苦。　更十分，向人辛辣，椒桂捣残堪吐。世间应有，芳甘浓美，不到吾家门户。(《永遇乐》)

你看"艰辛""酸辛""悲辛""辛辣"，真是五内俱焚。世上许多甜美之事，顺达之志，怎么总轮不到他呢？他要不就是被闲置，要不就是走马灯似地被调动。1179年，他从湖北调湖南，同僚为他送行时他心情难平，终于以极委婉的口气叹出了自己政治的失意。这便是那首著名的《摸鱼儿》："更能消几番风雨，匆匆春又归去。惜春长怕花开早，何况落红无数。春且住，见说道，天涯芳草无归路。怨春不语。算只有殷勤，画檐蛛网，尽日惹飞絮。长门事，准拟佳期又误。蛾眉曾有人妒。千金纵买相如赋，脉脉此情谁诉？君莫舞。君不见，玉环飞燕皆尘土。闲愁最苦。休去依危楼，斜阳正在，烟柳断肠处。”

据说宋孝宗看到这首词后很不高兴。梁启超评曰：“回肠荡气，至于此极，前无古人，后无来者。”“长门事”，是指汉武帝的陈皇后遭忌被打入长门宫里。辛以此典相比，一片忠心、痴情和着那许多辛酸、辛苦、辛辣，真是打翻了五味坛子。今天我们读时，每一个字都让人一惊，直让你觉得就是一滴血，或者是一行泪。确实，古来文人的惜春之作，多得可以堆成一座纸山。但有哪一首，能这样委婉而又悲愤地将春色化入政治，诠释政治呢？美人相思也是旧文人写滥了的题材，有哪一首能这样深刻贴切地寓意国事，评论正邪，抒发忧愤呢？

但是南宋朝廷毕竟是将他闲置了 20 年。20 年的时间让他脱离政界，只许旁观，不得插手，也不得插嘴。辛在他的词中自我解嘲道：“君恩重，且教种芙蓉！”这有点像宋仁宗说柳永：“且去浅斟低唱，何要浮名？”[5] 柳永倒是真的去浅斟低唱了，结果唱出一个纯粹的词人艺术家。辛与柳不同，你想，他是一个大碗喝酒，大块吃肉，痛拍栏杆，大声议政的人。报国无门，他便到赣南修了一座带湖别墅，咀嚼自己的寂寞。

带湖吾甚爱，千丈翠奁开。先生杖屦无事，一日走千回。凡我同盟鸥鹭，今日既盟之后，来往莫相猜。白鹤在何处，尝试与偕来。　破青萍，排翠藻，立苍苔。窥鱼笑汝痴计，不解举吾杯。废沼荒丘畴昔，明月清风此夜，人世几欢哀。东岸绿荫少，杨柳更须栽。（《水调歌头》）

这回可真的应了他的号“稼轩”，要回乡种地了。一个正当壮年又阅历丰富、胸怀大志的政治家，却每天在山坡和水边踱步，与百姓聊一聊农桑收成之类的闲话，再对着飞鸟游鱼自言自语一番，真是“闲愁最苦”，“脉脉此情谁诉”。

说到辛弃疾的笔力多深，是刀刻也罢，血写也罢，其实他的追求从来不是要做一个词人。郭沫若说陈毅：“将军本色是诗人”，辛弃疾这个人，词人本色是武人，武人本色是政人。他的词是在政治的大磨盘间磨出来的豆浆汁液。他由武而文，又由文而政，始终在出世与入世间矛盾，在被用或被弃中受煎熬。作为封建知识分子，对待政治，他不像陶渊明那样浅尝辄止，便再不染政；也不像白居易那样长期在任，亦政亦文。对国家民族他有一颗放不下、关不住、比天大、比火热的心；他有一身早炼就、憋不住、使不完的劲。他不计较“五斗米折腰”，也不怕谗言倾盆。所以随时局起伏，他就大忙大闲，大起大落，大进大退。

稍有政绩，便招谤而被弃；国有危难，便又被招而任用。他亲自组练过军队，上书过《美芹十论》这样著名的治国方略。他是贾谊、诸葛亮、范仲淹一类的时刻忧心如焚的政治家。他像一块铁，时而被烧红锤打，时而又被扔到冷水中淬火。有人说他是豪放派，继承了苏东坡，但苏的豪放仅止于“大江东去”，山水之阔。苏正当北宋太平盛世，还没有民族仇、复国志来炼其词魂，也没有胡尘飞、金戈鸣来壮其词威。真正的诗人只有被政治大事（包括社会、民族、军事等矛盾）所挤压、扭曲、拧绞、烧炼、锤打时，才可能得到合乎历史潮流的感悟，才可能成为正义的化身。诗歌，也只有在政治之风的鼓荡下，才能飞翔、才能燃烧、才能炸响，才能振聋发聩。学诗功夫在诗外，诗歌之效在诗外。我们承认艺术本身的魅力，更承认艺术加上思想的爆发力。有人说辛词其实也是婉约派，多情细腻处不亚于柳永、李清照。

近来愁似天来大，谁解相怜？谁解相怜？又把愁来做个天。　都将今古无穷事，放在愁边。放在愁边，却自移家向酒泉。(《丑奴儿》)

少年不识愁滋味，爱上层楼。爱上层楼，为赋新词强说愁。　而今识尽愁滋味，欲说还休。欲说还休，却道天凉好个秋。(《丑奴儿》)

柳李的多情多愁仅止于“执手相看泪眼”“梧桐更兼细雨”，而辛词中的婉约言愁之笔，于淡淡的艺术美感中，却含有深沉的政治与生活哲理。真正的诗人，最善以常人之心言大情大理，能于无声处炸响惊雷。

我常想，要是为辛弃疾造像，最贴切的题目就是“把栏杆拍遍”。他一生大都是在被抛弃的感叹与无奈中度过的。当权者不使为官，却为他准备了锤炼思想和艺术的反面环境。他被九蒸九晒，水煮油炸，千锤百炼。历史的风云，民族的仇恨，正与邪的搏击，爱与恨的纠缠，知识的积累，感情的浇铸，艺术的升华，文字的锤打，这一切都在他的胸中、他的脑海，翻腾、激荡，如地壳内岩浆的滚动鼓胀，冲击积聚。既然这股能量一不能化作刀枪之力，二不能化作施政之策，便只有一股脑地注入诗词，化作诗词。他并不想当词人，但武途政路不通，历史歪打正着地把他逼向了词人之道。终于他被修炼得连叹一口气，也是一首好词了。说到底，才能和思想是一个人的立身之本。像石缝里的一棵小树，虽然被扭曲、挤压，成不了旗杆，却也可成一条遒劲的龙头拐杖，别是一种价值。但这前提，你必须是一棵树，而不是一棵草。从“沙场秋点兵”到“天凉好个秋”；从决心为国弃疾去病，到最后掰开嚼碎，识得辛字含义，再到自号“稼轩”，同盟鸥鹭，辛弃疾走过了一个爱国志士、爱国诗人的成熟过程。诗，是随便什么人就可以写的吗？诗人，能在历史上留下名的诗人，是随便什么人都可以当的吗？“一将功成万骨枯”，一员武将的故事，还要多少持刀舞剑者的鲜血才能写成。那么，有思想光芒而又有艺术魅力的诗人呢？他的成名，要有时代的运动，像地球大板块的冲撞那样，他时而被夹其间感受折磨，时而又被甩在一旁被迫冷静思考。所以积三百年北宋南宋之动荡，才产生了一个辛弃疾。

——摘自梁衡：《把栏杆拍遍》，北京，东方出版社，2006

⊙ 注　释

[1] 形容书法生动而有气势。见唐·李白《草书歌行》：“时时只见龙蛇走，左盘右蹙旭惊电。”

[2] 出自辛弃疾的《水调歌头》：“落日塞尘起，胡骑猎清秋。汉家组练十万，列舰耸高楼。谁道投鞭飞渡，忆昔鸣髇血污，风雨佛狸愁。季子正年少，匹马黑貂裘。

今老矣！搔白首，过扬州。倦游欲去江上，手种橘千头。二客东南名胜，万卷诗书事业，尝试与君谋。莫射南山虎，直觅富民侯。”

[3] 出自辛弃疾《木兰花慢》：“想剑指三秦，君王得意，一战东归。追亡事、今不见，但山川满目泪沾衣。落日胡尘未断，西风塞马空肥。”

[4] 昔者，共工与颛顼争为帝，怒而触不周之山，天柱折，地维绝。天倾西北，故日月星辰移焉；地不满东南，故水潦尘埃归焉。

[5] 原句作：“此人风前月下，好去浅斟低唱，何要浮名，且填词去。”

⊙ 阅读提示

作者梁衡在《把栏杆拍遍》一文中为我们塑造了爱国词人辛弃疾的形象，他以宏大的历史视野，选取八首辛词，凭借独特的视角指出“中国历史上由行伍出身，以武起事，而最终以文为业，成为大诗词作家的只有辛弃疾一人”，认为辛辞“是在政治的大磨盘间磨出来的豆浆汁液，他由武而文，又由文而政，始终在出世与入世间矛盾，在被用或被弃中受煎熬”。

整篇文章在辛弃疾词的言语间驰骋，让我们领略了一个武人本色的词人，政人本色的武人，一个满怀家国，欲弃文从武却英雄无用武之地的爱国词人的气魄，勾勒出辛弃疾在国难当头之时的作为。

⊙ 相关链接

散文集《把栏杆拍遍》

收入本书的作品多以写人为主。有铁甲烈马、威风凛凛，以武起事又以文为业的大词人辛弃疾；有被皇家发配边荒的中国古代最后一位罪臣，同时也是中国近代史的第一位功臣林则徐；有以文为政，又因政事之败而返观人生、直面人生的瞿秋白；有胸怀博大、因一生的“大无”而铸成人生的“大有”的周恩来；有一生颠沛流离、但始终追求着那遥远的美丽的西部歌王王洛宾；也有挺立在智慧高地，用全部的青春、信念和生命换来镭的发现的伟大女性居里夫人……收入本书的《把栏杆拍遍》《觅渡、觅渡，渡何处》《大无大有周恩来》《晋祠》《读柳永》等篇，一经问世，即广为传诵，成为名篇佳作，并为多种课本及教材选用。此外，作者的一批极具个性与人文内涵的山水散文，也在本书的收集之列。

作者写人突出文学与政治纠葛的背景，善用理性分析和形象表现，因此，作品大多视野宏阔，充满磅礴气势。作品融“大事、大情、大理”于一体，具有强烈的现实感和时代气息，同时也赋予作品以极高的艺术审美价值。

——节选自《把栏杆拍遍》序

⊙ 思考练习

一、了解辛弃疾成为爱国词人的历程，感受他始终不渝的爱国情感，谈谈你的感受。

二、在再现历史形象的过程中，你认为作者主要用了什么表达方式？试举出一例。

三、辛弃疾不仅成为中国脊梁的精神代表，而且是一个伟大的词人，试赏析其《水龙吟》。

二十四　监狱警察（节选）

刘晓玲

刘晓玲，毕业于上海复旦大学中文系，文学硕士。现供职于《北京青年报》，做政法记者。15年的政法记者生涯，采访过数以千计的警察、罪犯和罪犯家属。在北京青年报开设专版《大墙内外》，是北京市监狱管理局唯一免检记者。著有纪实作品《狱中白领》《中国女性因情犯罪调查》等。

清河农场用了五六年的时间，就迈上了历史上最辉煌的巅峰时期。引起全国各界乃至全世界的关注。

民主党派李济深、沈钧儒，著名作家老舍、曹禺等各界知名人士，到农场参观访问。老舍说：我参观了清河农场后，证实我们怎么尊重人与人道主义。我满意我所看到的一切设施，希望能再来深入地学习。于树德说：清河农场是很好的一个劳改场所，它既改造了人，又创造了财富。

朝鲜、印度、英国、德国、丹麦等十几个国家和地区的代表团、友好人士、记者、著名法官、律师、法学家来场参观访问，他们称清河农场“化腐朽为神奇，创造了人间奇迹”。

清河农场走向了世界，世界知道了清河农场。

公安部在清河农场召开了为期十天的“全国管教、生产经营管理工作现场会”。全国二十四省市负责劳改工作的农场及公安司令部、公安学院、公安部政治部、最高法院、铁道兵司令部、公安部十一局、十六局，共计143名代表参加。清河农场在会上介绍了分管分押制度；监内看守制度；犯人积极分子委员会制度和犯人生产小队长等方面经验。

全国劳改单位向清河农场学习。

清河农场成了全国劳改系统的标兵单位，一面旗帜。

紧接着，三年自然灾害，清河农场粮食减产，饥饿威胁所有人的健康。

清河农场继续发扬艰苦创业、顽强拼搏的精神，战胜了海潮袭击、风、雹、旱、涝、虫等自然灾害，到1966年，清河农场相继建起了8个劳改劳教分场，6个工厂、副业分厂，土地面积达 21 万亩，年生产粮食 4 000 多万斤。

场区内，水渠纵横，稻田交错，牛羊成群，鱼肥蟹鲜，成为了全国闻名的鱼米之乡。同时建立了完善的监管、教育、生产劳动以及经济责任制度，改造秩序良好，生产兴旺发达，既成功地改造了罪犯，又促进了国家的经济建设。

……

1976 年 7 月 28 日，河北唐山发生了里氏 7.8 级的地震，地震波及天津、汉沽。清河农场未能逃脱灾难。将农场所有的房屋彻底摧毁。其中受灾最为严重的是草袋厂和老中学一带，还有老一分场，五科地区，老二分场前卫监狱附近，几乎所有房屋被夷为平地。其他没有倒塌的房子，也有 80% 以上遭受了不同程度的破坏。

清河农场总共 27 个水塔，地震震倒了 24 个。工业烟囱 5 座全部倒塌。

陆、赵、李三家的孩子都没有事，但是他们班上的同学却不少遇难。

陆占贵、赵天水家的房子没塌。李守坤家的房子虽然倒了，但人很快都自己爬出来了，个别受点皮外伤，全无大碍。

陆超新说，地震那天，他正做梦过火车，铛铛地正晃悠得厉害，这时听到他妈大叫：快起来，地震啦！陆超新当时在最里屋睡，听到母亲的喊声，就往外屋跑。他家外屋门口放着一大水缸，里边灌满了水。地震一晃缸里的水四处飞溅，洒了满地。本来震得人就站不住，加上脚下又滑，一家人几乎连滚带爬地跑到院子里。

院子里，大呼小叫，此起彼伏。整个家属区都乱成一团。

是地震了。有人反应过来，有人没反应过来。没反应过来的人不知道是怎么回事。

陆占贵家隔壁张家，是一位老干部，从战争年代过来，他没反应过来是地震，突然大声喊：是苏修的原子弹打过来啦，快趴下！只见他一家老小七八口人全部趴在地上。

赵天水也没想到是地震，他说：锅炉房在维修，是不是爆炸了？！

赵小芹反应过来了，她一上来就喊地震了。赶上陆占贵带着二女儿和最小的儿子去北京了，家里就只有三个人。赵小芹把奶奶、陆超新叫起来，拉着他们跑到院子里，让陆超新扶着奶奶别乱动。赵小芹跑回屋里，给那一老一小去拿衣服。

赵小芹突然想起大女儿陆超君还在清河中学。假期学校组织学农劳动，白天去到农场菜园队去种菜，晚上就都住在学校。

在家的人平安无事，赵小芹要到学校去找大女儿陆超君。

“你扶着奶奶别动，我得到学校去找你姐！”她对陆超新说。

陆超新说：“我去吧！”

赵小芹：“还是我去吧，你看好奶奶！”

赵小芹骑着自行车，走了。

天空下起了小雨，偶尔还来下余震。

自行车根本没法骑。一阵阵的余震，好像非要把人晃倒了才善罢甘休。一路颠簸，倒了爬起来，爬起来又摔倒了……赵小芹几乎是连滚带爬，到了学校。

学校的伤亡惨重，教室大部分都倒了。在场的大人和爬出来的学生，都在徒手扒人，有动静的地方，就有人去扒。

赵小芹的心提到了嗓子眼儿里。她发了疯似的大声喊着女儿的名字。见人就问：“看到超君了没有啊?！”

终于，母亲看见了陆超君。陆超君正在已分不清是哪个班级教室已经倒塌废墟上，忙着扒人。她的头发蓬乱，脸上分不清是泥水还是汗水，身上只穿了短裤背心。赵小芹叫她也听不见。

赵小芹冲过去，一把抱住超君：“超君！”仿佛失而复得，赵小芹紧紧抱着女儿，眼里流出了泪水。

赵伟光全家，也全部安然。但是老场长牛正清的母亲和他的两个儿子，在这次灾难中，都没能幸免于难。老太太和两个孩子被人从废墟扒出来的时候，已经是血肉模糊全然没有了气息。

听到这个消息，牛正清还在总场值班。过去牛正清身为一场之长，但他们的家属却一直住在原来的二分场，没有往场部搬。他不愿意搞特殊。

这次地震，二分场，成了地震伤亡最惨重的地区。

地震当天，牛正清当夜值班，场部感觉地震并不是很严重，地有些晃动，但房子并没有倒塌。

地震使整个清河农场断水断电，全部通讯设备短路。

早晨5点钟，各分场都派人到总场报告各自的受灾情况。

二分场场长赵天水赶到总场，他满身泥水，灰头土脸。他的面色发青，腿上还带着血痕。他说二分场一带，房子都倒了，家属区受灾最重。分场的领导们都正在组织救人。

赵天水知道牛正清的家属全都住在二分场家属区。他跑到总场传达室，带着哭腔对牛正清说：“您还是回家去看看吧。那边房子都倒了，人员伤亡特别重！”

总场位居农场最东边，场部到五科 8 里地，五科到二分场，是 3 里地。总共十一二里地。

赵天水带着牛正清，骑着自行车，一路狂跑，来到二分场家属区。牛正清站在马路上离老远一看，他家这边的两排房子，齐刷刷地全都变成了废墟。再看，马路边上，坐了好多人。哭声喊声，声声入耳，牛正清的心，一阵紧缩。

牛正清的两个儿子和老母亲，此时已经被人扒出来了。三具尚存温热的尸体躺在路上，身上盖着人们临时找来的被单和衣物。

牛正清走过去，他爱人拉着大女儿的手，坐在两个儿子和老太太旁边，她已经哭得死去活来，几次都背过气去。三个孩子一下子没了两个！两个儿子一下子全没了，她如何接受得了！

牛正清紧紧抓住爱人的手，用力捏了捏。他强制自己的眼泪不要流下来。然后跟在赵天水的后边，他要去仔细看看母亲和两个孩子。

牛正清自己揭开两个孩子脸上盖着的被单。他看着儿子。两个儿子的身上，满是灰土，身上到处是伤，血水雨水，孩子的身上全被浸泡着。他又看看母亲，母亲的头上，更是血肉模糊，一点也看不出轮廓。

牛正清返身，跑到自己家里，他疯了似的乱扒一通。他扒出来一块已经被砸碎了的床板，一块一块，他把这些破床板一小块一小块地扒出来，拼在一起。

然后，把母亲和两个孩子的尸体抱了上来。

赵天水一直帮着牛正清扒床板。两个人不说一句话。牛正清抱着大儿子的时候，他试图上去帮忙，牛正清拒绝了，他要亲手把两个孩子抱到“床”上来。

他一个人，把两个孩子一个一个都抱起来，轻轻地放在了床板上。然后又用几乎一样的动作，把母亲抱起来，轻轻地放到床板上。然后他脱下自己的衣服，盖在了两个孩子的脸上。赵天水也跟着脱下自己的上衣，盖在了老太太的脸上。

这次大地震，清河农场损失巨大。人员损失、房子损失，地也有损失，有的地里都冒出水盐来了。

牛正清家住那四排房子，两边都是四排，中间一条路，北数第二排，这边第二排，那边第二排全完，另外三排全没事。整个一溜，马路这边的第二排和马路那边的第二排全完，其他全没事。那边死了 9 人，这边死了 9 人。总共 18 人，牛场长一家就占了三人。牛场长家的天真的要塌了。

有人说这是地震波，波状起伏，所以，挨着的两排房，一排倒一排不倒，反倒是隔排倒了。

牛正清说这就是命，赶上啥命，就是啥命，他不抱怨。牛正清不抱怨，他后悔，后悔也没法说。他曾经是清河农场的场长，所有的人都劝他把家也搬过来住在场部，省得每天跑十几里地，平时工作本来就忙，好不容易回趟家，还得走那么远，多耽误工夫啊！

牛正清没有不想搬。是因为他觉得住在那里，他妻子上班本身比较近，而且照顾孩子也方便。他经常几个月不回家，家离他再近没有多大意义。而且他早就耳闻清河农场百姓的传言，说总场场部住的是高干区，是贵族区。他场长就不能住在这样的地方这样的区，他做事就是要永远也不让人说出闲话。

他这个场长当的，是足够清廉了。清河农场所有人都知道牛场长是个好场长。

可是，他刚上高中和初中的两个儿子全没了！仅有的两个儿子一下子全都没了！还没来得及享受天伦之乐的老母亲没了！

他的全家就只剩下他和爱人和大女儿三个人了，六口之家一下子走了一半，以后的日子怎么过？

二分场的干警组织救人。几乎所有的干部职工都是在抢救完犯人之后，才想起回家看自己家人是否安全。

干警和犯人是管理被管理的，法律界限很清楚，但是在大的灾难面前，人性的光辉，超越了这个界限。

整个清河农场人员损失：清河农场全场干职及家属、押犯、教养人员和就业人员及其家属，共计死亡 358 人，其中干部 7 人，职工 89 人，家属 147 人，就业人员 46 人，教养分子 20 人，犯人 6 人，警卫战士 9 人……受重伤 213 人，轻伤 700 余人。

犯人的伤亡数量相对于干部职工的家属，要少得多。

…………

这天，陆超新在田地带着犯人插秧。这是他独自带队出工的第二天了，突然传来五中队三个被关禁闭的犯人逃跑的消息。

清河农场任何一个分场，如果有犯人逃跑，整个清河农场便全部停工停产进入紧急抓捕状态。因为没有现代化的通讯工具，警报就成了清河农场惟一的，向外发出犯人出逃信息的出口。清河农场的任何人，不管男女老少，干部职工还是家属，一听到这熟悉的警报声，就都知道又有哪个分场犯人逃跑了。所以，只要警报一响，整个清河地区，全民进入一级战备状态。不管白天黑夜，听到警报声，各单位在职职工必须集结到位。所有离退休人员、社区家属，街道里的老大爷老大妈，甚至中小学校的老师和学生，都全部自愿出动，到清河农场各个路口义务把守。大有一场人民战争意味。

那真是非常壮观的场面啊。警报声声，清河地区几乎所有的路口，都站着清河农场的男女老少。总场的机动抓捕队，开着摩托车，围着农场一遍一遍地转。他们首先冲到案发第一现场，也即犯人逃跑的地方。把现场先围起来，组织警力，勘查，组织拉网式搜索。整个西区，全是芦苇，干警们就往里蹚着走，从头到尾蹚一遍。之后，各行动小队报告：没有发现逃犯。

第一个包围圈搜索未果，由此判断逃犯已经出了这个包围圈。

再看通往总场的路上，连女同志都全部上岗了，她们在哨口蹲点。中学小学的老师，家属区的老大爷老大妈，几乎每个路口，都站着好几个人。

再把家属区里的空房子全都搜索一遍。

清河地区通向外界的所有出入口，都被定为哨位。每个哨位至少两个人把守。所有哨位联起来，基本形成了一个巨大的包围圈。

全民皆兵，人人站岗放哨，抓捕逃犯人人有责。

这个时候，所有单位各个分场都呈开放状态，因为抓捕涉及的所有费用都由跑人的单位承担，所以，在抓捕状态下，各单位的食堂都是 24 小时开放。夜宵 24 小时供应，谁饿谁吃。而各个固定哨卡上蹲守的人，饭由农场统一送。有时候一天一夜，轮换一次，回来的人休息，接班的人继续守着。当人员警力吃紧的时候，两天两夜轮换，甚至几天不轮换。这种情况下，两人值守的，互相轮换，困得不行了，一个睡会儿，另一个盯着，这个醒了，那个值会儿。摩托车抓捕队，更是汽油随便加满，因为机动灵活，他们走哪儿吃哪儿。

清河有几个天然屏障，西部永定河，中间蓟运河，东边潮白河，这三条河形成了天然屏障。三条大河，即便会游泳，游过去也不是一件容易的事。再加上每当有犯人出逃，清河地区独有的人民战争人海战术，犯人逃跑后在清河界内被抓回的情况很多。但人海战术毕竟有其无法搜到的盲点，所以，犯人逃出包围圈的情况也并不少见。

陆超新听到警报声，紧急停工、收工。他带着犯人，一路小跑，跑回中队。

三犯在脱逃两个小时之后，被一名犯人发现的。

之后这名犯人直接到了分场领导办公室报告说：禁闭室里的犯人不见了。

当天在分场值班的是副分场长马思奇。马副场长听到报告，当即带人去禁闭室查看，果然，三个人都不见了人影。

“张福贵！”马副场长大叫。

犯人张福贵负责值白班，在禁闭室门外值守。

“人哪去啦，啊？！”马副场长大发其火，眼睛都像要迸出火花来。

张福贵吓得浑身哆嗦，说：“报告马场长，我一直在这转悠，没看见他们有什么动静啊！真的！”

马场长命人当即把禁闭室的门打开。一道强光从屋顶西北角射进来。一个不算太大的窟窿，进入所有人的视线。

“他妈的，把房顶揭了！”马副场长骂道。说着他用手里的报话机，向总场报告。

“三分场报告，三名犯人，把禁闭室房顶揭开，逃跑了！”马副场长说。

依时间推算，这三名犯人应该跑不远。按照看守犯人的讲述，这三名犯人最多逃出去有两三个小时，两三个小时，在清河农场，靠步行，他们跑不多远，应该没出清河农场范围。

春末夏初的天气，清河农场的蚊虫已然满地都是了。一群群的蚊子围着人转。匆忙中，陆超新找根绳子把裤脚、衣袖捆扎起来。其他的人有的穿着雨衣，把自己从上到下包严实。

各路追捕队员跑步到位，把守路口。

陆超新跟着许进财，向着三孔闸路口跑。赵伟光迎面过来。赵伟光叫陆超新：超新！

许进财回头：算了，你跟他一个路口吧，我到前边去。

陆超新跟赵伟光一起跑着到达了三孔闸路口。

因为分场长郑铁山坚定地认为那三名犯人没有跑出多远，那么，陆超新和赵伟光就必须一直守在那个路口，一点都不能动。

临近中午了，太阳越来越烈，陆超新赵伟光的头上冒出的汗水，越来越多，顺着脸颊往下流。

陆超新四处张望：“他妈的，连点阴凉都没有！”

紧急出动，他们没有任何防晒准备，连把雨伞都没有。

忙乱之中，陆超新带队出工时用的那顶半新的草帽，也不知道在什么时候丢到哪里去了。

赵伟光看见离他们最近的一棵大树，至少也有五六十米远，虽已发芽，但他们不能过去。

领导让他们守着这个路口，他们就得守在这个路口，不能擅离岗位。万一那三个家伙，有一个从这里路过，而他们俩人又没有抓到，那就太丢人了。两个青壮大小伙子，对付不了一个犯人，而且是关着禁闭，两天只喝了点稀粥，身上本没有多少力气的犯人！

下午三点了，还没有人过来送水送饭。连水都没有，越晒越热，越热越渴。

“不是说分场会来送饭么！”陆超新问赵伟光：“该不会把咱俩忘了吧？”

赵伟光抹了一把汗：“那也没准，这么多点，忘个一两个，也备不住。”

“伟光，怎么办啊，得想办法弄点水去啊！”陆超新实在有点忍不住了。

从他们俩蹲守的路口，要回到分场去拿水，来回至少需要一个小时，还得快走。

“那到闸口去弄点吧。”赵伟光脸红扑扑的，汗水把头发都湿透了。

陆超新想了一下，说：“算了，我们还是坚持一下吧，万一我出去弄水了，他们来了，你一个人弄得了那仨吗？都到现在了，咱们别得不偿失！”

两个人就继续守着，边守着边说话，口干舌燥，最后话也不能说了，越说越渴啊。就那么原地溜达吧！

眼看着天快黑了。不见有人过来，也没有任何消息。本来陆超新跟着许进财，许进财手里还有个报话机，有事可以用报话机呼人。可许进财到别的路口去蹲守了，他们连个人影也看不到。陆超新和赵伟光都是新来的，都还没有配上报话机。

没有通讯设备，也没有人来向他们通风报信，他们也不知道整个抓捕到什么状态了。

陆超新赵伟光俩人互相壮胆。拣了好多石头放在身边。

“夜里我们得做点准备，万一那三个家伙一起跑过来，咱们对付起来，还真得费点劲呢。”赵伟光别看也年轻，事情总是想得比较周到。

陆超新他们两个拣石头。农场是土地，石头并不多。他们把稍硬一点的土块，也都拣过来，堆在脚下。要是那三个犯人真从这里冲出来，他们完全做好了搏斗的准备。

天已经完全黑了下来。清河农场的夜，黑得深邃黑得空旷。白天的嘈杂渐渐消失了。

夜变得死寂，有点吓人。远处的灯光，一闪一闪，那是各分场的长明灯。

路上，都没有路灯。

突然他们听到了巡逻队的摩托车声音。

——节选自刘晓玲:《监狱警察》，北京，东方出版社，2010

⊙ 阅读提示

本文从新中国成立初期北京建起的第一所劳改农场写起，从当初关押的第一批国民党特务分子写起，从写当年监狱警察背着枪，在地里看着犯人种地写起。当时清河农场有30万亩荒地，都是第一代警察带着犯人，一点一点开荒种地。如果不是职业的原因，也许很少有人去了解监狱警察的生活，所以监狱警察成为我们大众的一个盲区。

《监狱警察》这部小说为我们纪实性地展示了监狱警察的日常生活，他们的职业精神，他们在各种突发事件中的人性的光辉。正如作者所说："干警和犯人是管理被管理的，法律界限很清楚，但是在大的灾难面前，人性的光辉，超越了这个界限"这些值得我们每一个人去深思。

⊙ 相关链接

《狱中白领》后记

刘晓玲

我始终认为，没有人能保证自己一辈子不做错事、不走错路、对于做错了事，走错了路的人，法律只不过是一个界限。超过了界限，便触犯了法律，就被送进了监狱。没有超过界限的人，并不说明他没有错过，区别只在于他没有触及法律，或者说他的过错在法律允许的范围内。

所以，监狱里关押着的，是一群走错了路、做错了事、触犯了法律的人，他们被称为罪犯。他们所做的事，于法不容，有的甚至罪大恶极，但并不能说明他们的身上就没有一点可取之处，更不能说明他们的良心完全泯灭。他们中有一部分人是满怀悔改、真心想重新做人的。

一名女犯曾经给我写过这样一封信。她在信中说:“只有进过监狱的人才能够真正理解我们这些在世人眼里罪大恶极的人。我们后悔，非常后悔自己做过的事。但是我们无法也无力挽回，那是我们内心深处永远不愿意企及的疼痛。如果时光能够倒流，如果生活给我们机会，我相信所有杀过人犯过罪的人，都会希望有机会给受害人补偿。进过监狱的人所具有的那份赎罪之心，是一般人所无法了解更谈不上理解的。”

——选自刘晓玲:《监狱警察》，北京，东方出版社，2010

⊙ 思考练习

一、结合生活的实际，描述你对监狱干警的印象。

二、大灾难面前，人性的光辉超越了法律的界限，你是怎么看待这个问题的?

三、说说犯人逃跑事件给我们的启示。

二十五　亮剑（节选）

都　梁

都梁（1954—　），出生在知识分子家庭，少年参军，曾服役于坦克部队，几年后复原回京，做过教师、公务员、公司经理、石油勘探技术研究所所长，现为自由撰稿人。

2000年1月由解放军文艺出版社出版长篇小说《亮剑》，同名电视连续剧由海润影视传播公司拍摄。2001年12月发表26集电视连续剧剧本《血色浪漫》，2004年由长江文艺出版社出版。2006年4月，其耗费三年心血的长篇小说《狼烟北平》再次由长江文艺出版社出版。2007年4月，都梁编剧的第三部电视剧力作《我是太阳》在黑龙江威虎山低调开机。

冬天的田野山峦，显得特别空旷。西北风钻进了晋西北的群山，在山峰和沟谷间尖利地呼啸着，似乎把裸露的岩石都冻裂了。户外活动的人每人嘴上都像叼上了烟袋，呼呼地冒白烟。李云龙命令分散在各地的连队进行刺杀训练。这是没有办法的事，部队缺乏御寒的棉衣，不活动活动就会冻死人。有些连队只有一两件棉衣，只有哨兵上岗才能穿。李云龙认为与其让部队冻得乱蹦乱跳，不如练练刺杀，既练出一身汗又提高了战斗素质。

只穿着一件单衣的赵刚冻得病倒了，高烧到39度。李云龙一发愁就爱骂街，他骂天骂地骂西北风骂小鬼子，日爹操娘地把老天爷和小鬼子的先人都骂了一遍。赵刚从昏迷中醒来见李云龙骂街，便抱歉地说："老李，我这一病，担子都放在你身上了，我这身体太不争气，要不怎么说百无一用是文人呢！"

李云龙眼一瞪："你哪儿这么多废话？谁没个头疼脑热的时候？文人怎么没用？小时候我爹就告诉我，这辈子谁都可以不敬，唯有秀才不可不敬，那是文曲星，不是凡人。在我们村，我家不算最穷，好歹还有二亩薄地，年景好时，一家老小吃饱肚子没问题。我爹说，这辈子就算穷死，也要让我读书，全家人省吃俭用供我去私塾先生那读书，可惜只读了三年就赶上灾年，饭都吃不饱还能读得起书？只学了《三字经》《百家姓》，这些日子不是你教我，我李云龙脑子里还不是一盆糨糊？我李云龙上辈子烧了高香，碰见你这么个大知识分子，我还不该当菩萨似的供着？"

赵刚有气无力地骂了一句："你狗日的少给我戴高帽……"

"你看，你看，你这大知识分子咋也学会骂人了，总不是跟我学的吧？"

赵刚睁开眼说："得想点儿办法啦，再这样下去咱们要被困死。棉衣还是小事，挺一挺也就过去了，最严重的是弹药问题。每人不到五发子弹，一场小规模战斗也打不起。"李云龙摸起赵刚的笔记本要撕纸卷烟。

赵刚抗议道："你少动我的本子，都快让你扯光了。"

李云龙哼了一声："小气鬼，一个破本子也当宝贝，老子过些日子还你个新的，还是日本货。"

赵刚眼睛一亮："我知道你又打鬼子运输队的主意呢，说吧，这仗准备怎么打？"

"先把一营集结起来，以一营为主。再把其他营的战斗骨干补充进一营，编成加强营。据侦察报告，鬼子运输队的押送兵力一般为一个小队，我拿一个加强营干他一个小队，10∶1 的兵力，该是没问题了。老赵，你说，这仗怎么打才好？"李云龙在卖关子。

赵刚说："我知道你在考我。我要是说了可就没你这个团长什么事了，我当了团长，你干得了政委吗？好，只当咱们团现在没有团长，我暂时代理团长组织这场伏击战。第一，咱们的弱点是火力差，缺弹药。论兵力，咱们和日军为 10∶1，若论火力，咱们和日军恐怕连 1∶20 都不止。在这么强的火力下，别说一个加强营，就算独立团全上去也不过是一堆活靶子。打平型关，115 师倾全师之兵力，在弹药充足、地形极为有利的情况下，向毫无防备的日军发起突然攻击，以正规野战军对付二流的辎重部队不过是打了个平手，伤亡比例是 1∶1。比起平型关之战，咱们没有 115 师当时的本钱，要是算计不好，这个本可赔大……"

李云龙一拍桌子笑道："好你个赵刚，看来我这个团长位子坐不长了，你小子是不是早惦记上这位子啦？"

赵刚顺着自己的思路继续说："其实你在安排部队进行刺杀训练时我就想到了，看看你安排的那些科目，单兵对刺，一对一、一对三对刺，当时我就猜出来，你打算在适当的时机、适当的地形条件下打一场正规的白刃战。日本陆军擅长白刃战，单兵训练中以刺杀训练为重。他们的《步兵操典》中规定得更为机械，进行白刃战之前要退出枪膛内的子弹。据说，他们最反感的是八路军在白刃战中开枪射击，认为这有损于一支正规军队的荣誉。我猜想，你希望能用事实证明，八路军的刺杀技术和勇气丝毫不逊色于日本军人。"

李云龙点点头：“对，是这么想。其实，以中国武术的眼光看，日本步兵那两下子刺杀技术根本上不得台面。论冷兵器，咱中国人是老祖宗。这次刺杀训练中，全团有一百多个战士曾经练过武术，他们把武术中使红缨枪的套路揉进了刺杀训练，不光重视刺刀和枪托的杀伤力，还注意武术中腿法的使用。和尚这小子更有阴招，他设计了一种能安在脚尖上的刀子，脚踢出去，刀刀见血。要在过去，玩儿这种暗器会被武林中人所不齿，现在对付鬼子可没这么多讲究了。一营的二连长张大彪上次找我，说二连不打算练刺杀，练练砍刀成不成。我才想起这小子在宋哲元的29军大刀队当过排长，懂些刀法。我说行，只要你不用子弹就能把日本鬼子宰了，你用老娘们儿的锥子剪子都成。没想到我刚一说成，二连变戏法似的拿出一百多把大砍刀，闹了半天人家早预备好了。”

赵刚接着说：“第二，选择地形是个关键，首先需要一个加强营的兵力能从隐蔽地点迅速展开，在日军没来得及组织火力反击之前，以迅雷不及掩耳的速度冲上去和敌人绞在一起。这种战术的前提是，尽量缩短冲击距离，最好限定在50米内，这样一分钟之内就冲上去了。一旦和敌人绞在一起，他们不想拼刺刀也由不得他了。”

李云龙眉开眼笑地说：“你看，一套完整的作战方案已经出来了嘛，老赵，你做好事做到底，帮我想想伏击地点选在哪里？”

赵刚揶揄[1]道：“得啦，别假谦虚了，这是你的作战方案，我不过是替你说出来罢了。你也别卖关子了，前些日子你带和尚在野狼峪那边转悠，我就知道你想干什么。那地方选得不错，我看就在野狼峪干吧。”

李云龙喊道：“知我者，赵刚也。”

“不过我要提醒你一句，万一情报不准，鬼子不是一个押车小队，而是一个中队或一个大队，作战部队，你怎么办？”

李云龙道：“古代剑客和高手狭路相逢，假定这个对手是天下第一剑客，你明知不敌该怎么办？是转身逃走还是求饶？”

“当然不能退缩，要不你凭什么当剑客？”

“这就对了，明知是个死，也要宝剑出鞘，这叫亮剑，没这个勇气你就别当剑客。倒在对手剑下算不上丢脸，那叫虽败犹荣，要是不敢亮剑你以后就别在江湖上混啦。咱独立团不当孬种，鬼子来一个小队咱亮剑，来一个大队也照样亮剑。”

大地上覆满了白雪，干燥而坚硬，刺骨的寒风仿佛把人的脑子都冻结了，连思维都凝固了。路边几棵孤零零的槐树在严寒的侵袭下，时而可以听到树枝的折裂声，好像它的肢体在树皮下碎裂了，偶尔一截粗大的树枝被寒风刮落到地上，砸在潜伏的战士们的背上。

一个加强营400多号战士一动不动地趴在公路两侧的土沟里。他们身上盖着事先搞来的枯草，这样，既能御寒又能达到隐蔽的效果。李云龙看见路边的草都在微微颤动，他知道这是身穿单衣的战士们在寒风中被冻得发抖。部队已经进入潜伏位置三个小时了，李云龙自己也冻得两排牙在不停地撞击，用他自己的话说，听见这声跟打机枪似的。他用不连贯的声音对着被冻得脸色发青的赵刚说："老……老……赵，看你那……那模……样，像他娘的青面兽似……似的。"

病刚好点儿的赵刚知道这下子又该大病一场了。但他坚持要参加战斗，不能让人家看着说知识分子出身的政委是个熊蛋，连冻都扛不住，还当什么政委？他上牙打下牙地还嘴道："你……你还他妈……妈的说我，你……你……你那模样比我……我也好不到哪……哪里去，像……像他娘的挂……挂着霜……霜的冬瓜。"

李云龙还想还嘴，但嘴动了半天却一句话说不出来，他隔着单衣摸摸肚皮，发觉手感有些不对，肚皮怎么硬邦邦的？好像五脏六腑全冻结在一起了，他自嘲地想：穿上铠甲啦，鬼子的刺刀也捅不进去。

前面的小山上瞭望哨打出暗号，终于来了，不知有多少人，不管它，反正也是一样，破釜沉舟了，鬼子来一个小队要干，来一个连队也得干，总比冻死强。

日军的汽车队出现了，头车的驾驶棚顶上架着两挺歪把子机枪。车厢里满载着荷枪实弹穿着黄色粗呢面皮大衣戴着皮帽的日本士兵，满载士兵的卡车竟有几十辆。

日军的卡车开得很慢，先头车似乎在谨慎地做搜索前进。随风传来日军士兵的歌声：

朝霞之下任遥望，

起伏无比几山河，

吾人精锐军威壮，

盟邦众庶皆康宁，

满载光荣啊，

关东军。

懂些日语的赵刚脸色倏变，轻声道："这是关东军军歌，老李，情况有变，这不是日本驻山西的部队，是刚调进关的关东军。兵力有两个中队，和咱们的兵力对比差不多是一比一，干不干？"

李云龙注视着开近的车队，牙一咬发狠道："狭路相逢勇者胜，干！敌人把胸脯送到咱们的刺刀尖前，咋能把刺刀缩回来？"

李云龙一挥手，和尚拉响了预先埋好的地雷。"轰"的一声，第一辆车被炸得粉碎，汽车的碎片、日军士兵破碎的肢体纷纷扬扬从天上落下，几乎全落在潜伏战士身上。

路边的枯草在一瞬间被掀开，一排排雪亮的刺刀出现了。部队潮水般冲上公路，顷刻间，身穿黄色军装的人群和身穿灰色军装的人群便绞做一团。

训练有素的关东军士兵在突如其来的打击前迅速做出反应，他们嗷嗷地嚎叫着从车上纷纷跳下去，哗哗地拉枪栓声响成一片，黄澄澄的子弹从枪膛里跳出来，迸在地上，训练有素而又墨守成规的日本士兵，百忙中也没有忘了在白刃战前按《步兵操典》退出子弹。就这么一眨眼的停顿，有几十个日军士兵手脚稍微慢了些，被独立团的刺刀捅个透心凉。

这是场硬碰硬的肉搏战。双方杀红了眼，刺刀相交的铿锵声，枪托击中肉体发出的闷响声，濒死者的惨叫声，杀得性起的吼声响成一片。

两架日军的零式战斗机超低空掠过，日军驾驶员发现，下面的公路上密密麻麻的人群绞在一起，灰色和黄色相杂其间。飞行员紧按机枪发射钮的手松开了，飞机一掠而过。

按照战前团党委的决定：团长、政委应坚守指挥位置，绝不允许参加白刃战。这条规定实际上是冲着李云龙去的，李云龙也郑重表了态，坚决遵守团党委的决定。可战斗一打响，他和警卫员都进入了兴奋状态。李云龙三下两下就把单军装脱下来，抄起鬼头刀赤膊冲上去。团长光了膀子，警卫员自然没有穿衣服的道理，和尚也把衣服一甩，拎着红缨枪冲上去。赵刚制止不及，见两人已冲进敌阵，一时也按捺不住，和他的警卫员小张一齐拎着驳壳枪冲出去。

好一场混战，军人的意志、勇气和战斗技巧的完美结合。八路军115师的那位大名鼎鼎的师长，未来的元帅曾得出结论：敢于刺刀见红的部队才是过硬的部队。身穿单薄夏装、顶着刺骨寒风的独立团一营，以破釜沉舟的决死精神面对强敌，在和对手兵力相等的情况下率先发起攻击进行了一场惨烈的白刃战，这在当时的中日战场上也实为罕见。

李云龙的第一个对手是个日本军曹，他不像别的日本兵一样嘴里呀呀地叫个没完，而是一声不吭，端着刺刀以逸待劳，对身旁惨烈的格斗视若无睹，只是用双阴沉沉的眼睛死死盯着李云龙。两人对视着兜了几个圈子。也许日本军曹在琢磨，为什么对手摆出一个奇怪的姿态。李云龙双手握刀，刀身下垂到左腿前，刀背对着敌人，而刀锋却向着自己，几乎贴近了左腿。日本军曹怎么也想象不出以这种姿势迎敌有什么奥妙，他不耐烦了，呀的一声倾其全力向李云龙左肋来个突刺，李云龙身形未动，手中的刀迅速上扬咔嚓一声，沉重的刀背磕开了日本军曹手中的步枪，一个念头在军曹脑子里倏然闪过：坏了，他一个动作完成了两个目的，在扬刀磕开步枪的同时，刀锋已经到位……他来不及多想，李云龙的刀锋从右至左，从上而下斜着抡出了一个 180° 的杀伤半径。军曹的身子飞出两米开外，还怒视着李云龙呢。李云龙咧开嘴乐了，这宋哲元 29 军的大刀队不愧是玩儿刀的行家，真是越厉害的刀术往往越简单。这招刀术是曾在 29 军大刀队干过的二连连长张大彪的绝活儿，李云龙也学会了，这招确实厉害。

…………

二连长张大彪也是个闻到血腥味就兴奋的家伙。他是个颇具古典气质的军人，崇尚冷兵器。宋哲元的 29 军在国民党军战斗序列中，以人手一把大砍刀闻名于世，其前身西北军由于装备较差，不得不注重使用大砍刀进行近身肉搏。部队的训练科目中，刀法训练占有很大的比重。在 29 军中，由士兵提升为军官的人，必须是刀法上有过人之处的军人。当年喜峰口一战，身为上士班长的张大彪一把砍刀砍掉四个鬼子的脑袋，被提升为排长。1937 年卢沟桥事变时，在争夺永定河上的大铁桥时，29 军何基丰旅和关东军展开肉搏，张大彪用大砍刀砍倒九个鬼子。后来 29 军南撤时，张大彪开了小差，他要回家安顿老母亲，谁知他家乡一带的村子都被日军烧了，老母亲也被烧死。张大彪埋葬了母亲，一跺脚便投了八路。从此，他见了日本人眼睛就红。

当地雷把关东军的第一辆卡车炸上天时，一顶被炸飞的日本钢盔从高空落下，正砸在张大彪的脑门上，锋利的钢盔沿把他的脑门砸开一个口子，鲜血顺着脑门流下来，把眼睛都糊住了。他打了多年的仗，连根毫毛都没伤过，从来是见别人流血，这次居然是自己脑门上淌血了，不禁勃然大怒。他用袖子在脸上胡乱揩了几把，拎着砍刀就冲了上去。

赵刚拎着驳壳枪从远处跑过来，见张大彪正和日军中尉对峙，举枪就要打，被李云龙拦住了：“老赵，千万别开枪，咱们今天玩儿的是冷兵器，我李云龙不能让鬼子笑话咱不讲规矩。”赵刚不屑地说:“和鬼子讲什么规矩?我看你脑子有病，时间紧迫，快开枪打死这个鬼子，赶快打扫战场。”

李云龙固执地说:“不行，白刃战有白刃战的规矩，我李云龙往后还要在这一带混呢，不能让鬼子笑话我的部队没拼刺刀的本事，这有损我的名誉。现在是单打独斗，大彪要不行我再上我就不信这小子还有三头六臂不成。”

高手相搏，胜负只在毫厘之间，张大彪和日军中尉转眼间已过了五六招，两人身上的军装都被刀锋划得稀烂，鲜血把军装都浸透了。张大彪的左胁和胳膊都被刺刀划开几道口子，不过那日军中尉也没占着便宜，他的肩膀和手臂也在淌血，尤其是脸上被刀锋从左至右划开一道横口子，连鼻子都豁开了。大砍刀和刺刀相撞溅出火星，发出铿铿的金属音。

李云龙两腿叉开，双手拄着鬼头刀在若无其事地观战，嘴里还啧啧评论着:“这小鬼子身手不错，有股子拼命的劲头，还算条汉子。我说大彪，你还行吗?不行就换人，别他娘的占着茅坑不屙屎。”

张大彪把砍刀抡出一片白光，嘴里说着:“团长，你先歇着，不劳你大驾了，我先逗这小子玩儿会儿，总得让人家临死前露几手嘛。”

和尚拎着红缨枪不耐烦地催道:“快点儿，快点儿，你当是哄孩子呢。这狗日的也就这几下子，上盘护得挺严，下盘全露着，大彪你那刀是干吗吃的?咋不攻他的下盘。”

和尚话音没落，张大彪一侧身躲开了对方的突刺，身子扑倒在地，砍刀贴着地皮呈扇面掠过，日军中尉突然惨叫一声，他正呈弓箭步的左脚被锋利的砍刀齐脚腕砍断，顿时失去支撑点，一头栽倒在地上。张大彪闪电般翻腕就是一刀，日军中尉的脑袋和身子分了家。

白刃战用了十几分钟就结束了。田野里横七竖八地躺满了血淋淋的尸体，像个露天屠宰场。300多个关东军士兵的尸体和300多个八路军士兵的尸体都保持着生前搏斗的姿势。

有如时间在一霎间凝固了，留下这些惨烈的雕塑。

赵刚的警卫员小张被刺中腹部，青紫色的肠子已滑出体外。赵刚抱着濒死的小张连声喊:“小张，再坚持一下，要挺住呀?”他的泪水成串地滚落下来，悲痛得说不出话来。

——选自都梁:《亮剑》，北京，人民文学出版社，2007

⊙ 注　释

[1] 揶揄（yé yú）：耍笑、嘲弄、戏弄、侮辱之意。

⊙ 阅读提示

战争把这群军人塑造成职业军人。他们的事业就是消灭对手，取得胜利。他们在战场上进行残酷的厮杀，他们之间的较量，不仅是正义与非正义之间的较量，更是狡猾与更狡猾、机警与更机警、勇敢与更勇敢、野蛮与更野蛮、坚强与更坚强、幸运与不幸运之间的格斗。这是以往军事战争题材作品中很少出现的。鹰飞得再低依旧是鹰。人们不会接受土匪和草莽，却会接受带有匪气的英雄。

本文的主人公李云龙，一个有着没有多少文化的军人，有一点匪气，也有一点霸气，但是他有着军人特有的直觉，是一个天生的军人，在他的身上，最充分地体现了亮剑精神的，就是一种该出手就出手的敏锐与直觉，一种不畏艰险，不怕牺牲的斗志。

⊙ 相关链接

小说与电影的区别

申载春

如果说19世纪主要是小说的时代，那20世纪至今则是影视艺术的兴盛期。小说与影视的意义也在于培养了两种具有代表性的艺术接受方式：文字阅读与视听感知。在此，有必要对二者的差异性作具体描述。

其一，文字阅读以语词为主要媒介，接触的始终是一些抽象的概念；而视听感知的对象则是一种具体的、现实的表象（如人物、画面、色彩、声音等）。文字阅读先要有一个相当复杂而又长期的文化学习的过程，是人类高度文明的行为。视听感知除去了一个艰难的文化过程，人类退回到对事物最初的直观感知阶段，即直接通过视听符号与物体的形似关系来理解符号意义的阶段。与抽象性、概念性的文字阅读相比，视听感知无疑更普遍、更形象，也更简单、更直观，对人们的文字能力、思维和想象能力都是一种弱化。

其二，文字阅读在主体心中形成的表象具有不确定性，任何经由想象还原的形象因主体的不同而呈现种种差异，故有“一千个读者就有一千个汉姆莱特”；视听感知的对象是确定的，观看劳伦斯·奥立佛主演的电影《王子复仇记》，一千双观众眼睛只能看到一个奥立佛。由此看来，文字阅读是一个充满想象性和创造性的过程，每一次阅读都是有新的体验、新的感受、新的创造。所以，对一部经典小说的阅读永无止境，其潜在意义是永远无法被完全接受的。而对视听感知来说，由于对象的确定性，重复感知只意味着巩固记忆、加深印象，主体的创造性受到限制。

其三，在文字阅读的过程中，事物的某些细部特征由于文字传达的抽象性和概念化而被忽略；但在视听感知中，有意义的特征因具体性、直观化的呈现不但得到了保持，而且得到了特别的强调和张扬。电影《天云山传奇》中，冯晴岚用板车拉着重病的罗群艰难地行进在白雪皑皑的山道上，晶莹的雪地上留下了两道深深的脚印与车辙，那充满悲壮的意境是文字难以描述的。小说《妻妾成群》中，陈佐千 50 大寿的吉庆之日挂过红灯笼，但并未给读者留下什么。电影《大红灯笼高高挂》中，大红灯笼经过艺术化的造型处理给观众强烈的视觉冲击力。小说《红高粱》中的颠轿和野合只不过几行字，在电影中则变成了一大段“荒野狂欢”，酣畅淋漓地表现了“感性生命冲动”。同样，一声饶有意味音响，一首流动人心的插曲，一段美妙绝伦的对话，能给观众留下深刻的印象。正如丹纳所说：“艺术的目的就是表现事物的主要特征，表现事物的某个凸出而显著的属性，某个重要视点，某种主要状态。”尽管这番话主要针对雕塑、绘画等视觉艺术而言，仍然适应于影视。

其四，文字阅读一般采用“介入 — 认同”的模式，要求读者进入作品，与作品融为一体，达到忘我的境地。如同梁启超所说：“凡读小说者，必常若自化其身焉，入于书中，而为其书之主人翁。读《野叟曝言》者，必自拟文素臣。读《石头记》者，必自拟贾宝玉。读《花月痕》者，必自拟韩荷生或韦痴珠。读‘梁山泊’者，必自拟黑旋风或花和尚。”而影视观众，自始至终处于“旁观者”的位置，凭借外界的刺激来完成审美体验。所以在谈到小说与电影的区别时，岩崎昶说：“它们的不同在于一种是通过心灵到达形象的艺术，一种是通过形象打动心灵的艺术。”

——摘自申载春：《影视时代的小说阅读》，载《连云港师范高等专科学校学报》2004（1），题目为编者加

⊙ 思考练习

一、通读小说，你认为电影和小说中的人物形象有什么差异？

二、有人为李云龙的形象有点不够真实，不够立体，有点像是古代武侠中的虚构人物，你是怎么看的？

三、文中的环境描写很少，但却极富深意，请找出环境描写的语句，说说在文中的作用。

第六章

心系家国

导　读

主题词：心系家国

爱国主题：

1. 爱国主义教育贯穿学校教育始终，经历了小学、中学到现在的大学，什么是爱国主义，每一阶段对爱国主义的体会有什么不同？

2. 提起爱国主义，一些人会立即想到“愤青”“反日反美”一类的东西，为什么会产生这种狭隘的联想呢？

3. 如何保持自己爱国爱家的热情，作为当代大学生，我们可以做些什么？

知识目标：

（1）了解什么是爱国爱家的情结，可以从哪些层面体现出来。

（2）“爱国主义”与“民族主义”“传统文化”等内容之间的联系。

（3）“爱国主义”的时代价值。

能力目标：

（1）诗、词、散文的诵读、鉴赏能力。

（2）培养爱国爱家的情感。

（3）培养学生主题演讲的能力。

祖国，五千年的古老，五千年的沧桑；大漠收残阳，明月醉荷花；北平的紫禁城，湖南的岳阳楼；青海的凄寒，西湖的柔美……她大河奔腾，激流勇进，洗刷百年的污浊，惊涛骇浪拍击峡谷涌起多少命运的颠簸；她高山巍峨，暮色苍茫，任凭风云掠过，坚实的脊背顶住了亿万年的沧桑与从容不迫。

今天，我们耳边还依稀掠过晏子“利于国者爱之，害于国者恶之”的大声疾呼；响起屈原“身既死兮神以灵，子魂魄兮为鬼雄”的悲壮高歌。诸葛亮的“鞠躬尽瘁，死而后已”的躬身实践；陆游的“位卑未敢忘忧国”，那一份忧心如焚的对誓言的坚守……中华民族5 000多年的文明历史得以延续，是和爱国主义的民族传统紧密联系在一起的。

列宁曾指出：“爱国主义是指人们对祖国的忠诚和热爱，是千百年来巩固起来的对自己祖国的一种最深厚的感情。”本单元选择的篇目从不同时代、不同角度体现了浓浓的爱国、爱家的情结。《国殇》中爱国将士为国捐躯的英雄气概、威武不屈的崇高品质，让我们感受到了这是一个英雄辈出的时代;《大同与小康》让我们对构建和谐社会，创造美好社会生活、形成良好人际关系充满了无限向往;《青春之歌》里一群年轻人在民族危亡、国难连年之时，振臂高呼，勇往直前，合奏了一曲时代的强音，书写了一页激情昂扬的篇章;《听听那冷雨》抚今追昔，点滴淋漓之间难以抹去的思乡之情;《都江堰》，这座千年屹立的古堰，输送汩汩清流，灌溉巴蜀大地，濡养中华民族，造就了美丽富庶的“天府之国”。

抒爱国情怀，爱盛世中国。

二十六　国　殇

（战国）屈　原

屈原（前 335？—前 296？），战国时期政治家、诗人，楚国人，名平，字原。屈原曾任楚怀王左徒，对内主张举贤任能，对外主张联齐抗秦，深得楚怀王的信任，官左徒，曾为楚怀王草拟楚国的宪令。上官大夫靳尚出于妒忌，在怀王面前诬陷屈原，怀王于是“怒而疏屈平”，此后，楚国一再见欺于秦，屈原曾谏请楚怀王杀张仪，又劝谏怀王不要往秦国和秦王相会，都没有被采纳。楚怀王死于秦后，顷襄王即位，屈原再次受到令尹子和上官大夫靳尚的谗害，被顷襄王放逐。流放在外的屈原一直心系祖国，看到国都沦陷，国家不可收拾，自己的理想也随之破灭。悲愤绝望之下，于五月初五投汨罗江而死。

屈原是中国文学史上第一个伟大诗人，开创了我国文学由集体创作向个人创作过渡的新时期。他吸取楚地民歌营养，创造了“楚辞”。由于楚辞和汉代赋作之间的渊源关系，所以屈原作品又有“屈赋”之称。楚辞的出现是继《诗经》之后，我国诗歌史上一次伟大的革命，是《诗经》之后又一诗歌发展的丰碑。屈原还是我国历史上最早、最伟大的爱国作家，他所创作的《离骚》《九歌》《九章》等一系列诗歌作品，真实地反映了楚国的社会现实和楚国人民的悲惨命运，深刻地表现了他的进步的政治理想和正直的人生态度，尖锐地揭露和批判了腐朽反动的政治势力，抒写了爱国爱民的炽烈情怀；激情澎湃，气概非凡，想象奇幻，语言瑰丽，成为我国文学史上积极浪漫主义的光辉起点，对我国文学的发展有着极为深远的影响。1953 年，屈原被列为世界四大文化名人之一，受到全世界人们的推崇和纪念。

操吴戈兮被犀甲[1]，
车错毂兮短兵接[2]。
旌蔽日兮敌若云[3]，
矢交坠兮士争先[4]。
凌余阵兮躐余行[5]，
左骖殪兮右刃伤[6]。

霾两轮兮絷四马[7]，
援玉枹兮击鸣鼓[8]。
天时坠兮威灵怒[9]，
严杀尽兮弃原野[10]。

出不入兮往不反[11]，
平原忽兮路超远[12]。
带长剑兮挟秦弓[13]，
首身离兮心不惩[14]。
诚既勇兮又以武[15]，
终刚强兮不可凌[16]。
身既死兮神以灵[17]，
子魂魄兮为鬼雄[18]。

⊙ 注 释

[1] 操：拿着。吴戈：吴国所产的戈，以锋利著名。被：通“披”。犀甲：犀牛皮制作的铠甲。

[2] 毂（gǔ）：车轮中心可以插轴的地方。车错毂：指两国双方激烈交战，兵车来往交错。短兵：指刀剑一类的短兵器。

[3] 旌：用羽毛装饰的旗子。旌旗遮蔽了太阳，敌兵像云一样聚集在一起。

[4] 矢：箭。这一句是说双方激战，流箭交错，纷纷坠落，战士却奋勇争先杀敌。

[5] 凌：侵犯。阵：阵地。躐（liè）：踩，践踏。行：行列。

[6] 骖（cān）：在两旁驾车的马。殪（yì）：倒地而死。右：指右骖。刃伤：为兵刃所伤。

[7] 霾（mái）：通“埋”，埋没。絷（zhí）：绊住。

[8] 援：拿着。玉枹（fú）：玉饰的鼓槌。

[9] 天时坠：犹言天地昏暗。威灵怒：鬼神震怒。

[10] 严杀：酣战痛杀。弃原野：指骸骨弃在战场上。

[11] 这句写战士们出战时抱着一去不返的必死决心。

[12] 忽：迅速。这句写战士出击，在平原上迅速前进，一下子即离家甚远。

[13] 秦弓：秦地所产的弓。秦地以产良弓著名。

[14] 惩：悔恨。这句说，虽然身首异处，心中也没有悔意。

[15] 诚：果然是，诚然。

[16] 终：始终。

[17] 这句说，身体虽然死了，但精神存在着。

[18] 子：指殇者。鬼雄：鬼中雄杰。

⊙ 阅读提示

《国殇》是《九歌》中的一篇。本篇是祭祀为国牺牲的将士的诗歌，热烈歌颂了他们的英雄气概和壮烈精神。国殇，指死于国事者。

楚怀王在位期间，楚国同秦国几次较大的战争，大多是楚国抵御强敌的自卫战争。在这首诗中，诗人对为国捐躯的将士的英雄气概和威武不屈的崇高品质，给予高度评价，热情歌颂了楚国人民强烈的爱国主义精神和坚毅的性格。这首诗尽管是直赋其事，但既有比喻，又有想象，把强烈的英雄主义色彩和积极的浪漫主义精神融汇在全诗之中。风格悲壮，情调激昂，是《九歌》中一篇很有特色的作品。

⊙ 相关链接

楚　辞

楚辞，其本义是指楚地的歌辞，后来逐渐固定为两种含义：一是诗歌的体裁，二是诗歌总集的名称（在一定程度上也代表了楚国文学）。楚辞的创作手法是浪漫主义的，它感情奔放，想象奇特，且具有浓郁的楚国地方特色和神话色彩。

从诗歌体裁来说，它是战国后期以屈原为代表的诗人，在楚国民歌基础上开创的一种新诗体。从总集名称来说，它是西汉刘向在前人基础上辑录的一部“楚辞”体的诗歌总集，收入战国楚人屈原、宋玉的作品以及汉代贾谊、淮南小山、严忌、东方朔、王褒、刘向诸人的仿骚作品。 “楚辞”之名首见于《史记·酷吏列传》。可见至迟在汉代前期已有这一名称。其本义，当是泛指楚地的歌辞，以后才成为专称，指以战国时楚国屈原的创作为代表的新诗体。这种诗体具有浓厚的地域文化色彩，如宋人黄伯思所说，“皆书楚语，作楚声，纪楚地，名楚物”（《东观余论》）。西汉末，刘向辑录屈原、宋玉的作品，及汉代人模仿这种诗体的作品，书名即题作《楚辞》。这是《诗经》以后，我国古代又一部具有深远影响的诗歌总集。另外，由于屈原的《离骚》是楚辞的代表作，所以楚辞又被称为“骚”或“骚体”。汉代人还普遍把楚辞称为“赋”。《史记》中已说屈原“作《怀沙》之赋”，《汉书·艺文志》中也列有“屈原赋”“宋玉赋”等名目。

在汉代，楚辞也被称为辞或辞赋。西汉末年，刘向将屈原、宋玉的作品以及汉代淮南小山、东方朔、王褒、刘向等人承袭模仿屈原、宋玉的作品共16篇辑录成集，定名为《楚辞》。楚辞遂又成为诗歌总集的名称。由于屈原的《离骚》是《楚辞》的代表作，共373句，是我国古代最长的抒情诗，故楚辞又称为骚或骚体。

楚辞是在楚国民歌的基础上经过加工、提炼而发展起来的，有着浓郁的地方特色。由于地理、语言环境的差异，楚国一带自古就有它独特的地方音乐，古称南风、南音；也有它独特的土风歌谣，如《说苑》中记载的《楚人歌》《越人歌》《沧浪歌》；更重要的是楚国有悠久的历史，楚地巫风盛行，楚人以歌舞娱神，使神话大量保存，诗歌音乐迅速发展，使楚地民歌中充满了原始的宗教气氛。所有这些影响使得楚辞具有楚国特有的音调音韵，同时具有深厚的浪漫主义色彩和浓厚的巫文化色彩。可以说，楚辞的产生是和楚国地方民歌以及楚地文化传统的熏陶分不开的。

同时，楚辞又是南方楚国文化和北方中原文化相结合的产物。春秋战国以后，一向被称为荆蛮的楚国日益强大。它在问鼎中原、争霸诸侯的过程中与北方各国频繁接触，促进了南北文化的广泛交流，楚国也受到北方中原文化的深刻影响。正是这种南北文化的汇合，孕育了屈原这样伟大的诗人和《楚辞》这样异彩纷呈的伟大诗篇。

《楚辞》在中国诗史上占有重要的地位。它的出现，打破了《诗经》以后两三个世纪的沉寂而在诗坛上大放异彩。后人也因此将《诗经》与《楚辞》并称为风、骚。风指十五国风，代表《诗经》，充满着现实主义精神；骚指《离骚》，代表《楚辞》，充满着浪漫主义气息。风、骚成为中国古典诗歌现实主义和浪漫主义创作的两大流派。

——节选自袁行霈:《中国文学史》，北京，高等教育出版社，2005；

郭预衡:《中国古代文学史》，上海，上海古籍出版社，1998

⊙ 思考练习

一、这首诗描绘了一个怎样的场面？歌颂了什么样的精神？

二、为什么说屈原的《国殇》是古代描写战争的诗中不可多得的佳作？

三、结合本文，谈谈对屈原的认识。

二十七　大同与小康

《礼记·礼运》

《礼记》是中国古代一部重要的典章制度书籍。《礼记》一书的编定者是西汉礼学家戴德和他的侄子戴圣。戴德选编的八十五篇本叫《大戴礼记》，在后来的流传过程中若断若续，到唐代只剩下了三十九篇。戴圣选编的四十九篇本叫《小戴礼记》，即我们今天见到的《礼记》。这两种书各有取舍和侧重，各有特色。东汉末年，著名学者郑玄为《小戴礼记》作了出色的注解，后来这个本子便盛行不衰，并由解说经文的著作逐渐成为经典，到唐代被列为“九经”之一，到宋代被列入“十三经”，儒林重要经典，也是士人必读之书。

昔者仲尼与于蜡[1]宾。事毕，出游于观[2]之上，喟[3]然而叹。仲尼之叹，盖[4]叹鲁也。言偃[5]在侧，曰：“君子何叹？”孔子曰：“大道之行也，与三代之英，丘未之逮[6]也，而有志焉。”

“大道之行也，天下为公：选贤与能，讲信[7]修睦[8]。故人不独亲其亲，不独子其子，使老有所终，壮有所用，幼有所长，矜、寡、孤、独、废疾者皆有所养[9]，男有分[10]，女有归[11]。货恶其弃于地也，不必藏于己；力恶其不出于身也，不必为己。是故谋闭而不兴，盗窃乱贼而不作，故外户而不闭，是谓大同[12]。”

“今大道既隐[13]，天下为家，各亲其亲，各子其子，货力为己；大人[14]世及[15]以为礼，城郭沟池以为固，礼义以为纪[16]；以正君臣，以笃父子，以睦兄弟，以和夫妇，以设制度，以立田里[17]，以贤勇知，以功为己[18]。故谋用是作，而兵由此起。禹、汤、文、武、成王、周公，由此其选也。此六君子者，未有不谨于礼者也。以著其义，以考[19]其信。著有过[20]，刑仁讲让[21]，示民有常[22]。如有不由此者，在势者去，众以为殃，是谓小康[23]。”

⊙ 注　释

[1] 蜡（zhà）：祭名，古代国君在年终举行的祭祀。

[2] 观（guàn）：宫门外两旁的楼台。

[3] 喟（kuì）：叹息的声音。

[4] 盖：副词，大概。

[5] 言偃：字子游，孔子的弟子，在鲁国做武城宰。

[6] 逮：赶得上。

[7] 讲信：讲求诚信。

[8] 修睦：增进和睦。

[9] 矜（guān）：同“鳏”（guān）：老而无妻的人。寡：老而无夫的人。孤：幼而无父的人。独：老而无子的人。

[10] 分：职分。

[11] 有归：得归于合适的人家。

[12] 同：和顺。

[13] 隐：消失。

[14] 大人：天子诸侯。

[15] 世及：世代相传。

[16] 礼义以为纪：用礼义作为治事的法则。

[17] 以立田里：以建立田、里的分界。

[18] 以功为己：以为己者为有功。

[19] 考：成全。

[20] 著有过：有过失就明白指出来。

[21] 刑仁讲让：以仁爱为典型，讲求礼让。刑：同“型”。

[22] 常：常规。

[23] 小康：小安。

⊙ 阅读提示

本文选自《礼记·礼运》。题目是编者加的。

在本文所选的这段文字中，描述了一个“大同”世界：首先，向我们总述了“大道之行”的状态；其次，每个人在社会中有准确的定位，老有所养，幼有所长，人人都在付出；最后，社会风气醇美，夜不闭户，路不拾遗。在这样一个理想的“大同”社会里，天下为公、路不拾遗、井然有序，人们没有自私自利之心，没有占有欲，乐于奉献；人们各自的行为，人与人之间良好关系的形成，以及社会的运行都是依靠人们自身的道德来驱动的。

在接下来的文字中所描绘的“小康”社会与“大同”社会有着很大的不同：首先，人们有了私心，有了占有欲；其次，人们“各亲其亲，各子其子”，彼此间关系冷漠；最后，人们的行为，人与人之间的关系，不是靠道德来维系的，而是靠礼法来支撑的了。

本文语言简洁，层次清晰，论理透彻，不失为议论文的典范。

⊙ 相关链接

毛泽东品国学

卢志丹

少年毛泽东在韶山的私塾中“读经”的时候，自然攻读了儒家的经典、“五经”之一的《礼记》。

《礼记》，是一部关于秦汉以前儒家讨论礼制的论文集，多为孔子的弟子或再传、三传弟子所记，间有讲述礼仪的古书。后来成为儒家经典之一。相传为西汉戴圣编纂，故又称《小戴记》或《小戴礼记》。全书分“曲礼”“檀弓”“中庸”“大学”“礼运”“乐记”“杂记”等 49 篇。

年轻时的毛泽东对《礼记》这部书是非常熟悉的。在 1913 年 10 月至 12 月记的《讲堂录》以及稍后的书信和文章中，曾引用了不少《礼记》中的话。

《礼记》对毛泽东影响最深远的，恐怕要数其“大同”思想了。

中国儒家所追求的大同思想，其本质是“天下为公”。这在孔孟的经书里，都是有表述的。毛泽东少年时代在私塾里读了“五经”“四书”时，对于其中所描述的大同思想，虽然不能说就是真的懂得了，但是总算是有了接触，这对于他后来理解康有为的《大同书》，是有直接帮助的。

《礼记·礼运》中的《大同》章，明确地提出了“大同”概念，并对理想的大同社会进行了具体的描述：

大道之行也，天下为公。选贤与能，讲信修睦。故人不独亲其亲，不独子其子，使老有所终，壮有所用，幼有所长，矜寡孤独废疾者，皆有所养。男有分，女有归。货恶其弃于地也，不必藏于己；力恶其不出于身也，不必为己。是故谋闭而不兴，盗窃乱贼而不作。故外户而不闭，是谓大同。

在这里，大同世界的本质是一个“公”字。这个“公”字，体现在用人上，是选贤任能；体现在人与人的关系上，是讲究“信”与“睦”（互相信任和团结）。人们在生活中，“不独亲其亲”，还要“亲”他人之“亲”，“不独子其子”，还要视他人之子如己之子。这样，人与人互相关心，就造成了“老有所养”“壮有所用”“幼有所长”“矜寡孤独废疾者”也有人照顾的充满爱的世界。这样的社会，有东西不必为自己去争，整个社会太平安定，没有盗贼，夜不闭户。

要说明的是，中国古人所说的“大同世界”，还只是神州大地范围内的“大同世界”，因为那时的中华先民，尚不知道神州大地之外还有更广阔的世界。康有为在《礼记·礼运》基础上所著的《大同书》，就大有不同了。康有为所说的大同世界，不仅是指神州大地范围内的大同世界，还包括神州大地以外的今天我们所知道的全世界的“大同”。这种“大同”，是比中华先民思想中的大同世界更宏阔的“大同”。

康有为的《大同书》，继承并发展了儒家的大同思想，融进了近代社会的改良主义，提出了比儒家的大同思想更丰富、更符合当时历史发展的“大同”思想，其本质是以“公”为核心建立一个更理想的社会。诸如政府皆由民选、男女同栖不得逾一年、妇女怀孕入胎教院、儿童出生入育婴院、儿童按年龄入蒙养院和各级学校、成年人由政府分配从事各项事业、病人入养病院、老人入养老院、设公共宿舍和公共食堂、明确奖罚、死后火葬，等等。《大同书》还发展了《春秋公羊传》的思想，把社会历史的发展分为据乱世、升平世、太平世三个阶段。大同“始基之据乱世”，“渐行之升平世”，“成就之太平世”。这也就是说，“升平世”时就进入了大同世界；到了“太平世”，不仅神州大地进入了大同世界，而且全世界都进入了大同世界，“无国家，全世界置一总政府，分若干区域”。由此可见，康有为的“大同说”，乃是一种非常宏伟、非常美妙的理想。

康有为曾是学生时代的毛泽东崇拜的偶像，所以毛泽东很容易地接受了康有为的“大同”思想，但是他同时认为，这“大同世界”只有在砸碎旧世界的基础上才能实现。1917年8月23日，毛泽东在给黎锦熙的信中说：

孔子知此义，故立太平世为鹄，而不废据乱、升平二艺。

意思是：孔子因为认识到了只有砸碎旧世界才能建立大同世界的道理，才把立“太平世”作为最终目的，同时又不废弃“据乱世”和“升平世”。这里所说的“孔子知此义”，实际是康有为的意思，因为孔子还没有把历史的发展分为三个阶段。尽管如此，这种合乎历史发展规律的思想，自然是被毛泽东继承了下来。此时，毛泽东早年的创世思想逐渐明确起来，其目标就是先在中国建立一个大同世界，接着便是实现全世界的大同。

毛泽东就是带着这种伟大的理想，开始了他的革命征程的。在他伟大的革命一生中，他时时都没有忘记建立“世界大同”的理想。

卢志丹:《毛泽东品国学》，北京，新世界出版社，2009

⊙ 思考练习

一、文中的“大同”思想包括哪些内容？“小康”思想包括哪些内容？

二、结合本文的主要内容，谈谈对我们今天构建和谐社会的启示。

二十八　青春之歌（节选）

杨　沫

杨沫（1914—1995），当代女作家。原名杨成业，笔名杨君默、杨默、小慧。祖籍湖南汨罗，1914年8月生于北京。曾就读于温泉女中，因家庭破产而失学，曾当过小学教员、家庭教师和书店店员。1934年开始文学创作，发表作品，多是些反映抗日战争的散文和短篇小说。1936年加入中国共产党。抗战爆发后到冀中参加中国共产党领导的游击战争，做妇女宣传工作。1943年起任《黎明报》《晋察冀日报》等报纸的编辑、副刊主编。中华人民共和国成立后，曾任北京电影制片厂编剧、北京市作协副主席、中国作协理事、全国人大常委等职。1995年12月11日因病在北京逝世。

1958年出版的长篇小说《青春之歌》，是一部描写中国共产党领导的爱国学生运动的优秀作品，小说成功地塑造了知识青年林道静这一艺术典型。小说在读者中特别是青年学生中影响深广，曾由作者改编为电影剧本，拍成同名电影上映。杨沫的作品还有中篇小说《苇塘纪事》，短篇小说选《红红的山丹花》，并有《杨沫散文选》，长篇小说《东方欲晓》《芳菲之歌》《英华之歌》，长篇报告文学《不是日记的日记》、散文集《自白——我的日记》以及《杨沫文集》等。

七

夜，寒冷而黑暗。惨淡的月光照着一列长长的列车，正疾迅地奔驰在广阔的原野上。时过午夜，在车轮有节奏的飞转声中，车厢里的旅客多半都东倒西歪地睡去了；可是也有一些人在谈论着、小声地激昂地争辩着；还有的倚在车厢冰冷的板壁上低声唱起了歌子。

第一节车厢是这样，第二节还是这样。所有的车厢都载着不同寻常的旅客——向国民政府请愿示威的北平大学生奔向南京去。

北京大学的二百多个学生，拥挤在列车后面的行李车里睡去了。只有看守行李人的小车厢里，还有三个青年人伴着微弱的灯光挤在一起低声谈着话。

“老卢，老罗，党交给咱们的担子可够重啊！南京政府一看咱们跑了几千里路前来示威，那，他们红脸做不成，白脸恐怕就要上来啦。……”说话的人名叫李孟瑜，是这次南下示威的总指挥。

“怕他！”身体粗壮、面孔红润的罗大方用拳头在小桌上轻轻擂了一下，接着李孟瑜的话说,“咱们就算牺牲许多人——像‘三·一八’那样,可是鲜血是最能唤醒人心的。人民，沉睡的人，都会因我们的鲜血而觉醒起来。”

另一个青年就是曾经在北戴河出现过的卢嘉川。他把微合的眼睛一睁，看着罗大方摇摇头说:“不，老罗，你的想法太天真啦！聪明人应当用最小的牺牲换得最大的胜利。十一月三十号咱们虽然把反动的学生会战胜了，争取了这么多的同学到南京来示威；可是，到了南京，怎么能取得更大的胜利呢？反动统治者将怎样对付我们呢？这些可都值得好好想想啊！”他沉思起来，停止了说话。

从“九·一八”事变第二天起，上海、北平、天津、杭州、太原、西安……许多城市的青年学生，立即展开了广泛的抗日救国运动——罢课、请愿、游行，要求国民党政府出兵抗日。可是，抱定了不抵抗主义的南京政府，竟毫不理会人民的要求；到了一九三一年的十一月二十五日，他们更打电报给驻在“国联”的施肇基，叫他向“国联”提议划锦州为“中立区”，由国际共管，而以中国军队退入山海关内为交换条件。这个拱手把东北让给帝国主义的卖国计划，更加激怒了全国人民，于是，工人罢工，学生罢课，并且纷纷跑向南京去提出抗议。而这次北京大学更首先打起了示威的大旗，也奔向了南京。

车身轻轻震荡着。原野里寒风怒吼，使得这没有暖气设备的车厢里更加冷不可当。身材高大的李孟瑜把鸭舌帽向前戴了戴，卢嘉川也搓搓冻僵了的双手，罗大方似乎忘了冷，他听了卢嘉川的话，低头陷入沉思中。半晌，像刚醒来似的，他突然抬起头来说：

“别的学生请愿，我们示威，当然要惹恼南京的衮衮诸公……所以，你就害怕了么？”他向卢嘉川尖锐地一瞥，不以为然地摇了摇头。

“不，老罗，你想到哪儿去了！”卢嘉川微微一笑，拉住了罗大方的大手。“想到了坏的方面并不等于胆小。我们是马列主义者呀。”

“对！”李孟瑜说,“老卢考虑得对。我们绝不能轻视敌人。现在谈谈具体问题。我想，我们再分分工：老卢机警、办法多，你这次就专门和各方面的反动家伙们办交涉；我和老罗呢，气力足、嗓门大，我们就掌握示威的群众。”

他的话还没说完，车门外有人喊了一声“报告！”随着车门一开，跳进了几个男女学生。

“报告！告民众书、传单、旗子、臂章都做好了！”一个健壮漂亮的小伙子，抱着一大抱红绿宣传品，兴冲冲地走进小车厢说。“诸位指挥官，还有什么吩咐吗？”

这活泼的小伙子名叫许宁，他一句话逗得大家都笑了。

“许宁，你们都够累啦！纸够用么？”卢嘉川赶快伸手接过这些东西，仔细地把它们放在看车人的小铺上，然后回过身来把灵活的眼睛一眨，紧握住许宁和另外一个男同学的手。“这些，都是我们北大南下示威团的有力武器，你们把它制造出来啦！谢谢你们！”他又转身对一个瘦小精干的女学生说：“徐辉，标语口号也拟出来了么？”

“写好啦。你们看看行么？”徐辉刚要把一张纸递给卢嘉川，许宁一把抢了过来。

“你们太累了，让我来念吧！”许宁还没有念，他又扭头对徐辉笑着说，“徐辉，您，北大有名的才女嘛，尊驾写的标语那还有错！来，我念着，大家听：‘反对政府出卖东三省！反对划分国际共管的中立区！反对投降帝国主义的外交政策！反对政府压迫民众抗日运动！全国被压迫民众联合起来！打倒日本帝国主义！……’”许宁越念声音越高，他的拳头也越举越高。念到后来，他蓦地将身一纵，跳到凳子上，挥着拳头几乎大声呐喊起来。

“好，许宁，不要喊啦！叫同学们充分休息，留着精神到南京去斗争吧。”李孟瑜的话刚刚说完，外面车厢的地上，突然爆发了一阵洪钟样的喊声：

“打倒日本帝国主义！中华民族解放万岁！”

这声音激昂、愤慨，而在这寒冷的深夜，在这囚笼似的没有窗子的黑暗车厢里迸发出来，更显得苍凉、悲郁，激动人心。……

拂晓前，小车厢里的三个青年人，也挤在一起打起盹来了。由于和反动的学生会以及和学校当局的阻拦作了激烈的斗争，这三个新学生会的领导人，已经三天三夜没有睡觉了。此时，疲倦征服了他们，他们中的两个刚刚熟睡去，没有睡着的李孟瑜忽然推醒了他们：

“嗳，想起点事，到了南京，我们通知卫戍司令部，叫他们给我们的示威来个‘保护’好不好？”

“怎么？”罗大方惊疑地说，“保护？我们向卖国政府去示威，却要求这个政府来‘保护’，这是什么意思？”

李孟瑜的态度是沉稳、安详的。此刻，他微微一笑，不慌不忙地说：“有文有武，有软有硬，这就是策略嘛。”

“好，这也是一招！”卢嘉川拿起小铺上的一把小纸旗摇了摇，似乎在驱逐难忍的瞌睡。

“老李的话，给了我启发。辩证法嘛，什么事都是有反有正，有利有弊。”

罗大方睁着圆圆的大眼睛，盯在两个战友的身上。他的眼睛似乎在说：“你们这两个老练的家伙是怎么回事？”

罗大方到别处去睡了，卢嘉川歪在小铺上又睡着了，只有李孟瑜靠着小桌坐在小凳上。多少事在他心里翻腾，他不能睡。过了一会儿，他站起身来，一回头看见卢嘉川在睡梦里冷得紧缩着身子在呻吟，他就脱下自己的棉布大衣轻轻地盖在他身上，随即走到小车厢外面去。

他迈过横躺竖卧在车厢地上的同学们，走到关着的两扇车门前。因为头脑昏胀，身上虽然冷，可是脑子却想用凉风吹一吹。他紧靠在车门前，由车门宽宽的缝隙中，他望见了一片灰蒙蒙的原野。天快亮了，天边显出了鱼肚白，在那景物不断变化的广阔的原野中，却有几颗星星不变地在天边闪烁。远处还有一抹群山朦胧地耸立在灰色的天边。“快到济南了吧？”他深深呼吸了一下从缝隙透进来的寒冷的空气，又打了个哈欠。当他似乎听见了黎明时远远的几声鸡叫和犬吠时，他的心骤然激动起来，仿佛这些景物随着火车的奔驰将要永远逝去了似的，他贪婪地望着跳到眼前的一条明亮的小河和疾驰而过的几棵小树，这时，这高大的冷静的青年，突然眼里盈满了激动的泪水。……

十二月一号从北平动身，十二月三号北京大学南下示威团就到了南京。繁华的、安谧的南京城随着这一批示威学生的到来，仿佛敌人出现在城头，冲要的马路和街道忽然密布了荷枪实弹的武装岗哨；示威团借住的中央大学体育馆，当示威学生们刚刚一到，门前的小汽车也不停地咩咩吼叫起来。南京市党部的人和成群的新闻记者，不断地围上前来向示威团“打听消息”。接着四号一早，首都卫戍司令部就把示威团印的几千份“告民众书”全部扣留了；而且把印刷局的主人也捕走。五号一早，一封哀的美敦书又送到李孟瑜的手中。示威团的十来个代表赶快围着李孟瑜听他念道：

……该所谓“北大南下示威团”抵京以来，扬言示威，拒绝劝告，行动离奇，言词荒诞，昨竟印刷传单，诬蔑政府“蹂躏拍卖中华民族”……最后且有“我们非但不信任他，而且要打倒他”之明显反动宣传及“命令政府”之妄语。与共产党之口吻如出一辙……

“好啦，不要念下去啦！”卢嘉川轻轻地从李孟瑜的手中拿过这份卫戍司令部的公函说，“底下的无非是我们是一伙暴徒，要图谋不轨；他们为国为民将予制裁等。情况很紧急，我们赶快商量怎么办吧！”

代表们立刻开了紧急会议。会议决定，不管卫戍司令部如何恐吓，示威团仍决定在五号上午十一点全团出发游行示威。同时派副总指挥卢嘉川到卫戍司令部去找司令谷正伦解释，并请他们加以保护。

卢嘉川听了这个决定，半晌没有出声。他的眼睛忽然变得很暗淡。和同学们、和李孟瑜在一起，他毫无所惧，那轰轰烈烈响彻南京上空的口号声，是这样有力地诱惑着他。可是，他却不能和大伙在一起了，而要单独去见什么谷正伦！

“老卢，想什么哪？”代表们都迅速散开整理示威队伍去了，只剩下李孟瑜和卢嘉川留在作为示威团办公室的一间狭小的房间里。

老卢忽然微微一笑，站起身，握着李孟瑜的手：

“老李，你的主意是对的。我现在就走。不过示威队伍的重担子就全搁在你们身上啦。”

“不，等一下！”李孟瑜想了想说，“你一个人去太孤单，万一有什么事连个送信的也没有。叫许宁和你一起去吧，这家伙也还机灵。”

“好，祝你们成功！”卢嘉川仿佛要出远门，也仿佛不能再回来了似的，再次紧紧握住了李孟瑜的手。

接着他和许宁佩戴上示威团的臂章，一起到了南京卫戍司令部。他们拿着示威团的复函，要见谷司令。

在会客室里等了许久，不见谷司令出来，最后，一个西装革履、白净面皮的中年人出来接见他们了。他含着微笑，点燃一根纸烟，拱手让让卢嘉川和许宁，然后坐在沙发上打量了一下这两个学生，慢慢问道：

“两位前来有何贵干？”

“您大概不是谷司令。我们要见的是司令。”卢嘉川一字一句慢慢说着。他比这位进来的先生显得更沉着、更儒雅。

进来的人皱皱眉，知道这位对手不是一个简单的家伙。吸了两口烟，点点头说：

“我是谷司令的参谋长，完全可以代表司令。有什么意见请说吧。”

“我们北大南下示威团今天上午十一点要出发示威。路经成贤街、中山路、花牌楼，转夫子庙、中华路、中正街、司法部、外交部、中央党部等地。请贵部加派军警保护。”

卢嘉川双目炯炯地盯着这位参谋长，一口气说了这一套。

参谋长的笑容蓦地收敛了，他用力丢掉烟蒂，严厉地说：

“请问，许多学校都是来京请愿，唯独贵校为什么却自称示威？为什么示威呢？向谁示威呢？”

“请愿的时候过去了！”卢嘉川微微一笑，锋利地开了炮，“千百万群众请了三个月的愿，可是你们依旧是一个‘不抵抗’！所以我们才来示威。向谁示威吗？向压迫中华民族的日本帝国主义示威！向出卖中华民族利益的日本帝国主义的走狗示威！”

“那么你们的‘威’将怎样的‘示’法？”

“刚才不是已经讲过了！”卢嘉川正颜厉色地说，“你们给我们来的公函，说我们要图谋不轨，对我们要加以制裁，我们特来向谷司令声明：我们此行纯为爱国而来，绝无越轨行动。请你们不要阻挠。”

“不对！”参谋长又笑了，“你们说是爱国，可是，你们的传单标语都很反动。我们为了维持首都治安，必要时，当然要制止你们。”

许宁突然把拳头挥了挥，激愤地说：

“你们的制止是无用的！如果你们一定要用武力，同学们也绝不会屈服！要是发生不幸的事情，恐怕政府也将无法借口。”

卢嘉川赞许地向许宁瞟了一眼，参谋长这时默默无言，只一个劲地狂吸纸烟。

卢嘉川看看手表，十一点快到了。他站起身来说：

“我们的大队此刻就要出发了。请您马上向贵司令报告，要他命令军警不要阻挡。……”

话没完，进来一位马弁向卢嘉川递过一张条子说：“请你们两位写下名字。”

卢嘉川毫不迟疑地把两个名字写上了。

“好吧。我代你们向司令去讲。”参谋长见他们写上了名字立刻走了进去。

阴暗的大房间里剩下了卢嘉川和许宁两个人。他们俩互相望望，都笑着叹了一口气。

“出发了！”许宁用力捏住卢嘉川的手，他漂亮的大眼睛像有火在燃烧。

“出发了！”卢嘉川点点头。忽然，一股热泪使他扭过脸去。但很快他又握住许宁的手笑了。

半点钟后，参谋长又回来了。这一回他可不像刚才那么和气了，一进门，就气势汹汹地说：

"胡闹！刚才接到报告，你们的队伍已经出发了！当然，我们不得不派军队去照料。你们两位就在这里安置一下吧！"一甩身参谋长又转了出去。

卢嘉川和许宁都没有出声。在他们的眼前突然出现了浩浩荡荡的示威人群，他们在呼号、肉搏、流血……

"走！我们找大队去！"卢嘉川拉住许宁就向门外走。但刚到门边，就有个黑胖子拦住了他们：

"出去？晚了。到里面去！我们优待。"

"为什么逮捕我们？"卢嘉川和许宁同时厉声问。

"外面很乱，在这里面休息休息多好！"黑胖子笑笑走了。立刻上来五六个全副武装的兵士把他们押了出去。

他们走进了相距不远的卫戍司令部看守所的甬道，这时，又上来七八个拿着步枪的兵士，把他们两个从上到下搜了个遍。最后，连许宁的一根漂亮的领带也都解走了。

卢嘉川对许宁笑笑说：

"看，这是多么隆重的优待！"

许宁这时可没有老卢镇静了，他红涨着脸，在老卢耳边说：

"他们要把我们怎么样？……"

老卢摇摇头，在许宁的肩上轻轻拍了一下。

"鬼鬼祟祟做什么？走！"一个兵士凶狠地用枪把戳了卢嘉川一下子，就把他们关进每个门上都有个方洞的小监房里。

确实是"优待"。监房里原来只有两个人，加上卢嘉川和许宁一共才四个人，空气还不算恶浊，而且还有木板铺和嵌着铁条的窗户。

原来的两个人一见老卢他们进来了，还没等押送的兵士走掉，就一下子跑到门边，仿佛迎接他们似的问：

"你们是哪个学校的？"

原来的这两个人都是南京中央大学的同学，"九·一八"后，因为奔走爱国运动，被押在这卫戍司令部的监牢里已经两个多月了。

仿佛熟朋友碰到一起，四个青年人立刻交谈起来。有些沮丧的许宁又眉飞色舞了。

"我们是北京大学南下示威团的，"许宁带着夸耀的口吻说，"卧了轨才乘上火车到南京向卖国政府示威。现在呀，南京城里恐怕正展开着我们同反动统治者的肉搏战呢。”

“啊！”原来的两个青年显得很兴奋，一齐说，“现在外面的情况怎么样？”

卢嘉川坐在木板床上，把北大南下示威的经过，和示威团到南京后的遭遇向中大的两位同学说了一遍。这两位同学听完了，其中的一位立刻握住老卢的手说：

“我叫杨旭。他叫吴洪涛。现在，我们该把这里面的情况向你们报告一下了，不，等会儿再说。都一点钟了，你们俩一定还没吃饭，我来替你们叫点饭吃吧。”

杨旭在这监里很熟，过一会儿就有个犯人给他们送了饭来。卢嘉川和许宁正吃着，忽然从门上的小方洞里有什么东西飞了进来，机警的卢嘉川猛一回身，仿佛是一个拿着刺刀的卫兵一闪就过去了。杨旭拾起了一个小纸团，他打开看了一下，就招呼卢嘉川、许宁、吴洪涛四个人一起看起来：

北大示威同学刚才在成贤街被捆绑走了许多。大概被押到孝陵卫去了。

卢嘉川默默无言；许宁举起拳头用力在铺板上击了一下，突然伏在铺上哭了。杨旭和吴洪涛呆呆地看着他们两个，半晌没出声。

“这消息可靠么？”过了一会儿，卢嘉川低声问杨旭。

杨旭向门外望望，点点头。卢嘉川的脸色突然变得有点苍白。

整个下午，许宁就倒在铺上睡去了；卢嘉川靠着墙坐在铺板上默默地沉思着——他思考着整个示威团的命运和动向。同学们被捕了多少？有伤亡么？李孟瑜、罗大方和其他负责同学的情况怎么样？难道，因为反动政府的阻挡、破坏，这次千辛万苦的南下示威运动就此结束了吗？……“不，不会！”他闭着眼睛摇摇头。“中国人民都忍无可忍了！尤其青年们，这里倒下了，那里会起来——起来的。……”他只顾想着示威团的问题，却忘了自身还处在囹圄中，直到昏暗的监房突然有了一阵奇怪的响声，才把他从沉思中惊醒来。

“老杨，你听！外面在喊口号。”隔壁监房里突然有人敲着墙轻轻说话了。

这边屋里的四个人全霍地站起身来，竖起了耳朵。

“…………”

“……”

听不清！仿佛从遥远的地方刮过来一阵巨风，呜呜的，呼呼的。

“是军队散操回来？”杨旭疑问地说。

“也许我们北大的同学集合起来游行到这里？”许宁陡然长了精神，神情又惊又喜。

“老杨！你听！”隔壁又有人在叩墙壁。

“打倒……”

“反对……”

远远地，真的传过来了口号声。

整个监狱顿时沉入死寂中。卢嘉川只觉得一阵心跳。……来了！也许真是北大示威的同学来了么？……

他们四个人一起伸着头，一起把头紧紧挤在铁窗子上。黄昏的天空，灰暗而惨淡，可是在这一霎间，他们却觉得它变得异常明亮、异常美丽起来了。

“反对政府出卖东三省！”

“打倒刽子手谷正伦！……”

“放出北大被捕同学来！”

声音完全听清楚了！像山洪、像裂帛，昂扬、悲壮，透过监牢层层的铁壁，传到四个青年的耳朵里。

“一定有我们中大的同学！”年轻瘦小的吴洪涛欣喜地瞅了许宁一眼说。

“当然更有我们北大的！”许宁得意之色更不下于吴洪涛。

“统治者的丧钟响了！”卢嘉川和杨旭是四个人当中比较老练也比较年长的两个。他们两个互相望望不知是谁说了这句话。可是，真是学生们来到这里了么？他们的眼里仍然带着怀疑的神色。

呼喊的群众像是来到了卫戍司令部的大门外。愤怒的呼号、喊叫、喧嚷之声不绝地传到了监狱里。

监狱里也突然混乱起来了。杨旭拉拉许宁，说：

“看！蠢东西们把看守所的牌子都摘下来啦！”

他们四个人同时向窗外望去：

果然，监狱的甬道里，军官和士兵开始忙乱地来来往往。一个士兵扛着看守所的大木牌，慌忙地从他们的窗外走了过去。

“急急有如丧家之犬。”卢嘉川刚说完，突然，一阵惊人的喊声，使四个人一下子愣住了。

“冲！冲进去！”

“冲呵！冲呵！”

"冲呵！救出北大同学呵！"

仿佛在遥远的异乡听到了亲人的召唤，卢嘉川和许宁一听见"救出北大同学"这几个字，立刻眼睛潮湿了。他们忍住心跳，把脸紧紧贴住了铁栅谛听下去：

"打倒日本帝国主义！……打倒卖国政府！……救出北大同学……"的喊声越来越猛。撞击大门的声音，夹杂在喊声中也越来越响。猛地，轰然一声，喊声被淹没了，群众竟然打进了卫戍司令部的第一重大门。

电灯突然熄灭。整个司令部和它的监狱陷入黑暗、恐怖中。

这时，呼喊声暂时沉寂下来。但是，士兵的枪栓声，大皮鞋来来往往的奔跑声，沉重的沙包搬运声，却在监狱内连续不断地紧张地响起来了。监狱内杀气腾腾，突然充满了火药气味。

四个青年互相望望，都用污脏的手擦着额上的汗水。

过了一会儿，外面又有了喊话声：

"这几个条件非立刻答复不行！"

"呵！北大的同学为什么还不出来呀！还不出来呀？……"

"呵！不行！打进去！再打进去！……"

一阵攻击大门的沉重的响声，夹杂着高呼口号声又清晰地传到监狱里面来了。接着屋顶上支架机关枪、搬运机关枪的声音也清晰地传到监房里来。

学生们和统治者短兵相接地斗争着。

"情况很紧张！反动家伙恐怕要动武了！"在黑暗中杨旭拉拉卢嘉川的袖子，轻轻地说。

"啊？……"许宁呻吟似的喊了一声。

"情况是严重。"卢嘉川说着，一个人离开了窗子，在牢房里走动起来。他极力抑制着自己的激动，想冷静地分析一下这迫在眉睫的紧张情况。看样子，群众如果继续向里面进攻，那么，和"三·一八"同样的惨案，顷刻间很可能就要发生了。……怎么办？他想到了党交给他带领的北大同学，一定也有许多在这进攻卫戍司令部的队伍里面，在这个时候，让这些青年同学流血牺牲呢？还是……他的心纷扰着。怎么解决这紧张、复杂而又困难的问题呢？他苦思起来了。

外面群众的呼喊声，愈来愈悲壮、愈愤怒地掠过了监狱的上空：

“冲呵！用力冲呵！救出北大同学呀！”

“我们的统治者呵，你们有的是枪弹，我们有的是热血！”

“冲呵！冲呵！……”

好像万马奔腾似的吼叫，随着再一次的轰隆一声门的巨响，人群潮水一般涌到第二道门里来了。一片混乱的喊声，愈加清晰地逼近了黑暗的牢房。

“你看！”许宁慌忙拉过卢嘉川来到窗前向外望去：只见牢房对面看守兵房子里，在忽明忽灭的电筒光下，许多兵士们正在迅急地顶上子弹、拉起枪栓、上上刺刀，然后把这全部武器杀气腾腾地对准了牢房。

他们四个脑袋紧靠着窗子上的铁栅，动也不动地望着。

忽然，好像是从遥远的地方有一个低沉的声音传到了他们的耳朵边：

“有命令：学生要打开了第三道门，立刻就开枪。”

卢嘉川迅速寻声望去：一个卫兵荷着亮亮的刺刀在旁边一闪又不见了。老卢立刻问杨旭：“这是什么人？”

“是一个爱国的兵……”杨旭宽阔的圆脸，在手电筒一映之下显得异常苍白。

“房顶上有几挺机枪正对准着第三道大门。”墙壁又敲响了，那边有人这样轻轻地说。

“那么，”许宁用力拉着卢嘉川的臂膀说，“反动派也许先对监狱开枪吧？”

“不！”卢嘉川甩开许宁的手，把杨旭拉到一边去。他又沉思了一会才说：“老杨，情况需要我们当机立断！你能想法给外面同学捎个信吗？我们已经给反动统治者不小的打击了，为了避免过多的流血牺牲，我们建议他们暂时收兵好不好？”

杨旭想了想说：“这不是妥协——虎头蛇尾么？要多想想！”

“不！”卢嘉川态度很坚决，“时间紧迫，没有功夫多想了。你给中大，我给北大，我们每人写个条子送到外面去。那个爱国的卫兵可以帮这个忙吧？”

靠在窗前的吴洪涛和许宁也围拢了他俩，四个人立着开了个简短的紧急会议。最后通过了卢嘉川的提议——给二门外的同学写信去，建议暂时收兵，以避免过多的流血牺牲。

杨旭从墙角里掏出了一截铅笔和一张纸条递给卢嘉川。为了怕漏出亮光，吴洪涛和许宁用棉被支成一个小窝铺，杨旭划着洋火，卢嘉川就急急地趴在窝铺里写了几个字。完了，卢嘉川划洋火，杨旭又写。都写完了，杨旭一个人靠着铁窗轻轻咳嗽了三声，于是有一只手，立刻敏捷地拿走了这两个小纸条。

这时在卫戍司令部的第三道铁门外，群众的吼声更高亢了：

“白色的统治者呵！你们开枪吧！你们有的是枪弹，我们有的是热血……”在沉沉的黑夜里，上千青年的呼声刚刚停歇一下，接着又悲昂地呼啸起来了。杂沓的脚步声和着呼喊声，踏在地上像巨雷似的越来越响。人群用身体轰击着卫戍司令部的第三道大门，大门发出吱呀的响声，眼看又要被撞坏了。

千钧一发的时刻到了！房上敌人的机关枪，虎视眈眈地对准了铁门外的大队学生。

卢嘉川等四个人紧紧地互相拥抱着，并肩靠在铁窗前。

我们不相信世界会永远的黑暗，

昏夜将成过去，顷刻就会天明……

卢嘉川轻轻地唱起了歌子。他不相信条子准保发生效力，而他自己的心里正准备着最后的时刻。他唱着，几个人也低声合着他唱起来：

昏夜将成过去，顷刻就会天明……

但是，十几分钟以后，一种声音把他们从梦寐似的情景中惊醒了。

“中大同学在这里集合！”

“北大同学在这里集合！”

在杂乱的喊声中，同时响起了集合的号声。

监狱的电灯忽然亮了。

“好险哪！”许宁抹抹头上的汗水跳起来喊了一声。

杨旭回过身紧紧地握住了卢嘉川的手，握得他生痛。

“假如因此我们要终生住在这里面，不是也很幸福么？……”卢嘉川含着满眶泪水微笑着。

——本文选自《青春之歌》第七章，北京，人民文学出版社，1977

⊙ 阅读提示

本小说是当代文学史上第一部描写在中国共产党领导下的爱国学生运动及革命知识分子斗争生活的优秀长篇小说。小说描写在中国共产党的组织、领导下，北京一批青年爱国学生从“九·一八”迄“一二·九”这一历史的大风暴中所进行的顽强斗争。小说刻画了一代知识青年在民族解放斗争中的成长过程。该小说后来被改编成电影、电视剧、歌剧等。

新中国成立至1966年，是我国长篇小说创作出版的一个高潮期。十余年间，有大批作品问世，其中数十部影响广泛，极一时之盛。这些作品坚持社会主义现实主义创作原则，以满腔热忱和质朴的表现方法，讴歌了土地革命战争、抗日战争、解放战争及社会主义建设等不同历史时期我国人民艰苦卓绝的奋斗历程和蓬勃向上的精神风貌，代表了那一时期我国长篇小说创作的最高成就，在中国当代文学史上占有极其重要的地位。它们以特有的魅力，影响了几代读者，经历了时间的淘洗，流传至今。

《青春之歌》描写了一群青年知识分子的生活道路，塑造了林道静的形象，概括了20世纪30年代一部分知识分子所走过的道路。作者在塑造林道静这一人物时，是“按照生活本身的发展逻辑，按照像她这样一个小资产阶级知识分子的女性在当时走向革命后必然会有的发展变化过程来描写的。而不是按照一个成熟了的共产党员的标准，设想她应有多少优点，不该有什么缺点，她入党后就必须高大无比、完美无缺等等框框来写的”。所以作为30年代革命知识分子的典型形象，林道静走的是一条坎坷的道路：从反抗封建家庭，要求个性解放到谋求民族的解放和阶级的解放；从对劳动人民同情到为劳苦大众奋斗；从一名小资产阶级知识分子到一名无产阶级先锋战士。小说通过林道静感情的成熟经历，充分展现出她在斗争中不断克服自身弱点，最终成为无产阶级先锋战士的过程。林道静是带着小资产阶级的狂热和不切实际的幻想参加革命的。对于她的小资产阶级感情的描写，集中在两个方面：一是对于爱情的软弱、缠绵；一是对革命不切实际的幻想、狂热和某些个人主义的思想意识。作者以饱蘸激情的笔，把林道静对革命的向往和追求，怀着新战士初上战场的心情，参加革命的细节，对卢嘉川的爱情等描绘得淋漓尽致，感人肺腑。

⊙ 相关链接

“一二·九”运动的伟大意义

毛泽东

（一九三九年十二月九日）

同志们：

今天开“一二·九”四周年纪念大会，满堂青年，朝气蓬勃。这是一个多么生动活泼的集会！纪念“一二·九”的大会，在延安已经开过不止一次了，过去几次我都没有能参加，今天我是非常兴奋地来参加的。

我认为，现在中国的事情更好办了。中国的事情是什么？就是反帝反黑暗势力两件事。帝国主义和黑暗势力，中国人民自鸦片战争反起，到现在已反了一百年了。时间很长，虽然还没有完成，但是现在这件事情是好办多了。因为国民党顽固派大大加强了反共活动，打击进步的文化界，现在有些人就说：中国的事情难办了。他们是为进步而努力的，为国家民族的利益而奋斗的，他们满腔热情，怀着好心肠，要把国家民族弄好。但是，正在抗日战争的紧要关头，他们在周围却见到顽固势力所布下的投降、分裂、倒退的黑影，他们的努力受到种种限制和压迫，不免觉得事情难办了。这只是看到事情的一方面。我们当然坚决反对顽固派的倒行逆施，但就全局来说，却认为比之过去，现在中国的事情不仅不难办，而且是更好办了。

为什么呢？这就得从我们今天纪念的“一二·九”运动说起。

第一，“一二·九”运动到底是怎么一回事，同志们都知道，刚才李昌同志也讲过。然而，我们应该进一步了解：它是在什么政治环境下产生的呢？它有什么政治意义呢？它给中国政治上一个什么样的影响呢？明白了这些问题，就会知道现在中国的情况跟过去大大的不同了，现在的事情不是比过去难办，而是比过去好办多了。

红军经过了万里长征，在一九三五年十月到达陕北吴起镇。当时敌人还在进攻我们，那年的十一月下旬，在富县我们还打了三个胜仗。在祝捷声中，在十二月十日，一听到北平“一二·九”运动的消息，我们心里好不欢喜！红军同志完成了这么伟大的长征，学生同志在北平发动了这样伟大的救亡运动，两者都是为解放民族和解放人民而斗争，其直接意义都是推动抗日战争。所以，“一二·九”运动在历史上讲，是抗日战争准备的一个非常重要的方面。

有些人说，“一二·九”运动不如“五·四”运动，就是说，前者不及后者的政治意义伟大。这对不对呢？不对。我们认为这两者的意义是同样伟大的。

五四运动为北伐战争作了准备。如果没有五四运动，北伐战争是不可想象的。有些人以为学生运动没有力量，但是事实怎样呢？广大学生群众的五四运动，推动“六·三”全国性的罢工、罢市、罢课的反帝和反卖国政府的斗争，发展成为全民族的运动。五四运动以后，产生了中国共产党，促成了第一次国共合作，掀起了“五卅”运动，发动了北伐战争，造成了第一次大革命。那么，很明显，没有五四运动，第一次大革命是没有可能的。“五·四”运动的的确确给第一次大革命准备了舆论，准备了人心，准备了思想，准备了干部。

至于“一二·九”运动，它是伟大抗日战争的准备，这同五四运动是第一次大革命的准备一样。“一二·九”推动了“七·七”抗战，准备了“七·七”抗战。

我们看看，“一二·九”运动是在什么情况之下发生的。一方面，它是在共产党被认为绝对无权、绝对不合法的国民党统治一区，在国民党反动派的“剿共”战争时期，在军事“围剿”和文化“围剿”双管齐下的情况之下发生的。在过去的所谓“剿共”战争中，共产党和红军处境的艰难是无须多说的。后来红军长征了，一走走了二万五千里，人家在后面也“欢送”了二万五千里，并且在前面还有“欢迎”的，在天上加上“送礼”的，这礼物名曰炸弹。尽管“欢送”者一程一程地相送，“欢迎”者一站一站地相迎，红军仍然到了陕北。但敌人还是用子弹作礼物，前后迎送。这就是说，红军到了陕北，还是处在被“围剿”的环境中。这就是军事“围剿”的情形。文化“围剿”怎么样呢？敌人的“碉堡”是建筑在学校里、书报杂志上以及社会文教团体里，也大有“稳扎稳打、步步为营”之势。关于这一点，我们只要看一看鲁迅先生的杂感，就可以知道。他的抨击时弊的战斗的杂文，就是反对文化“围剿”，反对压迫青年思想的。另一方面，日本帝国主义已占领了东北，酝酿着“华北特殊化”，并积极准备灭亡全中国。因此，四万万五千万人民，大家都要干，要打日本帝国主义。可是，有一些人偏偏不赞成。不过，他们也是要打的，打的是谁呢？是共产党，是青年学生，是文化界的进步人士。全国老百姓对他们说：你们打的方向弄错了，我们坚决反对。这就是“一二·九”运动所处环境的另一方面。“一二·九”运动以后，事情就逐渐好办了。西安事变和平解决，国民党政府只打共产党不打日本帝国主义的办法行不通了，不得不放弃“剿共”政策而走准备抗战的路，这就开了国民党的三中全会，抗日民族统一战线也就在事实上宣告成立。对于这些，“一二·九”运动的功劳都是很伟大的。

这里，有一点应该特别注意，就是红军长征和“一二·九”运动的密切关系。“一二·九”运动发生在红军北上抗日到达了陕北之时。红军二万五千里长征的胜利帮助了“一二·九”运动，同时，“一二·九”运动也帮助了红军，这两件事的结合，就帮助了全民抗战的发动，帮助了中华民族，增进了全民族的利益。

中共中央的八一宣言，号召全国人民反对日本帝国主义，推动了全国团结抗战潮流的发展。“一二·九”运动，是在中国共产党发表八一宣言，红军走到陕北打了胜仗而日本帝国主义正在加紧侵略中国的情况之下发生的。广大青年学生起来反对当局对他们的压迫，反对日本帝国主义侵略中国，要求停止内战一致抗日。这个运动的发生，轰动了全国。它配合着红军的北上抗日行动，促进了国内和平和对日抗战，使抗日运动成为全国的运动。所以，“一二·九”运动是动员全民族抗战的运动，它准备了抗战的思想，准备了抗战的人心，准备了抗战的干部。要拿五四运动和北伐战争的关系相比，那么很明显，“一二·九”运动和抗日战争的关系更密切，两者相隔的时间更短，因为“一二·九”运动有红军长征的胜利互相配合。总之，“一二·九”运动将成为中国历史上的一个非常重要的纪念。在“一二·九”运动以后，在抗日战争爆发以后，中国反帝国主义的事情就好办多了。

第二，反对黑暗势力压迫青年学生和压迫知识分子，这件事情现在也是更好办了；而黑暗势力压迫青年学生和知识分子，这件事情却是更难办了。“一二·九”运动就证明了这一点。黑暗势力压迫进步思想，压迫到最后，黑暗势力总是失败的。“一二·九”运动前，他们进行了八年多的反共教育，是有计划地进行的。学校里的一切有政治倾向的课程，首先都是以反对共产党和马克思主义为原则；对教员中被认为是共产党和马克思主义者的人都要排斥和迫害。从一九二七年下半年起，他们用这种教育训练了八年多，不幸得很，却训练出一个“一二·九”来。这在国民党内那些反共的先生们看来，当然是一件天大的憾事。有些人说，“一二·九”是学生造反。这一点学生们是承认的，的确是造反。但是，造谁的反呢？是造压迫学生者的反，造思想“围剿”者的反，造宣传假三民主义的人们的反。他们造反的目的就是要实行真三民主义，也就是联俄、联共、扶助农工的三民主义。他们为铲除一切实行真三民主义的障碍而造反。这样的反要不要造呢？要造的，要造的，第三个还是要造的。

世界上的事情，就有这样怪，碰了钉子摸摸头，但是过后又忘了。你们看，从前有些人是不承认五四运动的，但是到了今天都承认了；现在也有些人不承认“一二·九”运动，不过，根据“五·四”的经验，说不定哪一天，他们也将不得不承认“一二·九”。如果坚持不承认，那就请他们在三十六计中选上计，简单些说，请他们滚蛋！因为世界是向前进的，要向后倒退是不成的；中国人的辫子没有了，他们想拖也拖不住了；旧的落后的东西只好倒下来，让新的进步的东西接替它。在进步的潮流中，他们要是还不承认进步的“一二·九”运动，还想鄙视这个运动，那么，他们将要倒霉还有什么话说？

现在的青年学生，懂得的道理更多了，比我当青年学生的时候聪敏得多了。我起初读几年书，只知道“诗云”“子曰”那一套，心里总以为做官做皇帝的人个个是好的。后来进了洋学堂，碰到了革命，于是也知道皇帝老爷是坏的了，也懂得了美国的京城是华盛顿，英国的京城是伦敦，什么X加Y等于Z，什么分子、原子和电子。现在你们不仅懂得这些东西，而且还懂得马克思主义哩！我那时，就不懂得什么马克思。这就是现在比过去进步的一个证明。当第一次世界大战的时候，上层的人们是主张参加协约国英、法方面去打德、奥的，他们的言论讲得头头是道，确实欺蒙了一些人。一九一八年，第一次世界大战结束时，中国在北京也开了会，还立了一块碑，上面刻着“公理战胜”四个字，更是煊赫一时，弄昏了当时一些人的头脑。但是，现在不同了。中国是永远向前发展的。中国人民现在已经懂得了世界大事，懂得了革命道理。这种道理是一步一步懂得的，从前懂得少，现在懂得多了。大家懂得了帝国主义战争的性质是非正义的掠夺性的，懂得了日本帝国主义的阴谋诡计，懂得了投降派、顽固派的阴险狠毒，懂得了民主宪政。他们认识清楚，要进步，要民主，要参政，而这民主宪政的真正实现还需要大家起来奋斗。只有全国青年学生、工人、农民一同起来作斗争，才能把这个事情搞成功。现在的人是聪明了，不容易被欺骗了。大家都光起眼睛看着：什么人不开放民主？什么人要分裂？什么人要投降？什么人要倒退？《封神演义》里有一个申公豹，是姜子牙的不肖师弟，他脸向后长，眼朝后看。现在在抗战阵营中，就隐藏有这么一群“申公豹”，一批专门倒退的人，他们拖住中国要倒退。这是现在中国的黑暗势力压迫光明势力，这叫做压迫的自由。然而，全中国的青年和工农大众也有另外一种自由，这叫做反抗黑暗势力的自由。我们不准黑暗势力把中国拖向后退。我们有没有把握不准他们那样做呢？是有的，重要的根据就是现在的人不容易被欺骗了，全国老百姓是不好再欺骗了。现在大多数人就不准他们这样压迫，要反抗他们的压迫；不准他们投降，要坚持抗战；不准他们分裂，要坚持团结；不准他们倒退，要坚持进步。这一群“申公豹”，看他们怎样收场！

第三，“一二·九”运动和中国共产党的关系是怎样呢？毫无疑义，“一二·九”运动中共产党起了骨干的作用。没有共产党作骨干，“一二·九”运动是不可能发生的。首先是共产党的八一宣言给了青年学生一个明确的政治方针；其次是红军到了陕北，配合了北方的救亡运动；再次是共产党北方局和上海等地党组织的直接领导。这样，才使“一二·九”运动发生，并使之在全国各阶层开展起来，形成了全民族救亡运动的巨大政治力量。青年学生好比是“一二·九”运动的柴火，一切都准备好了，只差用火一点。点火的人是谁呢？就是共产党。共产党从诞生之日起，就是同青年学生、知识分子结合在一起的；同样，青年学生、知识分子也只有跟共产党在一起，才能走上正确的道路。知识分子不跟工人、农民结合，就不会有巨大的力量，是干不成大事业的；同样，在革命队伍里要是没有知识分子，那也是干不成大事业的。只有知识分子跟工人、农民正确地结合，才会有无攻不克、无坚不摧的力量。因此，知识分子要同共产党结合，要同广大的工农群众结合，要同革命武装队伍结合，要同八路军新四军结合。一切共产党员要向所有非党的同情者说清楚，我们共产党是非常欢迎知识分子的，是团结知识分子的。自然，我们要反对那少数破坏革命的坏知识分子，汉奸知识分子，“申公豹”式的知识分子。不反对这种知识分子，是罪恶；反对这种知识分子，是对民族对人民都有利的。

现在很多青年知识分子没有自由，没有走路之权。例如从西安到延安的这一条路上，遍设关防，进步的知识青年要通过是困难的。因为他们既没有青龙偃月刀、嘶风赤兔马，又没有过五关斩六将的本领，那只有被赶到集中营“训练团”里去。这件事情似乎有些难办。但是，如果知识分子跟八路军、新四军、游击队结合起来，就是说，笔杆子跟枪杆子结合起来，那么，事情就好办了。拿破仑说，一支笔可以当得过三千支毛瑟枪。但是，要是没有铁做的毛瑟枪，这个笔杆子也是无用的。你们有了笔杆子，再加一条毛瑟枪，根据拿破仑的说法，那么，你们就有三千零一支毛瑟枪了。有了这，什么帝国主义也不怕，什么顽固分子也不怕。有了这，这些狗子敢来咬一口吗？

从鸦片战争起，中国人民已有了一百年的反帝反黑暗势力斗争的经验，再加上共产党十八年的斗争经验，什么事情还会办不到呢？这样看来，中国的事情比以前是更加好办了。我们一定要抗战到最后胜利，打倒日本帝国主义，创造出一个民主共和国！现在虽然还有帝国主义者和“申公豹”们不断地阻碍我们这样做，但是不要紧的，我们现在是聪明了，是有力量了，我们已不是昨天的我们，而是今天的我们了。帝国主义者、“申公豹”们，是你们滚蛋的时候了！

——本文载于《红旗》，1985（23）

⊙ 思考练习

一、《青春之歌》的主题是什么？

二、试分析小说中的人物形象。

二十九　听听那冷雨

余光中

余光中（1928—　），当代著名诗人、散文家、评论家、翻译家。祖籍福建永春，1928年9月9日生于江苏南京，亦自命江南人。1952年毕业于台湾大学外文系，同年，出版了第一部诗集《舟子的悲歌》。1959年获美国爱荷华大学艺术硕士。先后于台湾东吴大学、师范大学、台湾大学、政治大学等高校执教。

余光中学贯中西，涉猎广泛，在诗歌、散文、评论、翻译等许多领域都卓有成就，被誉为“艺术上的多妻主义者”。其作品多表现了浓厚的乡土情结，有着很强的历史感和丰富的文化底蕴，形成了独特的艺术风格。《乡愁》一诗曾经在大陆引起轰动，成为这类作品中最具有代表性的经典之作。其作品有诗集《蓝色的羽毛》《钟乳石》《万圣节》《白玉苦瓜》等，散文集《左手的缪斯》《听听那冷雨》等。

余光中的作品风格多样，他的诗风因题材而异，表达意志和理想的诗，一般都显得壮阔铿锵，而描写乡愁和爱情的作品，一般都显得细腻而柔绵。

惊蛰一过，春寒加剧。先是料料峭峭，继而雨季开始，时而淋淋漓漓，时而淅淅沥沥，天潮潮地湿湿，即使在梦里，也似乎把伞撑着。而就凭一把伞，躲过一阵潇潇的冷雨，也躲不过整个雨季。连思想也都是潮润润的。每天回家，曲折穿过金门街到厦门街迷宫式的长巷短巷，雨里风里，走入霏霏令人更想入非非。想这样子的台北凄凄切切完全是黑白片的味道，想整个中国整部中国的历史无非是一张黑白片子，片头到片尾，一直是这样下着雨的。这种感觉，不知道是不是从安东尼奥尼[1]那里来的。不过那一块土地是久违了，二十五年，四分之一的世纪，即使有雨，也隔着千山万山，千伞万伞。二十五年，一切都断了，只有气候，只有气象报告还牵连在一起，大寒流从那块土地上弥天卷来，这种酷冷吾与古大陆分担。不能扑进她怀里，被她的裾边扫一扫吧也算是安慰孺慕[2]之情。

这样想时，严寒里竟有一点温暖的感觉了。这样想时，他希望这些狭长的巷子永远延伸下去，他的思路也可以延伸下去，不是金门街到厦门街，而是金门到厦门。他是厦门人，至少是广义的厦门人，二十年来，不住在厦门，住在厦门街，算是嘲弄吧，也算是安慰。

不过说到广义，他同样也是广义的江南人，常州人，南京人，川娃儿，五陵少年。杏花春雨江南，那是他的少年时代了。再过半个月就是清明。安东尼奥尼的镜头摇过去，摇过去又摇过来。残山剩水犹如是，皇天后土犹如是。纭纭黔首纷纷黎民从北到南犹如是。那里面是中国吗？那里面当然还是中国，永远是中国。只是杏花春雨已不再，牧童遥指已不再，剑门细雨渭城轻尘也都已不再。然则他日思夜梦的那片土地，究竟在哪里呢？

在报纸的头条标题里吗？还是香港的谣言里？还是傅聪的黑键白键马思聪的跳弓拨弦[3]？还是安东尼奥尼的镜底勒马洲的望中？还是呢，故宫博物院的壁头和玻璃橱内，京戏的锣鼓声中太白和东坡的韵里？

杏花。春雨。江南。六个方块字，或许那片土就在那里面。而无论赤县也好神州[4]也好中国也好，变来变去，只要仓颉的灵感不灭，美丽的中文不老，那形象，磁石一般的向心力当必然长在。因为一个方块字是一个天地。太初有字，于是汉族的心灵，祖先的回忆和希望便有了寄托。譬如凭空写一个“雨”字，点点滴滴，滂滂沱沱，淅沥淅沥淅沥，一切云情雨意，就宛然其中了。视觉上的这种美感，岂是什么 rain 也好 pluie 也好所能满足？翻开一部《辞源》或《辞海》，金木水火土，各成世界，而一入“雨”部，古神州的天颜千变万化，便悉在望中，美丽的霜雪云霞，骇人的雷电霹雹，展露的无非是神的好脾气与坏脾气，气象台百读不厌门外汉百思不解的百科全书。

听听，那冷雨。看看，那冷雨。嗅嗅闻闻，那冷雨。舔舔吧，那冷雨。雨下在他的伞上，这城市百万人的伞上，雨衣上，屋上，天线上。雨下在基隆港，在防波堤，在海峡的船上，清明这季雨。雨是女性，应该最富于感性。雨气空濛而迷幻，细细嗅嗅，清清爽爽新新，有一点点薄荷的香味。浓的时候，竟发出草和树沐发后特有的淡淡土腥气，也许那竟是蚯蚓和蜗牛的腥气吧，毕竟是惊蛰了啊。也许地上的地下的生命，也许古中国层层叠叠的记忆皆蠢蠢而蠕，也许是植物的潜意识和梦吧，那腥气。

第三次去美国，在高高的丹佛他山居住了两年。美国的西部，多山多沙漠，千里干旱。天，蓝似盎格鲁·萨克逊人的眼睛；地，红如印第安人的肌肤；云，却是罕见的白鸟，落基山簇簇耀目的雪峰上，很少飘云牵雾。一来高，二来干，三来森林线以上，杉柏也止步，中国诗词里“荡胸生层云”[5]，或是“商略黄昏雨”[6]的意趣，是落基山上难睹的景象。落基山岭之胜，在石，在雪。那些奇岩怪石，相叠互倚，砌一场惊心动魄的雕塑展览，给太阳和千里的风看。那雪，白得虚虚幻幻，冷得清清醒醒，那股皑皑不绝一仰难尽的气势，压得人呼吸困难，心寒眸酸。不过要领略“白云回望合，青霭入看无”[7]的境界，仍须回中国。台湾湿度很高，最饶云气氤氲雨意迷离的情调。两度夜宿溪头，树香沁鼻，宵寒袭肘，枕着润碧湿翠苍苍交叠的山影和万籁都歇的岑寂，仙人一样睡去。山中一夜饱雨，次晨醒来，在旭日未升的原始幽静中，冲着隔夜的寒气，踏着满地的断柯折枝和仍在流泻的细股雨水，一径探入森林的秘密，曲曲弯弯，步上山去。溪头的山，树密雾浓，蓊郁的水汽从谷底冉冉升起，时稠时稀，蒸腾多姿，幻化无定，只能从雾破云开的空处，窥见乍现即隐的一峰半壑，要纵览全貌，几乎是不可能的。至少入山两次，只能在白茫茫里和溪头诸峰玩捉迷藏的游戏，回到台北，世人问起，除了笑而不答心自闲，故作神秘之外，实际的印象，也无非山在虚无之间罢了。云缭烟绕，山隐水迢的中国风景，由来予人宋画的韵味。那天下也许是赵家的天下，那山水却是米家的山水。而究竟，是米氏父子下笔像中国的山水，还是中国的山水上纸像宋画，恐怕是谁也说不清楚了吧？

雨不但可嗅，可观，更可以听。听听那冷雨。听雨，只要不是石破天惊的台风暴雨，在听觉上总是一种美感。大陆上的秋天无论是疏雨滴梧桐，或是骤雨打荷叶，听去总有一点凄凉，凄清，凄楚，于今在岛上回味，则在凄楚之外，更笼上一层凄迷了。饶你多少豪情侠气，怕也经不起三番五次的风吹雨打。一打少年听雨，红烛昏沉。二打中年听雨，客舟中，江阔云低。三打白头听雨在僧庐下。这更是亡宋之痛，一颗敏感心灵的一生，楼上，江上，庙里，用冷冷的雨珠子串成。十年前，他曾在一场摧心折骨的鬼雨中迷失了自己。雨，该是一滴湿漓漓的灵魂，在窗外喊谁。

雨打在树上和瓦上，韵律都清脆可听。尤其是铿铿敲在屋瓦上，那古老的音乐，属于中国。王禹偁在黄冈，破如椽的大竹为屋瓦。据说住在竹楼里面，急雨声如瀑布，密雪声比碎玉。而无论鼓琴，咏诗，下棋，投壶，共鸣的效果都特别好。这样岂不像住在竹筒里面，任何细脆的声响，怕都会加倍夸大，反而令人耳朵过敏吧。

雨天的屋瓦，浮漾湿湿的流光，灰而温柔，迎光则微明，背光则幽黯，对于视觉，是一种低沉的安慰。至于雨敲在鳞鳞千瓣的瓦上，由远而近，轻轻重重轻轻，夹着一股股的细流沿瓦槽与屋檐潺潺泻下，各种敲击音与滑音密织成网，谁的千指百指在按摩耳轮。“下雨了。”温柔的灰美人来了，她冰冰的纤手在屋顶拂弄着无数的黑键啊灰键，把晌午一下子奏成了黄昏。

在古老的大陆上，千屋万户是如此。二十多年前，初来这岛上，日式的瓦屋亦是如此。

先是天黯了下来，城市像罩在一块巨幅的毛玻璃里，阴影在户内延长复加深。然后凉凉的水意弥漫在空间，风自每一个角落里旋起，感觉得到，每一个屋顶上呼吸沉重都覆着灰云。雨来了，最轻的敲打乐敲打这城市，苍茫的屋顶，远远近近，一张张敲过去。古老的琴，那细细密密的节奏，单调里自有一种柔婉与亲切，滴滴点点滴滴，似幻似真，若孩时在摇篮里，一曲耳熟的童谣摇摇欲睡，母亲吟哦鼻音与喉音。或是在江南的泽国水乡，一大筐绿油油的桑叶被噬于千百头蚕，细细琐琐屑屑，口器与口器咀咀嚼嚼。雨来了，雨来的时候瓦这么说，一片瓦说，千亿片瓦说，说轻轻地奏吧沉沉地弹，徐徐地叩吧哒哒地打，间间歇歇敲一个雨季。即兴演奏从惊蛰到清明，在零落的坟上冷冷奏挽歌，一片瓦吟千亿片瓦吟。

在旧式的古屋里听雨，听四月，霏霏不绝的黄梅雨，朝夕不断，旬月绵延，湿黏黏的苔藓从石阶下一直侵到舌底，心底。到七月，听台风台雨在古屋顶一夜盲奏，千寻海底的热浪沸沸被狂风挟来，掀翻整个太平洋只为向他的矮屋檐重重压下，整个海在他的蜗壳上哗哗泻过。不然便是雷雨夜，白烟一般的纱帐里听羯鼓一通又一通，滔天的暴雨滂滂沛沛扑来，强劲的电琵琶忐忐忑忑忐忑忑，弹动屋瓦的惊悸腾腾欲掀起。不然便是斜斜的西北雨斜斜，刷在窗玻璃上，鞭在墙上打在阔大的芭蕉叶上，一阵寒濑泻过，秋意便弥漫旧式的庭院了。

在旧式的古屋里听雨，春雨绵绵听到秋雨潇潇，从少年听到中年，听听那冷雨。雨是一种单调而耐听的音乐是室内乐是室外乐，户内听听，户外听听，冷冷，那音乐。雨是一种回忆的音乐，听听那冷雨，回忆江南的雨下得满地是江湖下在桥上和船上，也下在四川在秧田和蛙塘，下肥了嘉陵江下湿布谷咕咕的啼声。雨是阴潮润润的音乐下在渴望的唇上舔舔那冷雨。

因为雨是最最原始的敲打乐从记忆的彼端敲起。瓦是最最低沉的乐器灰蒙蒙的温柔覆盖着听雨的人，瓦是音乐的雨伞撑起。但不久公寓的时代来临，台北你怎么一下子长高了，瓦的音乐竟成了绝响。千片万片的瓦翩翩，美丽的灰蝴蝶纷纷飞走，飞入历史的记忆。现在雨下下来，下在水泥的屋顶和墙上，没有音韵的雨季。树也砍光了，那月桂，那枫树，柳树和擎天的巨椰，雨来的时候不再有丛叶嘈嘈切切，闪动湿湿的绿光迎接。鸟声减了啾啾，蛙声沉了咯咯，秋天的虫吟也减了唧唧。七十年代的台北不需要这些，一个乐队接一个乐队便遣散尽了。要听鸡叫，只有去《诗经》的韵里找。现在只剩下一张黑白片，黑白的默片。

正如马车的时代去后，三轮车的时代也去了。曾经在雨夜，三轮车的油布篷挂起，送她回家的途中，篷里的世界小得多可爱，而且躲在警察的辖区以外，雨衣的口袋越大越好，盛得下他的一只手里握一只纤纤的手。台湾的雨季这么长，该有人发明一种宽宽的双人雨衣，一人分穿一只袖子，此外的部分就不必分得太苛。而无论工业如何发达，一时似乎还废不了雨伞。只要雨不倾盆，风不横吹，撑一把伞在雨中仍不失古典的韵味。任雨点敲在黑布伞或是透明的塑胶伞上，将骨柄一旋，雨珠向四方喷溅，伞缘便旋成了一圈飞檐。跟女友共一把雨伞，该是一种美丽的合作吧。最好是初恋，有点兴奋，更有点不好意思，若即若离之间，雨不妨下大一点。真正初恋，恐怕是兴奋得不需要伞的，手牵手在雨中狂奔而去，把年轻的长发和肌肤交给漫天的淋淋漓漓，然后向对方的唇上颊上尝凉凉甜甜的雨水。不过那要非常年轻且激情，同时，也只能发生在法国的新潮片里吧。

大多数的雨伞想不会为约会张开。上班下班，上学放学，菜市来回的途中，现实的伞，灰色的星期三。握着雨伞。他听那冷雨打在伞上。索性更冷一些就好了，他想。索性把湿湿的灰雨冻成干干爽爽的白雨，六角形的结晶体在无风的空中回回旋旋地降下来，等须眉和肩头白尽时，伸手一拂就落了。二十五年，没有受故乡白雨的祝福，或许发上下一点白霜是一种变相的自我补偿吧。一位英雄，经得起多少次雨季？他的额头是水成岩削成还是火成岩？他的心底空间有多厚的苔藓？厦门街的雨巷走了二十年与记忆等长，一座无瓦的公寓在巷底等他，一盏灯在楼上的雨窗子里，等他回去，向晚餐后的沉思冥想去整理青苔深深的记忆。前尘隔海，古屋不再。听听那冷雨。

——选自余光中：《余光中散文集》，北京，国际文化出版社，2014

⊙ 注　释

[1] 安东尼奥尼：米开朗琪罗·安东尼奥尼（1912—　）。意大利人，世界著名导演、电影大师。以其成功的艺术探索成为意大利新写实主义电影的主要代表。

[2] 孺慕：原指幼童对亲人的思慕，后来也比喻为仰望之意。语出自《礼记·檀弓下》："有子与子游立，见孺子慕者。"

[3] 傅聪（1934—　）：世界著名钢琴家，傅雷之子。19 岁时在第四届世界青年联欢节钢琴比赛中获得第 3 名，后赴波兰留学。1958 年后旅居英国伦敦。马思聪

（1912—1987）：著名小提琴家、作曲家、音乐教育家。新中国成立后任中央音乐学院院长，并兼任中国音乐家协会副主席、《音乐创作》主编等职。1967 年旅居美国。

[4] 赤县、神州：指中国。战国时人邹衍称中国为“赤县神州”(《史记·孟子荀卿列传》)，因而后世常以此作为中国的代称。

[5]“荡胸生层云”：出自杜甫诗《望岳》。

[6]“商略黄昏雨”：出自姜夔词《点绛唇》。

[7]“白云回望合，青霭入看无”：出自王维诗《终南山》。

⊙ 阅读提示

《听听那冷雨》是著名诗人余光中的散文作品。本文写于 1974 年，是一篇词汇诗情画意的抒情散文。这篇散文抒写的是深深的思乡情绪，这种乡情主要是通过雨声的描写流淌而出的，借冷雨抒情，将自己身处台湾，不能回大陆团聚的思乡情绪娓娓倾诉，但另一方面这种乡情也表现在他在文中化用的诗词里面，中国古典诗词的意趣在被赋予生命的冷雨中表现得更淋漓尽致。

⊙ 相关链接

【虞美人】听雨

（宋）蒋　捷

少年听雨歌楼上，
红烛昏罗帐。
壮年听雨客舟中，
江阔云低，
断雁叫西风。

而今听雨僧庐下，
鬓已星星也。

悲欢离合总无情，

一任阶前点滴到天明。

⊙ 思考练习

一、本文表达了怎样的思想感情？

二、本文在艺术构思上有何独特之处？

三、试分析本文的语言特点。

四、查阅作者关于乡愁主题的其他作品。

三十　都江堰

余秋雨

余秋雨（1946—　），艺术理论家、中国文化史学者、散文作家。生于浙江省余姚市，毕业于上海戏剧学院戏剧文学系并留校任教，曾任该院院长、教授。其作品有：散文集《文化苦旅》《山居笔记》《千年一叹》《行者无疆》《借我一生》《我等不到了》等，专著《戏剧理论史稿》《戏剧审美心理学》《中国戏剧文化史述》《艺术创造工程》等。《戏剧理论史稿》获全国首届戏剧理论著作奖，《戏剧审美心理学》获1985年上海哲学社会科学著作奖。其中《文化苦旅》以独特的风格和成就在散文领域产生了重大反响，先后获“上海市文学艺术优秀成果奖”“台湾联合报读书最佳书奖”“金石堂最具影响力的书奖”“上海市出版一等奖”等。

余秋雨的散文站在新的时代高度，将对历史文化的深入凝重的理性思考与具有诗性激情的想象有机结合起来，具有历史的纵深感、文化的厚重感、思辨的哲理性，联想丰富，议论精辟，语言洗练，是近年兴起的具有“大散文”气度和风范的“文化散文”的杰出代表。

一

我以为，中国历史上最激动人心的工程不是长城，而是都江堰。

长城当然也非常伟大，不管孟姜女们如何痛哭流涕，站远了看，这个苦难的民族竟用人力在野山荒漠间修了一条万里屏障，为我们生存的星球留下了一种人类意志力的骄傲。长城到了八达岭一带已经没有什么味道，而在甘肃、陕西、山西、内蒙一带，劲厉的寒风在时断时续的颓壁残垣间呼啸，淡淡的夕照、荒凉的旷野溶成一气，让人全身心地投入对历史、对岁月、对民族的巨大惊悸，感觉就深厚得多了。

但是，就在秦始皇下令修长城的数十年前，四川平原上已经完成了一个了不起的工程。它的规模从表面上看远不如长城宏大，却注定要稳稳当当地造福千年。如果说，长城占据了辽阔的空间，那么，它却实实在在地占据了邈远的时间。长城的社会功用早已废弛，而它至今还在为无数民众输送汩汩清流。有了它，旱涝无常的四川平原成了天府之国，每当我们民族有了重大灾难，天府之国总是沉着地提供庇护和濡养[1]。因此，可以毫不夸张地说，它永久性地灌溉了中华民族。

有了它，才有诸葛亮、刘备的雄才大略，才有李白、杜甫、陆游的川行华章。说得近一点，有了它，抗日战争中的中国才有一个比较安定的后方。

它的水流不像万里长城那样突兀在外，而是细细浸润、节节延伸，延伸的距离并不比长城短。长城的文明是一种僵硬的雕塑，它的文明是一种灵动的生活。长城摆出一副老资格等待人们的修缮，它却卑处一隅，像一位绝不炫耀、毫无所求的乡间母亲，只知贡献。一查履历，长城还只是它的后辈。

它，就是都江堰。

二

我去都江堰之前，以为它只是一个水利工程罢了，不会有太大的游观价值。连葛洲坝都看过了，它还能怎么样？只是要去青城山玩，得路过灌县县城，它就在近旁，就乘便看一眼吧。因此，在灌县下车，心绪懒懒的，脚步散散的，在街上胡逛，一心只想看青城山。

七转八弯，从简朴的街市走进了一个草木茂盛的所在。脸面渐觉滋润，眼前愈显清朗，也没有谁指路，只向更滋润、更清朗的去处走。忽然，天地间开始有些异常，一种隐隐然的骚动，一种还不太响却一定是非常响的声音，充斥周际。如地震前兆，如海啸将临，如山崩即至，浑身起一种莫名的紧张，又紧张得急于趋附。不知是自己走去的还是被它吸去的，终于陡然一惊，我已站在伏龙馆前，眼前，急流浩荡，大地震颤。

即便是站在海边礁石上，也没有像这里这样强烈地领受到水的魅力。海水是雍容大度的聚会，聚会得太多太深，茫茫一片，让人忘记它是切切实实的水，可掬可捧的水。这里的水却不同，要说多也不算太多，但股股叠叠都精神焕发，合在一起比赛着飞奔的力量，踊跃着喧嚣的生命。这种比赛又极有规矩，奔着奔着，遇到江心的分水堤，刷地一下裁割为二，直窜出去，两股水分别撞到了一道坚坝，立即乖乖地转身改向，再在另一道坚坝上撞一下，于是又根据筑坝者的指令来一番调整……也许水流对自己的驯顺有点恼怒了，突然撒起野来，猛地翻卷咆哮，但越是这样越是显现出一种更壮丽的驯顺。已经咆哮到让人心魄俱夺，也没有一滴水溅错了方位。阴气森森间，延续着一场千年的收伏战。水在这里，吃够了苦头也出足了风头，就像一大拨翻越各种障碍的马拉松健儿，把最强悍的生命付之于规整，付之于企盼，付之于众目睽睽。看云看雾看日出各有胜地，要看水，万不可忘了都江堰。

三

这一切，首先要归功于遥远得看不出面影的李冰。

四川有幸，中国有幸，公元前251年出现过一项毫不惹人注目的任命：李冰任蜀郡守。

此后中国千年官场的惯例，是把一批批有所执持的学者遴选为无所专攻的官僚，而李冰，却因官场而成了一名实践科学家。这里明显地出现了两种判然不同的政治走向，在李冰看来，政治的含义是浚理，是消灾，是滋润，是濡养，它要实施的事儿，既具体又质朴。他领受了一个连孩童都能领悟的简单道理：既然四川最大的困扰是旱涝，那么四川的统治者必须成为水利学家。

前不久我曾接到一位极有作为的市长的名片，上面的头衔只印了“土木工程师”，我立即追想到了李冰。

没有证据可以说明李冰的政治才能，但因有过他，中国也就有过了一种冰清玉洁的政治纲领。

他是郡守，手握一把长锸，站在滔滔的江边，完成了一个“守”字的原始造型。那把长锸，千年来始终与金杖玉玺、铁戟钢锤反复辩论。他失败了，终究又胜利了。

他开始叫人绘制水系图谱。这图谱，可与今天的裁军数据、登月线路遥相呼应。

他当然没有在哪里学过水利。但是，以使命为学校，死钻几载，他总结出治水三字经（“深淘滩，低作堰”）、八字真言（“遇湾截角，逢正抽心”），直到20世纪仍是水利工程的圭臬[2]。他的这点学问，永远水汽淋漓，而后于他不知多少年的厚厚典籍，却早已风干，松脆得无法翻阅。

他没有料到，他治水的韬略很快就被替代成治人的计谋；他没有料到，他想灌溉的沃土将会时时成为战场，沃土上的稻谷将有大半充作军粮。他只知道，这个人种想要不灭绝，就必须要有清泉和米粮。

他大愚，又大智。他大拙，又大巧。他以田间老农的思维，进入了最澄澈的人类学的思考。

他未曾留下什么生平资料，只留下硬扎扎的水坝一座，让人们去猜详。人们到这儿一次次纳闷:这是谁呢? 死于两千年前,却明明还在指挥水流。站在江心的岗亭前,“你走这边,他走那边”的吆喝声、劝诫声、慰抚声,声声入耳。没有一个人能活得这样长寿。

秦始皇筑长城的指令,雄壮、蛮吓、残忍;他筑堰的指令,智慧、仁慈、透明。

有什么样的起点就会有什么样的延续。长城半是壮胆半是排场,世世代代,大体是这样。直到今天,长城还常常成为排场。

都江堰一开始就清朗可鉴,结果,它的历史也总显出超乎寻常的格调。李冰在世时已考虑事业的承续,命令自己的儿子作 3 个石人,镇于江间,测量水位。李冰逝世 400 年后,也许 3 个石人已经损缺,汉代水官重造高及 3 米的“三神石人”测量水位。这“三神石人”其中一尊即是李冰雕像。这位汉代水官一定是承接了李冰的伟大精魂,竟敢于把自己尊敬的祖师,放在江中镇水测量。他懂得李冰的心意,唯有那里才是他最合适的岗位。这个设计竟然没有遭到反对而顺利实施,只能说都江堰为自己流泻出了一个独特的精神世界。

石像终于被岁月的淤泥掩埋,本世纪 70 年代出土时,有一尊石像头部已经残缺,手上还紧握着长锸。有人说,这是李冰的儿子。一位现代作家见到这尊塑像怦然心动,“没淤泥而蔼然含笑,断颈项而长锸在握”,作家由此而向现代官场衮衮诸公诘问:活着或死了应该站在哪里?

出土的石像现正在伏龙观里展览。人们在轰鸣如雷的水声中向他们默默祭奠。在这里,我突然产生了对中国历史的某种乐观。只要都江堰不坍,李冰的精魂就不会消散,李冰的儿子会代代繁衍。轰鸣的江水便是至圣至善的遗言。

四

继续往前走,看到了一条横江索桥。桥很高,桥索由麻绳、竹篾编成。跨上去,桥身极猛烈摆动,越犹豫进退,摆动就越大。在这样高的地方偷看桥下会神志慌乱,但这是索桥,到处漏空,由不得你不看。一看之下,先是惊吓,后是惊叹。脚下的江流,从那么遥远的地方奔来,一派义无反顾的决绝势头,挟着寒风,吐着白沫,凌厉锐进。我站得这么高还感觉到了它的砭肤冷气,估计它是从雪山赶来的吧。但是,再看桥的另一边,它硬是化作许多亮闪闪的河渠,改恶从善。人对自然力的驯服,干得多么爽利。如果人类干什么事都这么爽利,地球早已是另一副模样。

但是,人类总是缺乏自信,进进退退,走走停停,不停地自我耗损,又不断地为耗损而再耗损。结果,仅仅多了一点自信的李冰,倒成了人们心中的神。离索桥东端不远的玉垒山麓，建有一座二王庙，祭祀李冰父子。人们在虔诚膜拜，膜拜自己同类中更像一点人的人。钟鼓钹磬，朝朝暮暮，重一声，轻一声，伴和着江涛轰鸣。

李冰这样的人，是应该找个安静的地方好好纪念一下的，造个二王庙，也合民众心意。

实实在在为民造福的人升格为神，神的世界也就会变得通情达理、平适可亲。中国宗教颇多世俗气息，因此，世俗人情也会染上宗教式的光斑。一来二去，都江堰倒成了连接两界的桥墩。

我到边远地区看傩戏[3]，对许多内容不感兴趣，特别使我愉快的是，傩戏中的水神河伯，换成了灌县李冰。傩戏中的水神李冰比二王庙中的李冰活跃得多，民众围着他狂舞呐喊，祈求有无数个都江堰带来全国的风调雨顺，水土滋润。傩戏本来都以神话开头的，有了一个李冰，神话走向实际，幽深的精神天国一下子贴近了大地，贴近了苍生。

——本文选自余秋雨:《文化苦旅》上海，东方出版中心，1992

⊙ 注 释

[1] 濡（rú）养：滋润养育。

[2] 圭臬（guī niè）：喻指标准、法度。

[3] 傩（nuó）戏：驱鬼逐疫，表现鬼神生活的民间戏剧。

⊙ 阅读提示

都江堰位于四川省都江堰市城西，是中国古代建设并使用至今的大型水利工程，被誉为“世界水利文化的鼻祖”，是四川著名的旅游胜地。通常认为，都江堰水利工程是由秦国蜀郡太守李冰及其子率众于前256年左右修建的，是全世界迄今为止，年代最久、唯一留存、以无坝引水为特征的宏大水利工程，即使今天来看，都江堰的规划、设计和施工方法都有着高度的科学性和创造性，堪称世界水利工程史上罕见的奇迹。2000年11月，都江堰和四川青城山一起被联合国教科文组织遗产委员会列入《世界遗产名录》，属全国重点文物保护单位。

战国秦昭王时蜀郡守李冰在今四川灌县附近，将离堆凿开，使岷江变为两股，分开水势。既解除了岷江水害，又可使成都大平原得到苦灌溉和通航之利，这一工程是著名的都江堰。这道堰由鱼嘴、飞沙堰和宝瓶口三部分组成，形成一道长堤，竖卧在江心，把岷江一劈为二。靠赵公山一侧叫外江，主要用于排洪。靠玉垒山一侧叫内江，是人工建造的河道，主要用于灌溉。堤坝顶端扁平像鱼嘴，是分江的关键部分。堤的末端有一座不高的大坝，宽200多米，内江进水量小的时候，此坝可拦水入内江。进水量超过坝面，就把洪水挟带的泥沙卵石宣泄出去，所以叫做飞沙堰。紧靠飞沙堰左侧有一个岩堆，叫做离堆。下有一道峡口，即用人力劈开凿成的宝瓶口。它上接内江，下分四条干渠。岷江水就从宝瓶口流出，进入川西平原，使成都平原千百年来成为沃野千里的天府之国。

现都江堰岷江东岸玉垒山麓有纪念李冰和他儿子二郎的祀庙——二王庙。南北朝由蜀王杜宇的望帝祠改建，先塑李冰像，明代加塑二郎像。清代将李冰父子封王后改称二王庙。

李冰在岷江流域兴办了许多水利工程，除都江堰外，他还主持凿平青衣江的溷崖，治导汶井江等。而其中最著名并一直保存至今的则是都江堰。

该文文体特点非常突出。从标题看似一篇游记，却不重在写景记游，而是更多地从游历对象中探究其文化内涵，感发议论，具有很强的思辨性，它所写的都是历史人物和历史事件，但其评析和论说又有着强烈的现实针对性。正因为如此，该文成为余秋雨文化散文中最有代表性的作品之一。

⊙ 相关链接

文化苦旅·前言

我在好些年以前写过一些史论专著，记得曾有几位记者在报纸上说我写书写得轻松潇洒，其实完全不是如此。那是一种很给自己过不去的劳累活，一提笔就感觉到年岁陡增。不管是春温秋肃，还是大喜悦大悲愤，最后总得要闭一闭眼睛，平一平心跳，回归于历史的冷漠，理性的严峻。由此，笔下也就一派端肃板正，致使海内外不少读者一直认为我是一个白发老人。

我想，任何一个真实的文明人都会自觉不自觉地在心理上过着多种年龄相重叠的生活，没有这种重叠，生命就会失去弹性，很容易风干和脆折。但是，不同的年龄经常会在心头打架，有时还会把自己弄得挺苦恼。例如连续几个月埋首于砖块般的典籍中之后，从小就习惯于在山路上奔跑的双脚便会默默地反抗，随之而来，满心满眼满耳都会突涌起向长天大地释放自己的渴念。我知道，这是不同于案头年龄的另一种年龄在捣乱了。助长这种捣乱的外部诱惑也很多，你看眼前就有一个现成的例子，纽约大学的著名教授 Rich ad Schecllner 比我大二十多岁，却冒险般地游历了我国西南许多少数民族地区，回到上海仍毫无倦色，逛城隍庙时竟像顽童一样在人群中骑车而双手脱把、引吭高歌！那天他送给我一部奇怪的新著，是他与刚满八岁的小儿子合著的，父子俩以北冰洋的企鹅为话题，痴痴地编着一个又一个不着边际的童话。我把这本书插在他那厚厚一叠名扬国际的学术著作中间，端详良久，不能不开始嘲笑自己。

即便是在钻研中国古代线装本的时候，耳边也会响起一批大诗人、大学者放达的脚步声，苏东坡曾把这种放达称之为“老夫聊发少年狂”。你看他右手牵猎狗，左手托苍鹰，一任欢快的马蹄纵情奔驰。其实细说起来，他自称“老夫”那年才三十七岁，因此他是同时在享受着老年、中年和少年，把日子过得颠颠倒倒又有滋有味。

我们这些人，为什么稍稍做点学问就变得如此单调窘迫了呢？如果每宗学问的弘扬都要以生命的枯萎为代价，那么世间学问的最终目的又是为了什么呢？如果辉煌的知识文明总是给人们带来如此沉重的身心负担，那么再过千百年，人类不就要被自己创造的精神成果压得喘不过气来？如果精神和体魄总是矛盾，深邃和青春总是无缘，学识和游戏总是对立，那么何时才能问津人类自古至今一直苦苦企盼的自身健全？ 我在这种困惑中迟迟疑疑地站起身来，离开案头，换上一身远行的装束，推开了书房的门。走惯了远路的三毛唱道：“远方有多远？请你告诉我！”没有人能告诉我，我悄悄出发了。

当然不会去找旅行社，那种扬旗排队的旅游队伍到不了我要去的地方。

最好是单身孤旅，但眼下在我们这儿还难于实行：李白的轻舟、陆游的毛驴都雇不到了，我无法穿越那种似现代又非现代、由拥塞懈怠白眼敲诈所连结成的层峦叠嶂。最方便的当然是参加各地永远在轮流召开着的种种“研讨会”，因为这种会议的基本性质是在为少数人提供扬名机会的同时为多数人提供公费旅游，可惜这种旅游又都因嘈杂而无聊。好在平日各地要我去讲课的邀请不少，原先总以为讲课只是重复早已完成的思维，能少则少，外出讲课又太耗费时日，一概婉拒了，这时便想，何不利用讲课来游历呢？有了接待单位，许多恼人的麻烦事也就由别人帮着解决了，又不存在研讨会旅游的烦嚣。于是理出那些邀请书，打开地图，开始研究路线。我暗笑自己将成为靠卖艺闯荡江湖的流浪艺人。

就这样，我一路讲去，行行止止，走的地方实在不少。旅途中的经历感受，无法细说，总之到了甘肃的一个旅舍里，我已觉得非写一点文章不可了。

原因是，我发现自己特别想去的地方，总是古代文化和文人留下较深脚印的所在，说明我心底的山水并不完全是自然山水而是一种“人文山水”。

这是中国历史文化的悠久魅力和它对我的长期熏染造成的，要摆脱也摆脱不了。每到一个地方，总有一种沉重的历史气压罩住我的全身，使我无端地感动，无端地喟叹。常常像傻瓜一样木然伫立着，一会儿满脑章句，一会儿满脑空白。我站在古人一定站过的那些方位上，用与先辈差不多的黑眼珠打量着很少会有变化的自然景观，静听着与千百年前没有丝毫差异的风声鸟声，心想，在我居留的大城市里有很多贮存古籍的图书馆，讲授古文化的大学，而中国文化的真实步履却落在这山重水复、莽莽苍苍的大地上。大地默默无言，只要来一二个有悟性的文人一站立：它封存久远的文化内涵也就能哗的一声奔泻而出；文人本也萎靡柔弱，只要被这种奔泻所裹卷，倒也能吞吐千年。结果，就在这看似平常的伫立瞬间，人、历史、自然混沌地交融在一起了，于是有了写文章的冲动。我已经料到，写出来的会是一些无法统一风格、无法划定体裁的奇怪篇什。没有料到的是，我本为追回自身的青春活力而出游，而一落笔却比过去写的任何文章都显得苍老。

其实这是不奇怪的。“多情应笑我早生华发”，对历史的多情总会加重人生的负载，由历史沧桑感引发出人生沧桑感。也许正是这个原因，我在山水历史间跋涉的时候有了越来越多的人生回忆，这种回忆又渗入了笔墨之中。我想，连历史本身也不会否认一切真切的人生回忆会给它增添声色和情致，但它终究还是要以自己的漫长来比照出人生的短促，以自己的粗线条来勾勒出人生的局限。培根说历史使人明智，也就是历史能告诉我们种种不可能，给每个人在时空坐标中点出那让人清醒又令人沮丧的一点。不知天高地厚的少年英气是以尚未悟得历史定位为前提的，一旦悟得，英气也就消了大半。待到随着年岁渐趋稳定的人伦定位、语言定位、职业定位以及其他许多定位把人重重叠叠地包围住，最后只得像《金色池塘》里的那对夫妻，不再企望迁徙，听任蔓草埋路，这便是老。

我就这样边想边走，走得又黑又瘦，让唐朝的烟尘宋朝的风洗去了最后一点少年英气，疲惫地伏在边地旅舍的小桌子上涂涂抹抹，然后向路人打听邮筒的所在，把刚刚写下的那点东西寄走。走一程寄一篇，逛到国外也是如此，这便成了《收获》上的那个专栏，以及眼下这本书。记得专栏结束时我曾十分惶恐地向读者道歉，麻烦他们苦苦累累地陪我走了好一程不太愉快的路。

当然事情也有较为乐观的一面。真正走得远、看得多了，也会产生一些超拔的想头，就像我们在高处看蚂蚁搬家总能发现它们在择路上的诸多可议论处。世间的种种定位毕竟都还有一些可选择的余地，也许，正是对这种可选择性的承认与否和容忍的幅度，最终决定着二个人的心理年龄，或者说大一点，决定着一种文化、一种历史的生命潜能和更新可能。事实上，即便是在一种近似先天的定位中，往往也能追寻到前人徘徊的身影，那我们又何必把这种定位看成天生血缘呢？

既然是漂泊旅程，那么，每一次留驻都不会否定新的出发。基于此，我的笔下也出现了一些有关文化走向的评述。

我无法不老，但我还有可能年轻。我不敢对我们过于庞大的文化有什么祝祈，却希望自己笔下的文字能有一种苦涩后的回味，焦灼后的会心，冥思后的放松，苍老后的年轻。

当然，希望也只是希望罢了，何况这实在已是一种奢望。

⊙ 思考练习

一、本文与一般游记相比有哪些不同？

二、本文第二部分运用了什么样的写法？

三、本文运用了哪些修辞手法？

四、阅读余秋雨的《文化苦旅·前言》，了解文化散文的特点。

第七章

智慧人生

导 读

主题词：智慧人生

人生话题：

（1）人生的意义是什么？

（2）人生最理想的境界是什么？

（3）如何理智应对人生？

（4）如何面对挫折？

知识目标：

（1）了解道家精神的实质；

（2）掌握关于词话、小说文体的基础知识；

（3）分析概括文章的艺术特色。

能力目标：

（1）在学习了以上篇目后，学生能对自己的人生意义和价值有个明确的认知，珍惜时间，热爱生命，自律自强；

（2）掌握场面描写、细节描写的写法；

（3）提高鉴赏小说的能力。

人生如梦如幻。鲁迅说："人生最苦痛的是梦醒了无路可走。做梦的人是幸福的；倘没有看出可以走的路，最要紧的是不要去惊醒他。"

梦醒了无路可走固然糟糕之极，但如果梦不醒，又怎么知道面前有没有路？如果梦不醒，怎么知道身处高山之脚还是深渊之边？梦终究是要醒的，幸福是要追求的，痛苦也是无法避免的，这才是真实的完整的人生。

人生之路，可长可短，亦宽亦窄，美梦与噩梦交替，鲜花与陷阱瞬变，痛苦与幸福并存。理智应对人生，需要智慧。

"智慧"二字，可以理解为每天知道一点，每天进步一点，终有一天会领悟人生真谛，拥有一颗"慧心"。有真智慧的人，了解人生，深知人性，处事能淡泊宁静，待人真诚仁义。

当人生拥有了智慧，恰如枯木逢春，柳暗花明，峰回路转。拿破仑曾说：“智才能开路！”

是的，我们需要智慧之灯的指引，需要智者惊醒我们沉睡的心灵，给我们指出一条光明的人生之路。否则，我们穷其一生而最终拥有的却是一个失败的人生，后悔晚矣！

两千多年前的庄子认为：人生在世，应当忘却功名利禄，不计较个人利害得失，透视一切矛盾，在精神上悠然自得，以获得绝对的自由。何其逍遥！

王国维说，一个人在人生中要成就大事业、大学问必须依次经历三种境界：第一境界是“昨夜西风凋碧树。独上高楼，望尽天涯路”；第二境界是“衣带渐宽终不悔，为伊消得人憔悴”；第三境界是“众里寻他千百度，蓦然回首，那人却在，灯火阑珊处”。何等精辟！无独有偶，中国现代哲学家冯友兰从哲学层面提出“人生境界说”。他将人生的境界分为四类：自然境界、功利境界、道德境界和天地境界，四种境界的层次由低到高。每个人都可以在其中找到自己的位置以及追求的理想。

中国当代作家路遥的小说《人生》，意在告诉处于各种矛盾交叉点上的青年一代究竟应该走什么样的人生道路，因为“人生的道路虽然漫长，但紧要处常常只有几步，特别是当人年轻的时候。”

美国作家温斯顿·葛詹姆的《阿甘正传》是一篇充满了讽刺意味的荒诞小说，智商只有常人的一半的阿甘善良老实，胸无城府，喜欢把复杂的事情简化，却“傻人有傻福”，成就了传奇的人生。“人生就像一盒巧克力，谁也不知道会碰上什么味道”。

有的人觉得人生枯燥乏味、了无生趣，而有的人又觉得生趣盎然、极具意义。其实，人生是一种需要自我经营的过程，而且这个过程不能重复！

笑看人生，走好自己的路！

三十一　逍遥游

（战国）庄子

庄子（约前369—前286），姓庄，名周，字子休（一说子沐）。战国时期宋国蒙（今河南商丘东北）人，曾作过漆园吏。著名的思想家、哲学家、文学家，道家学派的代表人物。后世将他与老子并称为“老庄”，他们的哲学合称“老庄哲学”。

庄周和他的门人以及后学者著有《庄子》，亦称《南华经》，是道家经典之一。《汉书·艺文志》著录《庄子》52篇，但留下来的只有三十三篇，其中《内篇》7篇，一般被认定为庄子著；而《外篇》15篇和《杂篇》11篇可能掺杂有他的门人和后来道家的作品，但全书风格大抵一致。《庄子》在哲学、文学上都有较高研究价值。鲁迅先生说过：“其文汪洋捭阖，仪态万方，晚周诸子之作，莫能先也。”（《汉文学史纲要》）名篇除《逍遥游》外，还有《齐物论》《人间世》《养生主》《秋水》等。

北冥有鱼[1]，其名为鲲[2]。鲲之大，不知其几千里也。化而为鸟，其名为鹏[3]。鹏之背，不知其几千里也。怒而飞[4]，其翼若垂天之云[5]。是鸟也，海运则将徙于南冥[6]。南冥者，天池也[7]。

《齐谐》者[8]，志怪者也[9]。《谐》之言曰：“鹏之徙于南冥也，水击三千里[18]，抟扶摇而上者九万里[11]，去以六月息者也[12]。”野马也[13]，尘埃也[14]，生物之以息相吹也[15]。天之苍苍，其正色邪？其远而无所至极邪[16]？其视下也，亦若是则已矣。

且夫水之积也不厚，则其负大舟也无力。覆杯水于坳堂之上[17]，则芥为之舟[18]。置杯焉则胶，水浅而舟大也。风之积也不厚，则其负大翼也无力。故九万里则风斯在下矣[19]，而后乃今培风[20]；背负青天而莫之夭阏者[21]，而后乃今将图南。

蜩与学鸠笑之曰[22]：“我决起而飞[23]，枪榆枋[24]，时则不至，而控于地而已矣[25]，奚以之九万里而南为[26]？”适莽苍者[27]，三飡而反[28]，腹犹果然[29]；适百里者，宿舂粮[30]；适千里者，三月聚粮。之二虫，又何知[31]！

小知不及大知[32]，小年不及大年。奚以知其然也？朝菌不知晦朔[33]，蟪蛄不知春秋[34]，此小年也。楚之南有冥灵者[35]，以五百岁为春，五百岁为秋；上古有大椿者[36]，以八千岁为春，八千岁为秋，此大年也。而彭祖乃今以久特闻[37]，众人匹之[38]，不亦悲乎！

汤之问棘也是已[39]。穷发之北，有冥海者[40]，天池也。有鱼焉，其广数千里，未有知其修者[41]，其名为鲲。有鸟焉，其名为鹏，背若太山[42]，翼若垂天之云，抟扶摇羊角而上者九万里[43]，绝云气[44]，负青天，然后图南，且适南冥也。斥鴳笑之曰[45]："彼且奚适也？我腾跃而上，不过数仞而下[46]，翱翔蓬蒿之间，此亦飞之至也[47]，而彼且奚适也？"此小大之辨也[48]。

故夫知效一官[49]，行比一乡[50]，德合一君而征一国者[51]，其自视也，亦若此矣。而宋荣子犹然笑之[52]。且举世誉之而不加劝[53]，举世非之而不加沮[54]，定乎内外之分[55]，辩乎荣辱之境[56]，斯已矣。彼其于世，未数数然也[57]。虽然，犹有未树也。

夫列子御风而行[58]，泠然善也[59]，旬有五日而后反[60]。彼于致福者[61]，未数数然也。此虽免乎行，犹有所待者也[62]。

若夫乘天地之正[63]，而御六气之辩[64]，以游无穷者，彼且恶乎待哉[65]！故曰：至人无己[66]，神人无功[67]，圣人无名[68]。

⊙ 注　释

[1] 冥：亦作溟，海之意。"北冥"，就是北方的大海。下文的"南冥"仿此。传说北海无边无际，水深而黑。

[2] 鲲（kūn）：大鱼名。

[3] 鹏：即古"凤"字，大鸟名。

[4] 怒：振奋。

[5] 垂：边远；这个意义后代写作"陲"。一说遮，遮天。

[6] 海运：海波动荡。徙：迁移。

[7] 天池：天然形成的湖。

[8] 齐谐：书名。

[9] 志：记载。

[10] 击：拍打，这里指鹏鸟奋飞而起双翼拍打水面。

[11] 抟（tuán）：环绕而上。扶摇：由地面急剧盘旋而上的暴风。

[12] 去：离，这里指离开北海。息：歇息。句谓"大鸟一去半岁，至天池而息。"（郭

象《庄子注》）

[13] 野马：游气。

[14] 尘埃：扬在空中的土叫“尘”，细碎的尘粒叫“埃”。

[15] 生物：概指各种有生命的东西。息：气息。

[16] 极：尽。

[17] 覆：倾倒。坳（ào）：坑凹处，“坳堂”指厅堂的坑凹处。

[18] 芥：小草。

[19] 斯：于是，就。

[20] 而后乃今：意思是“这之后方才”，以下同此解。培：通作“凭”，凭借。

[21] 莫：这里作没有什么力量讲。夭阏（è）：又写作“夭遏”，意思是遏阻、阻拦。“莫之夭阏”即“莫夭阏之”的倒装。

[22] 蜩（tiáo）：蝉。学鸠：小斑鸠。

[23] 决：迅疾。

[24] 枪：即“抢”：突。榆枋：两种树名，即榆树和檀树。

[25] 控：投下，落下来。

[26] 奚以：何以。之：去到。为：句末疑问语气词。

[27] 适：往，去到。莽苍：指碧绿无际的郊野。

[28] 飡：通“餐”。反：返回。

[29] 犹：还。果然：因吃饱而充实。

[30] 宿：这里指一夜。

[31] 之：这。二虫：指上述的蜩与学鸠。

[32] 知（zhì）：通“智”，智慧。

[33] 朝：清晨。晦朔：一个月的最后一天和最初一天。一说“晦”指黑夜，“朔”指清晨。

[34] 蟪蛄（huì gū）：即寒蝉，春生夏死或夏生秋死。

[35] 冥灵：传说中的大龟，一说树名。

[36] 大椿：传说中的古树名。

[37] 彭祖：姓钱名铿，帝颛顼玄孙，因尧封之于彭城，所以后世称他为彭祖，相传他活了八百多岁。乃今：而今。以：凭。特：独。闻：闻名于世。

[38] 匹：配，比。

[39] 汤：商汤。棘：汤时的贤大夫。已：矣。

[40] 穷发：不长草木的地方。

[41] 修：长。

[42] 太山：泰山。

[43] 羊角：旋风，回旋向上如羊角状。

[44] 绝：超越。

[45] 斥鴳（yàn）：一种小鸟。

[46] 仞：古代长度单位，周制为八尺，汉制为七尺，这里应从周制。

[47] 至：极点。

[48] 辫：辨别，区分。

[49] 效：功效；这里含有胜任的意思。官：官职。

[50] 行（xìng）：品行。比：合。

[51] 而：通作“能”，能力。征：取信。

[52] 宋荣子：名宋钘，宋国人，战国时期的思想家。犹然：笑状。

[53] 举：全。劝：劝勉，努力。

[54] 非：责难，批评。沮：沮丧。

[55] 内外：这里分别指自身和身外之物。在庄子看来，自主的精神是内在的，荣誉和非难都是外在的，而只有自主的精神才是重要的、可贵的。

[56] 境：界限。

[57] 数数（shuò）然：急急忙忙的样子。

[58] 列子：郑国人，名叫列御寇，战国时代思想家。御：驾驭。

[59] 泠（líng）然：轻飘飘的样子。

[60] 旬：十天。有：又。

[61] 致：罗致，寻求。

[62] 待：凭借，依靠。

[63] 乘：遵循，顺应。天地：这里指万物，指整个自然线。正：本，这里指自然的本性。

[64] 御：含有因循、顺着的意思。六气：指阴、阳、风、雨、晦、明。辩：通作“变”，变化的意思。

[65] 恶（wū）：何，什么。

[66] 至人：这里指道德修养最高尚的人。无己：清除外物与自我的界限，达到忘掉自己的境界。

[67] 神人：这里指精神世界完全能超脱于物外的人。无功：不建立功业。

[68] 圣人：这里指道德智慧臻于完美的人。无名：不追求名誉地位。

⊙ 阅读提示

本篇节选自《庄子·内篇·逍遥游》，为《庄子》的首篇，从思想上或艺术上讲都是《庄子》中的代表作品之一，充满奇特的想象和浪漫的色彩，寓说理于寓言和生动的比喻中，形成独特的风格。“无所待而游于无穷”是全篇的主旨，其意是说人生在世当忘却功名利禄，不计较个人利害得失，透视一切矛盾，在精神上悠然自得，获得绝对的自由。选文为《逍遥游》第一部分，列举许多不能“逍遥”的例子，说明要真正达到自由自在的境界，必须“无己”“无功”“无名”。文章大量运用寓言故事来比喻抽象的哲理，想象丰富，夸张、拟人、对比、反复等修辞手法运用自如。文辞富丽奇幻，气势雄放，汪洋恣肆，字里行间，洋溢着浪漫主义精神。

⊙ 相关链接

感悟与超越

于 丹

名利二字，是多少人一生的追求。但是，要想真正感悟庄子逍遥游的境界，就一定要能够超越名利。而有一个淡泊的心态，是超越名利的基础。那么，庄子对名和利是怎么看的呢？庄子在《逍遥游》里，讲到了这样一个“尧让天下于许由”的故事。淡泊为大。许由这样的一种宁静致远的淡泊心智，可以连天下都辞让出去，就是一种博大的境界和情怀。

什么是生命逍遥之境？

这种逍遥绝不是人的生命凌驾于外在世界之上、跟万物成为对抗的一种自尊霸主。

这种逍遥需要用我们的心、我们的眼、我们的呼吸、我们的行动与世间万物紧密相连，水乳交融。

这种逍遥需要我们能够欣赏花开、聆听水流，能够看见飞鸟掠过天际、朝阳跃上云端。这样的话，我们的心才是干干净净的。

春有百花秋有月，夏有凉风冬有雪。

若无闲事挂心头，便是人间好时节。

人间真正的好时节，就是没有闲事挂心头。那么，这种闲事往往表现为什么呢？就表现为我们给自己设置的一种障碍，让我们的境界不能开阔。

那么，在生活中，眼界怎么样能够看得真正开阔呢？

禅宗有这样一句话，叫做“眼内有尘三界窄，心头无事一床宽”。眼睛里要是有事，心中就有事，人就会看得“三界窄”。三界是什么？前生，此际，来世。只要你眼里的事化不开，心里成天牵挂着，你就会把前生来世、上辈子下辈子都抵押进去。但是，如果你胸怀开朗，心头无事，用不着拥有多大的地盘，坐在自家的床上，你都会觉得天地无比宽阔。

所以，要想做到真正与天地共逍遥的境界，需要先开阔自己的眼界。

道法自然，就是让我们的心感受天地之气。天地无处不在，所以道无所不在。

道法自然，就是鼓励每一个人用自己的脚步去丈量你的历程，用自己的体验去开启你的心智。

道法自然，就是让你无处不看见。

关于道法自然，庄子是怎么样说“道”呢？

东郭子曾经去问庄子：道在哪儿呢？庄子说：“无所不在。”

东郭子没听懂，还挺固执，说：你总要说出一个地方来。

庄子便随口说：“在蝼蚁。”道就在地上那些个小虫子身上。

东郭子挺不满，说：道就这么卑下吗？

庄子又说：“在稊稗。”道在小小的野草上。

东郭子更加不满了：为什么道就更加卑下了呢？

庄子就更没好气了，说：“在瓦甓。”道在砖瓦上。

东郭子更加痛苦了：怎么越说越卑下啊？

庄子实在烦了，就说：“在屎溺。”道就在粪便中。

这下东郭子终于不说话了。

其实，如果我们真正看懂这段对话，我们会明白，所谓道法自然，也就是说，自然之中皆是道理。

天地无处不在，所以道无所不在。

有一句谚语，说：山坡上开满了鲜花，在牛羊的眼中它只是饲料。

这就是我们的生活。

有的时候，我们能够看见鲜花，但是当一个人的心被名和利那两条船遮蔽的时候，我们能看见的世界也差不多遍布饲料。毕竟，饲料是可吃的东西，是有用的，而鲜花是神秘的，是审美的，启迪心智的。

不要认为只有牛羊才看见饲料，其实，在我们今天的生活中，每天看到饲料太多，看到鲜花太少。

这就需要我们重归庄子所说的道。我们去看一看，在那些最卑下的，甚至是最不堪的东西里，有没有真正的道理。放低我们的心去发现，这是一种态度。

大家知道，佛家的僧人出家时都穿僧鞋。这个僧鞋的形状很有意思，前面露五指，后面露脚后跟。为什么？

其实，穿这样的鞋是为了提醒一个道理，所谓六根通透，要去掉贪、嗔、痴、怨、疑、慢。你只有看穿这六根，心灵才真正清净，真正通透。

那这人生至理为什么要把你放在脚下鞋上呢？用佛家的话讲，人只有低下头，才能看得穿。你不低下头是看不见的。

逍遥游的境界告诉我们放眼长天，告诉我们道无所不在，甚至告诉我们道在屎溺，就是希望你用心去看，用心去问，用心去想。

可以说在这个世界上，真正的、至极的道理，既需要我们有辽阔浩瀚的眼界，也需要我们有眼前脚踏实地的实践。

据说佛祖在讲经布道，释迦牟尼拈花，弟子中只有伽叶微笑。伽叶微笑的那一刻，叫作有所心会，心领神会，他懂了，所以微笑。

我们来设想两种结果，第一是佛祖拈花，举座没有一个人笑，那么这个讲经失败了。第二是佛祖拈花，举座全笑了，其实那也很失败，也不可能。

因为这个世界上的道理，只要是一种精妙的、能够贴近人心的道理，人的参悟都会有深有浅，有远有近，都会根据人心智的不同、阅历的不同、价值取向的不同、理想境界的不同而有高下之分。

这个世界永远没有一个规整件。真正的道理，不会像一加一等于二那样精确无误，人人明白。

当佛祖拈花的时候，只有伽叶在微笑。当庄子逍遥游的时候，又有多少心灵真正得到自由的长空？真正有几个人能够与他的天地精神共往来呢？

这句话我们不能追问庄子，但是我们可以追问自己的内心。

“悠然心会，妙处难与君说。”这是南宋张孝祥写的一句词。其实，当我们阅读《庄子》，每一个人有了拈花微笑时的感悟；当我们 徐徐合上一页，感到悠然心会的时候，庄子的价值就真正体现出来了。因为他的逍遥游给了我们每一个凡俗的生命一双非凡的翅膀。

——本文节选自于丹:《于丹〈庄子〉心得》，29~44 页，

北京，中国民主法制出版社，2007

⊙ 思考练习

一、庄子所说的“逍遥”，是指什么样的状态？

二、谈谈你阅读后的感悟。

三、翻译句子。

1. 是鸟也，海运则将徙于南冥。

2. 奚以之九万里而南为。

3. 适莽苍者，三飡而反，腹犹果然；适百里者，宿舂粮；适千里者，三月聚粮。

4. 且举世誉之而不加劝，举世非之而不加沮，定乎内外之分，辩乎荣辱之境，斯已矣。

三十二　人间词话（节选）

王国维

王国维（1877—1927），字伯隅、静安，号观堂、永观，浙江海宁盐官镇人，是我国近代在文学、美学、史学、哲学、古文字学、考古学等各方面成就卓著的学术巨子，国学大师，享有国际盛誉的著名学者。1907年起，从事中国戏曲史和词曲的研究，著有《曲录》《宋元戏曲考》《人间词话》等。他重视小说戏曲在文学上的地位，开创了研究戏曲史的风气，对当时文艺界颇有影响。辛亥革命后以清室遗老自居。从1913年开始治经史之学，治史严谨，考证精湛，不囿成见，主张以地下史料参订文献史料，多能发前人所未发，对史学界有开一代学风的影响。1925年任清华研究院教授，与梁启超、陈寅恪、赵元任并称清华四大导师。1927年6月，王国维留下“经此世变，义无再辱”的遗书，自沉于北京颐和园昆明湖。

《人间词话》是王国维融合了东西方哲学、美学和文艺思想对中国古代词家和词作进行评论的文学理论著作。它以“境界说”为中心构成了一个比较完整的理论体系，具体论述了“造境”与“写境”“有我之境”与“无我之境”“隔”与“不隔”等重大问题，表现出王国维对艺术的本质特征有相当深刻的理解和把握，也是对中国美学和文艺理论的继承和发展。《人间词话》写于1908年，以其见解之新颖、理论之独到，一直受到学术界的重视。

古今之成大事业、大学问者，罔[1]不经过三种之境界：“昨夜西风凋碧树。独上高楼，望尽天涯路。[2]”此第一境也。“衣带渐宽终不悔，为伊消得人憔悴。[3]”此第二境也。“众里寻他千百度，蓦然回首，那人却在，灯火阑珊处。[4]”此第三境也。此等语非大词人不能道。然遽以此意解释诸词，恐为晏、欧诸公所不许也。

——选自《人间词话手稿本全编》，吴洋注释，呼和浩特，内蒙古人民出版社，2003

⊙ 注　释

[1] 罔：没有，不。

[2] 出自于晏殊《鹊踏枝》(又名《蝶恋花》):“槛菊愁烟兰泣露。罗幕轻寒，燕子双飞去。明月不谙离恨苦，斜光到晓穿朱户。昨夜西风凋碧树。独上高楼，望尽天涯路。欲寄彩笺兼尺素，天长水阔知何处。”

[3] 出自于柳永《凤栖梧》:“伫倚危楼风细细。望极春愁，黯黯生天际。草色烟光残照里。无言谁会凭阑意。拟把疏狂图一醉，对酒当歌，强乐还无味。衣带渐宽终不悔，为伊消得人憔悴。”

[4] 出自于辛弃疾《青玉案·元夕》:“东风夜放花千树。更吹落、星如雨。宝马雕车香满路，凤箫声动，玉壶光转，一夜鱼龙舞。蛾儿雪柳黄金缕。笑语盈盈暗香去。众里寻它千百度。蓦然回首，那人却在，灯火阑珊处。”

⊙ 阅读提示

王国维借用词中名句来论述成就大事业、大学问的人必须依次经历的三种境界。

第一境界是“昨夜西风凋碧树。独上高楼，望尽天涯路。”引用晏殊的词句，意在说明要成就大事业、大学问的人首先要登高望远，明确目标与方向，同时能够忍受孤独和寂寞。

第二境界是“衣带渐宽终不悔，为伊消得人憔悴 。”引用柳永的词句，意在说明对事业和理想，要执著追求，忘我奋斗，为了达到成功的彼岸，必须坚持不懈，所谓“书山有路勤为径，学海无涯苦作舟。”

第三境界是“众里寻他千百度，蓦然回首，那人却在，灯火阑珊处 。”引用辛弃疾的词句，意在说明经过多次周折和多年磨炼之后，就会豁然领悟，功到自然成。

⊙ 相关链接

人生的意义及人生中的境界

冯友兰

何谓“意义”？意义发生于自觉及了解。任何事物，如果我们对它能够了解，便有意义，否则便无意义。了解越多，越有意义，了解得少，便没有多大的意义。何谓“自觉”？

我们知道自己在做一种事情，便是自觉。人类与禽兽所不同的地方，就是人类能够了解，能够自觉，而禽兽则否。譬如喝水吧，我们晓得自己在喝水，并且知道喝水是怎么一回事；可是兽类喝水的时候，它却不晓得它在喝水，而且不明白喝水是什么一回事，兽类的喝水，常常是出于一种本能。

对于任何事物，每个人了解的程度不一定相同，然而兽类对于事物却谈不到什么了解。例如我们在礼堂演讲，忽然跑进了一条狗，狗只看见一堆东西，坐在那里，它不了解这就是演讲，因为它不了解演讲，所以我们的演讲对于它便毫无意义。又如逃警报的时候，街上的狗每跟着人们乱跑，它们对于逃警报，根本就不懂得是一回什么事，不过跟着人们跑跑而已。可是逃警报的人却各有各的了解，有的懂得为什么会有警报，有的懂得为什么敌人会打我们，有的却不能完全了解这些道理。

同样的，假如我们能够了解人生，人生便有意义，倘使我们不能了解人生，人生便无意义。各个人对于人生的了解多不相同。因此，人生的境界，便有分别。境界的不同是由于认识的互异。这有如旅行游山一样，地质学家与诗人虽同往游山，可是地质学家的观感和诗人的观感却大不相同。

人生的境界大体上可分为四类：（一）自然境界——最低级的，了解的程度最少，这一类人大半是“顺才”或“顺习”。（二）功利境界——较高级的，需要进一层的了解。（三）道德境界——更高级的，需要更高深的理解。（四）天地境界——最高的境界，需要最彻底的了解。在自然境界中的人，不论干什么事情，不是依照社会习惯，便是依照其本性去做，他们从来未曾了解做某种事情的意义。往好处说，这就是“天真烂漫”，往差处说便是“糊里糊涂”。他们既不懂得为什么要这样做，又不明白做某种事情有什么意义，所以他们可说没有自觉。有时他们纵然是整天笑嘻嘻，可是却不自觉快乐。这有如天真的婴孩，他虽然笑逐颜开，可是却一点都不觉得自己快乐，两种情况完全相同。这一类人，对于“生”“死”皆不了解，而且亦没有“我”的观念。功利境界中的人，对于人生的了解，比较过了一步，他们有“我”的观念，不论做什么事，都是为着功利、为着自己的利益打算。这一批人大抵贪生怕死。有时他们亦会为社会服务，为国家做点事，可是他们做事的动机是想换取更高的代价，表面上，他们虽在服务，但其最后的目的还是为着小我。在道德境界中的人，不论所做何事，皆以服务社会为目的。这一类人既不贪生，又不怕死；他们晓得除“我”以外，上面还有一个社会，一个全体。他们了解个人是社会的一部分，个人与社会是部分与全体的关系。就普通常识来说，部分的存在似乎先于全体，可是从哲学来说，应该先有全体，然后始有个体。例如房子中的支“柱”，是有了房子以后，始有所谓“柱”，假使没有房子，则柱不成为柱，它只是一件大木料而已。同样，人类在有了人伦的关系以后，始有所谓“人”，如没有人伦关系，则人便不成为人，只是一团血肉。不错，在没有社会组织以前，每个人确已先具有一团肉，可是我们之成为人，却因为是有了社会组织的缘故。道德境界中的人，很清楚地了解这一点。天地境界中的人，一切皆以服务宇宙为目的。他们对生死的见解，既无所谓生，复无所谓死。他们认为在社会之上尚有一个更高的全体——宇宙。科学家的所谓宇宙，系指天体，太阳系及天河等，哲学家的所谓宇宙，系指一切，所以宇宙之外不会有其他的东西，个人绝对不能离开宇宙而存在。天地境界的人能够彻底了解这些道理，所以他们所做的事，便是为宇宙服务。

中国的所谓“圣贤”，应该有一个分别，“贤”是指道德境界的人，“圣”是指天地境界的人。至于一般的芸芸众生，不是属于自然境界，便是属于功利境界。要达到自然境界或功利境界非常容易，要想进入道德境界或天地境界却需要努力，只有努力，才能了解。究竟要怎样做才算是为宇宙服务呢？为宇宙服务所做的事，绝对不是什么离奇特别的事，与为社会服务而做的事并无二致。不过所做的事虽然一样，了解的程度不同，其境界就不同了。我曾经看见一个文字学的教授，在指责一个粗识文字的老百姓，说他写了一个别字。那一个别字，本来可以当做古字的假借，所以当时我便代那写字的人辩护。结果，那位文字学教授这样的回答我：“这一个字如果是我写的，就是假借，出自一个粗识文字的人的手笔，便是别字。”这一段话很值得寻味，这就是说，做同样的事情，因为了解程度互异，可以有不同的境界。再举一例：同样是大学教授，因为了解不同，亦有几种不同的境界：属于自然境界的，他们留学回来以后，有人请他教课，他便莫名其妙的当起教授来，什么叫作教育，他毫不理会；有些教授则属于功利境界，他们所以跑去当教授，是为着提高声望，以便将来做官，可以铨叙较高的职位。另外有些教授则属于道德境界，因为他们具有“得天下英才而教育之”的怀抱。有些教授则系天地境界，他们执教的目的，是为欲“得宇宙天才而教育之”。在客观上，这四种教授所做的事情是一样的，可是因为了解的程度不同，其境界自有差别。

《中庸》有两句话，说圣人可以“赞大地之化育”，可以“与天地参”。所谓“赞大地之化育”并不是帮助天地刮风或下雨。“化育”是什么？能够在天地间生长的都是化育。能够了解这一点，则我们的生活行动都可以说是“赞大地之化育”；如果不明白这一点，那么我们的生活行动，只能说是“为天地所化育”。所谓圣人，他能够了解天地的化育，所以始能顶天立地，与天地参。草木无知（不懂化育的原理），所以草木只能为天地所化育。

由此看来，做圣人可以说很容易，亦可以说很难。圣人固然可以干出特别的事来，但并不是干出特别的事，始能成为圣人。所谓“迷则为凡，悟则为圣”，就是指做圣人的容易，人人可为圣贤，其原因亦在于此。

总而言之，所谓人生的意义，全凭我们对于人生的了解。

——选自《冯友兰随笔 · 理想人生》，北京，北京大学出版社，2007

⊙ 思考练习

一、你对古“今之成大事业、大学问者”必须经历的三种境界是怎样理解的？

二、背诵该则词话。

三、通读《人间词话》全文，谈谈你对王国维提出的“境界说”的理解。

三十三　棋王（节选）

阿　城

阿城（1949—　），原名钟阿城。原籍四川江津，生于北京。1968 年下放山西、内蒙古、云南插队。1979 年回北京，曾在中国图书进出口公司工作。1984 年发表处女作《棋王》，获 1983—1984 年全国优秀中篇小说奖。此后他又先后发表了小说《树王》《孩子王》等。

阿城的作品以白描的手法渲染民俗文化的氛围，透露出浓厚隽永的人生逸趣，表现出一种关于宇宙、生命、自然和人的哲学思考。九十年代后定居美国。

发表于 1984 年的中篇小说《棋王》，是阿城的处女作，被誉为“寻根文学”的扛鼎之作。以《棋王》为代表的系列作品最终使得阿城成为中国当代文学史上以“揭示民族文化心理”为创作特征的“文化寻根派”的代表人物。《棋王》共分四章，课文节选的是最后两章。

这以后，大家没事儿，常提起王一生，津津有味地回忆王一生光膀子大战脚卵。我说了王一生如何如何不容易，脚卵说：“我父亲说过的，‘寒门出高士’。据我父亲讲，我们祖上是元朝的倪云林。倪祖很爱干净，开始的时候，家里有钱，当然是讲究的。后来兵荒马乱，家道败了，倪祖就卖了家产，到处走，常在荒野店投宿，很遇到一些高士。后来与一个会下棋的村野之人相识，学得一手好棋。现在大家只晓得倪云林是元四家里的一个，诗书画绝佳，却不晓得倪云林还会下棋。倪祖后来信佛参禅，将棋炼进禅宗，自成一路。这棋只我们这一宗传下来。王一生赢了我，不晓得他是什么路，总归是高手了。”大家都不知道倪云林是什么人，只听脚卵神吹，将信将疑，可也认定脚卵的棋有些来路，王一生既然赢了脚卵，当然更了不起。这里的知青在城里都是平民出身，多是寒苦的，自然更看重王一生。

将近半年，王一生不再露面。只是这里那里传来消息，说有个叫王一生的，外号棋呆子，在某处与某某下棋，赢了某某。大家也很高兴，即使有输的消息，都一致否认，说王一生怎会输棋呢？我给王一生所在的分场队里写了信，也不见回音，大家就催我去一趟。我因为这样那样的事，加上农场知青常常斗殴，又输进火药枪互相射击，路途险恶，终于没有去。

一天脚卵在山上对我说，他已经报名参加棋类比赛了，过两天就去总场，问王一生可有消息？我说没有。大家就说王一生肯定会到总场比赛，相约一起请假去总场看看。

过了两天，队里的活儿稀松，大家就纷纷找了各种借口请假到总场，盼着能见着王一生。我也请了假出来。

总场就在地区所在地，大家走了两天才到。这个地区虽是省以下的行政单位，却只有交叉的两条街，沿街有一些商店，货架上不是空的，即是“展品概不出售”。可是大家仍然很兴奋，觉得到了繁华地界，就沿街一个馆子一个馆子地吃，都先只叫净肉，一盘一盘地吞下去，拍拍肚子出来，觉得日光晃眼，竟有些肉醉，就找了一处草地，躺下来抽烟，又纷纷昏睡过去。

醒来后，大家又回到街上细细吃了一些面食，然后到总场去。

一行人高高兴兴到了总场，找到文体干事，问可有一个叫王一生的来报到。干事翻了半天花名册，说没有。大家不信，拿过花名册来七手八脚地找，真的没有，就问干事是不是搞漏掉了。干事说花名册是按各分场报上来的名字编的，都已分好号码，编好组，只等明天开赛。大家你望望我，我望望你，搞不清是怎么回事儿。我说：“找脚卵去。”脚卵在运动员们住下的草棚里，见了他，大家就问。脚卵说：“我也奇怪呢。这里乱糟糟的，我的号是棋类，可把我分到球类组来，让我今晚就参加总场联队训练，说了半天也不行，还说主要靠我进球得分。”大家笑起来，说：“管他赛什么，你们的伙食差不了。可王一生没来太可惜了。”

直到比赛开始，也没有见王一生的影子。问了他们分场来的人，都说很久没见王一生了。大家有些慌，又没办法，只好去看脚卵赛篮球。脚卵痛苦不堪，规矩一点儿不懂，球也抓不住，投出去总是三不沾，抢得猛一些，他就抽身出来，瞪着大眼看别人争。文体干事急得抓耳挠腮，大家又笑得前仰后合。每场下来，脚卵总是嚷野蛮，埋怨脏。

赛了两天，决出总场各类运动代表队，到地区参加地区决赛。大家看看王一生还没有影子，就都相约要回去了。脚卵要留在地区文教书记家再待一两天，就送我们走一段。快到街口，忽然有人一指：“那不是王一生？”大家顺着方向一看，真是他。王一生在街口另一面急急地走来，没有看见我们。我们一齐大叫，他猛地站住，看见我们，就横街向我们跑来。到了跟前，大家纷纷问他怎么不来参加比赛？王一生很着急的样子，说："这半年我总请事假出来下棋，等我知道报名赶回去，分场说我表现不好，不准我出来参加比赛，连名都没报上。我刚找了由头儿，跑上来看看赛得怎么样。怎么样？赛得怎么样？"大家一迭声儿地说早赛完了，现在是参加与各县代表队的比赛，夺地区冠军。王一生愣了半晌，说："也好，夺地区冠军必是各县高手，看看也不赖。"我说："你还没吃东西吧？走，街上随便吃点儿什么去。"脚卵与王一生握过手，也惋惜不已。大家就又拥到一家小馆儿，买了一些饭菜，边吃边叹息。王一生说："我是要看看地区的象棋大赛。你们怎么样？要回去吗？"大家都说出来的时间太长了，要回去。我说："我再陪你一两天吧。脚卵也在这里。"于是又有两三个人也说留下来再耍一耍。

脚卵就领留下的人去文教书记家，说是看看王一生还有没有参加比赛的可能。走不多久，就到了。只见一扇小铁门紧闭着，进去就有人问找谁，见了脚卵，不再说什么，只让等一下。一会儿叫进了，大家一起走进一幢大房子，只见窗台上摆了一溜儿花草，伺候得很滋润。大大的一面墙上只一幅主席诗词的挂轴儿，绫子黄黄的很浅。屋内只摆几把藤椅，茶几上放着几张大报与油印的简报。不一会儿，书记出来，胖胖的，很快地与每个人握手，又叫人把简报收走，就请大家坐下来。大家没见过管着几个县的人的家，头都转来转去地看。书记呆了一下，就问："都是倪斌的同学吗？"大家纷纷回过头看书记，不知该谁回答。脚卵欠一下身，说："都是我们队上的。这一位就是王一生。"说着用手掌向王一生一倾。书记看着王一生说："噢，你就是王一生？好。这两天，倪斌常提到你。怎么样，选到地区来赛了吗？"王一生正想答话，倪斌马上就说："王一生这次有些事耽误了，没有报上名。现在事情办完了，看看还能不能参加地区比赛。您看呢？"书记用胖手在扶手上轻轻拍了两下，又轻轻用中指很慢地擦着鼻沟儿，说："啊，是这样。不好办。你没有取得县一级的资格，不好办。听说你很有天才，可是没有取得资格去参加比赛，下面要说话的，啊？"王一生低了头，说："我也不是要参加比赛，只是来看。"书记说："那是可以的，那欢迎。倪斌，你去桌上，左边的那个桌子，上面有一份打印的比赛日程。你拿来看看，象棋类是怎么安排的。"倪斌早一步跨进里屋，马上把材料拿出来，看了一下，说："要赛三天呢！"就递给书记。书记也不看，把它放在茶几上，掸一掸手，说："是啊，几个县嘛。啊？还有什么问题吗？"大家都站起来，说走了。书记与离他近的人很快地握了手，说："倪斌，你晚上来，嗯？"倪斌欠欠身说好的，就和大家一起出来。大家到了街上，舒了一口气，说笑起来。

大家漫无目的地在街上走，讲起还要在这里待三天，恐怕身上的钱支持不住。王一生说他可以找到睡觉的地方，人多一点恐怕还是有办法，这样就能不去住店，省下不少钱。倪斌不好意思地说他可以住在书记家。于是大家一起随王一生去找住的地方。

原来王一生已经来过几次地区，认识了一个文化馆画画儿的，于是便带了我们投奔这位画家。到了文化馆，一进去，就听见远远有唱的，有拉的，有吹的，便猜是宣传队在演练。只见三四个女的，穿着蓝线衣裤，胸蹶得不能再高，一扭一扭地走过来，近了，并不让路，直脖直脸地过去。我们赶紧闪在一边儿，都有点儿脸红。倪斌低低地说："这几位是地区的名角。在小地方，有她们这样的功夫，蛮不容易的。"大家就又回过头去看名角。

画家住在一个小角落里，门口鸡鸭转来转去，沿墙摆了一溜儿各类杂物，草就在杂物中间长出来。门又被许多晒着的衣裤布单遮住。王一生领我们从衣裤中弯腰过去，叫那画家。马上就乒乒乓乓出来一个人，见了王一生，说："来了？都进来吧。"画家只是一间小屋，里面一张小木床，到处是书、杂志、颜色和纸笔。墙上钉满了画的画儿。大家顺序进去，画家就把东西挪来挪去腾地方，大家挤着坐下，不敢再动。画家又迈过大家出去，一会儿提来一个暖瓶，给大家倒水。大家传着各式的缸子、碗，都有了，捧着喝。画家也坐下来，问王一生："参加运动会了吗？"王一生叹着将事情讲了一遍。画家说："只好这样了。要待几天呢？"王一生就说："正是为这事来找你。这些都是我的朋友。你看能不能找个地方，大家挤一挤睡？"画家沉吟半晌，说："你每次来，在我这里挤还凑合。这么多人，嗯——让我看看。"他忽然眼里放出光彩来，说："文化馆里有个礼堂，舞台倒是很大。今天晚上为运动会的人演出，演出之后，你们就在舞台上睡，怎么样？今天我还可以带你们进去看演出。电工与我很熟的，跟他说一声，进去睡没问题。只不过脏一些。"大家都纷纷说再好不过了。脚卵放下心的样子，小心地站起来，说："那好，诸位，我先走一步。"大家要站起来送，却谁也站不起来。脚卵按住大家，连说不必了，一脚就迈出屋外。画家说："好大的个子！是打球的吧？"大家笑起来，讲了脚卵的笑话。画家听了，说："是啊，你们也都够脏的。走，去洗洗澡，我也去。"大家就一个一个顺序出去，还是碰得叮当乱响。

原来这地区所在地，有一条江远远流过。大家走了许久，方才到了。江面不甚宽阔，水却很急，近岸的地方，有一些小洼儿。四处无人，大家脱了衣裤，都很认真地洗，将画家带来的一块肥皂用完。又把衣裤泡了，在石头上抽打，拧干后铺在石头上晒，除了游水的，其余便纷纷趴在岸上晒。画家早洗完，坐在一边儿，掏出个本子在画。我发觉了，过去站在他身后看。原来他在画我们几个人的裸体速写。经他这一画，我倒发觉我们这些每日在山上苦的人，却矫健异常，不禁赞叹起来。大家又围过来看，屁股白白的晃来晃去。画家说："干活儿的人，肌肉线条极有特点，又很分明。虽然各部分发展可能不太平衡，可真的人体，常常是这样，变化万端。我以前在学院画人体，女人体居多，太往标准处靠，男人体也常静在那里，感觉不出肌肉滚动，越画越死。今天真是个难得的机会。"有人说羞处不好看，画家就在纸上用笔把说的人的羞处涂成一个疙瘩，大家就都笑起来。衣裤干了，纷纷穿上。

这时已近傍晚，太阳垂在两山之间，江面上便金子一般滚动，岸边石头也如热铁般红起来。有鸟儿在水面上掠来掠去，叫声传得很远。对岸有人在拖长声音吼山歌，却不见影子，只觉声音慢慢小了。大家都凝了神看。许久，王一生长叹一声，却不说什么。

大家又都往回走，在街上拉了画家一起吃些东西，画家倒好酒量。天黑了，画家领我们到礼堂后台入口，与一个人点头说了，招呼大家悄悄进去，缩在边幕上看。时间到了，幕并不开，说是书记还未来。演员们化了妆，在后台走来走去，伸一伸手脚，互相取笑着。忽然外面响动起来，我拨了幕布一看，只见书记缓缓进来，在前排坐下，周围空着，后面黑压压一礼堂人。于是开演，演出甚为激烈，尘土四起。演员们在台上泪光闪闪，退下来一过边幕，就嬉笑颜开，连说怎么怎么错了。王一生倒很入戏，脸上时阴时晴，嘴一直张着，全没有在棋盘前的镇静。戏一结束，王一生一个人在边幕拍起手来，我连忙止住他，向台下望去，书记不知什么时候已经走了，前两排仍然空着。

大家出来，摸黑拐到画家家里，脚卵已在屋里，见我们来了，就与画家出来和大家在外面站着，画家说："王一生，你可以参加比赛了。"王一生问："怎么回事儿？"脚卵说，晚上他在书记家里，书记跟他叙起家常，说十几年前常去他家，见过不少字画儿，不知运动起来，损失了没有？脚卵说还有一些，书记就不说话了。过了一会儿书记又说，脚卵的调动大约不成问题，到地区文教部门找个位置，跟下面打个招呼，办起来也快，让脚卵写信回家讲一讲。于是又谈起字画古董，说大家现在都不知道这些东西的价值，书记自己倒是常在心里想着。脚卵就说，他写信给家里，看能不能送书记一两幅，既然书记帮了这么大忙，感谢是应该的。又说，自己在队里有一副明朝的乌木棋，极是考究，书记若是还看得上，下次带上来。书记很高兴，连说带上来看看。又说你的朋友王一生，他倒可以和下面的人说一说，一个地区的比赛，不必那么严格，举贤不避私嘛。就挂了电话，电话里回答说，没有问题，请书记放心，叫王一生明天就参加比赛。

大家听了，都很高兴，称赞脚卵路道粗，王一生却没说话。脚卵走后，画家带了大家找到电工，开了礼堂后门，悄悄进去。电工说天凉了，问要不要把幕布放下来垫盖着，大家都说好，就七手八脚爬上去摘下幕布铺在台上。一个人走到台边，对着空空的座位一敬礼，尖着嗓子学报幕员，说："下一个节目——睡觉。现在开始。"大家悄悄地笑，纷纷钻进幕布躺下了。

躺下许久，我发觉王一生还没有睡着，就说："睡吧，明天要参加比赛呢！"王一生在黑暗里说："我不赛了，没意思。倪斌是好心，可我不想赛了。"我说："咳，管他！你能赛棋，脚卵能调上来，一副棋算什么？"王一生说："那是他父亲的棋呀！东西好坏不说，是个信物。我妈妈留给我的那副无字棋，我一直性命一样存着，现在生活好了，妈的话，我也忘不了。倪斌怎么就可以送人呢？"我说："脚卵家里有钱，一副棋算什么呢？他家里知道儿子活得好一些了，棋是舍得的。"王一生说："我反正是不赛了，被人作了交易，倒像是我占了便宜。我下得赢下不赢是我自己的事，这样赛，被人戳脊梁骨。"不知是谁也没睡着，大约都听见了，咕噜一声："呆子。"

第二天一早儿，大家满身是土地起来，找水擦了擦，又约画家到街上去吃。画家执意不肯，正说着，脚卵来了，很高兴的样子。王一生对他说："我不参加这个比赛。"大家呆了，脚卵问："蛮好的，怎么不赛了呢？省里还下来人视察呢！"王一生说："不赛就不赛了。"我说了说，脚卵叹道："书记是个文化人，蛮喜欢这些的。棋虽然是家里传下的，可我实在受不了农场这个罪，我只想有个干净的地方住一住，不要每天脏兮兮的。棋不能当饭吃的，用它通一些关节，还是值的。家里也不很景气，不会怪我。"画家把双臂抱在胸前，抬起一只手摸了摸脸，看着天说："倪斌，不能怪你。你没有什么了不得的要求。我这两年，也常常犯糊涂，生活太具体了。幸亏我还会画画儿。何以解忧？唯有——唉。"王一生很惊奇地看着画家，慢慢转了脸对脚卵说："倪斌，谢谢你。这次比赛决出高手，我登门去与他们下。我不参加这次比赛了。"脚卵忽然很兴奋，攥起大手一顿，说："这样，这样！我呢，去跟书记说一下，组织一个友谊赛。你要是赢了这次的冠军，无疑是真正的冠军。输了呢，也不太失身份。"王一生呆了呆："千万不要跟什么书记说，我自己找他们下。要下，就与前三名都下。"

大家也不好再说什么，就去看各种比赛，倒也热闹。王一生只钻在棋类场地外面，看各局的明棋。第三天，决出前三名。之后是发奖，又是演出，会场乱哄哄的，也听不清谁得的是什么奖。

脚卵让我们在会场等着，过了不久，就领来两个人，都是制服打扮。脚卵作了介绍，原来是象棋比赛的第二、三名。脚卵说："这位是王一生，棋蛮厉害的，想与你们两位高手下一下，大家也是一个互相学习的机会。"两个人看了看王一生，问："那怎么不参加比赛呢？我们在这里待了许多天，要回去了。"王一生说："我不耽误你们，与你们两人同时下。"两人互相看了看，忽然悟到，说："盲棋？"王一生点一点头。两人立刻变了态度，笑着说："我们没下过盲棋。"王一生说："不要紧，你们看着明棋下。来，咱们找个地方儿。"话不知怎么就传了出去，立刻嚷动了，会场上各县的人都说有一个农场的小子没有赛着，不服气，要同时与亚、季军比试。百十个人把我们围了起来，挤来挤去地看，大家觉得有了责任，便站在王一生身边儿。王一生倒低了头，对两个人说："走吧，走吧，太扎眼。"有一个人挤了进来，说："哪个要下棋？就是你吗？我们大爷这次是冠军，听说你不服气，叫我来请你。"王一生慢慢地说："不必。你大爷要是肯下，我和你们三人同下。"众人都轰动了，拥着往棋场走去。到了街上，百十人走成一片。行人见了，纷纷问怎么回事，可是知青打架？待明白了，就都跟着走。走过半条街，竟有上千人跟着跑来跑去。商店里的店员和顾客也都站出来张望。长途车路过这里开不过，乘客们纷纷探出头来，只见一街人头攒动，尘土飞起多高，轰轰的，乱纸踏得嚓嚓响。一个傻子呆呆地在街中心，咿咿呀呀地唱，有人发了善心，把他拖开，傻子就依了墙根儿唱。四五条狗窜来窜去，觉得是它们在引路打狼，汪汪叫着。

到了棋场，竟有数千人围住，土扬在半空，许久落不下来。棋场的标语标志早已摘除，出来一个人，见这么多人，脸都白了。脚卵上去与他交涉，他很快地看着众人，连连点头儿，半天才明白是借场子用，急忙打开门，连说"可以可以"，见众人都要进去，就急了。我们几个，马上到门口守住，放进脚卵、王一生和两个得了名誉的人。这时有一个人走出来，对我们说："高手既然和三个人下，多我一个不怕，我也算一个。"众人又嚷动了，又有人报名。我不知怎么办好，只得进去告诉王一生。王一生咬一咬嘴说："你们两个怎么样？"那两个人赶紧站起来，连说可以。我出去统计了，连冠军在内，对手共是十人，脚卵说："十不吉利的，九个人好了。"于是就九个人。冠军总不见来，有人来报，既是下盲棋，冠军只在家里，命人传棋。王一生想了想，说好吧。九个人就关在场里。墙外一副明棋不够用，于是有人拿来八张整开白纸，很快地画了格儿。又有人用硬纸剪了百十个方棋子儿，用红黑颜色写了，背后粘上细绳，挂在棋格儿的钉子上，风一吹，轻轻地晃成一片，街上人也嚷成一片。

人是越来越多。后来的人拼命往前挤，挤不进去，就抓住人打听，以为是杀人的告示。妇女们也抱着孩子们，远远围成一片。又有许多人支了自行车，站在后架上伸脖子看，人群一挤，连着倒，喊成一团。半大的孩子们钻来钻去，被大人们用腿拱出去。数千人闹闹嚷嚷，街上像半空响着闷雷。

王一生坐在场当中一个靠背椅上，把手放在两条腿上，眼睛虚望着，一头一脸都是土，像是被传讯的歹人。我不禁笑起来，过去给他拍一拍土。他按住我的手，我觉出他有些抖。王一生低低地说："事情闹大了。你们几个朋友看好，一有动静，一起跑。"我说："不会。只要你赢了，什么都好办。争口气。怎么样？有把握吗？九个人哪！头三名都在这里！"王一生沉吟了一下，说："怕江湖的不怕朝廷的，参加过比赛的人的棋路我都看了，就不知道其他六个人会不会冒出冤家。书包你拿着，不管怎么样，书包不能丢。书包里有……"王一生看了看我，"我妈的无字棋。"他的瘦脸上又干又脏，鼻沟也黑了，头发立着，喉咙一动一动的，两眼黑得吓人。我知道他拼了，心里有些酸，只说："保重！"就离了他。他一个人空空地在场中央，谁也不看，静静的像一块铁。

棋开始了。上千人不再出声儿。只有自愿服务的人一会儿紧一会儿慢地用话传出棋步，外边儿自愿服务的人就变动着棋子儿。风吹得八张大纸哗哗地响，棋子儿荡来荡去。太阳斜斜地照在一切上，烧得耀眼。前几十排的人都坐下了，仰起头看，后面的人也挤得紧紧的，一个个土眉土眼，头发长长短短吹得飘，再没人动一下，似乎都把命放在棋里搏。

我心里忽然有一种很古的东西涌上来，喉咙紧紧地往上走。读过的书，有的近了，有的远了，模糊了。平时十分佩服的项羽、刘邦都目瞪口呆，倒是尸横遍野的那些黑脸士兵，从地下爬起来，哑了喉咙，慢慢移动。一个樵夫，提了斧在野唱。忽然又仿佛见了呆子的母亲，用一双弱手一张一张地折书页。

我不由伸手到王一生书包里去掏摸，捏到一个小布包儿，拽出来一看，是个旧蓝斜纹布的小口袋，上面绣了一只蝙蝠，布的四边儿都用线做了圈口，针脚很是细密。取出一个棋子，确实很小，在太阳底下竟是半透明的，像是一只眼睛，正柔和地瞧着。我把它攥在手里。

太阳终于落下去，立即爽快了。人们仍在看着，但议论起来。里边儿传出一句王一生的棋步，外面的人就嚷动一下。专有几个人骑车为在家的冠军传送着棋步，大家就不太客气，笑话起来。

我又进去，看见脚卵很高兴的样子，心里就松开一些，问："怎么样？我不懂棋。"脚卵抹一抹头发，说："蛮好，蛮好。这种阵式，我从来也没有见过，你想想看，九个人与他一个人，九局连环！车轮大战！我要写信给我的父亲，把这次的棋谱都寄给他。"这时有两个人从各自的棋盘前站起来，朝着王一生鞠躬，说："甘拜下风。"就捏着手出去了。王一生点点头儿，看了他们的位置一眼。

王一生的姿势没有变，仍旧是双手扶膝，眼平视着，像是望着极远极远的远处，又像是盯着极近的近处，瘦瘦的肩挑着宽大的衣服，土没拍干净，东一块儿，西一块儿。喉结许久才动一下。我第一次承认象棋也是运动，而且是马拉松，是多一倍的马拉松！我在学校时，参加过长跑，开始后的五百米，确实极累，但过了一个限度，就像不是在用脑子跑，而像一架无人驾驶飞机，又像是一架到了高度的滑翔机只管滑翔下去。可这象棋，始终是处在一种机敏的运动之中，兜捕对手，逼向死角，不能疏忽。我忽然担心起王一生的身体来。这几天，大家因为钱紧，不敢怎么吃，晚上睡得又晚，谁也没想到会有这么一个场面。看着王一生稳稳地坐在那里，我又替他赌一口气：死顶吧！我们在山上扛木料，两个人一根，不管路不是路，沟不是沟，也得咬牙，死活不能放手。谁若是顶不住软了，自己伤了不说，另一个也得被木头震得吐血。可这回是王一生一个人过沟坎儿，我们帮不上忙。我找了点儿凉水来，悄悄走近他，在他跟前一挡，他抖了一下，眼睛刀子似的看了我一下，一会儿才认出是我，就干干地笑了一下。我指指水碗，他接过去，正要喝，一个局号报了棋步。他把碗高高地平端着，水纹丝儿不动。他看着碗边儿，回报了棋步，就把碗缓缓凑到嘴边儿。这时下一个局号又报了棋步，他把嘴定在碗边儿，半晌，回报了棋步，才咽一口水下去，"咕"的一声儿，声音大得可怕，眼里有了泪花。他把碗递过来，眼睛望望我，有一种说不出的东西在里面游动，嘴角儿缓缓流下一滴水，把下巴和脖子上的土冲开一道沟儿。我又把碗递过去，他竖起手掌止住我，回到他的世界里去了。

我出来，天已黑了。有山民打着松枝火把，有人用手电筒照着，黄乎乎的，一团明亮。大约是地区的各种单位下班了，人更多了。狗也在人前蹲着，看人挂动棋子，眼神凄凄的，像是在担忧。几个同来的队上知青，各被人围了打听。不一会儿，"王一生""棋呆子""是个知青”“棋是道家的棋”，就在人们嘴上传。我有些发噱，本想到人群里说说，但又止住了，随人们传吧，我开始高兴起来。这时墙上只有三局在下了。

忽然人群发一声喊。我回头一看，原来只剩了一盘，恰是与冠军的那一盘。盘上只有不多几个子儿。王一生的黑子儿远远近近地峙在对方棋营格里，后方老帅稳稳地呆着，尚有一“士”伴着，好像帝王与近侍在聊天儿，等着前方将士得胜回朝；又似乎隐隐看见有人在伺候酒宴，点起尺把长的红蜡烛，有人在悄悄地调整管弦，单等有人跪奏捷报，鼓乐齐鸣。我的肚子拖长了音儿在响，脚下觉得软了，就拣个地方坐下，仰头看最后的围猎，生怕有什么差池。

红子儿半天不动，大家不耐烦了，纷纷看骑车的人来没有，嗡嗡地响成一片。忽然人群乱起来，纷纷闪开。只见一老者，精光头皮，由旁人搀着，慢慢走出来，嘴嚼动着，上上下下看着八张定局残子。众人纷纷传着，这就是本届地区冠军，是这个山区的一个世家后人，这次“出山”玩玩儿棋，不想就夺了头把交椅，评了这次比赛的大奖，直叹棋道不兴。老者看完了棋，轻轻抻一抻衣衫，跺一跺土，昂了头，由人搀进棋场。众人都一拥而起。我急忙抢进了大门，跟在后面。只见老者进了大门，立定，往前看去。

王一生孤身一人坐在大屋子中央，瞪眼看着我们，双手支在膝上，铁铸一个细树桩，似无所见，似无所闻。高高的一盏电灯，暗暗地照在他脸上，眼睛深陷进去，黑黑的似俯视大千世界，茫茫宇宙。那生命像聚在一头乱发中，久久不散，又慢慢弥漫开来，灼得人脸热。众人都呆了，都不说话。外面传了半天，眼前却是一个瘦小黑魂，静静地坐着，众人都不禁吸了一口凉气。

半晌，老者咳嗽一下，底气很足，十分洪亮，在屋里荡来荡去。王一生忽然目光短了，发觉了众人，轻轻地挣了一下，却动不了。老者推开搀的人，向前迈了几步，立定，双手合在腹前摩挲了一下，朗声叫道：“后生，老朽身有不便，不能亲赴沙场。命人传棋，实出无奈。你小小年纪，就有这般棋道，我看了，汇道禅于一炉，神机妙算，先声有势，后发制人，遣龙治水，气贯阴阳，古今儒将，不过如此。老朽有幸与你接手，感触不少，中华棋道，毕竟不颓，愿与你做个忘年之交。老朽这盘棋下到这里，权做赏玩，不知你可愿意平手言和，给老朽一点面子？”

王一生再挣了一下，仍起不来。我和脚卵急忙过去，托住他的腋下，提他起来。他的腿仍是坐着的样子，直不了，半空悬着。我感到手里好像只有几斤的分量，就暗示脚卵把王一生放下，用手去揉他的双腿。大家都拥过来，老者摇头叹息着。脚卵用大手在王一生身上，脸上，脖子上缓缓地用力揉。半晌，王一生的身子软下来，靠在我们手上，喉咙嘶嘶地响着，慢慢把嘴张开，又合上，再张开，“啊啊”着。很久，才呜呜地说:“和了吧。”

老者很感动的样子，说:“今晚你是不是就在我那儿歇了？养息两天，我们谈谈棋？”王一生摇摇头，轻轻地说:“不了，我还有朋友。大家一起来的，还是大家在一起吧。我们到、到文化馆去，那里有个朋友。”画家就在人丛里喊:“走吧，到我那里去，我已经买好了吃的，你们几个一起去。真不容易啊。”大家慢慢拥了我们出来，火把一团儿照着。山民和地区的人层层团了，争睹棋王风采，又都点头儿叹息。

我搀了王一生慢慢走，光亮一直随着。进了文化馆，到了画家的屋子，虽然有人帮着劝散，窗上还是挤满了人，慌得画家急忙把一些画儿藏了。

人渐渐散了，王一生还有一些木。我忽然觉出左手还攥着那个棋子，就张了手给王一生看。王一生呆呆地盯着，似乎不认得，可喉咙里就有了响声，猛然“哇”的一声儿吐出一些黏液，呜呜地说:“妈，儿今天……妈——”大家都有些酸，扫了地下，打来水，劝了。王一生哭过，滞气调理过来，有了精神，就一起吃饭。画家竟喝得大醉，也不管大家，一个人倒在木床上睡去。电工领了我们，脚卵也跟着，一齐到礼堂台上去睡。

夜黑黑的,伸手不见五指。王一生已经睡死。我却还似乎耳边人声嚷动,眼前火把通明,山民们铁了脸，肩着柴火林中走，咿咿呀呀地唱。我笑起来，想：不做俗人，哪儿会知道这般乐趣？家破人亡，平了头每日荷锄，却自有真人生在里面，识到了，即是幸，即是福。衣食是本，自有人类，就是每日在忙这个。可囿在其中，终于还不太像人。倦意渐渐上来，就拥了幕布，沉沉睡去。

⊙ 阅读提示

课文节选的是原小说的第三章和第四章。第三章是为第四章的棋场鏖战作背景铺垫，第四章是整个小说的高潮部分。小说沿着战前形势—棋场鏖战—战局结束—战后感悟的思路顺理成章地展现了王一生一人敌九人的生命光华，经过长期下棋的精神历练，造就了他内在的阳刚之气，涵含着王者的精神气度。

作家不满足于社会层面上的典型概括，而是超越现实，对人生进行整体的把握，将其升华到生命的哲学层面。“衣食是本，自有人类，就是每日在忙这个。可囿在其中，终于还不太像人。”小说结尾借“我”之口点题，使王一生以有所不为而有所为的朴素人格操守，实现了小人物真人生、真生命的价值升华。

作品不仅立意精深，而且风格独特。第一人称叙事角度，使视野更宽广。以时间顺序组织材料，平铺直叙，俗中见雅，浸透着民族文化的浓厚氛围。细节描写，似工笔细刻，使人物形神毕现。词句凝练，用语古雅，平淡简洁，使作品产生了别具一格的审美情趣。

⊙ 相关链接

《棋王》汇评

《棋王》发表于1984年，当时知青文学和寻根文学思潮方兴未艾……但我们很难在知青文学的一般性意义上来阐释这篇作品。它所创造的那种若淡若虚的艺术境界，说明知青生活只是作家借用的一种“媒介”，他的创作目的已超越了知青这一社会现象层面，把审美视点提升到人生存在命题的文化哲学层次。

《棋王》是立足于以庄禅为代表的古典本体论哲学的文化视角，借知青生活这一具体的生命现象为媒介，来探讨特殊年代里的理想人格与人生境界。作品以中国传统文化所体现出来的那种内在精神自由的描写，达到了对一个造成物质贫困的痛苦时代的超越，在肯定精神存在的永恒价值的同时，高扬了人的主体精神。作品体现出的是一种自然之道的冲淡之美，恬淡无为和心神玄远的审美感受，从审美创造主体的角度说，《棋王》追求的哲学意识、人生态度与审美情趣暗含一体的表现模式，可谓是古代庄禅美学精神在当代小说创作中的成功再现。

在情节场面的描写中，作品冥合于老庄的玄远之境。……具体到作品中，即是以静、虚的描述来传达通常的话语难以传达的形、动意态。《棋王》写到九局连环大战，便充分体现出以静写动的艺术境界。

落实到具体手法上，《棋王》基本的静虚的艺术特征主要表现为不事渲染的白描。无论是叙述、描写还是议论，都力求写得平常、清淡。它那种“平中见奇”的造词运句的追求，与老庄美学倡导的“道法自然”“大巧若拙”的原则是相通的。

——刘克宽:《简淡超越的文化观照体式》

阿城用近乎白描的手法和结构形态为王一生的“侠”形象画了一幅素像，他干脆而略显硬直的语气，俗白的文字，稚拙的技巧，从容不迫的情态，准确而生动地描绘了王一生身上道家之气质。道家之无为无不为，无意之处处处有意，有意之处处处无意，不出招而招频出的手法、境界，阿城不亦深得道家独特之精神境界乎？

——萧玉华:《一幅道家之“侠”的素画像》

《棋王》写的是什么？我以为写的就是关于吃和下棋的故事。先说吃，再说下棋。……人总要待在一种什么东西里，沉溺其中。苟有所得，才能证实自己的存在，切实地掂出自己的价值。

是的，人总要有点东西，活着才有意义。人总要把自己生命的精华都调动出来，倾力一搏，像干将、莫邪一样，把 自己炼进自己的剑里，这，才叫活着。……古今成事业者都需要有这么一点精神。这是我们这个时代需要的精神。

阿城的小说结尾都是胜利。人的胜利。《棋王》的结尾，王一生胜了。……因此，我说阿城是一个乐观主义者。

有人告诉我，阿城把道家思想糅进了小说。《棋王》里的确有一些道家的话。但那是拣烂纸的老头的思想。甚至也可以说是王一生的思想，不一定就是阿城的思想。阿城大概是看过一些道家的书。他的思想难免受到一些影响。

他的叙述方法和语言是他自己的。司空图《二十四诗品》云:“俯拾即是，不取诸邻。俱道适往，着手成春。”说得很好，阿城的文体的可贵处正在:“不取诸邻。”“脑袋在肩上，文章靠自己”。

阿城是敏感的。他对生活的观察很精细，能够从平常的生活现象中看出别人视若无睹的特殊的情趣。他的观察是伴随了思索的。否则他就不会在生活中看到生活的底蕴。这样，他才能积蓄了各样的生活的印象。可以俯拾，形成作品。

——汪曾祺:《说阿城小说〈棋王〉》

⊙ 思考练习

1. 阅读《棋王》全篇，试分析小说的主题。
2. 以课文节选的部分为依托，简析《棋王》这篇小说的艺术特点。
3. 课外观摩根据小说改编的电影《棋王》。

三十四　人生（节选）

路　遥

路遥（1949—1992），原名王卫国，中国当代作家。生于陕西榆林市清涧县一个贫困农民家庭。曾在延川县立中学学习，1969 年回乡务农。1973 年进入延安大学中文系学习，其间开始文学创作。大学毕业后，任《陕西文艺》（今为《延河》）编辑。1980 年发表《惊心动魄的一幕》，获得第一届全国优秀中篇小说奖。1982 年发表中篇小说《人生》，获全国第二届优秀中篇小说奖，改编成同名电影后，获第八届大众电影百花奖最佳故事片奖，轰动全国。《在困难的日子里》获 1982 年《当代》文学中长篇小说奖，同年加入中国作家协会。1988 年完成百万字的长篇小说《平凡的世界》，荣获茅盾文学奖。1992 年 11 月 17 日，路遥因病医治无效在西安逝世，年仅 42 岁。

第三章

吃过早饭不久，在大马河川道通往县城的简易公路上，已经开始出现了熙熙攘攘去赶集的庄稼人。由于这两年农村政策的变化，个体经济有了大发展，赶集上会，买卖生意，已经重新成了庄稼人生活的重要内容。

公路上，年轻人骑着用彩色塑料缠绕得花花绿绿的自行车，一群一伙地奔驰而过。他们都穿上了崭新的“见人”衣裳，不是涤卡，就是的确良，看起来时兴得很。粗糙的庄稼人的赤脚片上，庄重地穿上尼龙袜和塑料凉鞋。脸洗得干干净净，头梳得光光溜溜，兴高采烈地去县城露面：去逛商店，去看戏，去买时兴货，去交朋友，去和对象见面……

更多的庄稼人大都是肩挑手提：担柴的，挑菜的，吆猪的，牵羊的，提蛋的，抱鸡的，拉驴的，推车的；秤匠、鞋匠、铁匠、木匠、石匠、篾匠、毡匠、箍锅匠、泥瓦匠；游医、巫婆、赌棍、小偷、吹鼓手、牲口贩子……都纷纷向县城涌去了。川北山根下的公路上，蹚[1]起了一股又一股的黄尘。

当高加林挽着一篮子蒸馍加入这个洪流的时候，他立刻后悔起来。他感到自己突然变成一个真正的乡巴佬了。他觉得公路上前前后后的人都朝他看。他，一个曾经是潇潇洒洒的教师，现在却像一个农村老太婆一样，上集卖蒸馍去了！他的心难受得像无数虫子在咬着。

但这一切是毫无办法的。严峻的生活把他赶上了这条尘土飞扬的路。他不得不承认，他现在只能这样开始新的生活。家里已经连买油量盐的钱都没了，父母亲那么大的年纪都还整天为生活苦熬苦累，他一个年轻轻的后生，怎好意思一股劲呆下吃闲饭呢？

他提着蒸馍篮子，头尽量低着，什么也不看，只瞅着脚下的路，匆匆地向县城走。路上，他想起父亲临走时安咐他，叫他卖馍时要吆喝，他的脸立刻感到火辣辣地发烧。天啊，他怎能喊出声来！

“可是，”他想，“如果我不叫卖，谁知道我提这蒸馍是干啥哩？”

走到一个小沟岔的时候，高加林突然想：干脆让我先跑到这没人的拐沟里试验喊叫一下，到城里好习惯一些嘛！

他满脸通红朝公路两头望了望，见没什么人，于是就像做一件见不得人的事一样，匆忙地折身走进了公路边的那条拐沟里。

他在这荒沟里走了好一段路，直到看不见公路的时候才站住。

他站住，口张了一下，但没勇气喊出声来。又张了一下口，还是不行。短短的时间里，汗水已经沁满了他的额头。四野里静悄悄的，几只雪白的蝴蝶在他面前一丛淡蓝色的野花里安详地飞着；两面山坡上茂密的苦艾发出一股新鲜刺鼻的味道。高加林感到整个大地都在敛声屏气地等待他那一声“白蒸馍哎——！”

啊呀，这是那么的难人！他感到就像要在大庭广众面前学一声狗叫唤一样受辱。

他用手背擦了一下额头的汗水，决心下一声非喊出来不可！他狠狠地咽了一口唾沫，把眼一闭，张开嘴怪叫一声：“白蒸馍哎——”

他听见四山里都在回荡着他那一声演戏般的、悲哀的喊叫声。他牙咬住嘴唇，强忍着没让眼里的泪花子溢出来。

他直愣愣地在这个荒沟野地里站了老半天，才难受地回到公路上，继续向县城走去。从他们村到县城只有十来里路，但他感到这段路是多么的漫长和艰难。他知道，更大的困难还在前头——在那万头攒动[2]的集市上！

当他走到大马河与县河交汇的地方，县城的全貌已经出现在视野之内了。一片平房和楼房交织的建筑物，高低错落，从半山坡一直延伸到河岸上。亲爱的县城还像往日一样，灰蓬蓬地显出了它那诱人的魅力。他没有走过更大的城市，县城在他的眼里就是大城市，就是别一番天地。他对这里的一切都是熟悉的，亲切的；从初中到高中，他都是在这里度过。他对自己和社会的深入认识，对未来生活的无数梦想，都是在这里开始的。学校、街道、电影院、商店、浴池、体育场……生活是多么的丰富多彩！可是，三年前，他就和这一切告别了……

现在，他又来了。再不是当年的翩翩少年，衣服整洁而笔挺，满身的香皂味，胸前骄傲地别着本县最高学府的校徽。他现在提着蒸馍篮子，是一个普通的赶集的庄稼人了。

往事的回忆使他心酸。他靠在大马河桥的石栏杆上，感到头有点眩晕起来。四面八方赶集的人群正源源不绝地通过大桥，进了街道。远处城市中心街道的上空，腾起很大一片灰尘，嘈杂的市声听起来像蜂群发出的嗡嗡声一般。

他猛然想到一个更糟糕的问题：要是碰上他在县城的同学怎么办？

他下意识地抬起头，先慌忙朝前后看了看。这时候他才真正后悔赶这趟集了。一般的赶集倒也没什么，可他是来卖蒸馍的呀！

现在折回去吗？可这怎行呢！他已经走到了县城。再说，家里连一点零花钱都没有了，这样回去，父母亲虽然不会说什么，但他们肯定心里会难受的——不仅为这篮没卖掉的蒸馍，更为他的没出息而难受！

“不，”他想，“我既然来了，就是硬着头皮也要到集上去！”当然，他也在心里祷告，千万不要碰上县城里的同学。

他很快提起篮子，过了桥，向街道上走去。他准备穿过街道，到南关里去。那里是猪市、粮食市和菜市，人很稠，除过买菜的干部，大部分都是庄稼人，不显眼。

当他路过汽车站候车室外面的马路时，脸刷一下白了——白了的脸很快又变得通红。他感到全身的血一下都向脸上涌上来了：他猛然看见他高中时的同班同学黄亚萍和张克南正站在候车室门口。躲是来不及了，他俩显然也看见了他，已经先后向他走过来了。

高加林恨不得把这篮子馍一下扔到一个人所不知的地方。张克南和黄亚萍很快走到他面前了，他只好伸出空着的那只手和克南握了握手。

他俩问他提个篮子干啥去呀？他即兴撒了个谎，说去城南一个亲戚家里走一趟。

黄亚萍很快热情地对他说：“加林，你进步真大呀！我看见你在地区报上发表的那几篇散文啦！真不简单！文笔很优美，我都在笔记本上抄了好几段呢！”

“你还在马店教书吗？”克南问他。

他摇摇头，苦笑了一下说："已经被大队书记的儿子换下来了，现在已经回队当了社员。"

黄亚萍立刻焦虑地说："那你学习和写文章的时间更少了！"

高加林解嘲地说："时间更多了！不是有一个诗人写诗说：'我们用镢头在大地上写下了无数的诗行'吗？"

他的幽默把他的两个同学都逗笑了。

"你们出差去吗？"加林问他们俩。他隐约地感到，他两个的关系似乎有点微妙。在中学时，他俩的关系倒也很一般。

"我不出去。克南要到北京给他们单位买彩色电视机。我是闲逛哩……"黄亚萍说，似乎有点不好意思。

"你还在副食公司当保管吗？"加林问克南。

"不。前不久刚调到副食门市上。"克南说。

"高升了！当了门市部主任！不过，前面还有个副字！"亚萍有点嘲弄地看了看克南，不以为然地撇了一下嘴。

"要买什么烟酒一类的东西，你来，我尽量给你想办法。我这人没其他能耐。就能办这么些具体事。唉，现在乡下人买一点东西真难！"克南对他说。

尽管张克南这些话都是真诚的，但高加林由于他自己的地位，对这些话却敏感了。他觉得张克南这些话是在夸耀自己的优越感。他的自尊心太强了，因此精神立刻处于一种藐视一切的状态，稍有点不客气地说："要买我想其他办法，不敢给老同学添麻烦！"

一句话把张克南刺了个大红脸。

黄亚萍也是个灵人，已经听出他俩话不投机，便对高加林说："你下午要是有空，上我们广播站来坐坐嘛！你毕业后，进县城从不来找我们拉拉话。你还是那个样子，脾气真犟！"

"你们现在位置高了，咱区区老百姓，实在不敢高攀！"加林的坏毛病又犯了！一旦他感到自己受了辱，话立刻变得非常刻薄，简直叫人下不了台。

张克南已经明显地有点受不了了，正好车站的广播员让旅客排队买票，这一下把大家都解脱了。

克南马上和他握了手，先走了。亚萍犹豫了一下，对他说："……我真的想和你拉拉话。你知道，我也爱好文学，但这几年当个广播员，光练了嘴皮子了，连一篇小小的东西都写不成，你一定来！”

她的邀请是真诚的，但高加林不知为什么，心里感到很不舒服。他对亚萍说：“有空我会来的。你快去送克南吧，我走了。”

黄亚萍的脸刷一下红了，说：“我不是去送他的！我来车站接一个老家来的亲戚……”她显然也即兴撒了个谎。加林心里想：你根本没必要撒谎！

高加林再不说什么，他向她很礼貌地点点头，便转身向街道上走去。他一边走，一边心里为他和亚萍各自撒的谎感到好笑，忍不住自言自语说：“你去接你的‘亲戚’吧，我也得看我的‘亲戚’去了……”

但是，刚才和克南、亚萍的见面，很快又勾起了他对往日学校生活的回忆。在学校时，亚萍是班长，他是学习干事，他们之间的交往是比较多的。他俩也是班上学习最好的，又都爱好文学，互相都很尊重。他和克南平时不是太接近的，因为都在校篮球队，只是打球的时候才在一块交往得多一些。

黄亚萍是江苏人，她父亲是县武装部长和县委常委。亚萍是在他刚上高中的那年随父亲调来县上，插入他那个班的。她带有鲜明的南方姑娘的特点，又经见过世面；那种聪敏、大方和不俗气，立刻在整个学校都很惹眼了。高加林虽然出身农民家庭，也没走过大城门，但平时读书涉猎的范围很广；又由于山区闭塞的环境反而刺激了他爱幻想的天性，因而显得比一般同学飘洒，眼界也宽阔。黄亚萍很快发现了他的这种气质，很自然地在班上更接近他。他同样也喜欢和她在一块。因为在这之前，他还没有接触过这样的女生。本地女同学和黄亚萍相比，都有点不大方，有的又很俗气，动不动就说吃说穿，学习大部分都赶不上男同学，他很少和她们交往。他俩有时在一块讨论共同看过的一本小说，或者说音乐，说绘画，谈论国际问题。班上的同学一度曾议论过他们的长长短短。他当时并不敢想什么出边的事。他和黄亚萍相比，有难以克服的自卑感。这不是说他个人比她差，而是指家庭、经济条件和社会地位这些方面而言。在这些方面，张克南全部有。克南父亲是县商业局长，他母亲也是县药材公司的副经理，在县上都是很像样的人物。当时克南也对亚萍有好感，经常设法和她接近，但看出她并没有和他过多交往的愿望。

很快，高中毕业了。他们班一个也没有考上大学。农村户口的同学都回了农村，城市户口的纷纷寻门路找工作。亚萍凭她一口高水平的普通话到了县广播站，当了播音员。克南在县副食公司当了保管。生活的变化使他们很快就隔开很远了，尽管他们相距只有十来里路，但在实际生活中，他们已经是在两个世界了。

高加林回村后，起初每当听见黄亚萍清脆好听的普通话播音的时候，总有一种很惆怅的感觉，就好像丢了一件贵重的东西，而且没指望找回来了。后来，这一切都渐渐地淡漠了。只是不知什么时候，他隐约听另外村一个同学说，黄亚萍可能正和张克南谈恋爱时，他才又莫名其妙地难受了一下。以后他便很快把这一切都推得更远了，很长时间甚至没有想到过他们……

他刚才碰见他们，感到很晦气。他现在一边提着蒸馍篮子往热闹的集市中间走，一边眼睛灵活地转动着，以防再碰上城里工作的同学。

刚到十字街口，接近人流漩涡的地方，他又碰到了一个熟人！

不过，这回他倒没什么恐慌。当他们城关公社文教专干马占胜有点尴尬地过来和他握手时，他这一刻不觉得胳膊上挽的蒸馍篮子丢人了——哼！让他看看吧，正是他们把他逼到了这个地步！

当专干问他干啥时，他很干脆地告诉他：卖蒸馍！他并且从篮子里取出一个来，硬往马占胜手里塞；他感到他拿的是一颗冒烟的、带有强烈报复性的手榴弹！

马占胜两只手慌忙把这个蒸馍捉住，又重新硬塞到篮子里，手在已经有了胡楂的脸上摸了一把，显得很难受的样子说："加林！你大概一直在心里恨我哩！我一肚子苦水无处倒哇！有些话，我真想给你说，又不好说！现在你听我给你说。"马占胜把高加林拉在十字街自行车修理部的一个拐角处，又摸了一把脸，放低声音说："唉，好加林哩！你不知情，咱公社的赵书记和你们村的高明楼是十几年的老交情了。别看是上下级关系，两人好得不分你我。前几年，明楼家没什么要安排的人，就一直让你教书。今年他二小子高中毕业了，他在公社跑了几回，老赵当然要考虑。你知道，这几年国民经济调整哩，国家在农村又不招工招干，因此农村把民办教师这工作看得很重要。明楼当然想叫他小子干这事嘛！下另外村子的教师，人家谁让哩？因此，就只好把你下了，让三星上。这事虽然是我在会上宣布的，可这不是我决定的嘛！我马占胜哪有这么大的牛皮！因此，好加林哩，你千万不要恨我！"

高加林心不在焉地用手指头理了理头发，对专干说："老马，你太多心了。你不说，我也都了解这些情况，我们共事几年了，你应该了解我。"

“我当然了解你！全公社教师里面，你是拔尖的！再说，你这娃娃心眼活，性子硬，我就喜欢这号人。不怕！……噢，我忘记告诉你了，我已经调到县政府的劳动局，算是提拔了，当了个副局长。我前几天还给公社赵书记谈过，叫他有机会就考虑再让你当教师。赵书记满口答应了……不怕！你等着！……你快忙你的，我还要开个会哩。新官上任三把火！咱烧不起来火，最起码得按时给人家应酬嘛！……”

马占胜说完，手在脸上摸了一把，和高加林握了一下手，像逃避什么似的很快就钻到了人群里。

高加林因为一直就对这个公社有名的滑头没有好感，所以基本上没认真听他说了些什么。他现在只知道他离开了城关公社，高升到县政府了。但这些和他有什么关系呢？他现在最要紧的是把胳膊上挽的这篮子蒸馍卖掉！

高加林很快从街道里的人群中挤过，向南关的交易市场走去。

——节选自《路遥文集·人生》，北京，北京十月文艺出版社，2010

⊙ 注　释

[1] 蹚（tāng）：从浅水里走过去。

[2] 万头攒（cuán）动：头：指人；攒：聚在一起。形容许多人聚集在一起。

⊙ 阅读提示

本文选自路遥中篇小说《人生》第三章，主要叙述高加林因被下掉民办教师的工作后从生活到精神都受到严重的打击，迫于生计，不得不硬着头皮赶集卖蒸馍，却偶然遇见了昔日的老同学和文教专干马占胜，即兴撒谎的无奈和话不投机的尴尬触及了高加林强烈的自尊，马占胜的托词让高加林更觉得人生的灰暗和改变命运的无能为力。

《人生》共二十三章，是以正处于改革时期的陕北高原的城乡生活为背景，主要叙写了高中毕业生高加林离开土地又回到土地，再离开土地，再回到土地的人生变化过程。他高中毕业回到村里当上了民办小学的教师，但被有权有势的大队书记高明楼的儿子顶替了，他重新回到了土地。正当他失意无奈和绝望的时候，善良美丽的农村姑娘刘巧珍向他表白了爱，使他得到了精神上的慰藉。不久，高加林的二爸高玉智转业回到家乡当了劳动局长，马占胜和高明楼为讨好高玉智，安排高加林到县委当了通讯干事。高加林重新回到了城市，大显身手，并遇到了他的同学黄亚萍。在经过反复考虑后，他接受了黄亚萍的爱。高加林进城这件事终于被人告发了，被解职回村，发现巧珍已被迫嫁给他人，他开始重新思考自己的人生。

⊙ 相关链接

关于《人生》的对话

王愚：我以为，你写《人生》是要剥开生活的表象，探索生活内在的复杂矛盾，因此，《人生》的主题就是单纯一句话能说清楚的。从作品的内涵看，你是探索转折时期各种矛盾交叉点上的青年一代，究竟应该走什么样的人生道路的问题。高加林的理想和追求，具有当代青年的共同特征。但也有历史的惰性加给青年一代的负担，有十年浩劫加给青年一代的狂热、虚无的东西。这些都在高加林的身上交织起来，因此，认为作品回答的问题就是高加林要不要改造，高加林的人生观是正确的还是错误的，都简单了些。《人生》的主题应该是交叉的，是从一个主线辐射开来反映了时代生活的各个方面。

路遥：这方面的争议多半集中在高加林身上，这是很正常的。对高加林这个人物，老实说我也正在研究他。正因为这样，我在作品中没有简单地回答这个人物是个什么样的人。谈到作品的主题，过去把主题限定在狭小的范围内，总要使人一眼看穿，有点简单化了。当然也不是说让读者什么也看不出来。我的意思是，作品的主题不是一个简单的概念，因为生活本身就不是一个简单的概念。生活是一个复杂万端的综合体。作品是反映生活的，真实地反映生活的作品，就不会是简单的概念的东西，应该像生活本身的矛盾冲突一样，带有一种复合的色调。我在《人生》中就想在这个方面进行一些探索，主要表现在高加林身上。至于作品的思想性，我觉得，作品的每一部分都渗透着思想，而不是只在作品的总体上有一个简单的思想结论。作家对生活认识的深度，应该在作品的任何一个角落里都渗透着。

王愚：作品的主题思想是丰富的，作品的人物也不应该是单一的。像高加林这样的人物，就不能够简单地去理解他。他的追求和理想，有这个时代青年人的特色。他想在当民办教师的岗位上，想在改变农村落后风俗上做出一些成绩，想取得一些施展才能的条件，恐怕无可非议；但他身上也夹杂着一些个人的东西，追求个人成就、患得患失，碰到不顺心的境遇灰心丧气，等等，这一切交织在他身上，引起了精神世界的矛盾冲突，使他处在一个发展过程中，高加林是一个在人生道路上的艰苦跋涉者，而不是一个已经走完人生道路的单纯的胜利者和失败者。他的内心深处的矛盾和发展变化，触发着青年朋友们的思索，究竟应该怎样认识复杂的人生。总之，这是一个多侧面的性格，不是某些性格特点的平面堆砌。

路遥：我觉得，人物形象能不能站起来，关键是这个形象是否真正反映了生活中的矛盾冲突，有些评论对人物的看法比较简单。往往把人物思想的先进与否和人物的艺术典型性混为一谈，似乎人物思想越先进，典型意义就越大，衡量一部作品里的人物是否塑造得成功，主要看它是否是一个艺术典型。至于根据生活发展的需要，提倡写什么典型，那是另外一个范畴的问题，不应该把这两个问题混为一谈，这样的观点，在读者和初学写作者中间已经引起某种程度的混乱。至于高加林这个形象，我写的是一个农村和城市交叉地带中，在生活里并不应该指责他是一个落后分子或者是一个懦夫、坏蛋，这样去理解就太简单了。现在有些评论家也看出来他身上的复杂性，认为不能一般地从好人坏人这个意义上去看待高加林，我是很同意的。像高加林这样二十来岁的年轻人，生活经验不足，刚刚踏上生活的道路，不成熟是不可避免的。不仅高加林是这样，任何一个刚走上生活道路的年轻人，也不会是一个成熟的、完美无缺的人，更何况高加林处在当时那么一种情况下，对任何事情都能表现出正确的认识是不可能的。但是在这个青年人的身上，绝不是一切都应该否定的。我自己分析这个人物时，心理状态是这样的，我抱着一种兄长般的感情来写这个人物。因为我比高加林大几岁，我比他走的路稍微长一点，对这个人物身上的一些优点，或者不好的东西，我都想完整地描写出来。我希望这样的人物在我们这个社会最终能够成为一个优秀的青年，目前出现在作品中的这个人物，还没有成熟到这一步。这并不是说我护短，在作品中可以看到，我对他思想感情上一些不好的东西的批评是很尖锐的。对于作家的倾向性，咱们已经习惯于看他怎样赤裸裸地去赞扬什么，批判什么。我认为，一个作家的倾向性应该包含在作品的整体结构中。我的倾向性，表现在《人生》的整体中，而不是在某个地方跳出来对加林批评一顿。

王愚：高加林的形象，引起读者的广泛共鸣，恐怕主要是作者认认真真、老老实实从生活出发，把握了生活中复杂的矛盾冲突，而又完整地表现了出来。这个人物不仅是农村青年的写照，也是这个时代一些青年的缩影。

路遥：高加林作为一个当代青年，不仅是城市和农村交叉地带的产物，其他各种行业也有高加林，城市里的高加林，大学里的高加林，工厂里的高加林，当然，更多的是农村中的高加林。这样的青年，在我们社会中，并不少见，我当初的想法是，我有责任把这样一种人物写出来，一方面是要引起社会对这种青年的重视，全社会应该从各个方面去关怀他们，他们，使他们能健康地成长起来，我们整个的国家和未来事业是要指靠这一代人的，所以我们必须要从现在开始，严肃地关注他们，重视这个问题；另一方面从青年自身来说，在目前社会不能满足他们的生活要求时，他们应该正确地对待生活和对待人生，从某种意义上来说，尤其是年轻时候，人生的道路不可能是一帆风顺的，永远有一个正确对待生活的问题。

——节选自《路遥全集》中《关于〈人生〉的对话》，北京，人民文学出版社，2005

⊙ 思考练习

一、分析高加林在卖蒸馍途中两次遇见熟人时的不同心理状况。

二、马占胜从遇见高加林到离开一共摸了自己几次脸？每摸一次脸折射出马占胜怎样的心理？

三、分析高加林的性格特征。

四、阅读《人生》全文。

三十五　阿甘正传（节选）

[美] 温斯顿·葛鲁姆

温斯顿·葛鲁姆（1945—　），美国当代作家。生于华盛顿特区，在亚拉巴马州的莫比尔长大，毕业于亚拉巴马大学。曾做过越战随军记者，后来从事专业写作。自1978年以来发表过7部作品，包括颇受好评的越战小说《缅怀好时光》，以及得奖的《逝夏》。传记作品《与敌人对谈》曾荣获1984年的普利策奖提名，1995年出版的《光荣的寿衣》，描述了美国南北战争中最后一场大战役的历史，写作涉及的题材十分广泛。《阿甘正传》是葛鲁姆1986年发表的讽刺喜剧作品，随着改编成电影，使他成为畅销作家之一。

我要说一句，看官：当白痴的滋味可不像巧克力。别人会嘲笑你，对你不耐烦，态度恶劣。呐，人家说，要善待不幸的人，可是我告诉你——事实不一定是这样。话虽如此，我并不埋怨，因为我自认生活过得很有意思，可以这么说。

我生下来就是个白痴。我的智商将近七十，这个数字跟我的智力相符，他们是这么说的。不过，我可能比较接近智商三到七岁的低能儿，或者甚至更好一点智商八到十二岁的弱智；但是，我个人宁愿把自己当做是个弱智，或是什么的——绝不是白痴——因为，别人一想到白痴，多半会把它想成蒙古症白痴——就是那种两个眼睛长得很近，有点儿像中国人，而且嘴巴常常挂着口水，只跟自己玩。

唔，我反应迟钝——这一点我同意，不过我可能比旁人以为的聪明得多，因为我脑子里想的东西跟旁人眼睛看见的有天地之别。比方说，我很能思考事情，可是等我试着把它说出来或是写下来，它就变成果酱似的糊成一团。我举个例子解释给你听。

前些日子，我走在街上，这人正在他家院子里忙活儿。他弄了一堆灌木要栽种，于是跟我说："阿甘，你想不想赚点钱？"我说："嗯，唉！"于是他派我去搬泥土。用独轮手推车搬了十一、二车的泥土，大热天里，推着车走遍大街小巷倒掉它。等我搬完了，他从口袋里掏出一块钱。当时我应该为工资这么低大闹一场，可是我却收下了那一块钱，嘴里只说得出一句"谢谢"什么的蠢话，然后走上街，手里拿着那张钞票——折上，打开，折上，觉得自己真像个白痴。

你明白我的意思了吧？

说真的，我对白痴略有所知。这大概是我唯一懂得的学问，不过我真的读过这方面的东西——从那个叫什么陀思妥耶夫斯基的家伙笔下的白痴，到李尔王的傻瓜，还有福克纳的白痴，班吉，甚至《杀死后舌鸟》[1] 里头的瑞德利——哦，他可是个严重的白痴。我最喜欢的是《人与鼠》[2] 里头的莱尼。那些写文章的人多半说得对——因为他们写的白痴都比旁人以为的聪明。嘿，这一点我同意，随便哪个白痴都会同意。嘻嘻。

我出生后，我妈妈给我取名福雷斯特，因为内战期间有个将军名叫纳森·贝福·佛洛斯特[3]。妈妈总说我们跟佛洛斯特将军有什么亲戚关系。而且他是个伟人，她说，不过内战结束之后他创立了“三K党”，连我奶奶都说他们是一帮坏蛋。这一点我倒是会同意，因为我们这儿有个自称“尊贵的呸屁”还是什么的家伙，他在城里开了一家店卖枪，有一次，当时我大概十二岁左右，我经过那家店，从窗子往里望，他在店里吊了一根绞刑用的那种大大的绳环。他瞧见我在看，居然真的把它套在脖子上，然后把绳子往上一抽，好像上吊似的，还吐出舌头等等来吓我。我吓得拔腿就跑，躲在停车场的一辆车子后面，直到有人报警把我送回家交给我妈。所以，不管佛洛斯特将军有啥丰功伟绩，创立那个K党的玩意可不是什么好心肠——随便哪个白痴都会这么告诉你。不管怎么说，我的名字就这么来的。

我妈是个大好人。人人都这么说。我爸，他在我刚出生之后不久就死了，所以我从来不了解他。他在码头当装卸工，有一天，一台起重机从一艘“联合水果公司”的船上吊了一大网的香蕉，结果不知道是什么东西断了，香蕉砸在我爸身上，把他压成煎饼。有一次我听到一些人在谈论那次意外——说当时情况惨不忍睹，半吨重的香蕉把我爸砸得稀烂，我个人不太喜欢吃香蕉，除了香蕉布丁——这个我倒是喜欢。

我妈从“联合水果公司”领到了一点儿抚恤金，而且她还把我们的房子分租出去，所以我们的日子还过得去。我小时候，她总是把我关在屋里，免得其他小孩子骚扰我。夏天下午，天气热坏了，她会把我安顿在客厅里，拉上窗帘，让房间阴一点，凉快些，再给我弄杯柠檬汁。然后她就坐在那儿跟我聊天，就那么一直说个不停，也没什么特别的话题，就好像一般人跟猫狗说话那样，不过我也习惯了，而且蛮喜欢，因为她的声音让我觉得好安全又舒服。

我成长期间，一开始她都准我出去跟大家玩，可是后来她发现他们是在捉弄我。有天他们在追我的时候，一个男孩用棍子打我的背，弄出好可怕的伤痕。那以后，她叫我不要再跟那些男孩子玩。我就开始试着跟女孩子玩，但情况也好不到哪儿去，因为她们都躲着我。

妈妈认为念公立学校对我有益，因为也许这样会帮助我变得跟其他人一样，但是上了几天学之后，校方告诉妈妈我不该跟大家一起上学。不过他们让我念完了一年级。有时候，老师在讲课，我坐在那儿，也不知道自己脑子里在想什么，总之，我开始看窗子外头的鸟、麻雀，还有在外头那棵大橡树上爬来爬去，一会儿又坐下的东西，老师就会走过来教训我一顿。有的时候，我会被一种很奇怪的感觉冲昏了头，大吼大叫，她就叫我出去坐在走廊里的长板凳上。其他孩子从来不跟我玩耍什么的；除了追我或是惹得我号啕大哭，这样他们就可以嘲笑我——除了珍妮·柯兰，起码她不会躲着我，有时候放了学她还让我跟她一起走路回家。

可是第二年，他们安排我念另一种学校，我告诉你，那学校真古怪。就好像他们把所有找得到的怪人统统集拢在一道，有跟我一样年纪的，有比我小的，还有大到十六七岁的大男孩。他们都是各种程度的弱智、疯痫病患者，还有甚至不会自己上厕所、吃东西的小孩。我大概是其中的佼佼者。

有个胖胖的大块头，起码有十四岁左右，他患了一种病，发作起来会全身发抖，就好像坐电椅什么的。我们老师玛格丽特小姐都叫我陪他去上厕所，免得他做出什么怪举动。不过，他还是照做不误。我不知道要怎么拦阻他，所以，索性把自己锁在一间厕所里等他做完，再陪他走回教室。

我在那所学校待了大概五、六年。其实那个学校并不太坏。他们会让我们用手指绘画，做些小东西，不过多半时间，他们只教我们怎么系鞋带啦，怎么做就不会把食物弄翻啦，不要发狂大叫大哭，把大便扔得到处都是等等。他们没教我们念书——除了认识路标记号，还有分辨男女厕所之类的。总之，学校里有那么多严重的傻瓜，要想教点别的东西其实是不可能的事。而且，我认为这种学校的宗旨是免得我们惹别人烦。谁愿意让一群傻瓜在外头乱跑？这个道理连我都懂。快满十三岁，我开始发生一些极不寻常的事。第一，我开始长高。半年之内我长了六英寸，我妈一天到晚得把我的裤子放长。再就是，我开始横着长。到了十六岁，我有六英尺六英寸高，重两百四十二磅。我知道是这个缘故他们才带我去量体重。他们说简直无法相信。

之后发生的事使我的生活彻底改变。一天，我从傻瓜学校放学回家，悠悠哉哉走在街上，一辆汽车停在我旁边。那家伙叫我过去，问我叫什么名字。我告诉他，他又问我念什么学校，他怎么都没在附近见过我。我告诉他那所傻瓜学校之后，他就问我有没有打过美式足球。我摇头。其实我大可告诉他我见过别人玩，只是他们从不让我玩。不过，我说过，我不太擅长跟人长时间谈话，所以我只摇个头。那大概是开学两个星期的事。

过了三天左右，他们把我从那所傻瓜学校弄出来。我妈妈在场，还有那天开汽车的人和两个打手型的人——我猜想这两个人在场的原因是以防万一我惹什么事。他们把我抽屉里的东西统统取出来，放进一个褐色纸袋里，然后叫我跟玛格丽特小姐说再见；突然之间，她哭了起来，又用力搂抱我。过后我跟所有其他的傻瓜说再见，他们流口水、抽筋，还用拳头敲桌子。然后我就走了。

妈妈跟那个家伙坐前座，我坐在后座两名打手中间，就好像电影里面警察带犯人“进城”的情形。只不过我们并不是进城。我们去新成立的高中。到了那儿，他们带我进校长办公室，妈妈和那个男人陪我一起进去，那两个打手在走廊上等。校长是个头发灰白的老头子，领带上有个污渍，裤子松垮垮的，看起来活像也是从傻瓜学校出来的。我们统统坐下，他开始解说一些事，又问我话，我只是点头，不过他们的目的是要我打美式足球。这个部分是我自己理解出来的。

原来，坐汽车那个家伙是教练，名叫费拉斯。当天我没进教室，也没上课什么的，那个费拉斯教练带我到衣帽间，打手之一替我找来一套球衣，有垫肩啊那些玩意，还有一顶很棒的塑胶头盔，头盔前面有一块东西可以防止我的脸被压扁。唯一的问题是，他们找不到我能穿的球鞋，所以我只得穿自己的运动鞋，等他们订到球鞋再换。

费拉斯教练和两名打手帮我穿上球衣，然后又帮我脱下，再穿上，反复十几二十次，直到我会自己穿脱为止。有一样配件我半天穿不好，就是护裆——因为我不觉得有什么理由要穿它。唔，他们努力解释给我听，过后一名打手对另一名说我是个“笨蛋”还是什么的。我猜想他以为我不懂他说什么，可是我懂，因为我特别留意这类“屁话”。倒不是因为这话会伤害我感情。嘿，别人曾经用过更恶劣的字眼骂我。不过，我还是留意了。

过了一阵子，一群孩子陆续走进衣帽间，取出他们的球具穿上。之后我们全部都到外面，费拉斯教练召集大家，然后叫我站在大家面前介绍我。他说了一大堆屁话，我不太听得懂，因为我吓得半死，因为从来没有人当着一群陌生人介绍我。不论，后来有些人过来跟我握手，说他们欢迎我等等。之后，费拉斯教练吹了一声哨子，把我吓得魂都飞了，不过大家开始跳来跳去练习。

接下来发生的事可以说是说来话长，不过，总而言之，我开始打美式足球。费拉斯教练和一名打手特别训练我，因为我不懂怎么打球，球队有一招阻挡对手的战术，他们尽力解说清楚，可是练习几次之后，大家似乎都厌烦了，因为我记不得我该怎么做了。

尔后他们又练习另一种叫做防守的动作，他们安排三个家伙挡在我前面，我应该突破他们，抓住带球的那个家伙。前半部分比较容易，因为我可以轻轻松松把那三个家伙推倒，可是他们不喜欢我抓住带球那家伙的动作，最后他们要我去撞一棵大橡树十几二十次——体会一下那种感觉吧，我猜。可是过了一阵子，他们猜想我从那棵橡树身上已经学到一些东西之后，又叫我跟那三个家伙和拿球的家伙练习。他们发火了，因为我推开三名阻挡的人之后扑向拿球那家伙的动作不够狠毒。那天下午我挨了许多辱骂，可是练习完毕之后我去见教练，告诉他我不愿扑倒带球那家伙因为我怕会伤到他。教练说，不会伤到他，因为他穿了球衣，有保护。其实，我并不是那么怕伤到他，我怕的是他会生我的气，要是我不好好对待每个人，他们又会来追打我。长话短说，我花了好一阵子工夫才弄清楚诀窍。

此外，我得上课。在傻瓜学校，我们其实没上过什么课，但是这所学校对课业认真多了。总之，不知怎么弄的，他们设法安排我上三堂自习课，这种课只要你坐在教室里，随你爱做什么都行；另外还有三堂课是一位女士教我识字。班上只有我们两个人。她人真好又漂亮，我不止一两次对她动过邪念。她名叫韩德生小姐。

可以说，我只喜欢午餐这堂课，不过我想这不能算是课。念傻瓜学校时，我妈都会给我弄份三明治、一份饼干和一份水果——除了香蕉以外——我都会带到学校。可是这所学校有间餐厅，有九、十样东西可吃，我老是难以决定要吃什么。我想一定有人说过什么，因为过了一星期左右，费拉斯教练叫我想吃什么尽管吃，说一切都“打点了”。太棒了！

猜猜谁到我的自习教室？珍妮·柯兰。她在走廊上过来跟我说，她记得小学一年级跟我同学。她已经出落得亭亭玉立，一头亮丽乌黑的头发，腿长长的，和一张漂亮的脸蛋，还有别的，我不敢讲。

费拉斯教练并不满意球队的情况。他好像经常很不高兴，总是在吼叫。他也吼我。他们想设法让我站在原地不动，只要阻止对方抓住我方带球的家伙，但是除非他们把球传到中线，否则这法子不管用。教练对我擒抱带球员的动作也不满意，我告诉你，我可花了不少时间在那棵橡树上。可是我怎么也没法子照他们要求的动作抱倒带球员。我心里有顾忌。

过后，有一天，发生了一件事，把这一切也都改变了。当时我在餐厅里刚取了饭菜，走过去坐在珍妮·柯兰旁边。我真不愿意说，不过她可以算是学校里我唯一半生不熟的朋友，而且跟她坐在一起的感觉真好。她大半时间不注意我，都跟别人聊天。我原先都跟球员们坐一起，可是他们的态度好像我是隐形人什么的。起码珍妮·柯兰当做有我这么个人。但是过了一阵子，我开始留意到另外一个家伙也常出现，而且他开始拿我要嘴皮子，说什么“笨蛋好吗？”之类的屁话。这种情况持续了一两星期，我始终没吭声，但是后来我终于说了——到现在我还没法相信我说了那句话——我说：“我不是笨蛋。”那家伙一个劲儿瞪着我，然后哈哈大笑。珍妮·柯兰就叫那家伙闭嘴，可是他拿了一纸瓶鲜奶倒在我大腿上，我跳起来跑出去，因为我吓坏了。

过了大概一天左右，那家伙在走廊上拦住我，说他会“逮到”我。我整天心惊胆战，那天下午我走出教室要去体育馆，但是他走过来动手推我肩膀，叫我“呆子”等等，然后他揍我肚子。那一拳并不很疼，可是我哭了起来，转身就跑，我听到他跟在后面，还有其他人也在追我。我使出全力拼命跑向体育馆，越过足球练习场，突然我看见费拉斯教练坐在看台上，望着我。追我的那些家伙停下来，掉头走了。费拉斯教练表情真奇异，他叫我立刻换球衣。过了一会儿，他走进衣帽间，手里拿着一张纸，纸上画了三种战术——三种！——叫我尽可能记牢。

那天下午练球的时候，他把所有球员分成两队。突然间四分卫把球传给我，我应该沿着线的右端外侧奔向球门柱。他们统统开始追我，我立刻拼命跑——我闪过了七八个人，他们才扑倒我。费拉斯教练开心极了；蹦蹦跳跳，又吼又叫，拍大家的背。我们以前跑过不少次，测验看看能跑多快，可是我被追的时候跑得快多了，我猜想。哪个白痴不会？

总之，那以后我受欢迎多了，球员们开始对我比较好些。第一次赛球我吓坏了，可是他们把球传给我，我就拼命跑，两三次达阵，大家对我前所未有地好。那所高中确实扭转了我生命中的一些事；甚至使我喜欢带球跑，不过他们多半叫我绕着边线跑，因为我还是没法子做到在中央突破人墙，把人撞倒。一名打手说我是全世界块头最大的高中二分卫。我不认为他这是在夸奖我。

除此而外，我跟韩德生小姐学习阅读进步不少。她给了我《汤姆·索亚历险记》和另外两本书，我记不得书名。我把它们带回家，统统读过，可是接着她给我做了个测验，我的成绩不怎么样。不过我的确喜欢那几本书。

过了一阵子，在餐厅用餐时又坐到珍妮·柯兰旁边，好一段时间没再有麻烦，可是后来有一天，是春天里，我放学回家，那个把牛奶倒在我腿上后又追我的家伙又出现了。他弄了一根棍子，还骂我“弱智”“笨蛋”之类的话。

有些人在旁观，过后珍妮·柯兰经过，当时我又正要打退堂鼓——可是，我也不明白为什么，我没有那么做。那家伙拿棍子戳我肚子，我跟自个儿说，去他的，我抓住他的胳膊，另一只手铆他的脑门，就这么一下就解决了问题，可以这么说。

那天晚上我妈接到那家伙父母打来的电话，说我要是再碰他们儿子，他们就要报警把我“关起来”。我尽力跟妈妈解释，她说她了解，不过我看得出她担心。她告诉我，因为我现在块头太大，我得留心自己，因为我可能会伤到别人。我点头保证绝不会伤害任何人。那天晚上我躺在床上，听到她在她房间独个儿哭。

不过，铆那家伙脑袋的事，使我对打球的看法完全改变。第二天，我要求费拉斯教练让我直接带球跑，他说好，结果我一口气撞倒了四五个家伙，冲破重围，他们又再爬起来追我。那一年我入选“全州美式足球明星队”。我简直无法置信。我生日那天，我妈送给我两双袜子和一件新衬衫。她的确存了些钱，给我买了一套新西装，要我穿着它去领取“全州美式足球奖”；那是我平生第一套西装。妈妈替我打上领带，我就这样出发了。

——节选自 [美] 温斯顿·葛鲁姆:《阿甘正传》第一章，于而彦译，北京，人民文学出版社，2010。编者略有改动。

⊙ 注 释

[1] 美国作家哈珀·李的作品，于 1960 年出版，荣获 1961 年普利策奖。

[2] 美国著名作家约翰斯·坦贝克（1902—1968）的作品，发表于 1937 年。

[3] 纳森·贝福·佛洛斯特（1821—1877），美国南北战争时期的南方联盟首领。战后在铁路界十分活跃，又为三 K 党头子。

⊙ 阅读提示

小说版《阿甘正传》是一篇充满了讽刺意味的荒诞小说，一共 26 章。小说以第一人称讲述故事。故事的主角叫阿甘，他的智商将近七十，在众人的眼中他是一个白痴，但他天性善良单纯，加上天赋异秉，使他先后成为大学美式足球明星、越战英雄、世界级乒乓球运动员、太空实验员、摔跤选手，和玛丽莲·梦露演戏，经营公司，成为美国议员，成就了一生的传奇。他生命的高度甚至是许多智力健全的人都难以企及。阿甘的传奇经历，也正是五十年代到七十年代美国历史与社会的缩影，透过阿甘的眼睛，让我们看到了外在世界的险恶复杂与庸俗市侩，更觉人性真诚的可贵。

小说中的“傻傻的”阿甘总不能如己所愿却有出人意料的福气，而且大智若愚，才华横溢，视财富为粪土，崇尚自由。

阿甘说：“有时候到了晚上，我仰望星星，看见整个天空就那么铺在那儿，可别以为我什么也不记得。我仍旧跟大家一样有梦想，偶尔我也会想到换个情况人生会是什么样儿。然后，眨眼之间，我已经四十、五十、六十岁了，你明白吧？”

你还认为他是“白痴”吗？

⊙ 相关链接

从阿甘的奔跑看美国文化的流动性和扩张性

刘　震

影片的主人公阿甘自始至终在奔跑。他在奔跑中摆脱了双腿的残疾，摆脱了儿时受到的欺辱，摆脱了战争中死亡的威胁。他在奔跑中获得了尊严、友情、爱情、荣誉和财富。奔跑对阿甘个人来说意味着一切。那么，奔跑对于美利坚民族又意味着什么呢？在此，笔者认为奔跑有两层含义。第一，它象征着美国人的地理流动性和社会流动性。第二，它象征着资本主义文化的扩张性和资本主义精神的贪婪攫取性。

美利坚民族被称为“迁移中的民族”，纵览美国历史，美国人总是处在不停的迁移中。在美国短短几百年的历史中，来自世界各地移民大潮源源不断涌入美国，在西进运动中美国人不停地向边疆挺进；在工业化和城市化的过程中美国人大批地迁入了城市；当边疆时代结束后，美国人走向了拉美、走向了亚洲，走向了全球。在美国人不停地迁移中，美国人摆脱了思想上的和物质上的困难，国力日隆，成为了当今世界的唯一超级大国。此外，美国社会有着极强的流动性。人人都有机会在社会阶梯上不停地向上爬进，进入更高的社会阶层，获取更高的社会地位。林肯和阿尔杰笔下的主人公等白手起家的形象激励着美国人不停地进取。当然，在有的人一夜暴富的同时，也有的人瞬间一文不名，坠入社会阶梯的底层。美国社会总是处于不断的流动中。

子曰："智者乐水，仁者乐山。智者动，仁者静。智者乐，仁者寿。"冯友兰先生和钱穆先生都认为，中国文化和西方文化的本质差别在于，一个是大陆农业文化，一个是海洋商业文化；一个是仁者，一个是知者；一个为静文化，一个为动文化。钱穆先生还指出，西方文化是由精华积聚的一个小中心点慢慢向外扩散，所以西方文化具有侵略性。作为西方文化的重要组成部分，美国文化必定具有上述西方文化的特点，即它是四海为家的，不停扩张的。扩张成为了美国主流文化的一个明显特征，而且深受这种文化熏陶的美国人从不讳言自己是一个扩张的民族。除了受西方大的文化的影响，美国文化中的扩张意识主要起源于"天赋使命观"。这种使命观是盎格鲁——萨克逊白人清教徒的宿命论在美国文化中的反映。他们认为他们的行为是实现上帝赋予的一种使命，因此他们应该用"文明"征服"野蛮"，用自己的宗教热情把"邪恶"的世界变成人间的天堂。北美的印第安人首当其冲成为这种"白色文明"的牺牲品。此外，美国文化中的扩张意识还受到英国思想家约翰·洛克"自然权利"学说的影响。洛克断言，国内的繁荣和社会的安定需要积极的帝国扩张。因此，我们不难看出决定美国文化中扩张意识的既有宗教的原因也有经济的原因。根据丹尼尔·贝尔在《资本主义文化矛盾》中的论述，我们可以认为上述两种原因看作美国文化中扩张意识的"宗教冲动力"和"经济冲动力"。在美国资本主义扩张的早期，这两股力量纠缠难分，相互制约。但是，随着科技和经济的迅猛发展，"宗教冲动力"已被耗尽了能量，只剩下了"经济冲动力"，即资本主义精神的贪婪攫取性。因此，美国的扩张必定是畸形冒进的，必定会带来冲突和战争，必定是灾难性的。在影片中我们看到当阿甘跑过了漫漫长路后，他停了下来返回了故乡，去寻找他的精神家园。然而在现实中，我们却看到美国一直走在不断扩张，寻求世界霸权的道路上。我们看到了海湾战争、科索沃战争、阿富汗战争和伊拉克战争，我们对此表示了深切的关注和忧虑。

——节选自《电影评介》，2008（17）

⊙ 思考练习

一、找出文中带有讽刺的情节，谈谈其讽刺的艺术效果。

二、分析阿甘的人物性格特征。

三、写一篇《阿甘正传》（节选部分）的赏析文章，题目自拟。

四、比较小说版和电影版《阿甘正传》的异同。

第八章

青春无悔

导 读

主题词：青春无悔

青春话题：

（1）你心中有关青春的关键词有哪些？

（2）面对“00后”的诸多标签，你如何看待新一代中国青年的生存现状？

（3）古往今来，中外多少英才，用自己的行动证明了青春这朵奇葩的摇曳多姿。现在的你又该如何做到“恰同学少年，风华正茂”？

知识目标：

（1）了解《牡丹亭》《红楼梦》《约翰·克利斯朵夫》等名篇名著的相关基本常识。

（2）体味杜丽娘、贾宝玉、林黛玉等人物形象的性格特征和社会背景。

（3）领会不同时代的青春成长史。

能力目标：

（1）品味不同文体的语言，提高鉴赏能力。

（2）学习并运用借景抒情、心理描写等多种艺术手法。

（3）通过阅读《曾国藩家书》等文章，不断借鉴，不断反思，不断修正自己，更好更快地成长。

青春，一个多么美好的字眼，而青春的岁月，则又让每个人都心怀向往，年少的渴望长大，年长的幻想时光倒流，究其原因，可能就像许巍的歌里写的那样，“青春的岁月，我们身不由己，只因这胸中燃烧的梦想。青春的岁月，放浪的生涯，就任这时光，奔腾如流水，体会这狂野，体会孤独，体会这快乐，爱恨离别。”

的确，青春的日子，充满了太多的可能性，你也许会有关于童年时代的回忆与留恋，也许有过对至亲家庭的叛逆与反抗，也许有过对于心灵归宿的探寻，还可能有过对于自由、爱情与梦想的追求……然而，作为80后一员，我想告诉你，如果你的青春记忆只有这些，它似乎还略显单薄，你需要的应该更多：

你需要在这个信息网络无处不在的时代，品茗体会那用纸笔表达和传送的拳拳真情；

你需要在这个摇滚、Rap 大行其道的时代，静心品味传统戏曲和校园民谣的独特韵律；你需要在这个“我爱你”和“I love you”不绝于耳的时代，悉心领略那充满了猜疑与试探的小温情、小甜蜜……

或许你说你并不想多么光宗耀祖，但你仍然可以读读那些荫泽子孙的大家给后辈的点拨和谆谆教诲，或许你并不会有过穿越时空的经历，但你仍然可以看看约翰·克里斯朵夫弥留之际对自己一生的回顾与对生命延续的期望，或许你说你身边已有让你奉之为偶像的人物，但你仍然可以听听文学巨匠和世界首富的倾情忠告。

别一味地要求别人了解你，你也应该试着去追忆父辈、祖辈亲历的那个时代，了解他们那个激情燃烧的岁月；别一味地活在自己的世界里，或许你该庆幸自己没有生活在杜丽娘的那个时代，所以你们可以自由地相爱，一起去踏青远足；别一味地待在自己的小圈子里，背上不重的行囊去看看校园外的世界吧，即使不小心摔倒了，也可以轻松地站起来，拍拍尘土，告诉自己没什么，大不了从头再来……

作为“00 后”的你们，思维与行为上的差异注定了你们要接受更多的瞩目与期待，但无论如何，请活得精彩，活得自我，因为青春的流星只此一次划过你生命的天际，而我们所做的一切，则只是希望你们能够在再也攥不住青春尾巴的时候，不但可以勇敢地说出我的青春我做主，更可以自豪地告诉这个世界：我的青春我无悔！

三十六　牡丹亭·游园

（明）汤显祖

汤显祖（1550—1616），明代著名戏曲家、文学家。字义仍，号若士，亦号海若，自署清远道人，祖籍江西临川（今江西抚州）。其自小天资聪颖，刻苦攻读，虽博学多才，却因不肯依附权贵，至34岁始中进士，历任南京太常博士、詹事府主簿、礼部祠祭司主事，后因上《论辅臣科臣疏》触怒神宗，被谪迁广东徐闻县典史，后调任浙江遂昌知县。终因不满朝政腐败，于万历二十六年（1598）弃官回临川闲居，寓所号“玉茗堂”，致力于戏剧和文学创作活动，终其一生。

汤显祖十三岁师从罗汝芳，后深受当时著名思想家李贽的影响，提出了“情至”说，肯定“情”是生活的客观规律，与封建主义“理”的教义相对立。这种先进的哲学观点，同复杂的政治斗争历程和丰富的社会经验融汇在一起，为他的创作活动奠定了雄厚的思想基础和生活基础。在汤显祖多方面的成就中，以戏曲创作为最，所著有《紫箫记》（即《紫钗记》）、《还魂记》（即《牡丹亭》）、《南柯记》《邯郸记》四种，世称“临川四梦”，其中的《牡丹亭》为其代表作，其自称曰“一生四梦，得益处惟在牡丹”。诗文有《玉茗堂文集》《红泉逸草》《问棘邮草》等。

【商调引子】【绕池游】[1]（旦上）梦回莺啭[2]，乱煞年光遍[3]。人立小庭深院。（贴上）炷尽沉烟[4]，抛残绣线[5]，恁今春关情似去年[6]？

〔乌夜啼〕[7]“（旦）晓来望断梅关[8]，宿妆残[9]。（贴）你侧着宜春髻子恰凭栏[10]。（旦）剪不断，理还乱[11]，闷无端[12]。（贴）已吩咐催花莺燕借春看[13]。”（旦）春香，可曾叫人扫除花径？（贴）吩咐了。（旦）取镜台衣服来。（贴取镜台衣服上）“云髻罢梳还对镜，罗衣欲换更添香[14]。”镜台衣服在此。（旦）好天气也！[15]

【步步娇】（旦）袅晴丝吹来闲庭院[16]，摇漾春如线。停半晌[17]、整花钿[18]。没揣菱花[19]，偷人半面[20]，迤逗的彩云偏[21]。（行介）[22]步香闺怎便把全身现！

（贴）今日穿插的好[23]。

【醉扶归】（旦）你道翠生生出落的裙衫儿茜[24]，艳晶晶花簪八宝填[25]，可知我常一生儿爱好是天然[26]。恰三春好处无人见[27]。不提防沉鱼落雁鸟惊喧[28]，则怕的羞花闭月花愁颤。

（贴）早茶时了，请行。（行介）你看："画廊金粉半零星，池馆苍苔一片青。踏草怕泥新绣袜[29]，惜花疼煞小金铃[30]。"（旦）不到园林，怎知春色如许[31]！

【皂罗袍】原来姹紫嫣红开遍[32]，似这般都付与断井颓垣[33]。良辰美景奈何天，赏心乐事谁家院[34]！恁般景致，我老爷和奶奶再不提起。（合）朝飞暮卷，云霞翠轩；雨丝风片，烟波画船[35]——锦屏人忒看的这韶光贱[36]！

（贴）是花都放了[37]，那牡丹还早。

【好姐姐】（旦）遍青山啼红了杜鹃[38]，荼蘼外烟丝醉软[39]。春香呵，牡丹虽好，它春归怎占的先[40]！（贴）成对儿莺燕呵。（合）闲凝眄[41]，生生燕语明如剪[42]，呖呖莺歌溜的圆[43]。

（旦）去罢。（贴）这园子委是观之不足也[44]。（旦）提它怎的？（行介）

【隔尾】观之不足由他缱[45]，便赏遍了十二亭台是枉然。到不如兴尽回家闲过遣。

（作到介）（贴）开我西阁门，展我东阁床[46]。瓶插映山紫[47]，炉添沉水香。小姐，你歇息片时，俺瞧老夫人去也。（下）

——节选自汤显祖：《牡丹亭》，北京，人民文学出版社，1984。

第十出《惊梦》前半部分，据《汤显祖戏曲集》（上海古籍出版社，1978年版）整理。

⊙ 注　释

[1] 商调引子：商调是宫调名，相当于现代音乐中的D调式^{b}E调。引子是南曲中专用的曲调（北曲无引子），凡角色上场，一般先唱引子。[绕池游]：商调引子的曲牌名。

[2] 旦：传统戏曲中的角色，扮演女主角。梦回莺啭（zhuàn）：梦中醒来听到黄莺婉转的叫声。啭：鸟婉转的叫声。

[3] 乱煞年光遍：缭乱的春光到处都是。年光：年华，时光，此指春光。

[4] 贴："贴旦"的简称，扮演剧中次要的女性角色。这里是指扮演丫头春香的演员。炷（zhù）：焚烧。沉烟：薰用的香料，即下文提到的沉水香，也叫沉香。

[5] 抛残绣线：抛弃了绣剩的丝线。

[6] 恁今春关情似去年：为什么对今年春光的依恋胜似去年？恁：凭，为什么。关情：牵动人心的依恋情怀。似：胜似，超过。

[7] ［乌夜啼］：词牌名。明清传奇有时说白中也采用诗词的形式，交替吟诵。

[8] 望断：望尽。梅关：江西的大庾岭，宋代在这里设有梅关。

[9] 宿妆残：隔夜的妆粉还残留在脸上。这里指杜丽娘早晨懒于梳洗。

[10] 侧着宜春髻子恰凭栏：侧着头正好凭栏远望。宜春髻子：相传立春那天，妇女剪彩绸作燕子状，戴在髻上，上贴“宜春”二字，见《荆楚岁时记》。

[11] 剪不断，理还乱：借用南唐后主李煜词《相见欢》中的两句，形容空虚、寂寞、无聊的苦闷心情。

[12] 无端：没有起点，没有终点。

[13] 已吩咐催花莺燕借春看：已经吩咐催促花开的莺燕将春色借来观赏。借春：本指花卉先春而开，有迎春之义，此处有借取春光之义。

[14]“云髻”两句：见唐代薛逢《宫词》诗。

[15]“好天气也”：该句未出现在人民文学出版社的版本中，但上海古籍出版社《汤显祖戏曲集》和戏曲《牡丹亭》中皆有出现，据补。

[16] 袅晴丝：晴空中的游丝在随风飘曳。袅：摇曳飘忽。晴丝：游丝、飞丝，也即后文所说的“烟丝”，虫类所吐的丝缕，常在空中飘游。在春天晴朗的日子最易看见。

[17] 半晌（shǎng）：片刻。

[18] 花钿（diàn）：古代妇女两鬓边的装饰物。

[19] 没揣：不意，没有想到。菱花：镜子。古时铜镜，有的背面铸有菱花花纹，叫做菱花镜。

[20] 偷人半面：偷偷地照着了自己的面孔的一半。一说形容时间短暂。

[21] 迤（yǐ）逗（dòu）：挑逗，引诱。彩云：妇女发髻的美称。

[22] 行介：表演行走的动作。介：剧本中指示角色表演动作时的用语。

[23] 穿插：穿戴。穿：穿衣。插：装饰。

[24] 翠生生：形容光洁鲜艳。出落的：衬托得。茜（qiàn）：鲜明，鲜艳。

[25] 艳晶晶：光彩夺目的样子。花簪八宝填：镶嵌着各种宝石的簪子。

[26] 爱好（hǎo）是天然：爱美是人的天性。天然：指天性使然。

[27] 三春好处：美丽的春光。比喻自己的青春美貌和情思。三春：古人将农历正月、二月、三月分别称为孟春、仲春、季春，合称三春。

[28] 不提防：没料到。沉鱼落雁：与下文的“闭月羞花”一样，都是形容女子惊人之美。典出《庄子·齐物论》：“毛嫱、丽姬，人之所美也，鱼见之深入，鸟见之高飞。”后人化用其意。

[29] 泥：玷污。这里作动词用。

[30] 惜花疼煞小金铃：形容极端珍惜花草。典出《开元天宝遗事》：“天宝初，宁王……于后园中纫红丝为绳，密缀金铃，系于花梢之上。每有鸟雀翔集，则令园吏掣铃索以惊之。盖惜花之故也。”疼：为惜花常常掣铃，连小金铃都被拉得疼煞了。

[31] 如许：如此。

[32] 姹（chà）紫嫣（yān）红：形容鲜花盛开，娇艳美丽。姹、嫣，原指女性娇艳美丽。

[33] 断井颓垣（yuán）：断了的井栏，倒塌的短墙。形容庭院破败。断井：断了的井栏。一说由苏轼“辘轳绳断井深碧”及“月中断绳索，时人唤作蛇”等句化来，指因井绳断损而致水井废弃。

[34]“良辰”二句：语出谢灵运《拟魏太子邺中集诗序》：“天下良辰美景，赏心乐事，四者难并。”意为：大好春光，绚丽景色，无人欣赏，有负苍天；赏心悦目，快意当前，又降于谁家呢？奈何天：令人无可奈何的时光。表示百无聊赖的思绪，又或极言无法排遣的愁绪。

[35]“朝飞”四句：描绘了春天的宜人景色，同时也写出了杜丽娘对广阔春景的向往。朝飞暮卷：借用唐代王勃《滕王阁诗》“画栋朝飞南浦云，朱帘暮卷西山雨”诗意，形容楼台亭阁的壮丽。翠轩：华丽的楼台亭阁。雨丝风片：微风细雨。烟波画船：在烟雾弥漫的水面上游着装饰如画的游船。

[36] 锦屏人：幽居深闺的女子。忒：太。韶光：春光。

[37] 是：凡是，所有的。

[38] 啼红了杜鹃：开遍了红色的杜鹃花，此由杜鹃泣血引喻而出。

[39] 荼蘼（mí）：亦作酴醾、荼縻。花名，蔷薇科落叶灌木，晚春开花。其凋谢后即表示花季结束。“开到荼蘼花事了”出自宋代王琪的《春暮游小园》。醉软：娇柔无力之貌。

[40]“牡丹”二句:《诚斋乐府·牡丹品》三折《喜迁莺》:“花索让牡丹先。”牡丹花更好，但它开于春末，怎能占位于春花之先呢？这里借花喻己，有叹息青春蹉跎之意。

[41] 凝眄（miǎn）：注视。眄：斜视。

[42] 生生：形容燕子清脆的叫声。明如剪：如剪刀剪物般明快动人。

[43] 呖呖：形容莺的叫声清脆。溜的圆：叫声软润婉转。

[44] 委是：实在是。观之不足：看不厌。

[45] 缱（qiǎn）：缠绵，留恋。

[46]“开我”二句：改用《木兰辞》：“开我东阁门，坐我西阁床”二句。

[47] 映山紫：又名映山红，杜鹃花的一种。

⊙ 阅读提示

《牡丹亭》是我国古代的一部浪漫主义戏剧杰作，写南安太守杜宝之女杜丽娘，为追求爱情因梦而死，死而复生，终于同书生柳梦梅结为夫妻的故事。本文所选的这段《游园》共六支曲子，形象地描述了杜丽娘在侍女春香的引逗下，违背父母、塾师的训诫，走出深闺，来到家中的后花园，看到一个美丽的新天地。她惊叹于大好春光，痛惜自己的青春埋没在闺阁之中，向往美好的爱情，表现了她的自我觉醒意识。剧中通过少女思春这平常之事，表达了对封建禁锢、虚伪礼教的否定。

刻画杜丽娘的内心世界，准确把握人物的心理脉搏，是《游园》在艺术方面最值得称道的地方。而展现层次的丰富性和表现手段的多样化是其两大主要特点。杜丽娘游园前的心理活动，处处表现出贵族少女矜持和娇羞的特点，作者着重刻画其春情难遣的寂寞和对环境的隐隐不满。来到园中之后，则着重刻画满园春色在女主人公内心激起的巨大波澜，惊诧、感慨、悲叹、幽怨构成了丰富的心理内涵。这里有对自然和青春的热爱，有对春色惊叹和对命运的感伤，也有对礼教的不满和无可奈何的苦闷。作品成功地写出了人物从不断的感情沉积中走向冲破临界状态的心灵历程，其间有踌躇徘徊，有回旋起伏。她前进的脚印承受着人物所特有的艰涩和沉重的负担。正是在这一点上作品获得了极大的成功。

当然这种成功的获得，还有赖于构思的严谨和描写的传神。作者的笔，透过人物欲藏又露的神态动作，主客交融的景物观照，回肠九曲的心灵告白等表现手法，巧妙迭出，无境不新，达到了炉火纯青的地步，更将读者观众引向了人物的内心深处。

⊙ 相关链接

梦幻之美

于 丹

昆曲中，究竟有什么样的梦幻能够让我们蓦然心惊？在梦幻里面，我们究竟能触摸到什么？它在我们今天的生活中还有意味吗？谈昆曲，我们就从它的“梦”说起。

大家可能都听说过《牡丹亭》，因为在最近这几年中，青春版、厅堂版的《牡丹亭》演出了很多次；大家可能也知道杜丽娘，这样一个美丽的太守之女，她的生死缘起都因为一个梦。其实，她做梦的地方并不远，就在她家的后花园。杜丽娘长到十六岁，竟然从来没有去过自己家的后花园，因为父母对她管教甚严，除了让她勤习女工，又请来一个腐儒陈最良教她读书。

但是，就在这一年的春天，杜丽娘读着“关关雎鸠”，“没乱里春情难遣，蓦地里怀人幽怨”，她的青春突然间觉醒了。这样的一怀愁绪去哪里打发呢？小丫鬟春香告诉她：咱们自己家就有一个大园子，去看看吧。这一去，杜丽娘才猛然惊觉，就在几步之遥的自己家的后花园中，这一片春光，已经对她闭锁了十几年！她不禁叹道：“不到园林，怎知春色如许？”

其实，人人心里都掩映着一片园林，无非被一扇无形的门遮挡着。如果你真的推开这扇门，虽然那可能是一扇吱吱呀呀的门，你好久没来过了，但是你只要打开一道缝，一眼望去，你便会看到许多以前不曾留意的东西，许多真正契合于内心的东西，许多属于梦想的东西。

说到这儿，不由地想起我们今天的生活。大家工作总是很忙，总是有太多太多的事要做。对于很多人来说，做梦成了奢侈的事情。睡觉是为了休息，不是用来做梦的。当你刚要入梦，或者当一个梦刚刚开始的时候，闹钟响了，该上班了！我们都很羡慕的一种幸福，就是能够睡到自然醒。

在网络上，还有一个提法叫作“慢活”。慢活是一种什么样的生活方式？它是指我们每天可以做一些从容舒缓的运动，比如说打打太极拳，练练瑜伽；过一过环保的生活，能够节约能源，能够有大段悠闲的时间与家人、与朋友分享。所有这些健康从容的生活方式就是慢活。但是慢活似乎离我们越来越远了。人不慢下来，怎么能看见自己呢？不从容怎么来得及做梦呢？这就是杜丽娘说的：“不到园林，怎知春色如许？”

在这样一个春天，杜丽娘看到了什么？她说：“袅晴丝吹来闲庭院，摇漾春如线。”觉得难懂吗？其实在上个世纪八十年代，很多人都读过朦胧诗，汤显祖写的不正是朦胧诗么？春天啊是袅袅地吹来，摇漾得像细细的若有若无的线一样。只有这样细细的线缭绕于心，才会勾起那些剪不断、理还乱、丝丝缕缕的心愁。面对如许美丽的春光，杜丽娘想：我是一个什么样的生命呢？于是，她似不经意地瞥了一眼菱花镜，一下照见自己的容颜。仅这一瞥，已然害得她心慌意乱，嗔怪菱花镜“偷人半面”，羞答答地把如云青髻都弄偏了。此时，杜丽娘更加犹豫不决，“步香闺怎便把全身现”，我能走出去吗？我将要看见的究竟是春光还是自己呢？自己一直关闭着的生命在这样一个万物复苏的时节，能遇见什么样的愁绪和心事呢？这时候的杜丽娘并不知道有一个梦幻在等着她，她不知道自己的心会惊断在这个梦里，甚至会把自己的青春、性命全搭进去，而且是那么无怨无悔、心甘情愿！此时的她，即使往外走一步都是那么迟疑！

小春香对她说，小姐，你多么漂亮啊！你看你头上“艳晶晶花簪八宝填”，你看你“翠生生出落的裙衫儿茜”，多么光彩照人啊！杜丽娘说，我“一生儿爱好是天然”啊！追求这种完美、这种纤细、这种美丽到一种至美的境地，这就是我的天性。

主仆二人边走边说，已经走入了园子。接下来的，就是杜丽娘那个著名的唱段，她唱道：“原来姹紫嫣红开遍，似这般都付与断井颓垣。良辰美景奈何天，赏心乐事谁家院！”可能有好多朋友对昆曲的了解就是自这四句开始的，我还记得自己当年就是读中学时第一次在课本中读到了这几句话。

这几句又是什么意思呢？“姹紫嫣红开遍”，在春天里并不稀奇，我们都看得见，但让人心惊的是，“都付与断井颓垣”。中国文学中有一种对比反差的写法，“以乐景写哀，以哀景写乐，一倍增其哀乐”。这样的姹紫嫣红、春光明媚，却无人欣赏，陪伴它的只有断井颓垣。这般情景，不正像这样一个美丽的青春少女被闭锁深闺吗？一个年轻蓬勃的生命在种种礼教的束缚中，在她那种家庭教育的压抑下，她的心里有一种格外的激情和哀怨。于是，杜丽娘眼中的这个春天，在颓败的映衬下显得格外惊心！

也许，今天的人们会问：这些于我们有什么意义呢？事实上，我时常见到自己的学生毕业后，不少都做了精明能干的白领，坐进了写字楼，工作环境都很好，穿着很漂亮的衣裙，画着很时尚的妆容，可是也不得不每天披星戴月，为这份工作全然忘我地奔波忙碌。这不是一片姹紫嫣红付与另一种意义上的断井颓垣吗？我们还有时间在心里寻梦吗？所以杜丽娘要哀叹“良辰美景奈何天”——就算是良辰美景，又与我何干？就算是赏心乐事，它能被我的生命所拥有吗？

今天，是一个更为繁盛的物质世界。在今天的世界中，我们不缺乏各式各样的物质，各式各样的享乐，但是我们自己的生命能够真正拥有的那种从容的、笃定的、淡然的内心感受又有多少呢？

杜丽娘说，看看眼前的风景吧，“朝飞暮卷，云霞翠轩，雨丝风片，烟波画船，锦屏人忒看的这韶光贱”！时光一天一天流过，清晨，朝霞喷薄而出，黄昏，晚霞在一片暮霭中淡去，一切都在云蒸霞蔚之中，雨是丝丝缕缕地来，烟是一片一片地吹……所有的这一切就是“韶光”。但是韶光在这样一个被锦绣屏风遮着的佳人眼中似乎又很平常，因为它跟自己的生命没有关系。“遍青山啼红了杜鹃，荼蘼外烟丝醉软”，春光无限，然而在她看来，春天总要抛人远的，牡丹花虽然繁盛，终归也要凋零，自己的生命又有多少能握在手里呢？于是，杜丽娘说，罢了，就算“赏遍了十二亭台是枉然”，这样的一个春天“观之不足由他缱”，我不看了，回去罢。在心意寥落间，杜丽娘回房去了。人虽回到房中，心里的牵挂却转而更深，那样的一种缭乱愁绪让她渐渐入梦，这就是《牡丹亭》里最著名的《惊梦》。

梦幻中，我们究竟能够触摸到什么呢？往往是那些自己在有意识的时候不敢承认也想不明白的隐秘的欢喜和忧伤，是自己心中那个真挚的愿望。这些愿望在现实中是被抑制的，我们腾不出心来思想，即便想了之后也只能淡淡地苦笑，因为它往往很难实现。

——摘自于丹：《于丹·游园惊梦：昆曲艺术审美之旅》北京，中华书局，2007

⊙ 思考练习

一、《皂罗袍》一曲文词优美，婉转典雅，意味深长，情景交融，是历来为人们所称道的伤春佳作，你认为其美在何处？

二、分析杜丽娘的性格特征，并说明作者是怎样刻画杜丽娘内心世界的。

三、解释下列句子中加点的字词：

1. 恁今春关情似去年。

2. 没揣菱花，偷人半面。

3. 踏草怕泥新绣袜，惜花疼煞小金铃。

4. 是花都放了，那牡丹还早。

5. 这园子，委是观之不足也。

四、观看昆曲《青春版牡丹亭》和越剧《牡丹亭》，比较两种戏曲的异同，你更喜欢哪一种呢？

三十七　红楼梦·二次摔玉

（清）曹雪芹

曹雪芹（约1715—约1763），清代小说家，名霑，字梦阮，号雪芹，又号芹圃、芹溪。先世原为汉人，后为满洲正白旗“包衣”。自其曾祖曹玺起，直至雍正五年，曹頫因皇室争权夺利的株连被革职抄家，祖孙三代任江宁织造达六十余年。曹雪芹出生在南京，少年时代过着“锦衣纨绔”“饫甘餍肥”的富贵生活；后曹家被抄，举家迁回北京，家道急剧衰落，生活日趋艰难，贫病而逝。

幼年受过良好教育的曹雪芹才华出众，工诗善画，但为他矗立了历史丰碑的却是其于晚年困顿境遇之下，以“字字看来皆是血，十年辛苦不寻常”的精神创作的鸿篇巨著《红楼梦》。该书原题名《石头记》，初以八十回抄本流传，后经程伟元、高鹗修订，活版印行一百二十回本。《红楼梦》以贾、史、王、薛四大家族为背景，以宝黛爱情悲剧为主线，塑造了数以百计的栩栩如生的典型人物形象，描写了一个贵族官僚大家庭的盛衰历史，对黑暗腐朽的封建社会进行了深刻的揭露和批判，其内容之丰富，思想之深刻，艺术之精湛，可谓将中国古典小说创作推向最高峰。

且说宝玉因见林黛玉又病了，心里放不下，饭也懒去吃，不时来问。林黛玉又怕他有个好歹，因说道：“你只管看你的戏去，在家里作什么？”宝玉因昨日张道士提亲，心中大不受用，今听见林黛玉如此说，心里因想道：“别人不知道我的心还可恕，连他也奚落起我来。”因此心中更比往日的烦恼加了百倍。若是别人跟前，断不能动这肝火，只是林黛玉说了这话，倒比往日别人说这话不同，由不得立刻沉下脸来，说道：“我白认得了你。罢了，罢了！”林黛玉听说，便冷笑了两声，“我也知道白认得了我，那里像人家有什么配的上呢。”宝玉听了，便向前来直问到脸上：“你这么说，是安心咒我天诛地灭？”林黛玉一时解不过这个话来。宝玉又道：“昨儿还为这个赌了几回咒，今儿你到底又准我一句。我便天诛地灭，你又有什么益处？”林黛玉一闻此言，方想起上日的话来。今日原是自己说错了，又是着急，又是羞愧，便颤颤兢兢地说道：“我要安心咒你，我也天诛地灭。何苦来！我知道，昨日张道士说亲，你怕阻了你的好姻缘，你心里生气，来拿我煞性子[1]。”

原来那宝玉自幼生成有一种下流痴病，况从幼时和黛玉耳鬓厮磨[2]，心情相对；及如今稍明时事，又看了那些邪书僻传，凡远亲近友之家所见的那些闺英闱秀，皆未有稍及林黛玉者，所以早存了一段心事，只不好说出来，故每每或喜或怒，变尽法子暗中试探。那林黛玉偏生也是个有些痴病的，也每用假情试探。因你也将真心真意瞒了起来，只用假意，我也将真心真意瞒了起来，只用假意，如此两假相逢，终有一真。其间琐琐碎碎，难保不有口角之争。即如此刻，宝玉的心内想的是："别人不知我的心，还有可恕，难道你就不想我的心里眼里只有你！你不能为我烦恼，反来以这话奚落堵我。可见我心里一时一刻白有你，你竟心里没我。"心里这意思，只是口里说不出来。那林黛玉心里想着："你心里自然有我，虽有'金玉相对'之说，你岂是重这邪说不重我的。我便时常提这'金玉'，你只管了然自若无闻的，方见得是待我重，而毫无此心了。如何我只一提'金玉'的事，你就着急，可知你心里时时有'金玉'，见我一提，你又怕我多心，故意着急，安心哄我。"

看来两个人原本是一个心，但都多生了枝叶，反弄成两个心了。那宝玉心中又想着："我不管怎么样都好，只要你随意，我便立刻因你死了也情愿。你知也罢，不知也罢，只由我的心，可见你方和我近，不和我远。"那林黛玉心里又想着："你只管你，你好我自好，你何必为我而自失。殊不知你失我自失。可见是你不叫我近你，有意叫我远你了。"如此看来，却都是求近之心，反弄成疏远之意。如此之话，皆他二人素昔所存私心，也难备述。

如今只述他们外面的形容。那宝玉又听见他说"好姻缘"三个字，越发逆了己意，心里干噎，口里说不出话来，便赌气向颈上抓下通灵宝玉，咬牙恨命往地下一摔，道："什么捞什骨子，我砸了你完事！"偏生那玉坚硬非常，摔了一下，竟文风没动。宝玉见没摔碎，便回身找东西来砸。林黛玉见他如此，早已哭起来，说道："何苦来，你摔砸那哑吧物件。有砸他的，不如来砸我。"二人闹着，紫鹃雪雁等忙来解劝[3]。后来见宝玉下死力砸玉，忙上来夺，又夺不下来，见比往日闹的大了，少不得去叫袭人[4]。袭人忙赶了来，才夺了下来。宝玉冷笑道："我砸我的东西，与你们什么相干！"

袭人见他脸都气黄了，眼眉都变了，从来没气的这样，便拉着他的手，笑道："你同妹妹拌嘴，不犯着砸它，倘或砸坏了，叫他心里脸上怎么过的去？"林黛玉一行哭着，一行听了这话说到自己心坎儿上来，可见宝玉连袭人不如，越发伤心大哭起来。心里一烦恼，方才吃的香薷饮解暑汤便承受不住[5]，"哇"的一声都吐了出来。紫鹃忙上来用手帕子接住，登时一口一口的把一块手帕子吐湿。雪雁忙上来捶。紫鹃道："虽然生气，姑娘到底也该保重着些。才吃了药好些，这会子因和宝二爷拌嘴，又吐出来。倘或犯了病，宝二爷怎么过的去呢？”宝玉听了这话说到自己心坎儿上来，可见黛玉不如一紫鹃。又见林黛玉脸红头胀，一行啼哭，一行气凑，一行是泪，一行是汗，不胜怯弱。宝玉见了这般，又自己后悔方才不该同他较证[6]，这会子他这样光景，我又替不了他。心里想着，也由不的滴下泪来了。袭人见他两个哭，由不得守着宝玉也心酸起来，又摸着宝玉的手冰凉，待要劝宝玉不哭罢，一则又恐宝玉有什么委曲闷在心里，二则又恐薄了林黛玉。不如大家一哭，就丢开手了，因此也流下泪来。紫鹃一面收拾了吐的药，一面拿扇子替林黛玉轻轻的扇着，见三个人都鸦雀无声，各人哭各人的，也由不得伤心起来，也拿手帕子擦泪。四个人都无言对泣。

一时，袭人勉强笑向宝玉道："你不看别的，你看看这玉上穿的穗子，也不该同林姑娘拌嘴。"林黛玉听了，也不顾病，赶来夺过去，顺手抓起一把剪子来要剪。袭人紫鹃刚要夺，已经剪了几段。林黛玉哭道："我也是白效力。他也不希罕，自有别人替他再穿好的去。"袭人忙接了玉道："何苦来，这是我才多嘴的不是了。"宝玉向林黛玉道："你只管剪，我横竖不带它，也没什么。"

只顾里头闹，谁知那些老婆子们见林黛玉大哭大吐，宝玉又砸玉，不知道要闹到什么田地，倘或连累了他们，便一齐往前头回贾母王夫人知道，好不干连了他们。那贾母王夫人见他们忙忙的作一件正经事来告诉，也都不知有了什么大祸，便一齐进园来瞧他兄妹。急的袭人抱怨紫鹃为什么惊动了老太太、太太，紫鹃又只当是袭人去告诉的，也抱怨袭人。那贾母、王夫人进来，见宝玉也无言，林黛玉也无话，问起来又没为什么事，便将这祸移到袭人紫鹃两个人身上，说"为什么你们不小心伏侍，这会子闹起来都不管了！"因此将他二人连骂带说教训了一顿。二人都没话，只得听着。还是贾母带出宝玉去了，方才平服。

过了一日，至初三日，乃是薛蟠生日，家里摆酒唱戏，来请贾府诸人。宝玉因得罪了林黛玉，二人总未见面，心中正自后悔，无精打采的，那里还有心肠去看戏，因而推病不去。林黛玉不过前日中了些暑溽之气[7]，本无甚大病，听见他不去，心里想："他是好吃酒看戏的，今日反不去，自然是因为昨儿气着了。再不然，他见我不去，他也没心肠去。只是昨儿千不该万不该剪了那玉上的穗子。管定他再不带了，还得我穿了他才带。"因而心中十分后悔。

那贾母见他两个都生了气，只说趁今儿那边看戏，他两个见了也就完了，不想又都不去。老人家急的抱怨说："我这老冤家是那世里的孽障，偏生遇见了这么两个不省事的小冤家，没有一天不叫我操心。真是俗语说的，‘不是冤家不聚头’。几时我闭了这眼，断了这口气，凭着这两个冤家闹上天去，我眼不见心不烦，也就罢了。偏又不咽这口气[8]。”自己抱怨着也哭了。这话传入宝林二人耳内。原来他二人竟是从未听见过“不是冤家不聚头”的这句俗语，如今忽然得了这句话，好似参禅的一般[9]，都低头细嚼此话的滋味，都不觉潸然泣下。虽不曾会面，然一个在潇湘馆临风洒泪，一个在怡红院对月长吁，却不是人居两地，情发一心！

袭人因劝宝玉道：“千万不是，都是你的不是，往日家里小厮们和他们的姊妹拌嘴，或是两口子分争，你听见了，你还骂小厮们蠢，不能体贴女孩儿们的心。今儿你也这么着了。明儿初五，大节下，你们两个再这么仇人似的，老太太越发要生气，一定弄的大家不安生。依我劝，你正经下个气，陪个不是，大家还是照常一样，这么也好，那么也好。”

话说林黛玉与宝玉角口[10]后，也自后悔，但又无去就他之理，因此日夜闷闷，如有所失。紫鹃度其意，乃劝道：“若论前日之事，竟是姑娘太浮躁了些。别人不知宝玉那脾气，难道咱们也不知道的。为那玉也不是闹了一遭两遭了。”黛玉啐道：“你倒来替人派我的不是。我怎么浮躁了？”紫鹃笑道：“好好的，为什么又剪了那穗子？岂不是宝玉只有三分不是，姑娘倒有七分不是。我看他素日在姑娘身上就好，皆因姑娘小性儿，常要歪派他[11]，才这么样。”

林黛玉正欲答话，只听院外叫门。紫鹃听了一听，笑道：“这是宝玉的声音，想必是来赔不是来了。”林黛玉听了道：“不许开门！”紫鹃道：“姑娘又不是了。这么热天毒日头地下，晒坏了他如何使得呢！”口里说着，便出去开门，果然是宝玉。一面让他进来，一面笑道：“我只当是宝二爷再不上我们这门了，谁知这会子又来了。”宝玉笑道：“你们把极小的事倒说大了。好好的为什么不来？我便死了，魂也要一日来一百遭。妹妹可大好了？”紫鹃道：“身上病好了，只是心里气不大好。”宝玉笑道：“我晓得有什么气。”一面说着，一面进来，只见林黛玉又在床上哭。

那林黛玉本不曾哭，听见宝玉来，由不得伤了心，止不住滚下泪来。宝玉笑着走近床来，道：“妹妹身上可大好了？”林黛玉只顾拭泪，并不答应。宝玉因便挨在床沿上坐了，一面笑道：“我知道妹妹不恼我。但只是我不来，叫旁人看着，倒像是咱们又拌了嘴的似的。若等他们来劝咱们，那时节岂不咱们倒觉生分了？不如这会子，你要打要骂，凭着你怎么样，千万别不理我。”说着，又把“好妹妹”叫了几万声。林黛玉心里原是再不理宝玉的，这会子见宝玉说别叫人知道他们拌了嘴就生分了似的这一句话，又可见得比人原亲近，因又撑不住哭道：“你也不用哄我。从今以后，我也不敢亲近二爷，二爷也全当我去了。”宝玉听了笑道：“你往那去呢？”林黛玉道：“我回家去。”宝玉笑道：“我跟了你去。”林黛玉道：“我死了。”宝玉道：“你死了，我做和尚！”林黛玉一闻此言，登时将脸放下来，问道：“想是你要死了，胡说的是什么！你家倒有几个亲姐姐亲妹妹呢，明儿都死了，你几个身子去作和尚？明儿我倒把这话告诉别人去评评。”

宝玉自知这话说的造次了[12]，后悔不来，登时脸上红胀起来，低着头不敢则一声。幸而屋里没人。林黛玉直瞪瞪的瞅了他半天，气的一声儿也说不出来。见宝玉憋的脸上紫胀，便咬着牙用指头狠命的在他额颅上戳了一下，哼了一声，咬牙说道：“你这——”刚说了两个字，便又叹了一口气，仍拿起手帕子来擦眼泪。宝玉心里原有无限的心事，又兼说错了话，正自后悔，又见黛玉戳他一下，要说又说不出来，自叹自泣，因此自己也有所感，不觉滚下泪来。要用帕子揩拭，不想又忘了带来，便用衫袖去擦。林黛玉虽然哭着，却一眼看见了，见他穿着簇新藕合纱衫[13]，竟去拭泪，便一面自己拭着泪，一面回身将枕边搭的一方绡帕子拿起来[14]，向宝玉怀里一摔，一语不发，仍掩面自泣。宝玉见他摔了帕子来，忙接住拭了泪，又挨近前些，伸手拉了林黛玉一只手，笑道：“我的五脏都碎了，你还只是哭。走罢，我同你往老太太跟前去。”林黛玉将手一摔道：“谁同你拉拉扯扯的。一天大似一天的，还这么涎皮赖脸的[15]，连个道理也不知道。”

一句没说完，只听喊道：“好了！”宝林二人不防，都唬了一跳，回头看时，只见凤姐儿跳了进来，笑道：“老太太在那里抱怨天抱怨地，只叫我来瞧瞧你们好了没有。我说不用瞧，过不了三天，他们自己就好了。老太太骂我，说我懒。我来了，果然应了我的话了。也没见你们两个人有些什么可拌的，三日好了，两日恼了，越大越成了孩子了！有这会子拉着手哭的，昨儿为什么又成了乌眼鸡呢[16]！还不跟我走，到老太太跟前，叫老人家也放些心。”说着拉了林黛玉就走。林黛玉回头叫丫头们，一个也没有。凤姐道：“又叫他们作什么，有我伏侍你呢。”一面说，一面拉了就走。宝玉在后面跟着出了园门。到了贾母跟前，凤姐笑道：“我说他们不用人费心，自己就会好的。老祖宗不信，一定叫我去说合。我及至到那里要说合，谁知两个人倒在一处对赔不是了。对笑对诉，倒像‘黄鹰抓住了鹞子的脚’[17]，两个都扣了环了，那里还要人去说合。”说的满屋里都笑起来。

——节选自《红楼梦》第二十九回“享福人福深还祷福，痴情女情重愈斟情”
和第三十回“宝钗借扇机带双敲，龄官画蔷痴及局外”，
北京，人民文学出版社，1982。题目为编者自加。

⊙ 注 释

[1] 煞性子：发泄愤怒；出气。

[2] 耳鬓厮磨：两人的耳与鬓发互相摩擦。形容相处亲密。

[3] 紫鹃：原名鹦哥，本为贾母房里的丫头。贾母恐黛玉之二婢不中使，遂将鹦哥给了黛玉，改名为紫鹃。黛玉死后，她被派给宝玉做丫头，后随惜春出家并终身服侍。雪雁：林黛玉从苏州家里带来的丫头。有评论家认为紫鹃与雪雁二人的名字为其主仆之间的生命同构关系埋下了伏笔，如解盦（ān）居士所云："婢为紫鹃、雪雁者，以喻黛玉一生苦境也。盖鹃本啼红，而乃至于紫，苦已极矣，而又似飞鸿踏雪，偶留爪印，不能自主夫西东也。"

[4] 袭人：原名花珍珠（一作蕊珠），是金陵十二钗"又副册"中的女子，自小卖与贾府做丫环。其始侍贾母，后侍史湘云，又因贾母恐宝玉之婢不中使，将她给了宝玉。因姓花，故宝玉取陆游《村居书喜》诗句"花气袭人知骤暖，鹊声穿竹喜新晴"之意为其取此名。

[5] 香薷（rú）饮：是由香薷、厚朴、扁豆制成的一种药剂，治疗伤暑感冒、饮食失调所致的发热恶寒、头痛烦躁以及腹中不和等症。香薷：植物名，叶茎可入药。

[6] 较证：辩驳是非。

[7] 暑溽：谓夏季暑热，闷热，亦作"溽暑"。

[8] 嚥（yàn）：同"咽"。

[9] 参禅：佛教徒静坐冥想领会佛理叫参禅，乃佛教禅宗修持的主要方法。

[10] 角口：斗口；争吵。

[11] 歪派：无理指责，故意找茬编派别人的意思。

[12] 造次：轻率，随便。

[13] 藕合纱衫：深紫绿色的纱衫。清代李斗所著的笔记集《扬州画舫录》卷一："深黄赤色曰驼茸，深青紫色曰古铜，紫黑色曰火薰，白绿色曰余白，浅红白色曰出炉银，浅黄白色曰密合，深紫绿色曰藕合，红多黑少曰红综，黑多红少曰黑综，二者皆紫类。"

[14] 绡（xiāo）帕子：生丝制成的帕子。

[15] 涎皮赖脸：厚着脸皮纠缠，惹人厌烦。一般用作谓语或定语，含贬义。

[16] 乌眼鸡：乌眼鸡好斗，形容人吵架，怒目而视。亦喻互相仇视的人。

[17] 黄鹰抓住了鹞（yào）子的脚：鹰和鹞子的脚互相抓住，正好像铁环一样互相紧扣在一起。这里用以比喻两人十分亲密而不肯分离。

⊙ 阅读提示

一幢红楼，留住了中国人千年来的宿命；十二金钗，背载了中国人因循的悲哀！即使专情如黛玉，痴心如宝玉，在这座巍峨建筑的禁锢下，也不过落得鸳鸯蝴蝶梦一场！然而王蒙却说，宝黛的爱情悲剧“不仅在于结局，在于有情人终不成眷属，他们的悲剧还在于这比生命还强烈的爱情成为了的的确确的灾难。这爱情本身，这爱情的过程既不是一个饱满充沛淋漓酣畅的大交流大欢喜，也不是一个卿卿我我厮厮守守的小甜蜜小温情，却充满着猜疑、挑剔、责备、愁苦、嫉妒、怨嗟和恐惧，堪称两个青年男女互施的精神酷刑。”

本文所选取的“宝玉二次摔玉”一段，便将此种“精神酷刑”展露无遗。贾宝玉和林黛玉，这两个鄙视世俗功名、追求个性与爱情自由的年轻人，在一起长大的过程中成为心灵相通的知己，并逐渐萌生爱情。但在当时社会的礼教束缚下，感情不能直接表露，导致彼此之间的猜疑、试探，以致言语相激、误会顿生，于是宝玉摔玉砸玉，黛玉剪掉玉穗，彼此互不相让，结果一个在潇湘馆临风洒泪，一个在怡红院对月长叹。然而表面上的口角之争，实则透露了宝、黛二人内心的深情。果不其然，事后不久，二人便暗自后悔，很快便又主动和好，相信其感情也会随之更进一层吧。

除了跌宕起伏的情节之外，更值得我们体悟的是曹雪芹在揭示人物复杂心理时所运用的个性化语言和丰富的情态、动作描写。宝玉和黛玉心里有意却口里不说，使得“求近之心，反弄成疏远之意”，二人在冲突中不肯妥协，见对方气恼后却又后悔不已，这些描写使得人物形象栩栩如生，逼真传神，充分体现出《红楼梦》人物塑造的高超艺术表现力。

⊙ 相关链接

读《红楼梦》管窥

杨　绛

……大观园只容许一群小儿女亲密地一起生活，并不容许他们恋爱。即使戴金锁的是林黛玉,她和宝玉也只可以在结婚之后,享“闺房之乐”。恋爱在当时说来是“私情”,是“心病,甚至是下流痴病”。“别的事”尽管没有,“心病也是断断有不得的”。女孩子大了,懂得人事,如果“心里有别的想头,成了什么人了呢”!在这种气氛里,宝玉和黛玉断断不能恋爱。作者要“谈情”,而又不像过去的小说或戏剧里用私情幽会的方式来反抗礼教的压力,他就得别出心裁,另觅途径。……

假如宝玉和黛玉能像传奇里的才子佳人那样幽期密约、私订终身,假如他们能像西洋小说或电影里的男女主角,问答一声:“你爱我不?”“我爱你”;那么,“大旨谈情”的《红楼梦》,就把“情”干干脆脆地一下子谈完了。但是宝玉和黛玉的恋爱始终只好是暗流,非但不敢明说,对自己都不敢承认。宝玉只在失神落魄的时候才大胆向黛玉说出“心病”。黛玉也只在迷失本性的时候才把心里的问题直截痛快地问出来。他们的情感平时都埋在心里,只在微琐的小事上流露,彼此只好暗暗领会,心上总觉得悬悬不定;宝玉唯恐黛玉不知他的心,要表白而不能。黛玉还愁宝玉的心未必尽属于她,却又不能问。她既然心中意中只缠绵着一个宝玉,不免时时要问,处处要问;宝玉心中意中也只有一个她吗?没别的姊妹吗?跟她的交情究竟与众不同吗?还是差不多?也许他跟别人更要好些?人家有“金”来配他的“玉”,宝玉对“金玉”之说果真不理会吗?还是哄她呢?这许多问题黛玉既不能用嘴来问,只好用她的心随时随地去摸索。我们只看见她心眼儿细、疑心重,好像她生性就是如此,其实委屈了黛玉,那不过是她“心病”的表现罢了。

试看她和宝玉历次的吵架或是偶然奚落嘲笑,无非为了以上那些计较。例如第八回,黛玉奚落宝玉听从宝钗的话,比圣旨还快;第十九回,她取笑宝玉是否有“暖香”来配人家的“冷香”;第二十回,史湘云来了,黛玉讥笑宝玉若不是被宝钗绊住,早就飞来;第二十二回,黛玉听见宝玉背后向湘云说她多心,因而气恼,和宝玉吵嘴;第二十六回,黛玉因晴雯不开门而生误会;第二十八回,黛玉说宝玉见了姐姐就把妹妹忘了;第二十九回,二人自清虚观回来砸玉大吵。这类的例子还多,看来都只是不足道的细事,可是黛玉却在从中摸索宝玉的心,同时也情不自禁地流露了自己的“心病”。

——摘自杨绛:《艺术是克服困难——读〈红楼梦〉管窥》

⊙ 思考练习

一、阅读《红楼梦》中宝玉第一次摔玉的情节，试比较宝玉两次摔玉的异同。

二、通过本文的阅读，分析宝玉和黛玉的性格特征。

三、试举例说明本文是如何成功刻画人物形象，揭示人物心理的。

三十八　曾国藩家书·勉励自立课程

（清）曾国藩

曾国藩（1811—1872），初名子城，字伯涵，号居武，又改涤生，谱名传豫，谥文正，湖南长沙府湘乡县（今娄底市双峰县）人。晚清重臣，湘军创立者和统帅，著名军事家、政治家、理学家、书法家、文学家，“中兴名臣”之一，晚清散文“湘乡派”创立人。他于道光十八年（1838 年）中进士，入翰林院，为军机大臣穆彰阿门生。在京师十年七迁，连升十级，累迁内阁学士，礼部侍郎，署兵、工、刑、吏部侍郎，因率领其创建的湘军镇压太平天国有功，被封为一等毅勇侯，成为清代以文人而封武侯第一人。后官至两江总督、直隶总督、武英殿大学士。

曾国藩毕生服膺程朱理学，又主张兼取各家之长，后人辑其所著诗、文、奏章、批牍等为《曾文正公全集》，而流传至今并受世人重视的则是《曾国藩家书》。全书共收录家书 330 余封，分为治家类、修身类、劝学类、理财类、济急类、交友类、用人类、行军类、旅行类、杂务类十大类。其行文从容镇定，形式自由，随想而至，挥笔自如，在平淡家常事中蕴含真知良言。曾氏后人遵照家训，英才辈出，打破了盛不过三的怪圈。

诸位贤弟足下：

十一月十七寄第三号信，想已收到。父亲到县纳漕[1]，诸弟何不寄一信，交县城转寄省城也？以后凡遇有便，即须寄信，切要切要。

九弟到家[2]，遍走各亲戚家，必各有一番景况，何不详以告我？

四妹小产[3]，以后生育颇难，然此事最大，断不可以人力勉强，劝渠家只须听其自然[4]，不可过于矜持。又闻四妹起最晏[5]，往往其姑反服事他[6]，此反常之事，最足折福。天下未有不孝之妇而可得好处者，诸弟必须时劝导之，晓之以大义。

诸弟在家读书，不审每日如何用功？余自十月初一日立志自新以来，虽懒惰如故，而每日楷书写日记，每日读史十页，每日记茶余偶谈一则，此三事，未尝一日间断。十月廿一日誓永戒吃水烟，洎今已两月不吃烟[7]，已习惯成自然矣，予自立课程甚多，惟记茶余偶谈，读史十页，写日记楷本此三事者，誓终身不间断也。诸弟每日自立课程，必须有日日不断之功，虽行船走路，须带在身边，予除此三事外，他课程不必能有成，而此三事者，将终身以之。

前立志作《曾氏家训》一部，曾与九弟详细道及，后因采择经史，若非经史烂熟胸中，则割裂零碎，毫无线索，至于采择诸子各家之言，尤为浩繁，虽抄数百卷，犹不能尽收。然后知古人作《大学衍义》《衍义补》诸书[8]，乃胸中自有条例，自有议论，而随便引书以证明之，非翻书而遍抄之也；然后知著书之难，故暂且不作《曾氏家训》。若将来胸中道理愈多，议论愈贯串，仍当为之。

现在朋友愈多，讲躬行心得者，则有镜海先生、艮峰前辈、吴竹如、窦兰泉、冯树堂[9]；穷经知道者，则有吴子序、邵蕙西[10]；讲诗文字而艺通于道者，则有何子贞[11]，才气奔放，则有汤海秋[12]，英气逼人，志大神静，则有黄子寿[13]。又有王少鹤（名锡振，广西主事，年二十七岁，张筱浦之妹夫）、朱廉甫（名琦，广西乙未翰林）、吴莘畬（名尚志，广东人，吴抚台之世兄）、庞作人（名文寿，浙江人），此四君者，皆闻予名而先来拜，虽所造有浅深，要皆有志之士，不甘居于庸碌者也。

京师为人文渊薮[14]，不求则无之，愈求则愈出。近来闻好友甚多，予不欲先去拜别人，恐徒标榜虚声，盖求友以匡己之不逮[15]，此大益也；标榜以盗虚名，是大损也。天下有益之事，即有足损者寓乎其中，不可不辨。

黄子寿近作《选将论》一篇，共六千余字，真奇才也。子寿戊戌年始作破题[16]，而六年之中，遂成大学问，此天分独绝，万不可学而至，诸弟不必震而惊之。予不愿诸弟学他，但愿诸弟学吴世兄何世兄。吴竹如之世兄，现亦学艮峰先生写日记，言有矩，动有法，其静气实实可爱。何子贞之世兄，每日自朝至夕总是温书，三百六十日，除作诗文时，无一刻不温书，真可谓有恒者矣。故予从前限功课教诸弟，近来写信寄弟，从不另开课程，但教诸弟有恒而已。

盖士人读书，第一要有志，第二要有识，第三要有恒。有志，则断不甘为下流；有识，则知学问无尽，不敢以一得自足，如河伯之观海，如井蛙之窥天，皆无识者也；有恒，则断无不成之事，此三者，缺一不可。诸弟此时惟有识不可以骤几[17]，至于有志、有恒，此诸弟勉之而已。

予身体甚弱，不能苦思，苦思则头晕，不耐久坐，久坐则倦乏，时时属望惟诸弟而已。

明年正月，恭逢祖父大人七十大寿，京城以进十为正庆。予本拟在戏园设寿筵，窦兰泉及艮峰先生劝止之，故不复张筵。盖京城张筵唱戏，名曰庆寿，实则打把戏。兰泉之劝止，正以此故。现在作寿屏两架：一架淳化笺四大幅，系何子贞撰文并书，字有茶碗口大；一架冷金笺八小幅[18]，系吴子序撰文，予自书。淳化笺系内府用纸，纸厚如钱，光彩耀目，寻常琉璃厂无有也[19]。昨日偶有之，因买四张。子贞字甚古雅，惜太大，万不能寄回。奈何奈何！

侄儿甲三体日胖而颇蠢，夜间小解知自报，不至于湿床褥。女儿体好，最易扶携，全不劳大人费心力。

今年冬间，贺耦庚先生寄三十金[20]，李双圃先生寄二十金[21]，其余尚有小进项。汤海秋又自言借百金与我用。计还清兰溪、寄云外[22]，尚可宽裕过年。统计今年除借会馆房钱外，仅借百五十金。岱云则略多些[23]。岱云言在京已该账九百余金，家中亦有此数，将来正不易还。寒士出身，不知何日是了也！我在京该账尚不过四百金，然苟不得差[24]，则日见日紧矣。

书不能尽言，惟诸弟鉴察。

兄国藩手草

附课程表：

主敬：整齐严肃，无时不俱。无事时心在腔子里，应事时专一不杂。

静坐：每日不拘何时，静坐一会，体验静极生阳来复之仁心。正位凝命，如鼎之镇[25]。

早起：黎明即起，醒后勿沾恋。

读书不二：一书未点完，断不看他书。东翻西阅，都是徇外为人[26]。

读史：二十三史每日读十页，虽有事，不间断。

写日记：须端楷，凡日间过恶：身过、心过、口过，皆记出，终身不间断。

日知其所亡[27]：每日记茶余偶谈一则，分德行门、学问门、经济门、艺术门。

月无忘所能：每月作诗文数首，以验积理之多寡，养气之盛否。

谨言：刻刻留心。

养气：无不可对人言之事，气藏丹田。

保身：谨遵大人手谕：节欲、节劳、节饮食。

作字：早饭后作字，凡笔墨应酬，当作自己功课。

夜不出门：旷功疲神，切戒切戒！

——节选自《曾国藩家书》，北京，中央民族大学出版社，2002。另根据万卷公司（沈阳）2002 年版及《唐浩明评点曾国藩家书》，岳麓书社 2002 年版整理。

⊙ 注　释

[1] 纳漕：据《清会典事例》194 卷《户部漕运》，除地丁外，令山东、湖南等地征收米豆至漕运进京，名曰“纳漕”。

[2] 九弟：即曾国荃（1824—1890），字沅甫，号叔纯，湘军主要将领之一，清朝大臣。实为曾国藩的三弟，因在族中排行第九，故此称“九弟”。

[3] 四妹：即曾国芝。

[4] 渠：代词，他。

[5] 晏：迟，晚。

[6] 姑：旧时妻称夫的母亲为姑，即婆母。服事，即服侍。

[7] 洎（jì）：到、至。

[8]《大学衍义》：宋·真德秀撰，因《大学》之义而推衍，为元、明、清三朝皇族学士必读之书，被康熙皇帝称为“力明正学”。其治国之道、民生之理和廉政文化颇为后世推崇。《衍义补》：明·丘浚撰，阐发《大学》经义，论述“治国平天下之道”的儒学著作。

[9] 镜海：唐鉴（1778—1861），号镜海，湖南善化人，当时著名的理学宗师，曾国藩曾拜其为师。艮（gèn）峰：倭仁（1804—1871），字艮峰，蒙古正红旗人，亦是唐鉴门生，曾任相国、文渊阁大学士等职。吴竹如：吴廷栋（1793—1873），字彦甫，号竹如，安徽霍山人，曾任侍郎。窦兰泉：窦垿（xù）（1803—1865），字于坫（diàn），又字子州，号兰泉，云南罗平县人，曾任侍御，撰有岳阳楼长联。冯树堂：冯卓怀，字树堂，湖南长沙人。

[10] 吴子序：吴嘉宾（1803—1864），字子序，江西南丰人，与曾国藩是同年。邵蕙（huì）西：邵懿辰（1810—1861），字位西（一字蕙西），浙江仁和（今杭州）人，为清代中晚期著名经学家、目录学家。

[11] 何子贞：何绍基（1799—1873），字子贞，号东洲居士，晚号暖叟（或作猨叟、蝯叟），湖南道州（今道县）人，清代中期著名的诗人、画家、书法家，工经术词章，尤精说文考订之学，旁及金石碑版文字，为当时书学之集大成者。

[12] 汤海秋：汤鹏（1800—1844），号海秋，自号浮邱子，湖南益阳人。其勇于言事，被夸称为“凌轹百代之才”。

[13] 黄子寿：黄彭年（1824—1890），字子寿，号陶楼，晚号更生，清朝贵州贵筑县（今贵阳市）人。

[14] 渊薮（sǒu）：人或事物聚集的地方。

[15] 不逮：不足之处，过错。

[16] 破题：唐、宋时应举诗赋和经义的起首处，须用几句话说破题目要义，叫做破题。

[17] 骤几：突然接近。

[18] 冷金笺：即冷金纸，笺纸上泥金称“冷金”。

[19] 琉璃厂：北京市城南街名。元代于此建琉璃窑，故名。清乾隆年间四库馆开，学人群集，乃开设书籍、古玩、字画、碑帖、文具等店，而以书肆为盛。

[20] 贺耦（ǒu）庚：贺长龄（1785—1848），字耦庚，一作耦耕，号西涯，晚号耐庵，湖南善化（今属长沙）人。

[21] 李双圃：李象鹍（kūn）（1782—1849），字云皋，号双圃，湖南长沙人。

[22] 兰溪：即杜兰溪。寄云：毛鸿宾（1806—1868），字翊云，号寄云，山东历城县（今属济南）人。与曾国藩是同年。

[23] 岱云：陈源兖（？—1853），字岱云，湖南茶陵人，与曾国藩是同年。

[24] 芶：同“苟”，假如。得差：即外放学差。

[25]“体验静极生阳”三句：意为宁心静气，内心踏实安稳，如鼎镇住一般。

[26] 徇外：顺从于身外的客观环境。

[27] 亡：无。

⊙ 阅读提示

本文是曾国藩于道光二十二年十二月二十日（公元1843年1月20日）写给诸弟的家

书，既然是一封家书，那么曾国藩在撰写时就只是想聊聊所谓的家长里短，而不会注重使用过多的写作手法或技巧，因此我们在阅读或学习这篇文章时，应当注重的可能不是政治家的谋略，而是一名兄长对诸弟的体贴入微的照顾与教导。

《礼记·大学》曰："心正而后身修，身修而后家齐，家齐而后国治，国治而后天下平。"修身齐家治国平天下，是中国优秀传统文化对于做人做官提出的一个理想标准。而其中最为基础的就是"修身"，曾国藩事业成功最重要的原因亦在此，此文中他着重强调的也正是如此。他讲述自己每日必做之三事，希为诸弟之榜样，同时教导诸弟读书要"三有"：一有志，二有识，三有恒——守此三要，必不枉此生读书也，或许是因为这"三有"的重要性，诸多版本在收录本篇的时候亦名之为《读书应有志有识有恒》。除了这些，信末还附有曾氏自设的日课，说是日课，其实亦是曾国藩总结的修身十三款。它涵盖了生活规律、修身养性及读书学习等各个方面，讲求敬、静、谨、恒、慎独。或许正是因为曾国藩终生遵从这修身十三款，才使他获得了毛泽东"吾于近人，独服曾文正"的高度赞许。

⊙ 相关链接

戒烟写日记主静

唐浩明

这封信里有几点值得我们注意。一为曾氏的戒烟。据说曾氏年轻时有两大嗜好：下围棋和吸水烟。下围棋太耗时,影响读书,曾氏曾下决心要戒掉。其咸丰八年的日记里尚有"四月二十三，戒棋立誓"的记载。但我们知道，此嗜好，他不但没戒掉，反而在日后的战争年代里愈演愈烈，几乎每日一局，即便战事极不顺利，他也照下不误。围棋为何没戒掉？笔者揣摩这可能是曾氏一生中唯一的一项娱乐活动。他这一辈子实在活得太累，倘若这一项娱乐都要取消，他的生命就很有可能难以维持，故戒过一段时间后又死灰复燃。至于水烟，则的确是戒掉了。这多半缘于他的健康状态。

曾氏其实是个不健康的人，甚至可以说是个病号。他在道光二十年六月，也就是刚进京参加散馆考试的半年后，便肺病大作，几至不救。肺病在当时为不治之症，他幸而遇到了一位名医，才渡过这一劫。这一病三个月，住在客栈里，家眷并未来京，全靠一位名叫欧阳兆熊的同乡好友照料。

曾氏家信中屡次提到“耳鸣”，此病源于肝和肾上。这说明曾氏的肝、肾亦有毛病。咸丰七年在家中守父丧时，他自言眼睛模糊，寸大的字都看不清。那时还不到五十，已衰老如此。这封信里也说他身体甚弱，不能苦思久坐。不久后还吐过血。所有这些，足见曾氏一生身体状况不佳。吸烟有害健康，尤其于肺不利。戒烟多半出自医生的劝告，曾氏做到了。

至于他“誓终身不间断”的三事：茶余偶谈、读史十页、写日记，后因环境大变也有变化。茶余偶谈、读史十页都没有坚持下去。现存曾氏日记中，在道光二十五年三月至咸丰七年十二月这一大段时间里只保留下来一些零散的记录。咸丰八年六月初七日，曾氏第二次出山。从这天起，他恢复写日记的习惯，直至同治十一年二月初三日，即去世的前一天。曾氏的日记虽未一贯坚持，然做到这个地步，亦不容易。

二为曾氏在谈到自己结交朋友时说，都是别人先来拜他，他不先拜别人，怕招“标榜以盗虚名”之讥。这里说的结交之道，似与我们今天所奉行的方式有所不同。或许当时京师风气如此，且不去管它，但下面的一句话值得我们重视“天下有益之事，即有足损者寓乎其中，不可不辨。”此语颇有点辩证眼光，乃曾氏的阅历所得。

第三，曾氏虽赞赏奇才，但不希望诸弟走“奇”一路。曾氏一生信奉“拙诚”，主张踏踏实实，下苦功，用笨劲。他对诸弟提出的“有志”“有识”“有恒”的要求，亦可以作为所有年轻人的座右铭。

这封信后，曾氏为诸弟附了一张课程表，上列十三项功课，并对这十三项功课逐一作了说明。生在今日，要像曾氏那样事事处处都如此苛刻地约束自己，恐怕是一桩绝不能做到的事，但作为研究当年理学信徒如何修身养性的资料，此课程却颇有一些价值。值得一说的是，在后来，湘军攻打江宁最关键的时候，曾氏曾以“静坐”来安定自己的心绪。

——摘自:《唐浩明评点曾国藩家书·戒烟写日记主静》

⊙ 思考练习

一、你怎样理解曾国藩对诸弟提出的“有志”“有识”“有恒”的要求？

二、阅读《曾国藩家书》，谈谈曾国藩所讲求的人生理想、精神境界和道德修养。

三、拿起你的笔，试着给你的祖辈，给你的父母，给你的弟妹写封家书吧。

三十九　六月，我们看海去

潘洗尘

潘洗尘（1964—　），出生于黑龙江省肇源县，1982—1986年就读于哈尔滨师范大学中文系。现为天问文化传播机构董事长、《星星》诗刊理论半月刊执行主编。自20世纪80年代开始诗歌创作。“他的诗歌实践在同代人中具有代表性，而且在校园诗人中(他)还是个有影响力和号召力的组织者。潘洗尘为诗不求数量,但诗的质地坚实饱满，在艺术上和那个时代的诗风保持了高度的一致。”自1983年发表处女作《六月，我们看海去》至今,共创作并发表了诗歌作品八十余首,其中,《想起1970年的冬天》与《六月，我们看海去》《饮九月初九的酒》构成了潘洗尘的三驾金色马车。

看海去看海去没有驼铃我们也要去远方

小雨噼噼啪啪打在我们的身上和脸上
像小时候外婆絮絮叨叨的叮咛我们早已遗忘
大海啊大海离我们遥远遥远该有多么遥远
可我们今天已不属于童稚属于单纯属于幻想

我们一群群五颜六色风风火火我们年轻
精力旺盛总喜欢一天到晚欢欢乐乐匆匆忙忙
像一台机械迂回于教室书馆食堂我们和知识苦恋
有时对着脏衣服我们也嘻嘻哈哈发泄淡淡的忧伤

常常我们登上阳台眺望远方也把六月眺望
风撩起我们的长发像一曲《蓝色多瑙河》飘飘荡荡
我们我们我们相信自己的脚步就像相信天空啊
尽管生长在北方的田野影集里也要有大海的喧响

六月看海去看海去我们看海去
我们要枕着沙滩也让沙滩多情地抚摸我们赤裸的情感
让那海天无边的苍茫回映我们心灵的空旷
捡拾一颗颗不知是丢失还是扔掉的贝壳我们高高兴兴
再把它们一颗颗串起也串起我们闪光的向往

我们我们我们是一群东奔西闯狂妄自信的探险家呵
总以为生下来就经受过考验经受过风霜
长大了不信神不信鬼甚至不相信我们有太多的幼稚
我们我们我们就是不愿停留在生活的坐标轴上

六月是我们的季节很久我们就期待我们期待了很久
看海去看海去没有驼铃我们也要去远方

⊙ 阅读提示

《六月，我们看海去》是潘洗尘的处女作，也是他的成名作。全诗多是省略标点的长句，但读起来并不费力，原因就是诗中有自然而成的韵律感，这种韵律感一是来自诗歌的押韵和语言的声调，二则因为重复与变化组合而成的情感旋律。另外，本文的语言组合也颇为巧妙，例如，将“长发”的飘荡与《蓝色多瑙河》乐曲组接在一起，将“看海去”与“没有驼铃”组接在一起，使得诗意浓郁而悠远，自然生出一种韵外之意。而这种有韵律的节奏与组合巧妙的语言则准确生动地向我们表达了远离大海的青年人对于大海的激情渴望以及年轻人的蓬勃活力、对自己力量的确信和无限探索的精神。

⊙ 相关链接

李轻松谈《六月，我们看海去》

我的诗友李轻松也曾专门撰文写道：“这与那首关于海的诗有关，与青春、激情有关。

现在重读这首诗，使我翻箱倒柜重又找出了我八十年代写诗的日记本，居然发现有一大批诗歌跟那首诗那么像，那种大海的气息再一次淹没了我，使我因为洗尘因为回忆而感念不已。所以我要感谢洗尘，因为他不仅开创了一代诗风，而且点燃了一代人的青春，使我们在回首的时候忽然看见了自己，单纯、狂热、自卑，有点忧郁……这使我怦然心动。洗尘成名太早，何况八十年代我们曾经多么渴望盛名！在所有的往事渐渐模糊的时候，我依然还能一下子回忆起他诗歌的面孔——风尘仆仆却活力四射、风风火火却不失自我，因为洗尘用他的独立话语表达了那个时代的独有气质，是对个体生命的敏锐与自由精神世界的自觉维护，所以他才唤醒了一代人的心灵，使我们跟随着他义无反顾地奔赴理想。洗尘笔下的海具有超现实的象征意义，他给出的不是犹豫而是坚定、不是温暖而是大爱、不是惶惑而是一次确认。它恰恰暗合了潜伏在我们内心的那种期待，使我们苦闷的青春一下子找到了出口，一把钥匙。我是洗尘的同龄人，我们共同经历了沸腾而可爱的八十年代。虽然，那时我还不认识他，但从他的诗歌中可以想象他曾经是何等的意气飞扬、何等的豪情万丈！我猜想他会比我更热心于那些沙龙、笔会、朗诵会、演讲、串联诗友等诸多活动，因为我们这代人身上都会留有他的影子。我们都有幸在八十年代度过青春，这对我们的一生来说都是个慰藉。当时光消逝，洗尘已经成功地转换了人生的角色，对自我生命进行辨认与袒露的时候，他依然对自己的确认保持信任，怀念与热爱，我觉得这种独特的体认使他保有良知、信念与悲悯，使他没有丧失的部分依然闪光……”

——摘自潘洗尘:《青春的追忆与见证：六月，我们看海去》

⊙ 思考练习

一、谈谈《六月，我们看海去》体现了哪些关于青春的思想内容。

二、阅读潘洗尘的《饮九月九的酒》，体会它在艺术技巧方面与本诗有何异同。

四十 “我是即将来到的日子”

[法] 罗曼·罗兰

罗曼·罗兰（1866—1944），法国著名小说家、剧作家、评论家和社会活动家。毕业于法国巴黎高等师范学校，并通过会考取得了中学教师终身职位的资格。后又进入罗马法国考古学校当研究生，回国后在巴黎高等师范学校和巴黎大学讲授艺术史。

罗曼·罗兰的早期创作以剧本为主，因上映后反应颇为冷淡，转而创作名人传记，并相继出版了《贝多芬传》《米开朗琪罗传》和《托尔斯泰传》。自1904年起，罗曼·罗兰开始创作他的代表作——长篇巨著《约翰·克利斯朵夫》。二战期间，他在创作上又一次达到了高潮，发表了著名中篇《哥拉·布勒尼翁》和后期代表作长篇小说《欣悦的灵魂》(又译为《母与子》)。1915年，为了表彰“他的文学作品中的高尚理想和他在描绘各种不同类型人物所具有的同情和对真理的热爱”，罗曼·罗兰被授予诺贝尔文学奖。

好似对着一座重重叠叠的楼阁，他把自己的一生整个儿看到了……青年时期拼命的努力，为的要控制自己；顽强的奋斗，为的要跟别人争取自己生存的权利，为的要在种族的妖魔手里救出他的个性。便是胜利以后，还得夙夜警惕，守护他的战利品，同时还不能让胜利冲昏了头脑。友谊的快乐与考验，使孤独的心和全人类有了沟通。然后是艺术的成功，生命的高峰。他不胜骄傲地以为把自己的精神征服了，以为能够主宰自己的命运了。不料峰回路转，突然遇到了神秘的骑士。遇到了丧事，情欲，羞耻，——上帝的先锋队。他倒下去了，被马蹄践踏着，鲜血淋漓地爬着，爬到了山顶上：锻炼灵魂的野火在云中吐着火焰。他劈面遇到了上帝，他跟他肉搏，像雅各跟天神的战斗一样[1]。战斗完了，筋疲力尽。于是他珍惜他的失败，明白了他的界限，努力在主替我们指定的范围内完成主的意志。为的是等到播种，收获，把那些艰苦而美妙的劳作做完以后，能有权利躺在山脚下休息，对阳光普照的山峰说：

“祝福你们！我不欣赏你们的光明。但你们的阴影对我是甜美的……”

这时候，爱人出现了，握着他的手；死神摧毁了她肉体的障碍，把她的灵魂灌输到了他的灵魂里面。他们一同走出了时间的洪流，到了极乐的高峰，——在那儿，过去，现在，将来，手挽着手围成一个圆周；平静的心同时看到了悲哀与欢乐的生长，发荣，与枯萎，——在那儿，一切都是和谐……

他太急了一些，自以为已经到了彼岸。可是胸口的剧痛，脑子里乱哄哄的人影，使他明白还有最后而最不容易走的一程路……好，向前罢！……

他一动不动地躺在床上。一个蠢女人在上一层楼上几小时地弹着琴。她只会弹一个曲子，翻来覆去地弹着些同样的乐句，觉得其乐无穷。这些句子对于她是代表一种欢乐，代表千变万化的情绪。克利斯朵夫懂得她这种快乐的意义，可是听得厌烦之极，几乎要哭出来。要是她不弹得这么响倒还罢了！克利斯朵夫恨吵闹，像恨一个人的恶习一样……终于他也忍耐了，要能够听而不闻不是件容易的事。但也不见得像他想象中的那么难。他已经慢慢地离开他的肉体，离开这个又病又猥琐的肉体……在里头关了多少年也够受了！他看着它渐渐地坏掉，心里想：

“好罢，它把我关也关不多久了。”

他又想看看人究竟自私到什么程度，便问自己：“你究竟更喜欢哪一样？是克利斯朵夫的姓名永久流传而让他的作品消灭呢，还是作品永久存在而让他的姓名消灭？”

他毫不迟疑地回答道：“让我的作品永生而我自己消灭罢！在这种情形之下，我留存的只有我的最真实的，唯一真实的部分。让克利斯朵夫去死灭罢！……”

但过了一会，他觉得作品跟自己一样的没有意思。相信他的艺术会永生，未免太可笑了！他不但明白看到自己的作品的命运，并且还见到一切现代音乐的命运。音乐的语言比什么都消耗得更快；一二百年之后，它只有少数的专家才懂得。现在能有几人了解蒙特威尔第与吕利的[2]？藓苔已经在侵蚀古典森林中的橡树了。那些音响的建筑，我们在里头唱出我们的热情，可是将来都得成为空虚的庙堂，结果只剩下一片瓦砾……克利斯朵夫很奇怪，怎么自己能瞧着这些废墟而竟无动于衷。

“难道我并不怎样的爱生命吗？”他不胜惊讶地问自己。

但他立刻懂得，这正是表示他更爱生命……对着艺术的废墟痛哭吗？那是犯不上的。艺术是人类反映在自然界中的影子。让它们一起消灭罢，被阳光吞没罢！它们使我看不见阳光……自然界无穷的宝藏都在我们手指中间漏过。人类的智慧想在一个网的眼子里掏取流水。我们的音乐只是幻象。我们的音阶是凭空虚构的东西，跟任何活的声音没有关联。这是人的智慧在许多实在的声音中勉强找出来的折中办法，拿韵律去应用在“无穷”上面。

人需要用这个谎言去了解那个不可解；因为他要相信这个谎言，所以他就相信了。但它究竟不是真的，不是活的。精神从自己创造的音乐上所得到的快感，其实是把对于现实的直觉加以颠倒混乱的后果。不时有个天才，偶尔和大地接触了一刹那，居然看到了真正的流水；那是超乎艺术之外的。于是堤岸崩溃了。现实从一个隙缝里透了进来。但这裂痕不久就被填补了。人的理智必须有那个堤做保障。要是理智遇到了耶和华的目光，它就完了。所以它要把自己的牢房再涂上一阵水泥，使外边的东西一进来就给它消化掉。这个办法对于一般不愿意睁开眼睛的人也许是美的……可是我，我是愿意看到耶和华的面目的。即使我会消灭，我还是要听你打雷似的声音。艺术的声音使我感到局促。精神别出声罢，人类别出声罢！……

但这段高论才说过了几分钟，他又到散在被单上的纸堆里去摸索，还想写下几个音符。一发觉自己的矛盾，他就微笑着说：

“噢，我的老朋友，我的音乐，你真好。我是个忘恩负义的人，我把你赶走，可是你，你绝对不离开我；尽管我使性，你却并不灰心。原谅我罢，你很明白，这不过是些废话。我从来没欺骗你，你也从来没欺骗我，我们彼此都是很信任的。朋友，咱们一起走罢。有始有终，留在我身边罢。”

然后咱们一同解脱……

他长时期地昏迷了一阵，发着高热，做着乱梦。等到他醒过来，奇奇怪怪的梦境还印在心头。他瞧着自己，摸着自己的身子，找自己，可是找不到了。他似乎变了“另外一个人”了。另外一个，比他更可宝贵的一个……谁啊？……仿佛梦中另外有个人化身在他身上了。是奥里维吗[3]？葛拉齐亚吗[4]？……心脏和头脑都那么衰弱，他在所爱的人中分不出是哪一个了。而且分辨出来有什么用？他对他们都是一样爱的。

他精神酣畅，浑身酥软。他也不愿意动弹。他知道痛苦潜伏在一边，像猫等着耗子一样。他便装死。怎么！已经死了吗？……屋里没有一个人，楼上的琴声缄默了。孤独。静默。克利斯朵夫叹了口气。

“到了生命的终点而能够说就在最孤独的时候也从来没有孤独，那才教人安慰呢！我一路上遇到的灵魂，在某一个时期帮助过我的弟兄们，在我思想中的神秘的精灵，死的与活的，——全是活的，——噢！我所爱的一切，我创造的一切，你们都这样热烈地抱着我，守着我，我听到你们美妙的声音。因为我能得到你们，我要祝福我的命运。我是富有的，富有的……我的心都给装满了！……”

他望着窗子……没有太阳，但天气极好，像一个美丽的瞎子姑娘……克利斯朵夫望着掠在窗上的一根树枝出神。树枝膨胀起来，滋润的嫩芽爆发了，小小的白花开满了。这个花丛，这些叶子，这些复活的生命，显得一切都把自己交给了苏生的力。这境界使克利斯朵夫不再觉得呼吸艰难，不再感到垂死的肉体，而在树枝上面再生了。那生意有个柔和的光轮罩着他，好似给他一个亲吻。在他弥留的时间，那株美丽的树对他微微地笑着；而他那颗抱着一腔热爱的心，也灌注在那株树上去了。他想到，就在这一刹那，世界上有无数的生灵在相爱。为他是临终受难的时间，为别人是销魂荡魄的良辰；而且永远是这样的，生命的强烈的欢乐从来不会枯涸。他一边气急，一边大声哼着一阕颂赞生命的歌，——声音已经不听他的思想指挥，也许喉咙里根本没发出声音，但自己不觉得。

他忽然听到一个乐队奏其他的颂歌，不由得心里奇怪：

“他们怎么会知道的呢？我们又没练习过。希望他们把曲子奏完，别弄错了才好！”

他挣扎着坐在床上，要叫整个乐队都能看到他，舞动着粗大的手臂打拍子。但乐队奏来一点不错，很有把握。多神妙的音乐！啊！他们竟自动替他奏出下文来了！克利斯朵夫觉得很有趣：

“等一等，好家伙！我一定追上你。”

于是他把棍子一挥，逞着兴致痛快把船驶了出去，向左，向右，穿过危险的水道。

“这一句，你们能接下去吗？……还有那一句，赶快啊！……这里又是一句新的了……”

他们老是把路摸得很清楚；你给他们一些大胆的乐句，他们的答句却是更大胆。

“他们还会搞出些什么来呢？这些坏东西！……”

克利斯朵夫高声叫好，纵声大笑。

“该死！要跟上他们倒不容易了！难道我要给他们打败吗？……你们知道，这个玩意儿是不能作准的！今天我累了……没关系！谁胜谁负还不一定呢……”

但乐队所奏的想入非非的东西，层出不穷，而且都是那么新奇；结果他只能张着嘴听他们，听得连气都喘不过来……克利斯朵夫觉得自己可怜极了。

“畜生！”他对自己说，“你完了。住嘴罢！你的本领不过如此。这个身体已经完了！需要换一个的了。”

可是身体跟他反抗。剧烈的咳呛使他听不见乐队。

“你还不安静下来吗！”

他掐着喉咙，用拳头捶着胸部，好似对付一个非打倒不可的敌人。他看到自己在那儿混战。一大堆的群众在那儿呐喊。一个人使劲把他抱着。他们俩一起滚在地下。那人压在他身上。他窒息了。

“你松手啊，我要听！……我要听！要不然我就杀了你！”

他把那人的脑袋撞在墙上，但他始终不放……

“那究竟是谁啊？我跟谁扭做一团地打架啊？我抓着的这个火辣辣的身体是什么呢？”

昏迷狂乱。一片混沌的热情。狂怒，淫欲，池塘里的污泥最后一次的泛了起来……

“啊！难道还不马上完吗？粘在我皮肉上的水蛭，难道拉不下来吗？……好，你这个臭皮囊，跟水蛭同归于尽罢！”

克利斯朵夫挺着腰，撑着肩，突着膝盖，把那看不见的敌人推开……行了，他挣脱了！……那边，音乐老是在演奏，慢慢地远去。克利斯朵夫浑身淌着汗，向它伸着手臂：

“等等我呀！等等我呀！”

他跑上去追它，摇摇晃晃，碰到什么都得撞一下……跑得太急了，没法呼吸了。心跳得厉害，血在耳朵里响：一列火车在隧道中驶过……

“天哪！这不是胡闹吗？”

他无可奈何地对着乐队挥手，要他们别把他丢下来……终于出了隧道……一切都静下来了。他又听到了。

“多美！多美！再来一次！弟兄们，放大胆子……这是谁作的？……你们说是约翰·克利斯朵夫·克拉夫脱[5]作的？得了罢！别胡说！那我可能认得的。这样的东西，他从来写不了十节……谁又来咳嗽了？静下来行不行！这个是什么和弦？……还有那一个呢？……别这么快，等等我呀……”

克利斯朵夫发出一些不成音的叫喊，用手抓着被单，做着写字的姿势，而困乏的头脑还不由自主地推敲这些和弦是怎么配合的，下面又应该是什么和弦。无论如何想不起来，心里一急，他不得不放手……又接着再来……啊！这一回，那可太……

“停下来，停下来，我跟不上了……”

他的意志完全涣散了。克利斯朵夫合上眼睛。紧闭的眼皮内淌着幸福的眼泪。门房的小姑娘瞧着他，很虔诚地替他抹着眼泪，他可没觉得。这个世界上的一切，他都感觉不到了。乐队的声音没有了，他耳朵里昏昏沉沉的只留下一片和声。谜始终没解决。固执的头脑还在那里反复地想：

“这个是什么和弦呢？怎么接下去呢？我很想找出个答案来，趁我还没死以前……”

那时有许多声音响起来了。有一个热烈的声音。阿娜那双凄惨的眼睛[6]……但一忽儿又不是阿娜了。又是一双那么仁慈的眼睛了……

“啊，葛拉齐亚，是你吗？……究竟是你们中间的哪一个呢？哪一个呢？我再也看不清你们了……为什么太阳这样的姗姗来迟？”

三座钟恬静地奏鸣着。麻雀在窗前鼓噪，提醒他是给它们吃东西的时候了……克利斯朵夫在梦中又见到了童年的卧房……钟声复起，天已黎明！美妙的音浪在轻快的空中回旋。它们是从远方来的，从那边的村子里……江声浩荡，自屋后上升……克利斯朵夫看到自己肘子靠在楼梯旁边的窗槛上。他整个的生涯像莱茵河一般在眼前流着。整个的生涯，所有的生灵，鲁意莎[7]，高脱弗烈特[8]，奥里维，萨皮纳[9]……

“母亲，爱人，朋友……他们叫什么名字呢？……爱人，你们在哪儿？我的许多灵魂，你们都在哪儿？我知道你们在这里，可是抓不到你们。”

“我们和你在一起。你安息罢，最亲爱的人！”

“我再也不愿意跟你们相失了。我找你们找得好苦呀！”

“别烦恼了。我们不会再离开你了。”

“唉！我身不由主地给河流卷走……”

“卷走你的河流，把我们跟你一起卷走了。”

“咱们到哪儿去呢？”

“到咱们相聚的地方。”

“快到了吗？”

“你瞧罢！”

克利斯朵夫拼命撑着，抬起头来，——（天哪，头多重！）——看见盈溢的河水淹没了田野，庄严地流着，缓缓的，差不多静止了。而在遥远的天边，像一道钢铁的闪光，有一股银色的巨流在阳光底下粼粼波动，向他直冲过来。他又听到海洋的声音……他的快要停止的心问道：

“是他吗？”

他那些心爱的人回答说：

“是他。”

逐渐死去的头脑想着：

“门开了……我要找的和弦找到了！……难道这还不完吗？怎么又是一个海阔天空的新世界了？……好，咱们明天再往前走罢。”

噢，欢乐，眼看自己在上帝的至高的和平中化掉，眼看自己为上帝效劳，竭忠尽力地干了一辈子：这才是真正的欢乐！……

“主啊，你对于你的仆人不至于太不满意吧？我只做了一点儿事，没有能做得更多。我曾经奋斗，曾经痛苦，曾经流浪，曾经创造。让我在你为父的臂抱中歇一歇罢。有一天，我将为了新的战斗而再生。”

于是，潺潺的河水，汹涌的海洋，和他一起唱着：

“你将来会再生的。现在暂且休息罢！所有的心只是一颗心。日与夜交融为一，堆着微笑。和谐是爱与恨结合起来的庄严的配偶。我将讴歌那个掌管爱与恨的神明。颂赞生命！颂赞死亡！”

当你见到克利斯朵夫的面容之日，

是你将死而不死于恶死之日。

（古教堂门前圣者克利斯朵夫像下之拉丁文铭文）

圣者克利斯朵夫渡过了河。他在逆流中走了整整的一夜。现在他结实的身体像一块岩石一般矗立在水面上，左肩上扛着一个娇弱而沉重的孩子。圣者克利斯朵夫倚在一株拔起的松树上；松树屈曲了，他的脊骨也屈曲了。那些看着他出发的人都说他渡不过的。他们长时间地嘲弄他，笑他。随后，黑夜来了。他们厌倦了。此刻克利斯朵夫已经走得那么远，再也听不见留在岸上的人的叫喊。在激流澎湃中，他只听见孩子的平静的声音，——他用小手抓着巨人额上的一绺头发，嘴里老喊着：“走罢！”——他便走着，伛着背，眼睛向着前面，老望着黑洞洞的对岸，峭壁慢慢地显出白色来了。

早祷的钟声突然响了，无数的钟声一下子都惊醒了。天又黎明！黑沉沉的危崖后面，看不见的太阳在金色的天空升起。快要倒下来的克利斯朵夫终于到了彼岸。于是他对孩子说：

"咱们到了！唉，你多重啊！孩子，你究竟是谁呢？"

孩子回答说：

"我是即将来到的日子。"

——本文节选自［法］罗曼·罗兰：《约翰·克利斯朵夫》卷十《复旦》第四部，傅雷译，北京，人民文学出版社，1983

⊙ 注 释

[1] 雅各跟天神的战斗：雅各（Jacob），也译为"雅各伯"，以色列三大圣祖之一。《圣经》的《创世纪》第32章结尾处描写了他与神较力的神秘故事。

[2] 蒙特威尔第：全名克劳迪奥·蒙特威尔第（Claudio Monteverdi，1567—1642），意大利作曲家，对歌剧、和声学及交响乐的发展都有深远影响。他的主要作品有《奥菲欧》《阿莉安娜》《坦克雷与克罗伦达之战》等歌剧及牧歌曲集。吕利：原名乔万尼·巴蒂斯塔·吕利（Giovanni Battista Lulli，1632—1687），意大利籍法国作曲家，一生共作有30多部歌剧和芭蕾音乐，为法国歌剧的发展奠定了基础。

[3] 奥里维：作品中的重要人物之一，是克利斯朵夫在巴黎一个音乐会上认识的法国青年，他优雅，善于思考，有贵族气质，象征着法国的高雅和思考。

[4] 葛拉齐亚：作品中的重要人物之一，是克利斯朵夫的意大利女学生，后来暗中帮了克利斯朵夫不少忙，但最终没有接受他的爱情。

[5] 阿娜：作品中克利斯朵夫朋友的妻子，两人曾经有越轨行为。

[6] 约翰·克利斯朵夫·克拉夫脱：即约翰·克利斯朵夫，克拉夫脱是他的姓氏。

[7] 鲁意莎：作品中克利斯朵夫的母亲，出身寒微，天分不高，却非常善良。

[8] 高脱弗烈特：作品中克利斯朵夫的舅舅，对音乐有着非常朴实的见解，在克利斯朵夫迷失并几近堕落时，使其重新振作起来。

[9] 萨皮纳：作品中一个年轻可爱的寡妇，克利斯朵夫第一个迷恋的女人，但还没来得及开始就生病去世了。

⊙ 阅读提示

《约翰·克利斯朵夫》是罗曼·罗兰历经十年创作的一部“长篇叙事诗”式的巨著。它以十九世纪末欧洲的社会生活为背景，描述了约翰·克利斯朵夫这位音乐天才的成长、奋斗与死亡，同时对德国、法国、瑞士和意大利等国的社会现实做了真实写照。本文是全书的结尾部分，这样的选材有一个最大的好处，就是相对完整。文中，约翰·克利斯朵夫的生命走到了尽头，在弥留之际，他将自己的一生回顾了一遍，回顾了他“奋斗—成功—失败”的人生经历，回顾了自己的创作和音乐的价值，也回顾了那些在他人生中留下深刻记忆的人们。

本文读起来可能有些混乱、有些深奥、有些吃力，这是因为作者采用了类似“内语言”的“意识流”心理描写的方法，它抛开了逻辑思维和时空限制，淡化了故事情节，不嫌繁复地采用大段大段的文字刻画人物，展现了作者纯自然的意识长河，同时也真实地写出了克利斯朵夫在弥留时的意识状态。另外，作者通过文末的拉丁文铭文自然地转换了主人公，将宗教色彩和心理幻象自然地得到了完美的统一，给予小说一个完满的结局。

⊙ 相关链接

青春期圣经:《约翰·克利斯朵夫》

王安忆

我还想要再进一步地证明一下我的结论，我觉得在那个时代，在20世纪开始之前和开始之初，艺术家是下苦力下死力的，而不是技巧性的。今天的艺术，则是另辟蹊径。就像扛一个重东西，以前都是用力气来扛的，后来发现了杠杆的原理，学会了巧力。因此在《复活》《约翰·克利斯朵夫》这类作品中，你很难找到显著的特征来表明构造的用心和含义，一切看上去都那么日常和真实，但是我觉得还是能找到一些提示，来证明我刚才的观点：不是写一个具体的天才，而是在写一种永恒的、自然的、生命的最精华。书中给了我们几点提示：一是这个名字，“克利斯朵夫”实际上是一个圣徒的名字，这是在3世纪的一个著名的圣者。主人公克利斯朵夫经常想到在古罗马教堂门前的圣者克利斯朵夫的浮雕像，他想到哪一天才是他生命的终点：我和这个浮雕像合而为一的时候就是我的终点。圣者克利斯朵夫传说他身材高大，专门背人过河，有一次他背一个小孩过河听到一个声音说，你背负的是全世界和创造世界的基督，他在宗教里是旅行者的主保圣人。约翰·克利斯朵夫接近死亡时，脑子里最后的幻象是他背着一个孩子，这孩子拉着他的头发，一直在说“向前走，向前走……”，他说“咱们到了，唉，你多重啊，孩子，你究竟是谁呢？”这个孩子说：“我是即将到来的日子。”第二点提示是，克利斯朵夫忠诚地勤恳地毫不偷懒地走完了生命的全过程。书中有许多人，好人，善人，软弱的人，都是早死的，夭折的，不等走到生命终点就死了，而克利斯朵夫顽强地努力地走到了生命的终点。在他最后死亡时，他还看到了古教堂门前圣者克利斯朵夫的像，下有拉丁文铭文：当你看到克利斯朵夫的面容之日，是你将死而不死于恶死之日。用中国话说是善始善终。他忠诚地走完了生命的全过程，没有“早退”，终于和圣者克利斯朵夫合二而一。

——摘自《心灵世界——王安忆小说讲稿》，上海，复旦大学出版社，2007

⊙ 思考练习

一、仔细体会全书最后一句话“我是即将到来的日子”，思考其所蕴含的内容。

二、阅读主人公在弥留状态下思考音乐和人生意义的话，体会小说所采用的意识流写法。

三、阅读《约翰·克利斯朵夫》，了解克利斯朵夫与奥里维、葛拉齐亚三人所构成的“现代社会的希望”。

第九章

相信未来

导 读

主题词：相信未来

青春话题：

（1）你对信念的理解与体会有哪些？相信永不绝望吗？

（2）你对未来的憧憬是怎样的？每一天是否在时刻准备着并满怀信心前行？

知识目标：

（1）学习本单元所选篇目的文学内涵与价值理念。

（2）了解选文作者的思想观念、作品特色和时代背景。

能力目标：

（1）学习书信、诗歌、小说等不同文体的结构特点，提高相应的读写能力。

（2）领会本章各篇文章的思想意义，并用以指导自身成长。

在无限的时空中，人类世世代代延续着对理想生活的追求，然而个体的生命总会有这样那样的缺憾，在成长的道路上，谁也免不了会遇到各种各样的挫折、困难甚至灾难，关键是如何对待它。

信心满怀的人，能够从挫折和困苦中汲取制胜的智慧，把人生路上的绊脚石变成垫脚石。即使“希望在不断的寻找中失去”，也依然相信“憧憬会在不断的失去中再现”。在不幸面前，蒙受难以挽回的损失，承受痛彻心扉的苦楚，会是锥心刺骨的悲伤，同时也可以是一种有益的磨砺，成就更高境界的生命。正如司马迁治史、写出传世之文，不仅是基于其个人工作与父亲遗愿，更在于其历经屈辱坎坷、依然矢志不渝，终生不泯对“未来”的信仰。

梦想与进步缔结着生命的意义，“路漫漫其修远兮”，每一位有志之士自应不忘初心，勤勉求索。

个人是如此，集体亦如是。

也许每一个时代，每一个民族都会面临各种考验。若遇困境，我们必须选择镇定与勇敢：众志成城，去战胜恐惧与伤痛，不可惊慌失措，不应消极等待，更不能悲观绝望。放眼未来，不负梦想，用意志谱写荣耀，用信心铸就辉煌。

本章以励志为宗旨，意在进行理想信念的养成与深化教育，引领学生满怀信心行走人生每一步。

四十一　报任安书（节选）

（西汉）司马迁

司马迁（前145—前90年后），字子长，夏阳（今陕西韩城）人，我国西汉伟大的史学家、文学家、思想家。父亲司马谈曾为太史令。司马迁少时在家乡从事过耕牧劳动，十岁到长安师从孔安国学《尚书》，从董仲舒学《春秋》。二十岁以后开始漫游各地，为写《史记》做了实地考察的准备。三十八岁时，继承父职为太史令。公元前104年，司马迁在主持历法修改工作的同时，正式动笔写《太史公书》。司马迁能用史学家的高瞻远瞩的眼光，把星象学与历史问题结合起来以究天人之际、通古今之变。

天汉二年（前99年），他在“李陵事件”中，因直言触怒了汉武帝，遂被下狱，遭受宫刑。在狱中司马迁自强不息，忍受了非常人所能忍受的痛苦，继续编写《史记》。太始元年（前96年）汉武帝改元大赦天下。这时司马迁50岁，出狱后当了中书令，继续发愤著书，终于在公元前91年完成了《史记》130篇，52万余言。包括“十二本纪”“三十世家”“七十列传”“十表”“八书”五部分，记载了上自中国上古传说中的黄帝时代，下至汉武帝太初四年（前100年），共3 000多年的历史，具有很高的史学价值与文学价值。

《史记》以其“究天人之际，通古今之变，成一家之言”的史识，成为中国历史上第一部纪传体通史，对后世的影响极为深远，被鲁迅誉为“史家之绝唱，无韵之《离骚》”。

太史公、牛马走、司马迁，再拜言[1]。

少卿足下：曩者，辱赐书，教以慎于接物，推贤进士为务[2]。意气[3]勤勤恳恳，若望仆不相师，而用流俗人之言[4]。仆非敢如是也！……请略陈固陋[5]。阙然久不报，幸勿为过。

…………

仆之先人，非有剖符丹书之功[6]，文史星历，近乎卜祝之间[7]，固主上所戏弄，倡优畜之[8]，流俗之所轻也。假令仆伏法受诛，若九牛亡一毛，与蝼蚁何异？而世又不与能死节者比，特以为智穷罪极，不能自免，卒就死耳。何也？素所自树立使然[9]。人固有一死，死，或重于泰山，或轻于鸿毛，用之所趋异也[10]。太上，不辱先；其次，不辱身；其次，不辱理色；其次，不辱辞令；其次，诎体受辱[11]；其次，易服受辱；其次，关木索、被箠楚受辱；其次，鬄毛发、婴金铁受辱；其次，毁肌肤、断支体受辱；最下，腐刑极矣[12]！传曰："刑不上大夫。"此言士节不可不厉也[13]。猛虎处深山，百兽震恐，及其在穽槛[14]之中，摇尾而求食，积威约之渐也。故士有画地为牢，势不入；削木为吏，议不对，定计于鲜也[15]。今交手足，受木索，暴肌肤，受榜箠，幽于圜墙之中[16]。当此之时，见狱吏则头枪地，视徒隶则心惕息[17]。何者？积威约之势也。及以至此[18]，言不辱者，所谓强颜[19]耳，曷足贵乎！且西伯，伯也，拘羑里[20]；李斯，相也，具五刑[21]；淮阴，王也，受械于陈[22]；彭越、张敖，南向称孤，系狱具罪[23]；绛侯诛诸吕，权倾五伯，囚于请室[24]；魏其，大将也，衣赭衣、关三木[25]；季布为朱家钳奴[26]；灌夫受辱居室[27]。此人皆身至王侯将相，声闻邻国，及罪至罔加，不能引决自财，在尘埃之中[28]。古今一体，安在其不辱也！由此言之，勇怯，势也；强弱，形也。审矣[29]！何足怪乎？且人不能蚤自财绳墨之外，已稍陵夷，至于鞭箠之间，乃欲引节，斯不亦远乎！古人所以重施刑于大夫者，殆为此也[30]。

夫人情莫不贪生恶死，念亲戚，顾妻子；至激于义理者不然，乃有所不得已也[31]。今仆不幸，蚤失二亲，无兄弟之亲，独身孤立，少卿视仆于妻子何如哉？且勇者不必死节，怯夫慕义，何处不勉焉[32]。仆虽怯耎欲苟活，亦颇识去就之分矣，何至自湛溺累绁之辱哉[33]！且夫臧获婢妾，犹能引决，况若仆之不得已乎[34]？所以隐忍苟活，函于粪土之中而不辞者，恨私心有所不尽，鄙没世而文采不表于后也[35]。

古者富贵而名摩灭，不可胜记，唯俶傥非常之人称焉[36]。盖西伯拘，而演《周易》[37]；仲尼厄，而作《春秋》[38]；屈原放逐，乃赋《离骚》[39]；左丘失明，厥有《国语》[40]；孙子髌脚，《兵法》修列[41]；不韦迁蜀，世传《吕览》[42]；韩非囚秦，《说难》《孤愤》[43]。《诗》三百篇，大氐圣贤发愤之所为作也[44]。此人皆意有所郁结，不得通其道，故述往事，思来者。及如左丘无目，孙子断足，终不可用，退论书策[45]，以舒其愤，思垂空文以自见[46]。

仆窃不逊，近自托于无能之辞，网罗天下放失旧闻[47]，略考其行事，综其终始，稽其成败兴坏之纪[48]。上计轩辕，下至于兹，为十表、本纪十二、书八章、世家三十、列传七十[49]，凡百三十篇。亦欲以究天人之际，通古今之变，成一家之言。草创未就，适会此祸，惜其不成，是以就极刑而无愠色[50]。仆诚已著此书，藏之名山，传之其人，通邑大都[51]。则仆偿前辱之责，虽万被戮，岂有悔哉[52]？然此可为智者道，难为俗人言也。

且负下未易居，上流多谤议[53]。仆以口语遇遭此祸[54]，重为乡党戮笑，污辱先人，亦何面目复上父母之丘墓乎？虽累百世，垢弥甚耳[55]！是以肠一日而九回，居则忽忽若有所亡，出则不知其所如往[56]。每念斯耻，汗未尝不发背沾衣也。身直为闺阁之臣，宁得自引深臧于岩穴邪[57]？故且从俗浮湛，与时俯仰，以通其狂惑[58]。今少卿乃教以推贤进士，无乃与仆私心剌谬乎[59]？今虽欲自雕琢，曼辞以自饰，无益，于俗不信，适足取辱耳[60]。要之[61]，死日然后是非乃定。书不能悉意，故略陈固陋。谨再拜。

——本文出处为:《汉书·司马迁传》及《文选》卷四十一。这里是用《汉书》所载为底本，参以《文选》。

⊙ 注　释

[1] 太史公，司马迁所任职。牛马走：谦词，像牛马一样供人驱使（的人）。供奔走是阶级社会仆人的职役，所以“走”字，等于是“仆人”的意思（下文皆自称仆），为自谦之辞。古人书信格式，先具列职官姓名于前。

[2] 曩（nǎng）者:以往，从前。慎,《文选》作顺,《汉书》作慎。古书慎、顺通用。物，事。“慎于接物”，可以说遵循实际情况看待事物。意思是想请司马迁按照自己当前的政治地位，以推荐人才作为自己的任务。

[3] 意气：意、气，均作单字使用。意，指来信的用意。气，此指信中的语气。

[4] 望，怨或憾的意思。仆，自称的谦词。此两句依《文选》所录，意为：好像责怨我不去效法古贤臣，而是采用流俗之人（处事）的言论观点。这里“流俗”两字的断句，呼应下一段“流俗之所轻也”。《汉书》作“若望仆不相师用，而流俗人之言”，师用：效法采用，“若望仆不相师用”是说，好像责怨我不去效法采用先贤的准则，“而流俗人之言”：而是随着世俗之人的意见去行事，流：在这里作动词，指流于……、随……迁移或转移的意思。“而”字用作转折时，此两种断句虽形式有别，意思却基本一致，差异仅在于“而用流俗人之言”是“用”字作后半句的谓语，其中“流俗”作为一个双音词;“而流俗人之言”是“流”作后半句的谓语。另一种解释,在断为“而流俗人之言”中，“而”字作“如”字用，经论证，此处不予采纳，仅备一说。

[5] 请略陈固陋：请让我向您约略陈述浅陋的意见。固陋，形容词活用为名词，固

陋的意见。

[6] 剖符丹书：汉代对于有功大臣的特殊待遇。剖符，汉代皇帝给功臣的一种凭信。符，是用竹做的契约，剖分为二，上写永不改变爵位的誓言，皇帝与受赐大臣各存其一。先剖符作誓以封之，再申以丹书铁券以示坚守。丹书，即丹书铁券，铁制的券契，用朱砂书写誓词于契上，故称丹书。得剖符丹书的功臣，子孙有罪可以赦免。

[7] 文史星历：史籍和天文历法之学，皆太史令所执掌。卜祝，占卜和祭祀之职。卜，卜官。祝，祭祀时赞辞的人。

[8] 倡优畜之：当成乐工、优伶一样畜养对待。畜，名词作状语，当作……来。

[9] 素所自树立使然，是说自己的工作和职业本来为人所轻视。所自树立：自己用来立身于世的，也就是自己的职业和地位。

[10] 用，因。之，代词，指死。趋，趋向。这句说，因死的趋向不一样。

[11] 不辱理色，道理和颜面上都不受到屈辱。不辱辞令，不被人用文辞教令来申斥。诎：通"屈"。诎体，身体被捆绑起来。

[12] 易服，换上罪人的衣服。古代罪人衣赭（深红）衣。关木索，带上刑具。关，贯，指戴上。木，指枷。索，绳。箠（chuí）：鞭子（鞭打）。鬄，通"剃"，义同髡（kūn）。鬄毛发，把头发剃光去做工，古人叫作髡刑。婴，环绕。颈上带着铁链去做工，古人叫作钳刑。

[13] 刑不上大夫，《礼记·曲礼》篇中的话："礼不下庶人，刑不上大夫。"谓大夫以上官员犯法，可不受刑罚。士节，士的气节。厉，磨砺和勉励。

[14] 穽槛：穽，"阱"的异体字，捕野兽用的陷坑。槛，多音字，此处读jiàn，关禽兽的木笼。

[15] 画地为牢句，意思是，即使在地上划个范围作为监牢，也势不能进入。削木为吏句，意思是，即便刻个木头人作狱吏，也不可面对。鲜，指态度鲜明爽朗。是说不必等到受欺凌耻辱，就应引身自杀。

[16] 暴（pù）肌肤，受榜箠：脱掉衣服，接受杖责。榜箠：榜，此处读péng，意为用棍子或木板子打。箠，竹棒，此处作动词用，指用棍子打。圜墙，监狱。

[17] 枪（qiāng）地：叩头触地。枪，通"抢"，触。徒隶：狱卒。惕息，意谓战兢恐惧，不敢喘气。

[18] 及以至此：事情已经到了这种地步。以，通“已”。

[19] 强（qiǎng）颜：即为厚颜，今语“厚着脸皮”。强，使动用法。

[20] 西伯，伯也，拘羑（Yǒu）里：（殷商时期）西伯侯姬昌（即周文王），曾是一方诸侯之长，（却）被拘禁在羑里。“拘”表被动，被拘禁。羑里，古代地名，在今河南汤阴一带。

[21] 李斯，战国时期楚国人，在秦统一中国的事业中起了重要作用，秦统一后，官至丞相。《史记·李斯传》言：“斯具五刑，腰斩咸阳。”很可能极言其经受多种刑罚，不定五刑皆受。五刑，具体是哪五种，史书历来说法不一，有一说是指：墨（黥面）、劓（yì，割鼻）、剕（fèi，砍足）、宫、大辟（bì，死刑）五种。

[22] 淮阴：指淮阴侯韩信，汉高祖曾封其为楚王，都下邳（今江苏省邳县）。人告信欲反，高祖用陈平计，南游至陈（下邳、陈皆楚地），韩信来见，因令武士缚之。械，拘束手足的刑具。

[23] 彭越，汉初大将，曾协助刘邦，多次击败楚军，被封为梁王，最终以逆谋罪被夷族。张敖，刘邦的女婿，袭其父张耳爵位，被封为赵王。张敖的手下大臣贯高、赵午看不顺眼刘邦对待张敖的傲慢，想要杀掉刘邦，刘邦于是把张敖、贯高等人同时逮捕并全部囚禁。

[24] 绛侯，汉初功臣周勃，封绛侯。诸吕，吕太后家族吕禄、吕产之属。惠帝死后，诸吕想作乱，周勃和陈平定计诛诸吕，迎立文帝，此时周勃权力之大超过了春秋时期的五位霸主，后来被人诬告谋反，下狱定罪。请室，官署名。有特设的监狱，请罪之室，凡有罪官吏，皆囚于此。

[25] 魏其，景帝时窦婴为大将，封于魏其（jī）（地名，汉时县名，属琅琊郡，故城在今山东临沂），故名魏其侯。武帝时，窦婴以救灌夫事被诬下狱判决死罪。衣（yì）赭（zhě）衣、关三木：穿上了赤褐色的囚衣，手、脚、颈项都套上了刑具。赭衣，罪人服。

[26] 季布为朱家钳奴：项羽的大将季布，后来剃光了头并以铁圈束颈当了朱家的奴隶。季布曾数困辱汉高祖刘邦，项羽败死，高祖悬重金购求季布，季布髡钳，变姓名，毁形体，卖身为鲁人朱家家奴，借以藏身。

[27] 灌夫，景帝时为郎中将。武帝时官太仆。与窦婴相善。以得罪丞相田蚡，被劾，系于拘室受辱。居室，汉官署名，是少府下所属的官署之一，专门拘禁犯人的处所。

[28] 罪至罔加：有了罪而法网加身。罔，通“网”，法网。引决、自财，这里都是自杀的意思。财，通裁。尘埃之中，指监狱。

[29] 势，权利地位。形，具体表现。勇怯是在权位的对比中形成的，强和弱是在具体情况中表现出来的。审矣，明白了！

[30] 蚤，同早。绳墨之外，法制施用之前。陵夷，卑下之意。言如丘陵逐渐削平。引节，引决从节，即自杀以殉节。重，慎重考虑，此为意动用法。殆，大概。

[31]“念亲戚，顾妻子”句：挂念父母，顾虑妻室儿女。亲戚，指父母，古谓父（系）为亲、母（系）为戚。妻子，妻室儿女。不然，不那么样顾念父母妻子。不得已，即是说受义理信念的激动，能挺身就义。

[32] 何处不勉，是说在任何情况下都应勉励自己不要受辱。

[33] 耎（ruǎn），古软字。去就，何去何从，这里有舍生就义之意。湛，同沈或沉。沉溺，是说陷身其中，不能自拔。累绁（léi xiè）：捆绑犯人的绳索，这里引申为囚禁。

[34] 臧获：古人骂奴婢的称呼。《方言》：“海岱之间，骂奴曰臧，骂婢曰获。”不得已，受辱的情况，叫你不能制止自杀的想法。

[35] 函，包围其中。粪土之中，与上文所说“尘埃之中”同意，皆指监狱污秽之地。私心有所不尽：内心想做的事尚未成功。没世，身死之后。《论语》说：“君子疾没世而名不称。”

[36] 摩，通“磨”，拭去。俶（tì）傥，同“倜傥”，才气豪迈不受拘束。

[37]“盖西伯拘”句：相传西伯侯囚拘于羑里的时候，推演古代的八卦为六十四卦，成为《周易》一书的骨干。“拘”表被动，被拘禁。

[38] 厄，困厄。指孔子周游列国，受到了围攻和绝粮的困厄，这才回到鲁国，着手《春秋》的写作。

[39] 放逐，在此表被动，被放逐。

[40] 左丘，春秋时鲁国史官左丘明。称左丘明为左丘，等于后世称司马迁为马迁、诸葛亮为诸葛。厥：乃，才。左丘失明后乃著《国语》事，此文外不见他书。

[41] 髌脚：古代断足之刑，被截去膝盖骨。髌，名词作动词，“髌脚”表被动，被施与髌刑。

[42] 吕不韦，战国末大商人。秦始皇初年，为相国。使其门客著《吕氏春秋》，亦名

《吕览》。迁，是有罪谪贬。始皇十年，令不韦与家属徙处蜀，不韦自杀。此是说不韦有罪迁蜀后，《吕览》始流布于世。

[43] 韩非，韩国之贵公子，法家思想集大成者。相传为李斯所谗，下狱死。《说难》《孤愤》是《韩非子》书中篇名。“囚”表被动，被囚禁。

[44] 大氐圣贤发愤之所为作也：大多是圣贤们为抒发郁愤而写出来的。氐，同“抵”，大抵。

[45] 及如，即至如。退论书策，退而论列已见写为书册。策是古代竹简之名。

[46] 思垂空文以自见：想留下文字来表现自己的思想。空文，是与具体的功业相对而言。见，通“现”。

[47] 放失旧闻：天下散失的历史传闻。放，散。失，读为 yì，同“佚”，放佚，散失的文献。

[48] 稽其成败兴坏之纪：推究其成败盛衰的道理。稽，查考。纪，这里指道理、规律。

[49] 上计轩辕至列传七十，凡二十六字，《汉书》无录，此从《文选》补入。

[50] 会，遭遇。惜，痛惜。极刑，侮辱到顶之刑。

[51] 臧，古藏字。其人，能传己书的人。通，流布。通邑大都，意谓能使己书流传于邑与大都（各地）。

[52] 责，通“债”。戮，辱。《国语·晋语》：“魏绛戮寡君之弟，”即辱寡君之弟。这是说明为著书而受辱不死的意思。

[53]“负下未易居”句，是说负污辱之名的人甚不易处，如果不衡量自己的卑贱，而向上做推贤进士的事，将更招来非议和指责。

[54] 以口语遇遭此祸：因为说了几句话而遭遇这场大祸。口语，指说了几句话。

[55] 戮笑，辱笑。累，积累。意言累至百世也难洗去此污秽的耻辱。

[56] 如往，所至所往。如、往同义。

[57] 闺阁（gé）：都是指宫中小门，二字连文，即指宫禁，皇帝内廷深密之地。直为闺阁之臣：简直像作了宦官。宁得自引深臧于岩穴邪：哪能自己引身而退，过山居穴处的隐居生活呢？宁得：怎么能……

[58] 浮湛，即浮沉。狂惑，据李善引《鬻子》说，知善不行叫狂，知恶不改叫惑。

这里是愤慨之言。

[59] 无乃，副词，用于反问句中，跟“岂不是”相近，但语气比较缓和。私心，我的心思，谦辞。剌（là），乖戾。剌谬，违背。

[60] 自雕瑑（zhuàn）：自我装饰。意思是指用推贤进士的行动来遮盖自己的耻辱。曼辞，美辞。不信，不见信于人。

[61] 要之，总之。

⊙ 阅读提示

《报任安书》是司马迁任中书令时写给他的朋友任安的一封信，见于《汉书·司马迁传》及《文选》卷四十一。是一篇见识深远、激切感人的至情之作。其中叙事、议论、抒情，志气盘桓，交融一体。信中司马迁的崇高的人生信念和为《史记》献身的精神，具有深刻的启示意义和教育价值。

任安，字少卿，西汉荥阳人。年轻时比较贫困，后来做了大将军卫青的舍人，由于卫青的举荐，当了郎中，后迁为益州刺史。征和二年（公元前 91 年）朝中发生巫蛊之乱，江充乘机诬陷戾太子（刘据），戾太子发兵诛杀江充等，与丞相（刘屈氂）军大战于长安，当时任安担任北军使者护军（监理京城禁卫军北军的官），乱中接受戾太子要他发兵的命令，但按兵未动。戾太子事件平定后，汉武帝认为任安“坐观成败”，“怀诈，有不忠之心”，论罪腰斩。任安入狱后曾写信给司马迁，希望他“尽推贤进士之义”，搭救自己。直到任安临刑前，司马迁才写了这封著名的回信。在这封信中，司马迁以无比愤激的心情，叙述自己蒙受的耻辱，倾吐他内心的痛苦和不满，说明自己“隐忍苟活”的原因，表达“就极刑而无愠色”、坚持完成《史记》的决心，同时也反映了他的文学观和生死观。所以，这封信是一篇研究《史记》和司马迁的生活、思想的重要文献。

《报任安书》原文较长，选作课文时作了删节。原文开头讲述对方来信之意和自己回信迟的原因，为保持课文的相对完整性，删去了说明回信迟的原因这一部分。以下先说自己是“刑余之人”，“已亏形为扫除之隶，在阘茸之中”，因而不具备“推贤进士”的资格，婉言谢绝任安的要求，然后详述因为替李陵说情而获罪的经过。这一段内容其实是表白自己之所以不能为任安辩白，并不是由于缺乏仗义执言的勇气，自己曾为李陵辩护就是明证，这部分是下文的铺垫，因为过长，所以删去。班固在《汉书·司马迁传》的“赞”

中对这封信的评价是："幽而发愤，书亦信矣。"颜师古注："言其《报任安书》自陈己志，信不谬。"文本的下半部分，就是为了突出"幽而发愤""自陈己志"这个主题。

⊙ 相关链接

矢志不渝的司马迁

司马迁对生命与事业的崇高信念，是基于他对历史上杰出人物历经磨难而奋发有为的事迹的观察和认识；是基于他对古代学者历经苦难，献身著述的传统的继承和发扬。他发现，往昔"富贵而名摩灭"的人，"不可胜记"，只有"倜傥非常之人"，即对历史和文化做出贡献的人，才能不朽。他认为，文王、孔子、屈原、左丘明、孙膑、吕不韦、韩非等人的著述，以及《诗经》，都是古代"圣贤发愤之所为作"；都是作者"有所郁结，不得通其道"，"述往事，思来者"，把苦苦思索得到的知识，著述成文，留给来者去思辨验察。这些古代"贤圣"历尽磨难，强志不屈，"退论书策，以舒其愤，思垂空文以自见"，为人类做出了贡献。司马迁正是从这历史和文化发展的艰难历程中找到了自己的榜样和前驱者，找到了人生的方向和矢志进取的道路。司马迁为了完成《史记》，"受极刑而无愠色"，坚强地活下来，他的愿望是"著此书，藏之名山，传之其人，通邑大都"，并以此"偿前辱之责，虽万被戮，岂有悔哉"！

司马迁认识到"人固有一死，或重于泰山，或轻于鸿毛，用之所趋异也"，承上（死得有没有价值）启下（辱与不辱的区别）。其"恨私心有所不尽，鄙陋没世，而文采不表于后也"，这种将个人价值置于历史长河中来衡量的宏阔眼光，终于使他超脱了庸常的"死节"观念的束缚，而选择了一条更为考验人的精神与意志的荆棘路。后世对司马迁的评价极高，有"西汉文章两司马，南阳经济一卧龙"的说法。

⊙ 思考练习

一、这封书信流露了作者怎样的思想感情？是通过哪些文字表现出来的？

二、司马迁的生死观是怎样的？有何意义？

三、找出下列句中的通假字，并写出其本字。

1. 其次诎体受辱

2. 见狱吏则头枪地

3. 及罪至罔加

四、翻译下列句子：

1.《诗》三百篇，大氐圣贤发愤之所为作也。

2. 亦欲以究天人之际，通古今之变，成一家之言。

3. 则仆偿前辱之责，虽万被戮，岂有悔哉！

五、作文：我的____观（自选角度，填写完整作文题目，谈谈自己的某类观点）。

四十二　在哪里我都开花

梁　南

梁南（1925—2000），著名诗人，四川峨眉人。1945年秋编过《成都晚报》，1949年参加中国人民解放军，同年入党。成名作、政治抒情诗《危地马拉兄弟，我望见你》，1954年在《人民文学》上发表。1956年加入中国作家协会，时为空军上尉记者。其后，从事重体力劳动达20多年，多次历险，九死一生，幸运地活了下来。主要作品有《野百合花》《爱的火焰花》《诱惑与热恋》《梁南自选集》《风雪归来》等诗集。

像蒲公英的伞，安恬地落到了边境，
我定居在茅草间，捧起雪花洗脸。
我不会死亡。无论多么贫瘠的地带，
都不会拒绝忠实的种子带去热恋。

当我踏倒荆棘蒺藜，路就清晰地出现，
那仍燃烧着的希望，沿着它走向了遥远。
风雪迷途的日子我也在实践拓荒的图案，
严寒不可征服我，我正在狂放地流汗。

芳馨从荒芜里浮动着美丽的光环，
我被花果浸沉，收获无数粉红的眷恋，
胜过南国无言的相思子，
那血液里活生生奔泻的爱恋。

我从最崎岖坎坷的环境里拓开道路，
我从最伤心苦难之地打开第一轮花瓣。
我从草丛抬起茅舍的头迎迓母亲前来，

我透过欲滴的珠泪辨认出喜讯的内涵。

我即使是一只很快被淘汰的骆驼，
眼前肥美的水草也不能打动我的心弦，
我愿倒毙在刚犁平困苦的新道上，
最好是在茫茫沙漠的终点。

我不是苍白的种子，我在哪里都能开花，
我渴望充满力和美的刀子雕刻我的祈愿：
哪怕做卑微的蒲公英，我锯齿的叶，
也定将锯断冻层，开出如金的黄花一盘。

⊙ 阅读提示

梁南的诗苦涩而优雅，格外真挚感人。诗人历尽苦难，痴心不改，《在哪里我都开花》可以说概括了梁南的生活道路和人生信念。

虽然诗人屡遭磨难，备尝艰辛，却丝毫没有消沉和逃遁，而是站在更高的思想境界上驾驭诗情，体现着优秀知识分子那种"不以物喜，不以己悲""先天下之忧而忧，后天下之乐而乐"的高尚人格。艰难困苦并没有改变诗人的初衷，而是令其信念更为坚定，追求更为执着，思想更为成熟和睿智，化作真挚的诗篇引导着人类摆脱自身的渺小和脆弱、自私和偏见，逐渐走向真、善、美的彼岸。

梁南对自己的严律，对这个世界的挚爱，都写在了诗句里。品味他的一生，回首历尽磨难的人世沧桑，于文学来说，也算是一本具象的纪念册。

⊙ 相关链接

多灾多难的诗人梁南

靳国君

对于年轻的诗人梁南而言，到北大荒后，他开始了另一个世界的生活，伐木、烧炭、放牧、烧砖、筑路……在“三年困难时期”，“有人躺在炕上没动静，呼之不应，一掀被子，身体僵硬”；“还有的人走到沼泽地的塔头上，坐而化之”；“有的全身水肿，不治而亡”，这对去北大荒的同类来说，也许不足为奇。奇的是，梁南自己的几次独特遭遇。

第一次是 1961 年，他采橡子，误入原始森林。山民都知道，一般人迷山，很少有活着出来的。梁南在林中两天一夜，在恐怖和饥饿的折磨中，他绕来绕去，竟奇迹般地走出了原始森林。

第二次，1962 年夏，他染上恶疾，腹泻不止，卫生所的医生给他用上多种止泻药，均不奏效，医生摊开两手，无计可施。梁南躺在床上，五天五夜滴水不饮、粒米不进，竟不治而愈，又活过来了。医生看见他，无言以对，也许他想：这人竟活了过来，奇怪！

第三次，1964 年 3 月，他挑水上岸，暴风雪骤然而至。寒风呼啸，暴雪翻飞，拥天塞地，一片混沌世界，不辨东西。他在暴风雪中挣扎两个多小时，竟又走回了他的小泥屋。

第四次，1978 年，他在连珠山火车站附近，被火车从线路上撞出六七米，肩背多处粉碎性骨折，人事不省。两个多小时后，他竟又从死亡线上挣脱出来。

每一次从死亡线上逃离，他的生命力更顽强，他对生活、朋友、家庭更充满了挚爱真情。虽然身处逆境，他却不泯赤子之心、诗人之情，1964 年 5 月 20 日，拂晓时分，他去穆棱河上挑水。当他在岸上刚把左脚伸向河面，突然一声惊天动地的巨响，声震方圆数里——八百里坚冰应声粉碎为万万千千奇形怪状的冰块，水花喷射直上。仅仅一秒之差，他免遭灭顶之灾；仅仅一秒之差，他以诗人的眼睛，饱览了冬尽春归的大自然的盛典。他感慨“任何趋新猎奇的人，从何处去把握去抓获这一年之中仅有的一秒钟？”他用传神之笔记下了这惊天动地的一秒钟的奇观。

回首北大荒的艰难岁月，梁南认为那是一段漫长的“特殊生活”，生活锤炼了他，他也真正体验了生活、懂得了生活。在《我们给历史雕刻金黄的形象》中，他高唱：

越过风暴的鸽子，翅膀会更成熟
走出枪林弹雨的士兵
必然具有将军的胆量
让我们重新成长一次吧！让我们
更高尚更智慧更精明更勇敢些吧
因为我们是风的形象——

从来没有后退的风，而且永远

不能停顿，停顿，也就死亡！

——摘引自靳国君:《多灾多难的诗人梁南》

见 http://blog.sina.com.cn/s/blog 5e6052700/00civx.html

⊙ 思考练习

一、诗中表现了诗人怎样的思想感情，试评述诗文中的“我”是怎样的一种形象。

二、请谈谈从这首诗中，你感悟到怎样的精神。

三、阅读梁南的其他作品，并结合本诗品析梁南的诗作风格。

四十三　相信未来

食　指

食指（1948—　），著名诗人，本名郭路生，1948年11月21日出生于山东朝城，母亲在行军途中分娩，故起名路生。1968年到山西插队，1970年进厂当工人，1971年在济宁参军。著有诗集《相信未来》《食指、黑大春现代抒情诗合集》《诗探索金库·食指卷》《食指的诗》等。

当蜘蛛网无情地查封了我的炉台
当灰烬的余烟叹息着贫困的悲哀
我依然固执地铺平失望的灰烬
用美丽的雪花写下：相信未来

当我的紫葡萄化为深秋的露水
当我的鲜花依偎在别人的情怀
我依然固执地用凝露的枯藤
在凄凉的大地上写下：相信未来

我要用手指那涌向天边的排浪
我要用手掌那托住太阳的大海
摇曳着曙光那枝温暖漂亮的笔杆
用孩子的笔体写下：相信未来

我之所以坚定地相信未来
是我相信未来人们的眼睛
她有拨开历史风尘的睫毛
她有看透岁月篇章的瞳孔

不管人们对于我们腐烂的皮肉
那些迷途的惆怅、失败的苦痛
是寄予感动的热泪、深切的同情
还是给以轻蔑的微笑、辛辣的嘲讽

我坚信人们对于我们的脊骨
那无数次的探索、迷途、失败和成功
一定会给予热情、客观、公正的评定
是的，我焦急地等待着他们的评定

朋友，坚定地相信未来吧
相信不屈不挠的努力
相信战胜死亡的年轻
相信未来、热爱生命

⊙ 阅读提示

《相信未来》以其深刻的思想、优美的意境、朗朗上口的诗风迅速传颂于一代青年人的口中。它让人们懂得了在逆境中怎样好好地生活，怎样自我鼓励，怎样矢志不渝地恪守自己对明天的承诺。

这首诗前三节写我是怎样“相信未来”的，后三节写为什么要“相信未来”，最后一节呼唤人们带着对未来的信念去努力生活、去热爱生活。

诗一开头就用“蜘蛛网”“炉台”“余烟”“灰烬”等几个意象描绘出了那个荒芜、穷困、艰难的时代。而“用美丽的雪花写下来：相信未来”中，“雪花”既象征纯洁、质朴，也传递着清楚、明了的意识，把不屈于现实的坚定，表现得格外真切。可见这是从艰难生活中升起的信念。第二诗节，写出了生命由鲜亮变为黯淡，由热情变为失意，由饱满变为枯竭的经历，激起了人们对人生中一切失意、落寞的联想。第三诗节，“我要用手指那涌向天边的排浪 / 我要用手掌那托住太阳的大海”，力量之大，范围之广，气势之猛，表现了诗人的满腔豪情和真挚、坦诚的思想。可见，这是由真实内心升起的信念。这三个诗节，一咏三叹，就像一首乐曲的主旋律，奏出了诗人心底的最强音。

接下来的三节，食指将自己对“未来”的“相信”和对人类的清醒认识结合起来。

首先，诗人相信“未来人们的眼睛”能“拨开历史风尘”，能“看透岁月篇章”。“睫毛”“瞳孔”两个意象承“眼睛”而来，形象地描绘出未来人思考的神情，而“拨开”“看透”又歌颂了人类智慧的伟大，诗人“相信未来”的原因就寄托于这思考的形象中。其次，诗人坚信“那无数次的探索、迷途、失败和成功”中体现出来的不屈的信念和精神。这三节，曲折地挖掘了人类内心深处对未来的共同信念，也正是基于这种认识，诗人毫不怀疑地“相信未来”。

诗的最后一节，用热情的呼告，满怀激情地鼓舞人们“相信不屈不挠的努力 / 相信战胜死亡的年轻 / 相信未来，热爱生命”。

⊙ 相关链接

才思隽永的诗人食指

1968 年，郭路生与 21 名北京知青落户杏花村插队。在杏花村，郭路生除了劳动外，依然不停地创作诗歌。他的诗，知青们争相传抄诵读，从邻近山西的陕西、内蒙古，到遥远的黑龙江兵团和云南兵团，全国只要有知青的地方，都有郭路生的诗歌传诵。

1978 年，郭路生首次使用笔名“食指”。他的诗篇《命运》里有这样的诗句：“好的声望是永远找不开的钞票，坏的名声是永远挣不脱的枷锁。”这种哲学悖论般的诗句呈现出作者的隽永才思和别致风格。他以篇篇锦绣之作，多次荣获各类奖项，被当代诗坛誉为“朦胧诗鼻祖”。

⊙ 思考练习

一、如何看待这首诗的思想价值？

二、体会这首诗的象征手法与意义。

三、在复杂多变的现实生活中，困难挫折随处可见，甚至难免灾难，如何在困境中坚持理想、保持乐观才是前进的关键，请结合这首诗，谈谈你在遇到困境时的想法与做法。

四十四　西风颂

[英]雪　莱

雪莱（1792—1822），19世纪英国著名浪漫主义诗人，出身贵族。1810年入牛津大学学习，开始追求民主自由。1811年，雪莱因为写作哲学论文推理上帝的不存在，印发《无神论的必然性》，被学校开除，也因此得罪父亲，离家独居。后赴爱尔兰参加反对英国统治的民族解放运动。1813年发表第一部长篇哲理诗《麦布女王》，抨击封建专制和资本主义的剥削，提出建立自由社会的理想。1822年7月8日，雪莱出海航行遭遇暴风雨，溺水而亡。

雪莱一生创作了大量优秀的抒情诗及政治诗，主要作品有《致云雀》《西风颂》《自由颂》《麦布女王》《伊斯兰的起义》《解放了的普罗米修斯》和《钦契》等，他是第一个表现了空想社会主义理想的诗人，被恩格斯称为“天才的预言家”。其诗想象丰富，音韵和谐，节奏明快，积极向上，富有哲理。

一

哦，狂暴的西风，秋之生命的呼吸！
你无形，但枯死的落叶被你横扫，
有如鬼魅碰到了巫师，纷纷逃避：
黄的，黑的，灰的，红得像患肺痨，
呵，重染疫疠的一群：西风呵，是你
以车驾把有翼的种子催送到
黑暗的冬床上，它们就躺在那里，
像是墓中的死穴，冰冷，深藏，低贱，
直等到春天，你碧空的姊妹吹起
她的喇叭，在沉睡的大地上响遍，
（唤出嫩芽，像羊群一样，觅食空中）
将色和香充满了山峰和平原。

不羁的精灵呵，你无处不远行；
破坏者兼保护者：听吧，你且聆听！

二

没入你的急流，当高空一片混乱，
流云像大地的枯叶一样被撕扯
脱离天空和海洋的纠缠的枝干。
成为雨和电的使者：它们飘落
在你的磅礴之气的蔚蓝的波面，
有如狂女的飘扬的头发在闪烁，
从天穹的最遥远而模糊的边沿
直抵九霄的中天，到处都在摇曳
欲来雷雨的卷发，对濒死的一年
你唱出了葬歌，而这密集的黑夜
将成为它广大墓陵的一座圆顶，
里面正有你的万钧之力的凝结；
那是你的浑然之气，从它会迸涌
黑色的雨，冰雹和火焰：哦，你听！

三

是你，你将蓝色的地中海唤醒，
而它曾经昏睡了一整个夏天，
被澄澈水流的回旋催眠入梦，
就在巴亚海湾的一个浮石岛边，
它梦见了古老的宫殿和楼阁
在水天辉映的波影里抖颤，
而且都生满青苔、开满花朵，
那芬芳真迷人欲醉！呵，为了给你

让一条路，大西洋的汹涌的浪波
把自己向两边劈开，而深在渊底
那海洋中的花草和泥污的森林
虽然枝叶扶疏，却没有精力；
听到你的声音，它们已吓得发青：
一边战栗，一边自动萎缩：哦，你听！

四

哎，假如我是一片枯叶被你浮起，
假如我是能和你飞跑的云雾，
是一个波浪，和你的威力同喘息，
假如我分有你的脉搏，仅仅不如
你那么自由，哦，无法约束的生命！
假如我能像在少年时，凌风而舞
便成了你的伴侣，悠游天空
（因为呵，那时候，要想追你上云霄，
似乎并非梦幻），我就不致像如今
这样焦躁地要和你争相祈祷。
哦，举起我吧，当我是水波、树叶、浮云！
我跌在生活底荆棘上，我流血了！
这被岁月的重轭所制服的生命
原是和你一样：骄傲、轻捷而不驯。

五

把我当作你的竖琴吧，有如树林：
尽管我的叶落了，那有什么关系！
你巨大的合奏所振起的音乐
将染有树林和我的深邃的秋意：

虽忧伤而甜蜜。呵，但愿你给予我
狂暴的精神！奋勇者呵，让我们合一！
请把我枯死的思想向世界吹落，
让它像枯叶一样促成新的生命！
哦，请听从这一篇符咒似的诗歌，
就把我的话语，像是灰烬和火星
从还未熄灭的炉火向人间播散！
让预言的喇叭通过我的嘴唇
把昏睡的大地唤醒吧！要是冬天
已经来了，西风呵，春日怎能遥远？

——选自《雪莱诗选》，查良铮译，北京，人民文学出版社，2012

⊙ 阅读提示

《西风颂》是雪莱“三大颂”诗歌中的一首，是欧洲诗歌史上的艺术珍品，也历来被看作是世界诗歌宝库中的艺术瑰宝，写于1819年秋天意大利的文化名城佛罗伦萨。诗人借自然景物来抒情言志，表现对黑暗的反抗，对光明的热切期盼和向往，也表现了对未来的坚定信念和希望。

全诗共由五节十四行诗组成。从形式上看，五个小节格律完整，可以独立成篇。从内容来看，它们又融为一体，贯穿着一个中心思想。

第一节描写西风扫除林中残叶，吹送生命的种子。第二节描写西风搅动天上的浓云密雾，呼唤着暴雨雷电的到来。第三节描写西风掀起大海的汹涌波涛，摧毁海底花树。三节诗三个意境，诗人幻想的翅膀飞翔在树林、天空和大海之间，飞翔在现实和理想之间，形象鲜明，想象丰富，但中心思想只有一个，就是歌唱西风扫除腐朽、鼓舞新生的强大威力。从第四节开始，由写景转向抒情，由描写西风的气势转向直抒诗人的胸臆，抒发诗人对西风的热爱和向往，达到情景交融的境界，而中心思想仍然是歌唱西风。前三节写“西风”。后两节写诗人与西风的应和。“我跌在生活的荆棘上，我流血了！”这令人心碎的诗句道出了诗人不羁心灵的创伤。尽管如此，诗人愿意被西风吹拂，愿意自己即将逝去的生命在被撕碎的瞬间感受到西风的精神，西风的气息；诗人愿奉献自己的一切，为即将到来的春天奉献。在诗的结尾，诗人以预言家的口吻高喊：

“要是冬天已经来了，西风呵，春日怎能遥远？”

这里，西风已经成了一种象征，它是一种无处不在的宇宙精神，一种打破旧世界，追求新世界的西风精神。诗人以西风自喻，表达了自己对生活的信念和向旧世界宣战的决心。

《西风颂》是一首政治抒情诗，虽然全诗没有一句话是在写革命，但整首诗就是围绕革命来想象的。将自然与想象完美结合，它借助西风的革命象征意义，表达对现实的不满，以及对改变现实的决心与对革命必胜的信心。整首诗从头到尾都在写秋天的西风，无论是写景还是抒情，都没有脱离西风这个形象。诗人不仅是在歌唱西风，也是在歌唱革命。诗中的西风、残叶、种子、云、风雨雷电、大海、树木都不过是象征性的东西，但它们却有着深刻的含意。大自然瞬息万变的景象，正是革命战争的象征。雪莱愿意用自己的生命去感受西风，愿意用生命去等待春天。

⊙ 相关链接

雪莱的“众心之心”

1822 年 7 月 8 日，雪莱乘坐自己建造的小船“唐璜”号从莱杭渡海返回勒瑞奇途中遇风暴，舟覆，雪莱以及同船的两人无一幸免。按托斯卡纳当地法律规定，任何海上漂来的物体都必须付之一炬，雪莱的遗体由他生前的好友拜伦及特列劳尼以希腊式的仪式来安排火化，他们将乳香抹在尸体上，在火中撒盐，令人惊奇的是雪莱的心脏在烈火中完好无损。次年一月，雪莱的骨灰被带回罗马，葬于一处他生前认为最理想的安息场所。

⊙ 思考练习

一、结合本诗的写作背景，理解诗中表达的思想感情。

二、怎样理解体会本诗的浪漫主义特点？

三、举例说明这首诗是怎样运用象征、比喻等手法的。

四十五　最后一片叶子

[美] 欧·亨利

欧·亨利（1862—1910），美国著名批判现实主义作家，世界三大短篇小说大师之一，曾被评论界誉为曼哈顿桂冠散文作家和美国现代短篇小说之父。其原名为威廉·西德尼·波特，欧·亨利是其笔名。他的作品构思新颖，语言诙谐，还以擅长结尾闻名遐迩，结局总使人“感到在情理之中，又在意料之外”，美国文学界称之为“欧·亨利式”的结尾。他的文字生动活泼，善于利用双关语、讹音、谐音和旧典新意，妙趣横生，被喻为“含泪的微笑”。又因描写了众多的人物，富于生活情趣，被誉为“美国生活的幽默百科全书”。代表作有小说集《白菜与国王》《四百万》《命运之路》等。其中一些名篇如《爱的牺牲》《警察与赞美诗》《带家具出租的房间》《麦琪的礼物》《最后一片叶子》等使他获得了世界声誉。

在华盛顿广场西边的一个小区里，街道横七竖八地伸展开去，又分裂成一小条一小条的“胡同”。这些“胡同”稀奇古怪地拐着弯子，一条街有时自己本身就交叉了不止一次。有一回一个画家发现这条街有一种优越性：要是有个收账的跑到这个街上，来催要颜料、纸张和画布的钱，他就会突然发现自己两手空空，原路返回，一文钱的账也没有要到！

所以，不久之后不少画家就摸索到这个古色古香的老格林尼治村来，寻求朝北的窗户、十八世纪的尖顶山墙、荷兰式的阁楼，以及低廉的房租。然后，他们又从第六街买来一些锡蜡酒杯和一两只火锅，这里便成了“艺术区”。

苏和琼西的画室设在一所又宽又矮的三层楼砖房的顶楼上。“琼西”是琼娜的爱称。她俩一个来自缅因州，一个是加利福尼亚州人。她们是在第八街的“台尔蒙尼歌之家”吃份饭时碰到的，她们发现彼此对艺术、生菜色拉和时装的爱好非常一致，便合租了那间画室。

那是五月里的事。到了十一月，一个冷酷的、肉眼看不见的、医生们叫做“肺炎”的不速之客，在艺术区里悄悄地游荡，用他冷冰的手指这里碰一下，那里碰一下。在广场东头，这个老家伙明目张胆地踏着大步，一下子就击倒几十个受害者，可是在迷宫一样、狭窄而铺满青苔的“胡同”里，他的步伐就慢了下来。

肺炎不是一个你们心中行侠仗义的老年绅士，一个身子单薄、被加利福尼亚州的西风刮得没有血色的弱女子，本来不应该是这个有着红拳头的、呼吸急促的破坏者打击的对象。然而，琼西却遭到了打击。她躺在一张油漆过的铁床上，一动也不动，凝望着小小的荷兰式玻璃窗外对面砖房的空墙。

一天早晨，那个忙碌的医生扬了扬他那毛茸茸的灰白色眉毛，把苏叫到外边的走廊上。

“我看她的病只有十分之一的恢复希望。”他一面把体温表里的水银柱甩下去一面说，“这一分希望就是她想要活下去的念头。有些人好像不愿意活下去，喜欢照顾殡仪馆的生意，简直让整个医药界都无能为力。你的朋友断定自己是不会痊愈的了，她是不是有什么心事呢？”

“她——她希望有一天能够去画那不勒斯的海湾。”苏说。

“画画？——真是瞎扯！她脑子里有没有什么值得她想了又想的事——比如说，一个男人？”

“男人？”苏像吹口琴似的扯着嗓子说，“男人难道值得——不，医生，没有这样的事。”

“哦，那么就是她病得太衰弱了，”医生说，“我一定尽我的努力用科学所能达到的全部力量来治疗她。可要是我的病人开始算计会有多少马车送她出丧，我就得把治疗的效果减轻百分之五十。只要你想法让她对冬季大衣袖子的时新式样感到兴趣而提出一两个问题，那我可以向你保证把医好她的机会从十分之一提高到五分之一。”

医生走后，苏走进工作室里，把一条日本餐巾哭成一团湿。后来她手里拿着画板，装作精神抖擞的样子走进琼西的屋子，嘴里吹着爵士音乐调子。

琼西躺着，脸朝着窗口，被子底下的身体纹丝不动。苏以为她睡着了，赶忙停止吹口哨。

她架好画板，开始给杂志里的故事画一张钢笔插图。年轻的画家为了铺平通向艺术的道路，不得不给杂志里的故事画插图，而这些故事又是年轻的作家为了铺平通向文学的道路而不得不写的。

苏正在给故事主人公，一个爱达荷州牧人的身上，画上一条马匹展览会穿的时髦马裤和一片单眼镜时，忽然听到一个重复了几次的低微的声音。她快步走到床边。

琼西的眼睛睁得很大。她望着窗外，数着……倒过来数。

“十二，”她数道，歇了一会儿说，“十一，”然后是“十”和“九”；接着几乎同时数着“八”和“七”。

苏关切地看了看窗外。那儿有什么可数的呢？只见一个空荡阴暗的院子，二十英尺以外还有一所砖房的室墙。一棵老极了的常青藤，枯萎的根纠结在一块，枝干攀在砖墙的半腰上。秋天的寒风把藤上的叶子差不多全都吹掉了。只有几乎光秃的枝条还缠附在剥落的砖块上。

“什么呀，亲爱的？”苏问道。

“六，”琼西几乎用耳语低声说道，“它们现在越落越快了，三天前还有差不多一百片。我数得头都疼了。但是现在好数了。又掉了一片。只剩下五片了。”

“五片什么呀，亲爱的？告诉你的苏娣吧。”

“叶子。长青藤上的。等到最后一片叶子掉下来，我也就该去了。这件事我三天前就知道了。难道医生没有告诉你？”

“哼，我从来没听过这种傻话，”苏十分不以为然地说，“那些破常青藤叶子和你的病好不好有什么关系？你以前不是很喜欢这棵树吗？你这个淘气的孩子，不要说傻话了。瞧，医生今天早晨还告诉我，说你迅速痊愈的机会是——让我一字不改地照他的话说吧——他说有九成把握。噢，那简直和我们在纽约坐电车或者走过一座新楼房的把握一样大。喝点汤吧，让苏娣去画她的画，好把它卖给编辑先生，换了钱来给她的病孩子买点红葡萄酒，再给她自己买点猪排解解馋。”

“你不用买酒了，”琼西的眼睛直盯着窗外说道，“又落了一片。不，我不想喝汤。只剩下四片了。我想在天黑以前等着看那最后一片叶子掉下去。然后我也要去了。”

“琼西，亲爱的，”苏俯着身子对她说，“你答应我闭上眼睛，不要瞧窗外，等我画完，行吗？明天我非得交出这些插图。我需要光线，否则我就拉下窗帘了。”

“你不能到那间屋子里去画吗？”琼西冷冷地问道。

“我愿意待在你跟前，”苏说，“再说，我也不想让你光看着那些讨厌的常青藤叶子。”

“你一画完就叫我，”琼西说着，便闭上了眼睛。她脸色苍白，一动不动地躺在床上，就像是座横倒在地上的雕像。“因为我想着那最后一片叶子掉下来，我等得不耐烦了，也想得不耐烦了。我想摆脱一切，飘下去，飘下去，像一片可怜的疲倦的叶子那样。”

“你睡一会儿吧，”苏说道，“我得下楼把贝尔曼叫上来，给我当那个隐居的老矿工的模特。我一会儿就回来的。不要动，等我回来。”

老贝尔曼是住在她们这座楼房底层的一个画家，他年过六十，有一把像米开朗琪罗的摩西雕像那样的大胡子，这胡子长在一个像半人半兽的森林之神的头颅上，又虬曲地飘拂在小鬼似的身躯上。贝尔曼是个失败的画家，他操了四十年的画笔，还远没有摸着艺术女神的衣裙。他老是说就要画他的那幅杰作了，可是直到现在他还没有动笔。几年来，他除了偶尔画点商业广告之类的玩意儿以外，什么也没有画过。他给艺术区里穷得顾不起职业模特儿的年轻画家们当模特儿，挣一点钱。他喝酒毫无节制，还时常提起他要画的那幅杰作。除此之外，他是一个火气十足的小老头儿，十分瞧不起别人的温情，却认为自己是专门保护楼上画室里那两个年轻女画家的一只看家狗。

苏在楼下他那间光线暗淡的画室里找到了嘴里酒气扑鼻的贝尔曼。一幅空白的画布绷在一个画架上，摆在屋角里，等待那幅杰作已经二十五年了，可是连一根线条还没等着。苏把琼西的胡思乱想告诉了他，还说她害怕琼西自个儿瘦小柔弱得像一片叶子一样，对这个世界的留恋越来越微弱，恐怕真会离世飘走了。

老贝尔曼两只发红的眼睛显然在迎风流泪，他十分轻蔑地嗤笑这种痴呆的胡思乱想。

“什么，”他喊道，“世界上真会有人蠢到因为那些该死的常青藤叶子落掉就想死？我从来没有听说过这种事。不，我才不给你当那隐居的矿工糊涂虫模特儿呢。你干吗让她胡思乱想？唉，可怜的琼西小姐。”

“她病得很厉害很虚弱，”苏说，“发高烧发得她神经昏乱，满脑子都是古怪想法。好吧，贝尔曼先生，你不愿意给我当模特儿，就拉倒，我看你是个讨厌的老——老教唆鬼。”

“你简直太婆婆妈妈了！”贝尔曼喊道，“谁说我不愿意当模特儿？走，我和你一块去。我不是讲了半天愿意给你当模特吗？老天爷，琼西小姐这么好的姑娘真不应该躺在这种地方生病。总有一天我要画一幅杰作，我们就可以搬出去了。一定的！”

他们上楼以后，琼西正睡着觉。苏把窗帘挂下，一直遮住窗台，做手势叫贝尔曼到隔壁屋子里去。他们在那里提心吊胆地瞅着窗外那棵常青藤。后来他们默默无言，彼此对望了一会儿，寒冷的雨夹着雪花不停地下着。贝尔曼穿着他的旧的蓝衬衣，坐在一把翻过来充当岩石的铁壶上，扮作隐居的矿工。

第二天早晨，苏只睡了一个小时的觉，醒来了，她看见琼西无神的眼睛睁得大大的注视着拉下的绿窗帘。

“把窗帘拉起来，我要看看。”她低声地命令道。

苏疲倦地照办了。

然而，看呀！经过了漫长一夜的风吹雨打，在砖墙上还挂着一片藤叶。它是长青藤上最后的一片叶子。靠近茎部仍然是深绿色，可是锯齿形的叶子边缘已经枯萎发黄，它傲然挂在一根离地二十多英尺的藤枝上。

“这是最后一片叶子。”琼西说道，“我以为它昨晚一定会落掉的。我听见风声的，今天它一定会落掉，我也会死的。”

“哎呀，哎呀，”苏把疲倦的脸庞挨近枕头边上对她说，“你不肯为自己着想，也得为我想想啊。我可怎么办呢？”

可是琼西不回答。当一个灵魂正在准备走上那神秘的、遥远的死亡之途时，她是世界上最寂寞的人了。那些把她和友谊及大地联系起来的关系逐渐消失以后，她那个狂想越来越强烈了。

白天总算过去了，甚至在暮色中她们还能看见那片孤零零的藤叶仍紧紧地依附在靠墙的枝上。后来，夜的到来带来了呼啸的北风，雨点不停地拍打着窗子，雨水从低垂的荷兰式屋檐上流泻下来。

天刚刚蒙蒙亮，琼西就毫不留情地吩咐拉起窗帘来。

那片藤叶仍然在那里。

琼西躺着对它看了许久，然后她招呼正在煤气炉上给她煮鸡汤的苏。

“我是一个坏女孩子，苏娣，”琼西说，“天意让那片最后的藤叶留在那里，证明我是多么坏。想死是有罪过的。你现在就给我拿点鸡汤来，再拿点掺葡萄酒的牛奶来，再——不，先给我一面小镜子，再把枕头垫垫高，我要坐起来看你做饭。”

过了一个钟头，她说道：

“苏娣，我希望有一天能去画那不勒斯的海湾。”

下午医生来了，他走的时候，苏找了个借口跑到走廊上。

“有五成希望，”医生一面说，一面把苏细瘦的颤抖的手握在自己的手里，“好好护理，你会成功的。现在我得去看楼下另一个病人。他的名字叫贝尔曼——听说也是个画家，也是肺炎。他年纪太大，身体又弱，病势很重。他是治不好的了；今天要把他送到医院里，让他更舒服一点。”

第二天，医生对苏说：“她已经脱离危险，你成功了。现在只剩下营养和护理了。”

下午，苏跑到琼西的床前，琼西正躺着，安详地编织着一条毫无用处的深蓝色毛线披肩。苏用一只胳膊连枕头带人一把抱住了她。

“我有件事要告诉你，小家伙，”她说，“贝尔曼先生今天在医院里患肺炎去世了。他只病了两天。头一天早晨，门房发现他在楼下自己那间房里痛得动弹不了。他的鞋子和衣服全都湿透了，冰凉冰凉的。他们搞不清楚在那个凄风苦雨的夜晚，他究竟到哪儿去了。后来他们发现了一盏没有熄灭的灯笼，一把挪动过地方的梯子，几支扔得满地的画笔，还有一块调色板，上面涂抹着绿色和黄色的颜料，还有——亲爱的，瞧瞧窗子外面，瞧瞧墙上你最后一片藤叶。难道你没有想过，为什么风刮得那么厉害，它却从来不摇一摇，动一动呢？唉，亲爱的，这片叶子才是贝尔曼的杰作——就是最后一片叶子掉下来的晚上，他把它画在那里的。”

⊙ 阅读提示

本文描写了患肺炎的穷学生琼西看着窗外对面墙上的常青藤叶子不断被风吹落，她说，最后一片叶子代表她，它的飘落，代表自己的死亡。贝尔曼，一个伟大的画家，在听苏讲述完同学琼西的故事后，在最后一片叶子飘落前，下着暴雨的夜里，用心灵的画笔画出了一片“永不凋落”的常青藤叶，编造了一个善良且真实的谎言，而自己却从此患上肺炎，一病不起。

整篇小说，作者对于体现主题的主人公贝尔曼的描写并不多，大都采用了侧面烘托。甚至连最感人的贝尔曼画叶子的镜头都没写。但我们仍可以强烈感受到贝尔曼老人火一样的热情和舍己为人的精神。而且小说给了我们足够的想象空间，我们可以想象到，那个风雨交加的夜晚，可怜的老人是怎样冒雨踉踉跄跄爬到离他二十英尺的地方，颤抖着调拌着黄色和绿色，在墙上施展他从未施展的艺术才能…… 最后一片常春藤叶依然留在古老的墙面，琼西也绽放出了往日的笑容，伟大的画家贝尔曼永远留在人们的心中。

文中作者着力挖掘和赞美小人物的伟大人格和高尚品德，这“最后一片叶子”的故事，让我们着实为琼西的命运紧张了一番，为苏的友谊感叹了一回，为贝尔曼的博爱震撼了一次。

当然，琼西的康复仅有贝尔曼为之牺牲的最后一片叶子是不够的，还需要琼西自己的力量来战胜病魔。在琼西患肺炎病危的时刻，医生为什么既不判她“ 死刑”，又不肯定她可以治愈，而说一切看她自己呢？就是因为在生与死、抗争与屈服之间，只有自己树立信心，作出努力，才能得胜。琼西的病果然康复了。每个人都会遇到困难和挫折，关键是看你自己有没有信心，能不能去面对，用自己的力量去克服它。琼西也曾陷入失望的低谷，但她在贝尔曼用生命换来的最后一片藤叶的鼓舞下，她重新振作起来，直到康复。她是一位战胜了困难的勇敢者、胜利者。

⊙ 相关链接

欧·亨利的作品特色

欧·亨利的小说在艺术处理上的最大特点就是它们的“意外结局”。小说中除了文字的幽默诙谐之外，总有一些费人猜测的地方，情节的走向似乎明明朝着一个方向在发展，却往往笔锋一转，使故事的结尾变得出人意料却又合情合理，从而造成独特的艺术魅力，因此被誉为“欧·亨利式结尾”。这意外的结局一般说来是比较令人宽慰的，即便是悲哀的结局，也常包含着某种光明之处，亦即所谓“带泪的微笑”。

描写小人物是欧·亨利的短篇小说最引人瞩目的内容，其中包含了深厚的人道主义精神。欧·亨利长期生活在社会底层，深谙下层人民的苦难生活，从题材的性质来看，欧·亨利的作品大致可分为三类：一类以描写美国西部生活为主；一类写的是美国一些大城市的生活；一类则以拉丁美洲生活为对象。这些不同的题材，显然与作者一生中几个主要生活时期的不同经历有着密切的关系。而三类作品当中，无疑又以描写城市生活的作品数量最多，意义最大。

⊙ 思考练习

一、这篇小说的主题思想是什么？

二、贝尔曼是一个什么样的人物，有着哪些可敬品质？

三、“最后一片叶子”具有怎样的象征意义？

四、结合课文谈谈你对信念的理解。